A dádiva do Corvo

A dádiva do Corvo

Um cientista,
uma xamã e
sua viagem singular
através do deserto
siberiano

JON TURK

Tradução
Anna Maria Capovilla

Rio de Janeiro | 2012

Copyright © 2009 by Jon Turk

Título original: *The Raven's Gift: a Scientist, a Shaman, and Their Remarkable Journey Through the Siberian Wilderness*

Capa: Humberto Nunes
Foto de capa: fotoVoyager/Getty Images
Editoração: FA Editoração Eletrônica

Texto revisado segundo o novo
Acordo Ortográfico da Língua Portuguesa

2012
Impresso no Brasil
Printed in Brazil

Cip-Brasil. Catalogação na fonte
Sindicato Nacional dos Editores de Livros. RJ

T847d	Turk, Jon
	A dádiva do corvo: um cientista, uma xamã e sua viagem singular através do deserto siberiano/Jon Turk; tradução Anna Maria Capovilla. — Rio de Janeiro: Bertrand Brasil, 2012.
	434p.: 23 cm
	Tradução de: The raven's gift: a scientist, a shaman, and their remarkable journey through the Siberian wilderness
	ISBN 978-85-286-1552-4
	1. Turk, Jon — Viagens — Sibéria (Rússia). 2. Cientistas — Estados Unidos — Biografia. 3. Moolynaut. 4. Mulheres xamãs — Sibéria (Rússia) — Biografia. 5. Koryaks — Sibéria (Rússia) — Usos e costumes. 6. Xamanismo — Sibéria (Rússia). 7. Sibéria (Rússia) — Descrições e viagens. I. Título.
12-0905	CDD: 925
	CDU: 929:5

Todos os direitos reservados pela:
EDITORA BERTRAND BRASIL LTDA.
Rua Argentina, 171 — 2º andar — São Cristóvão
20921-380 — Rio de Janeiro — RJ
Tel.: (0xx21) 2585-2070 — Fax: (0xx21) 2585-2087

Não é permitida a reprodução total ou parcial desta obra, por quaisquer meios, sem a prévia autorização por escrito da Editora.

Atendimento e venda direta ao leitor:
mdireto@record.com.br ou (0xx21) 2585-2002

*A Moolynaut, que me trouxe de volta a Vyvenka

e me iniciou nos segredos da sabedoria antiga*

Sumário

Agradecimentos   9

Parte 1: Para Vyvenka de caiaque   11

Parte 2: Voando com Kutcha   45

Parte 3: Voltando para agradecer a Moolynaut   213

Parte 4: Atravessando a tundra   281

Parte 5: Primavera e outono   355

Darby, Montana: junho de 2008   423

Epílogo   427

Notas   429

Agradecimentos

Quase dez anos se passaram entre o dia em que conheci Moolynaut e o lançamento do meu livro *A dádiva do Corvo*. Durante esse período, minhas aventuras siberianas e o projeto de escrever este livro tornaram-se parte da minha vida. Escrevi por um tempo e percebi que o ato me modificou, então, ou eu voltava para a Sibéria, ou continuava escrevendo.

Em primeiro lugar, preciso agradecer a Moolynaut e a Kutcha, que me curaram e me escolheram como mensageiro.

Moolynaut nunca usou as palavras como forma fundamental de comunicação, e o sentido de seu ensinamento me foi esclarecido pelo povo koryak que conheci nesta esquecida e congelada tundra: Lydia, Oleg, Sergei, Nikolai, Marina, a *babushka* (cujo nome eu nunca soube) e Alexei.

Um agradecimento especial a Misha Petrov, que remou comigo pelo oceano Pacífico e se tornou meu irmão de sangue, acompanhando-me na minha jornada de autodescobertas.

A Chris Seashore, que foi minha esposa e minha melhor amiga por vinte e quatro anos e onze meses.

Outro agradecimento especial a Richard Parks, meu agente há quase vinte anos, que pacientemente me orientou na carreira, e a Michael Flamini, da St. Martin's Press, que viu um futuro para este manuscrito.

Muitos amigos e familiares me ajudaram a aprimorar este trabalho e assistiram ao meu despertar espiritual. Chris; sua irmã, Karen Seashore; meu pai, Amos Turk; e meus irmãos Janet Wittes e Dan Turk foram fundamentais no início do processo.

Quando deparei com um bloqueio quase intransponível para um escritor, o Banff Centre de Alberta me ofereceu duas generosas bolsas para que eu terminasse minha tarefa, na qual trabalhei sob a orientação especializada de Marni Jackson, Tony Whittome, Ian Pearson e Moira Farr. Um agradecimento especial ainda a Marni por contribuir com o título.

Nos últimos anos, Marion Mackay, Julia Pyatt, Heather Kerr, Fern Marriott e Rachel Mann muito me ajudaram com a leitura do meu manuscrito e com a discussão dos temas que eu estava tentando desenvolver.

Por fim, quero agradecer a Nina MacLean, que compartilha sua vida comigo, ao se tornar minha amiga e esposa, e se revelou a editora mais cuidadosa, paciente e perspicaz com quem já trabalhei.

Parte 1

Para Vyvenka de caiaque

*Percebi que em todo grande empreendimento
não basta um homem depender apenas de si mesmo.*

— Homem Solitário, dos Sioux Teton

Uma caminhada com o meu cão — primavera de 1970

Há quarenta anos, eu era um químico que trabalhava à noite, sem ver a luz do sol, e ficava protegido das variações de temperatura por um sistema de climatização bastante preciso. Na tentativa de investigar a natureza das ligações químicas — esse conjunto de forças tão estudado quanto misterioso que mantém a unidade da matéria —, eu bombardeava moléculas com um feixe de elétrons de alta energia e acelerava os fragmentos resultantes num potente campo magnético.

Era um trabalho intenso, estressante. Por isso, num dia de sol, num fim de semana da primavera de 1970, resolvi sair para passear com o meu cão pelos campos cobertos de relva das Montanhas Rochosas no Colorado. Ainda havia placas de neve endurecida no chão, nos pontos mais escuros voltados para o norte, mas nos espaços abertos predominava a grama verde fresca, o alimento vital de alces e veados depois de um inverno longo e sem comida. A terra estava ligeiramente molhada e fofa debaixo dos meus pés, e ajoelhei para aspirar o perfume de um lírio das geleiras que abria suas pétalas ao sol tépido da primavera. De repente, o cão disparou por uns cinquenta metros, deu um pulo como uma raposa, agitando as patas dianteiras, caiu no chão e começou a cavar furiosamente, entre os torrões de terra que voavam pelo ar. Pensei que estivesse perseguindo um esquilo, tentando em vão cavar mais rápido do que o roedor em fuga no interior do seu túnel, como fazem os cães quando caçam somente para se divertir, porque sabem que em casa os espera uma tigela de ração, e não serão punidos pelo fracasso.

Quando me aproximei, ele já havia abandonado o buraco e desabalara mais uns cinquenta metros, repetindo o comportamento estranho. Não havia outras tocas perto do primeiro buraco, nem do segundo, do terceiro ou do quarto. Pensei que ele estivesse tendo um ataque de loucura. Observei mais de perto. Todas as vezes, depois de destruir a camada protetora do solo, ele enfiava o focinho na terra e farejava, cavava e continuava farejando. Que cheiro ele sentia? Ajoelhei na grama e, apoiando-me nas mãos, tentei enfiar o nariz num dos buracos. Até meus sentidos humanos conseguiam detectar o aroma adocicado de decomposição enquanto pequenos ácaros e bactérias despertavam da sonolência invernal e começavam a comer com sua voracidade peculiar, transformando minúsculos fragmentos de raízes e folhas mortas em terra fértil.

Imaginei então que, com seu instinto animal, o cão tripudiava com o romper da primavera, com o odor primordial do renascimento da natureza, de uma nova germinação, um odor que se originara quando os organismos se aventuraram pela primeira vez na rocha nua dos continentes. Ao me aproximar do quinto buraco, meu nariz e minhas bochechas estavam sujos de terra, e gotículas de umidade se prendiam aos pelos das narinas: a terra estava dentro de mim, como se tivéssemos selado um pacto para toda a vida. Deitei de bruços na grama, sentindo a gélida umidade da primavera contra o estômago e o sol cálido batendo nas minhas costas.

Na manhã seguinte, voltei ao laboratório, como de costume, mas algo dentro de mim havia mudado. Embora as travessuras do cão não tivessem provocado em mim nenhuma epifania, foram o ponto de partida. Nas semanas seguintes, percebi que não poderia passar toda a minha vida naquela sala, que de repente me pareceu uma masmorra, manipulando partículas que jamais conseguiria enxergar, sob o brilho de luzes fluorescentes, num mundo impregnado com os odores de acetona e de benzeno. Um ano mais tarde, concluí a minha tese, enfiei meu diploma de doutorado no porta-luvas de um velho Ford Fairlane, amarrei uma canoa no teto do carro e parti para o Ártico.

Desde então, minha vida adulta tem oscilado entre a ciência de um lado e, de outro, o odor da terra tão revelador daquele dia de primavera nas Montanhas Rochosas. Passei a ganhar a vida praticamente escrevendo livros didáticos de geologia, ciência do meio ambiente, química, física e astronomia para cursos de pré-vestibular. Mudei-me para uma estação de esqui e me envolvi intensamente com escalada, esqui, andar de caiaque e fazer bicicross off-road. Escalar uma parede de granito em uma remota região do Ártico canadense — exposta aos vendavais do Polo Norte — envolve um grau de intensidade maior do que cheirar a terra na primavera. Mas a relação entre as duas é mais intensa do que a maioria das pessoas poderia suspeitar. Durante as expedições, o limite entre a vida e a morte, muitas vezes tão sutil quanto a lâmina de uma navalha, depende de uma consciência tátil, sensorial, do ambiente que incorpora e transcende a lógica. Minha iniciação a esse tipo de consciência ocorreu num dia de primavera enquanto caminhava num gramado com meu cão.

Ao longo dos anos, esses dois aspectos da minha personalidade dividida criaram uma confortável simbiose. Passei a gostar da excitação e do intenso esforço exigido em complexas expedições a maravilhosos lugares remotos e perigosos e, ao mesmo tempo, estou sempre feliz em voltar para casa, sentar na poltrona confortável no meu escritório e desenvolver conceitos científicos complexos em sentenças que um calouro deve ser capaz de entender e reconhecer.

Mas, se pensei ter compreendido minha relação com os dois mundos completamente diferentes, nada me preparou para o dia em que fiquei nu, de pé numa perna só — com a mão direita nas costas e o braço esquerdo estendido —, diante de Moolynaut, uma xamã e curandeira siberiana de 100 anos de idade. Quando consegui me equilibrar, ela entoou uma reza e entrou em transe; então, pediu a Kutcha, o Deus Corvo, que curasse meu corpo consumido e maltratado.

Minha primeira visita a Vyvenka: 10 de julho de 2000

Misha e eu remamos de caiaque na direção da praia e paramos ao perceber que as ondas se tornavam mais íngremes à medida que tocavam o fundo do mar. Nuvens densas em formato de discos cruzavam o céu do Ártico, amontoando-se como se não tivessem espaço suficiente para se dissipar sobre a vasta tundra. O vento impelia as nuvens e a chuva em rajadas horizontais, de modo que não se podia identificar onde terminava o céu e onde começava o mar, mas eu precisava ignorar a tempestade e "reunir forças", como dizia Misha.

Já dava para ver o povoado de Vyvenka, enganosamente próximo, um amontoado de casebres de papelão caindo aos pedaços e revestidos de alcatrão, maquinário enferrujado e os esqueletos de antigos edifícios soviéticos semidemolidos, mal construídos sobre uma estreita faixa de areia, a nove fusos de Moscou. Mas o lugar ainda se encontrava a duzentos metros de distância, logo depois da arrebentação. Do ponto em que estávamos, em meio às ondas, não víamos onde o mar quebrava, mas podíamos ouvir o ruído de quando chegava à praia, arremessando areia e pedras com a turbulência.

Misha olhou para mim, sorriu, mostrando seu dente de ouro, e repetiu a máxima de sua adolescência soviética: "Trabalhar e defender!" Semanas antes, eu tinha pulado no meio da espuma do mar berrando o grito de guerra de Cavalo Louco: "Um dia bom para morrer!", mas Misha se opôs, e então ficamos com "Trabalhar e defender!".

— *Da, conyeshna* [sim, claro] — respondi em russo e, agitando a pá como uma lança, gritei: — Trabalhar e defender!

Remei em direção à praia, virando o corpo para observar o movimento das ondas atrás de mim; calculei o momento oportuno e tornei a remar com movimentos mais enérgicos. O caiaque balançou na crista de uma onda, até que ela desabou num tubo escuro, assustador, e caí na sua cava. Uma catarata despencou sobre mim, deixando tudo escuro. No interior da onda, como um cego, procurei com o remo um colchão de água capaz de me sustentar, como se eu estivesse deitado sobre terra. Ao mesmo tempo, endireitei os quadris para controlar o caiaque, como a borda de um esqui, dentro da onda. Em instantes, minha cabeça conseguiu sair da escuridão cinza-esverdeada enquanto redemoinhos de espuma massageavam meus ombros. Então, o barco bateu na areia e estacionou na praia. Saí do caiaque cambaleando e caí ao tentar ficar de pé.

Fazia onze horas que eu enfiara o corpo na abertura estreita do caiaque e começara a remar, congelando com a água do mar subártico que varria o deque. Agora eu estava encharcado, e minha pélvis me dizia que não conseguiria sustentar o meu peso. Anos antes, eu sofrera uma fratura durante uma avalanche, mas os parafusos que prendiam meus ossos não estavam funcionando tão bem quanto o equipamento com que eu nascera. Mais uma onda desabou na areia, envolvendo-me em seu frio glacial. Com a ajuda do remo, das mãos, arrastei-me pela espuma enquanto o repuxo ameaçava carregar o caiaque de volta para o mar. Um menino franzino, sem camisa e com o calção folgado e molhado surgiu do nada e segurou a proa.

Usando o remo como bengala, consegui me levantar com muito esforço e recuperar o equilíbrio aos poucos, enquanto as juntas voltavam a se encaixar dolorosamente na posição vertical, como se eu tivesse sido o primeiro macaco a descer das árvores. Virei-me para olhar o mar e acenei para Misha com alegria, indicando que estava tudo bem, embora não estivesse, porque a arrebentação era forte e perigosa.

Misha acelerou e caiu na arrebentação. Mas escolheu uma onda bem íngreme e virou. Então nadou para a praia com o caiaque emborcado cheio de água ao seu lado.

Ajudei-o a se levantar, ele sorriu sem graça e recuperou o controle, repetindo com orgulho:

— Trabalhar e defender.

Rimos, puxamos e esvaziamos o barco. Uma mulher se aproximou pela areia molhada. Era uma koryak, um membro de uma das tribos indígenas que vivem no nordeste da Sibéria. Embora estivéssemos em meados de julho, em pleno verão, ela usava um pesado casaco de lã que ia até o tornozelo e um volumoso gorro de pelo de cão. Suas bochechas redondas e maçãs do rosto salientes destacavam-se em meio ao pelo, que quase escondia os olhos amendoados e a boca pequena perfeitamente redonda. Ela falou num inglês hesitante, com a gramática incorreta, embora pronunciado com cuidado:

— Bem-vindo. Bom ver você. Meu nome é Lydia. Eu espero você porque estou sabendo que você vem para cá. Talvez nossa bisavó... como vocês dizem isso?... fez com que esta tempestade trouxesse você para nossa aldeia.

Olhei para trás, observando a arrebentação que se abatia com violência sobre a areia. Uma onda assobiou ao atingir sua elevação máxima, enrolou-se e despencou, expelindo com estrondo o ar em seu interior. A espuma escorregou pela superfície da onda, como inúmeras serpentes-marinhas, e um borrifo branco e violento deslizou sobre a areia, dissipando-se em cachos e formando redemoinhos em volta das minhas botas. Uma rajada de vento carregou algas e areia em círculos, misturando esguichos e a espuma que soprava do mar.

Virei-me para Lydia com o intuito de retomar a nossa conversa enrolada. No início, não conseguia entender o que ela dizia, então escolhi algumas palavras para pôr ordem na sintaxe. Olhei de novo para ela procurando alguma sombra de malícia. Lydia sorria serena.

— Por que sua bisavó mandaria uma tempestade nos trazer para cá? — perguntei.

— Não sei.

Era a minha vez de falar, mas não tinha nada de inteligente a dizer, então perguntei, meio desajeitado:

— E como se chama a sua bisavó?

— Moolynaut.

Lydia se calou, com uma expressão que desestimulou qualquer outra indagação.

No céu, as nuvens negras se retorciam em sua corrida sobre o oceano para despejar sua fúria sobre Vyvenka. Deveria agradecer a Moolynaut por ter permitido que passássemos pela tempestade e chegássemos a salvo? Ou deveria ficar enfurecido por ela ter provocado tamanho reboliço?

Lydia falou de novo:

— Agora eu vou para casa. Você e Misha devem estar com fome. Vou pegar comida para nós.

Então, em russo, indicou a Misha como encontrar seu marido, Oleg, e o companheiro dele, Sergei.

Misha andou em meio ao vento, Lydia seguiu em direção às casas, e eu fiquei esperando, sentado sobre a tampa do caiaque.

Havia pouco mais de um ano, Franz Helfenstein e eu decidíramos fazer a travessia do Japão ao Alasca de caiaque, remando cerca de cinco mil quilômetros, contornando o Ártico no Pacífico Norte. Os burocratas do governo insistiram em que contratássemos um "guia" russo, mas nosso funcionário ficara com medo e nos deixara depois de uma semana. Continuamos tentando por muitos meses, evitando e bajulando a temida guarda russa, Pogranichniki, a tropa de elite da fronteira. Mas, quando chegamos à cidade portuária de Petropavlovsk-Kamchatsky (PK), não pudemos mais ignorar a lei. Não conseguimos encontrar ninguém com experiência em caiaque; então, Misha nos visitou, usando um elegante terno de executivo. Embora nunca tivesse andado de caiaque, ele queria remar pelo Pacífico Norte comigo porque, conforme explicara, estava "escrevendo demais em casa" e precisava "ver a Natureza Selvagem". Tinha um sorriso caloroso, o jeito calmo, e, apesar da loucura daquele plano, por alguma razão confiei nele. Estávamos quase no fim da temporada, então Franz e eu voltamos para a América do Norte a fim de esperar o inverno passar. Franz tinha outros compromissos, e, no final de maio do ano seguinte, Misha, minha esposa, Chris, e eu partimos para percorrer o litoral setentrional da Sibéria num barco a remo. Depois de quase mil quilômetros, Chris teve tendinite e voltou para PK; eu segui em frente com Misha.

O caiaque é a menor embarcação para se navegar no oceano, e o Pacífico Norte é um dos mais tempestuosos do mundo. Nas sete semanas anteriores, remamos todos os dias até cansar, preocupados em alcançar o Alasca antes de as tempestades de outono transformarem nossa expedição num suicídio. Olhei o mar e outra vez me imaginei flutuando não apenas sobre a água, mas também dentro dela. Parecia pouco provável que conseguíssemos sobreviver à força e a todo aquele caos, mas o cheiro do mar me garantiu que sim.

Eu nasci algumas semanas após o fim da Segunda Guerra Mundial, tive uma existência sem sobressaltos, num ambiente de certo modo afluente, estudei em Andover e na Brown e me formei em Química Orgânica pela Universidade do Colorado. Meus professores disseram que eu poderia seguir uma confortável carreira acadêmica, mas, aos 26 anos, estimulado por um espírito inquieto e pelo fracasso de um casamento, obedeci a uma misteriosa voz interior e parti para o Ártico.

Depois de passar anos a bordo de pequenas embarcações, agora me tornara um pouco místico. A despeito da minha habilidade no mar ou do quanto eu me considerasse experiente, havia momentos em que o barco parecia pequeno e vulnerável demais para sobreviver no vasto oceano. Nessas horas, parecia que algo mais me mantinha vivo. E, mesmo que eu não acreditasse que uma mão me havia guiado e salvado quando a experiência e a sorte tinham acabado, o mar penetrara mansamente meu cérebro, apertando alguns parafusos e afrouxando outros, e me levara a confiar minha vida a uma intuição muito mais segura do que os processos do pensamento elaborados no lado esquerdo do cérebro, que eu alimentara com zelo no laboratório de química.

Entretanto, eu ainda não podia acreditar que uma velha xamã koryak tivesse provocado a tempestade que nos obrigara a aportar naquela aldeia desolada varrida pelos ventos, no limite oriental do mundo oriental. Por outro lado, há dezenas de anos levo uma vida de aventureiro, com frequência sozinho, vulnerável, faminto e dependendo da bondade de gente estranha. Na Rússia, as pessoas me chamavam de *puteshevstinek*, um viajante contador de histórias, que as divertia e trazia novidades. No meu vocabulário de viajante não há lugar para cinismo, crítica e dúvida. Em vez disso, aprendi a ouvir, a aceitar e a tomar nota.

A tempestade inesperada tinha surgido de repente, horas antes. O barômetro não registrara nenhuma queda, não houvera alerta de nuvens a grandes altitudes ou estacionárias, apenas um vento abrupto e intenso. Mas nada disso tinha importância. Agora Misha e eu estávamos seguros em terra, e eu não tinha o menor interesse em qualquer razão cósmica ou mágica que pudesse controlar o nosso destino. Lydia logo nos convidaria para ir à sua casa, onde haveria uma lareira reconfortante e, quem sabe, um pão assando no forno. Das chaminés das casas açoitadas pela tempestade, saía fumaça.

Misha se aproximou pela praia acompanhado de dois estranhos. Ele era alto, corpulento e loiro, com lindos olhos azuis — um russo escandinavo descendente dos vikings que há mil anos haviam espalhado terror por toda a Europa. Um dos estranhos era um homem de compleição robusta, peito largo e pernas arqueadas por precisar se equilibrar em pequenas embarcações em mares tempestuosos. O outro era baixo e rijo, com um modo impertinente de andar, como um adolescente que volta bêbado após dar uma escapada para tomar cerveja com os amigos. Enquanto Misha vestia um anoraque laranja que eu lhe dera, os dois homens koryak usavam diversas roupas de lona esfarrapadas com cores de terra, gorros de pelo e botas de borracha gasta remendadas. O vento fazia a areia e a espuma rodopiarem, formando uma névoa ao redor dos homens, que pareciam guerreiros fantasmagóricos saídos das sombras de seus ancestrais.

Percorri com Misha 1.200 quilômetros remando por sete semanas, durante as quais compartilhamos perigos, fome e euforia. Embora ele sempre conseguisse ter boa aparência de maneira incompatível com aquela terra violenta, a determinação e a firmeza de seus olhos talvez assustassem quem não o conhecia, não confiava nem nutria por ele um grande afeto, como eu. O sujeito de peito largo, Oleg, era um mestiço koryak, a pele bronzeada herdada de um caçador de zibelinas do mar Negro ou dos montes do Cáucaso. O homem rijo, Sergei, era koryak puro, magro e anguloso, com maçãs do rosto muito salientes e um cigarro pendurado nos lábios como se estivesse enfiado entre os caninos inferiores. Ele piscava em meio à tempestade, e em seu rosto enrugado pelas intempéries podiam-se vislumbrar os ancestrais da Idade da Pedra carregando uma lança no ombro durante a longa migração da Ásia Central até o norte do Ártico e atravessando a ponte terrestre de Bering rumo à América do Norte.

Fiquei pensando na minha linhagem. Séculos antes, meus antepassados fugiram de Jerusalém e dos soldados romanos e se estabeleceram na Espanha, mas tiveram de fugir de lá por causa da Inquisição. Encontraram segurança temporária do nordeste da Europa, que acabou dando origem aos pogroms e, mais tarde, ao Holocausto nazista, levando minha família a uma plácida existência em uma cidade de Connecticut.

Misha, Oleg e Sergei se juntaram a mim, e ficamos sentados em círculo, como se Moolynaut nos tivesse agrupado em seu redemoinho, como os rolos de algas que o vento fazia rodopiar sobre a areia.

A visita a Moolynaut

Misha, Oleg, Sergei e eu fomos andando pela praia, passamos pela valente horta de Lydia fustigada pelas tempestades, com seus canteiros de batatas, cenouras, rabanetes e alface, até duas pequenas casas geminadas construídas com uma mistura eclética e precária de concreto, tábuas velhas, papelão revestido de alcatrão e madeira trazida pelas marés. Lydia, que nos esperava na porta, pegou meu gorro de lã e habilmente arrancou um fiapo. O gorro de Misha era de náilon, então ela abriu o zíper do seu anoraque e puxou uma linha do seu casaco. Depois, pediu que esperássemos e sumiu no interior da casa; em seguida, reapareceu segurando uma pequena pá cheia de brasas acesas. Pôs os fiapos sobre as brasas e entoou alguns versos na antiga língua gutural dos koryak — para queimar os *cherney*, os espíritos maléficos que podíamos estar trazendo do mundo exterior, esse mundo assustador, hostil e destruidor.

Quando entrei, uma lufada de ar cálido me invadiu como uma perigosa onda, mas me fez sentir confortável. Não importava nem um pouco se o papel de parede se encontrava rasgado e descolado em alguns pontos, se uma lâmpada estava presa a um fio elétrico desencapado ou se a única janela coberta por uma camada de gordura de foca e de pó de carvão mal deixava passar a claridade. Debaixo da janela, havia uma mesinha bamba com alguns banquinhos em volta, mas para mim o único móvel que importava e que dominava o ambiente era um pesado fogão de tijolos queimando carvão, uma *petchka*. Ondas trêmulas de ar quente subiam da tampa de ferro batido.

Lydia explicou que a casa pertencia a um sujeito chamado Goshe. Depois que a esposa falecera, um ano antes, o espírito dela começara a frequentar o lugar, e por isso Goshe deixava a *petchka* acesa, para que ela pudesse se aquecer. Às vezes, o dono da casa aparecia durante o dia, mas dormia na casa da mãe. Ele estava trabalhando naquele momento, então éramos bem-vindos e podíamos ficar lá até a tempestade acalmar. Lydia nos assegurou que o espírito da esposa de Goshe estava sozinho, não era mau e não nos incomodaria. E deu uma risadinha, cobrindo a boca com a mão.

— Oh, desculpe. Estava perdendo a educação. Vocês têm roupa quente para vestir?

Fizemos sinal que sim com a cabeça, e ela continuou:

— Olha para vocês. Estão também muito molhados. Por favor, fiquem bem. Volto logo com muita comida.

Lydia saiu apressada e entrou na casa ao lado, onde morava com o marido, Oleg. Assim que ela partiu, tiramos as peças de roupa encharcadas e, nus, nos deliciamos na frente do fogão, desfrutando o conforto em silêncio, numa intensa sensação de amizade cimentada pelo perigo compartilhado, unidos pelo mesmo objetivo. Depois, tornamos a vestir as roupas com um leve cheiro de mofo.

Lydia, Oleg e Sergei voltaram uma hora depois com pão fresco coberto com espessas camadas de caviar vermelho, pratos de salmão assado e batatas da horta cozidas. Nossos novos amigos perguntaram sobre a viagem, e Misha contou os detalhes da expedição. Conversamos até tarde sobre o mar, a migração dos salmões de volta aos rios na época da reprodução e os mamíferos marinhos que tínhamos visto. Misha traduzia fielmente quando eu perdia o fio da conversa. Então, bem-alimentados, aquecidos, secos e em segurança, desenrolamos nossos colchonetes e sacos de dormir sobre o tapete puído e mofado de Goshe, e mergulhamos no sono.

Na manhã seguinte, acordei confuso, sem saber onde estava. Não ouvia a arrebentação, o vento, o som da cobertura de náilon batendo. Depois de viver sete semanas numa barraca, não conseguia entender por que de repente estava cercado por um papel de parede verde desbotado, decorado com o que pareciam ser flores mortas. Então lembrei que estava numa casa, em Vyvenka, a casa de Goshe. Sentei. Misha ainda dormia ao meu lado, por isso vesti a roupa sem fazer barulho e saí. Um vento forte de tempestade redemoinhava na entrada, havia uma névoa de flocos de espuma revoando no ar e chovia forte. Cobri a cabeça com o capuz e fui até a praia. Seria suicídio sair de caiaque num dia daqueles, e analisei a arrebentação com a intimidade que tinha com aquele mar: amigo e inimigo, rival e amante. Logo ouvi passos na areia atrás de mim. Era Sergei se aproximando.

Ficamos calados por alguns minutos, e então ele disse:

— *Plocha* [ruim].

Gotas de chuva caíam do seu gorro para o nariz e pingavam na areia encharcada, mas ele parecia estar acostumado. Concordei com a cabeça e respondi numa mistura de russo e inglês:

— Se a gente sair para o mar hoje, morre.

Sergei se abaixou, pegou um remo imaginário e, virado para o norte, fingiu remar no oceano agitado pela tempestade, lutando contra as ondas e balançando o corpo com a turbulência. Depois sorriu com malícia e falou algo. Não entendi metade do que ele disse, mas consegui pescar algumas palavras: — Vocês... homens fortes... Vocês vão... Alasca... hoje.

Ri da piada e retruquei:

— *Da, conyeshna* [sim, claro].

E ficamos ali, um pescador e um remador de caiaque, cada qual perdido nas próprias lembranças do mar.

Depois de alguns instantes, Sergei me deu um tapinha no braço, e voltamos para a casa. Misha estava acordado, e logo Lydia entrou com chá quente e outro pão fresco cheiroso. Sentei para comer, e conversamos rapidamente sobre a tempestade e a impossibilidade de seguir viagem enquanto o tempo não melhorasse.

Então Lydia anunciou:

— Hoje vamos pelo rio para olhar Moolynaut. Dessa vez Moolynaut também precisa olhar você.

Na confusão que experimentava naquele lugar estranho, numa cultura estranha, com novos amigos que falavam uma língua que eu não compreendia bem, esquecera-me por completo de Moolynaut. Lembrei, então, o que acontecera na tarde anterior e a conversa com Lydia na praia. Ah, sim, Moolynaut era a mulher que fizera surgir a tempestade. Mas os fatos, as implicações e as alusões eram nebulosos. Será que eu havia perdido alguma informação por causa da dificuldade com a língua? Depois de ter ficado tantos dias com a roupa encharcada, enfim me sentia seco, e a frase "pelo rio" me soou perigosamente úmida. Será que eu não podia ficar sentado naquele lugar aconchegante como um útero, no calor da *petchka*, comendo pão quente, tomando aquele horrível chá russo, amargo, e sentir a lenta recuperação dos meus músculos — fibra por fibra, célula por célula, molécula por molécula?

— Quem é Moolynaut?

— É a avó de todos em Vyvenka. É uma mulher muito forte com muitos poderes. É velha, talvez tenha 96 anos, nem ela sabe exatamente. Ela quer ver você.

Oleg começou a falar em russo muito depressa, e Misha parou de traduzir. Pelo pouco de russo que eu arranhava e pelos gestos das pessoas, entendi que estávamos nos preparando para uma viagem iminente, com ou sem o meu consentimento. Misha se vestiu como se fôssemos para o mar, então, mesmo relutando, fiz o mesmo. Depois saímos todos enfileirados e andamos pela rua barrenta e esburacada do centro de Vyvenka.

Sob o céu carregado, o vento que uivava e a chuva incessante, passamos por casinhas com o teto de papelão revestido, pilhas de madeira trazidas pelo mar e carvão, trenós nos mais variados estágios de decomposição e hortas com os legumes do hemisfério norte. Havia também estufas cobertas de plástico cheias de pepinos e tomates. Sonolentos cães de trenó com o pelo de diversas cores, atrelados aos seus arreios, olharam para nós no despertar da sonolência de verão, enquanto outros saltitavam ao redor, engalfinhando-se em rápidas brigas.

A aldeia, construída sobre uma estreita tira de areia, com uns cem metros de largura, tinha, de um lado, o oceano, e, do outro, um morro baixo e pouco íngreme. Com a tempestade, o mar invadiu a praia, e imaginei que, durante os vendavais mais fortes do outono, a água inundaria a aldeia, lavando a sujeira dos cães e carregando o lixo espalhado para o Pacífico.

Lydia explicou:

— O morro são as costas de uma baleia que dorme. No momento, a baleia está dormindo. Um dia muitos ratinhos virão para Vyvenka. São as esposas da baleia. Depois a baleia voltará para o mar nadando.

Misha perguntou:

— Quando a baleia for embora, a aldeia vai afundar no mar?

Lydia respondeu:

— É claro. A aldeia está aqui só por algum tempo.

Procurei em seus olhos algum sinal de preocupação com a iminência da catástrofe, mas não vi nada. Qualquer geólogo pode explicar que as línguas de areia são um acidente temporário da paisagem, portanto a lenda de Lydia previa corretamente o futuro.

Algumas pessoas iam ou vinham empurrando carrinhos de mão quebrados ou puxavam carroças com as rodas bambas. Uma motocicleta soviética antiga com *sidecar* passou com estrondo pela rua encharcada de chuva, espirrando água em todo mundo. Depois das casas, voltada para o norte, estendia-se uma fileira de prédios em estilo soviético, agora em ruínas, cujo revestimento externo, paredes e tetos desapareceram, como se tivessem sofrido um ataque do Exército russo na tentativa de capturar um bando de terroristas.

Cem anos antes, toda uma longa vida, quando Moolynaut era menina, os koryak eram um povo nômade que seguia os rebanhos de renas domésticas e vivia em tendas de pele, chamadas *yurangas*. Mas Stalin, um sociopata cruel e intolerante, ao menosprezar toda expressão cultural ou intelectual, prendeu, torturou e mandou fuzilar milhões de pessoas para implantar sua concepção maligna e distorcida de sociedade. Nas minas de trabalho escravo, nas fundições que vomitavam fumaça tóxica e nas fábricas espalhadas na Sibéria central, ele arregimentou exércitos assassinos e os despachou, com comboios de barulhentas escavadeiras, pelo maior império que o mundo já conheceu, da Europa ao oceano Pacífico, das florestas de taiga do lago Baikal ao longínquo Ártico. Com fuzis, doenças e máquinas potentes, os soviéticos destruíram culturas, arrasaram a tundra e as florestas, e construíram infinitas fileiras de prédios de concreto úmidos, escuros, bolorentos, com instalação elétrica e aquecimento central. Depois fuzilaram todos os que insistiam em viver em suas amadas *yurangas*.

Vyvenka surge à margem de um dos rios mais ricos em salmão do mundo, e a tundra, a oeste da aldeia, oferece um pasto ideal para as renas domésticas. Os soviéticos modernizaram e coletivizaram ambas as atividades. Em pouco tempo, o barulho dos barcos de pesca movidos a diesel, dos caminhões e dos frigoríficos violentou a atmosfera até então silenciosa. Todo ano, no outono, os navios levavam carvão para a central térmica, diesel para os geradores e alimentos, roupas e outras mercadorias para as lojas, e regressavam a PK e a Vladivostok com peixe e carne. Pode-se argumentar contra ou a favor da política soviética, mas naquele tempo a vida era previsível. As pessoas que obedeciam às regras tinham garantidos casa aquecida, comida, cuidados médicos, escolas e uma semana de férias por ano para viajar para o sul de avião e instalar-se com conforto num spa com fontes de água termal e massagens diárias.

Depois da *perestroika*, em 1988, seguiram-se alguns anos de declínio por causa da confusão e da inércia que imperavam no sistema, e, no início dos anos 1990, os navios frigoríficos e os barcos de combustível deixaram de aparecer. A máfia dos negócios de Moscou e PK bajulou, ameaçou e subornou os burocratas das grandes cidades para obter autorizações exclusivas que impedissem os habitantes do lugar de pescar o próprio peixe. Os russos de aldeias vizinhas começaram a caçar abusivamente as renas em barulhentos veículos blindados sobre esteiras chamados *visdichots*. Funcionários corruptos inventaram impostos ilegais altíssimos e, quando as pessoas ficaram sem dinheiro, trataram de levar a sua parte em carne.

Em 1995, o gerador elétrico de Vyvenka consumiu as últimas gotas de diesel, os pistões silenciaram, e o povoado se encolheu na profunda escuridão do inverno subártico. Um ano mais tarde, a aldeia ficou sem carvão para a central de calefação, embora existisse uma mina de carvão em operação cerca de 24 quilômetros ao norte. Os tubos congelaram e racharam, e as espessas camadas de gelo se acumularam na parte interna das paredes, nos tetos e no piso das casas. Engenheiros, professores, médicos e funcionários públicos que trabalhavam na região regressaram a Moscou, abandonando os koryak à própria sorte. Quase de imediato, estes desmantelaram a maior parte dos detestados apartamentos com machados e pés de cabra, e o vento começou a soprar nos esqueletos ocos dos edifícios devastados, transformando a aldeia num lúgubre cenário à *Mad Max*. Os habitantes reaproveitaram a madeira para construir moradias menores e queimaram as sobras nas suas *petschkas*.

Viramos à esquerda saindo da rua principal e pegamos um caminho que levava ao topo do morro. Assim que saímos da aldeia, o cenário e a conversa ficaram mais relaxados. Chegando ao topo do morro varrido pelo vento, vimos o vale do rio Vyvenka lá embaixo cercado pela tundra vasta e imperscrutável como o oceano, mas confortável, segura e protegida, por ser terra sólida. O rio Vyvenka formava uma fina linha azul que serpenteava na paisagem em que cresciam chorões, relva e juncos. A chuva diminuíra, mas o vento ainda formava cristas e espumas no estuário.

Lydia comentou com indiferença:

— O nome Moolynaut significa "aquela que dá o sangue pelo povo".

Esperei para ouvir se Lydia tinha algo a acrescentar e perguntei:

— E por que ela tem esse nome?

— Porque, quando as pessoas têm doença, Moolynaut pode fazer que não fiquem assim.

— Como ela conseguiu esse poder? Há quanto tempo ela o tem?

— Ela nasceu com essa força. Sua mãe tinha a força, e sua avó também, muito antes. Sua avó tinha, muito forte. Muito, muito forte. Mais forte que Moolynaut ou que a mãe de Moolynaut. Moolynaut tinha a força mesmo quando menina. Nasceu com ela.

Lydia desceu o morro, e eu a segui pela trilha estreita, digerindo a informação e juntando-a ao relato de que Moolynaut tinha chamado a tempestade. Então dei de ombros e tratei de esquecê-la. As expedições simplificam a vida. Deve haver comida, ou se morre de fome. Descanso ou cansaço. Segurança ou perigo mortal. Naquele momento, eu estava feliz da vida: alimentado, descansado e seguro — nada mais importava. As histórias de Lydia iam se tornando parte da paisagem misteriosa, difíceis de distinguir dos delicados cumes de rocha que surgiam do mar a leste ou dos bandos de papagaios-do-mar que voavam em círculos sobre nossas cabeças. Depois de alguns instantes, chegamos à lancha de alumínio de Oleg que tinha sido puxada para a praia. Ele era o orgulhoso proprietário de um barco novo em folha com motor de popa Yamaha de 35 cavalos de potência, o primeiro motor potente a combustão interna que eu via desde que deixamos PK.

Alguém esqueceu alguma coisa e saiu correndo, então sentamos para esperar e conversar. Misha contou a Oleg que eu havia trabalhado na pesca comercial de salmão no Alasca durante quatro anos. Oleg se mostrou interessado, mas não disse nada, então falamos sobre preços e mercados. Fiquei sabendo que, no capitalismo agressivo da Rússia moderna, os pescadores locais ficavam com cerca de 5% do lucro, enquanto os empresários ladrões e os burocratas corruptos roubavam o restante. Oleg murmurou com calma:

— Se eles roubassem só 75% do nosso dinheiro, ainda assim ficariam ricos, mas nós teríamos o suficiente para uma vida decente. Mas eles tiram 95%, e a vida é dura.

Entretanto, a lancha de Oleg era a prova de que ele era uma raposa mais esperta do que as outras. Empurramos o barco para dentro da água, e Sergei, com suas botas de borracha de cano longo, segurou a proa na direção da praia enquanto Oleg puxava o cordão de partida. O motor pegou com um ronronar caloroso, e Oleg olhou para mim e sorriu com orgulho estampado em seu rosto marcado. Acenei com a cabeça e ergui o polegar em sinal positivo. Queria perguntar como ele conseguira comprar o motor nesta terra empobrecida, mas tinha quase certeza de que a resposta envolveria alguma malandragem ou ilegalidade — e há muito eu aprendera a não fazer perguntas a um amigo que poderia ser até um bandido da pior espécie.

Lydia entrou no barco e sentou-se sobre um cesto de plástico emborcado, protegendo-se atrás do para-brisa. Na qualidade de distinto hóspede americano, sentei no segundo cesto. Misha se agachou sobre um couro de rena, também se protegendo atrás do vidro. Oleg e Sergei ficaram mais atrás, expostos ao vento, à chuva e aos borrifos das ondas. Wolfchuck, o cão de Oleg, pulou para o seu lugar costumeiro, o deque estreito e escorregadio do barco. Aceleramos deslizando sobre a água com a proa levantada e ficamos saltando da crista de uma onda para outra. Wolfchuck balançou e procurou equilibrar-se sobre o deque, tentando desesperadamente enfiar as garras no alumínio para não cair. Borrifos de água escorriam no para-brisa espirrando sobre Oleg e Sergei até suas parcas ficarem encharcadas. A brasa vermelha na ponta do cigarro de Sergei chiou e virou cinza molhada, mas ele não mostrou nenhum sinal de irritação.

Disparamos rio acima, para um trecho protegido; a chuva parou, e o sol apareceu através das nuvens em fuga. Oleg acelerou o máximo que pôde e manobrou com habilidade, ziguezagueando para evitar os bancos de areias ocultos. Pessoas em ambas as margens arrumavam as redes e limpavam os salmões. A pesca comercial era feita no oceano, mas os habitantes praticavam a pesca de subsistência na beira do rio. Depois de meia hora, chegamos perto da margem esquerda, onde um homem num barco a remo de madeira tirava peixes da rede. Nas proximidades, uma velha miúda, enrugada, estava acocorada no chão limpando peixe. Vestia calções marrons de lona e um casaco azul-marinho de feltro, e tinha um lenço vermelho vivo na cabeça. Manejava uma faca de pesca afiada, longa e fina, com a qual cortava mantas de carne vermelha iridescente com golpes hábeis e seguros.

Os morros em volta serviam de barreira contra o vento, e a terra absorvia o sol do verão ártico. Minha pele formigava ao receber o calor pouco familiar naquelas terras. Descemos do barco, e Moolynaut levantou-se com lenta determinação, como se mandasse cada junta dolorida pela artrite se esticar. Quando estava quase em pé, equilibrou-se com uma velha bengala. Na juventude, ela talvez tivesse um metro e meio de altura, mas agora estava bastante encurvada por causa da idade, e sua cabeça mal chegava à metade do meu tórax. Rugas profundas sulcavam seu rosto, mas os olhos eram vivos, e ela nos recebeu com um sorriso caloroso e confiante.

Lydia se dirigiu a ela na língua antiga, e no fim de cada sentença ela respondia "Ah... ah... ah" numa voz arranhada, gutural e, no entanto, sonora, indicando que havia entendido. Então Moolynaut olhou diretamente para mim:

— Você é americano? — perguntou em russo.

— *Da* — respondi.

E ela prosseguiu:

— Bem-vindo de volta. Faz muito tempo que os americanos estiveram aqui. Eles vinham todos os anos para fazer negócios. Antes dos bolcheviques. Eu era menina, mas lembro. Trouxeram belos cavalos. Cavalos brancos. E depois, quando vieram os anos difíceis, trouxeram fuzis. Fuzis Winchester. Já ouviu falar de fuzis Winchester?

Assenti com a cabeça, e ela repetiu "Ah... ah... ah" várias vezes, como se estivesse relembrando o passado. Depois, olhou para o rio, e ambos ficamos observando a correnteza.

— E os cartuchos — prosseguiu. — Fuzis não funcionam sem os cartuchos. Moolynaut me encarou. Passados alguns minutos, falou suavemente:

— Mas isso faz muito tempo.

Então, de repente, tornou a sentar no chão, pegou a faca e voltou a limpar o peixe.

Lydia nos levou à pequena cabana onde Moolynaut morava durante o verão. Aos poucos, meus olhos se acostumaram à escuridão, e Lydia me disse para sentar num estrado estreito que servia de cama, perto de uma mesinha feita de tábuas presa na parede. Não cabíamos todos sentados à mesa, então Sergei, sem a menor cerimônia, a arrancou da parede, lascando a madeira cinzenta quebradiça. Oleg saiu correndo e voltou com um pedaço de tronco. Os dois empurraram a mesa para o centro do cômodo e apoiaram a extremidade sem pé sobre o tronco. Lydia acendeu o fogão de metal e o encheu de lenha até a cabana virar uma sauna, mas meus anfitriões não tiraram suas pesadas roupas impermeáveis. Despi tudo o que a educação me permitia, mas ainda assim desejei o ar fresco e o sol da tundra. Lydia preparou sopa de peixe, batatas e ervas. Como eu era o convidado, Lydia me serviu a cabeça do peixe com os globos brancos dos olhos escancarados em sua máscara mortuária. Depois, saiu para chamar a avó para o almoço.

Moolynaut sorveu a sopa ruidosamente. Quando acabou, as duas mulheres conversaram em koryak, e Lydia se virou para mim:

— Jon, agora você faz as perguntas para a bisavó.

Pensei rápido: minhas perguntas? Não fui eu que provoquei uma tempestade para chamá-la. Foi ela quem me chamou. Ela é quem deveria me fazer as perguntas.

Todos olharam para mim com expectativa. O que eu queria mesmo perguntar era: "Quem está ficando louco? Eu ou você?"

Mas não podia dizer isto. Ou então: "Você fez mesmo surgir a tempestade? E por quê?"

Mas tampouco ficaria bem. Via diante de mim a velha que antes limpava peixe e agora almoçava. Se o que Lydia havia falado estava certo, Moolynaut era uma das últimas xamãs indígenas da Sibéria e carregava dentro de si a história de um século, interpretada por uma realidade que eu compreendia apenas de forma vaga. Eu tinha muitas perguntas a fazer, mas precisava falar algo simples e plausível. O urso-pardo é o animal terrestre mais poderoso e perigoso dessas paragens, e a religião animista dos koryak honra os ursos com especial reverência, então tentei:

— Conte uma história sobre os ursos-pardos.

Moolynaut olhou para o teto, como se puxasse as profundezas do tempo e do espaço; depois, começou em russo, enquanto Misha traduzia:

Certa vez, muito tempo atrás, quando eu era menina, estava apanhando bagas vermelhas com minha mãe. Caminhando no alto de uma colina, de repente vi um urso. Ele se levantou sobre as patas traseiras e era muito grande. Muito, muito grande. Fiquei apavorada e corri. Mas o urso não me comeu.

Depois enfiou a colher de sopa molhada no açucareiro, comeu açúcar e tornou a sair no sol para limpar peixe. Todos pareceram satisfeitos com a história que ela contou. Tomamos chá e conversamos até que Oleg anunciou que estava na hora de voltar.

Quando saímos na luz brilhante do sol, Moolynaut se levantou e jogou nas costas uma quantidade enorme de peças de salmão. Largou a bengala e, embora caminhasse curvada arrastando os pés, pulou com agilidade numa tábua que envergou perigosamente sobre uma pequena valeta. Num varal para estender o peixe por cima da valeta, ela curava fileiras de salmão no sol quente do verão. Misha e eu subimos na tábua e nos despedimos.

Eu disse a Moolynaut que me sentia honrado por tê-la conhecido. Ela acenou com a cabeça, olhou fundo nos meus olhos e respondeu em russo:

— Sim, volte, por favor. Será bom para você.

Depois entoou um canto antigo para que tivéssemos uma viagem tranquila.

Ao regressar ao povoado, Lydia reiterou o convite. Mandou que voltássemos para a festa da primavera, quando as pessoas se reúnem para comemorar o fim do longo inverno com competições a pé e com trenós puxados por cães, lutas, danças, música e comida em grande quantidade.

Sergei acrescentou entusiasmado:

— Você e Misha são viajantes, Oleg e eu somos viajantes também. Podemos viajar juntos pela tundra. Vocês têm dinheiro para a gasolina?

Assenti com a cabeça, e ele sugeriu que os quatro fôssemos para a Pedra Sagrada, enfatizando o que Moolynaut tinha falado:

— Será bom para você.

— O que é a Pedra Sagrada? — perguntei.

— A Pedra Sagrada é o centro do nosso poder e da nossa magia.

Oleg o interrompeu:

— Mas quando vocês visitarem a Pedra Sagrada não devem tirar fotos. A última pessoa que tirou fotos da Pedra Sagrada... caiu no rio e se afogou três dias depois.

Sergei acrescentou:

— E todo mundo que viajava com ele... também morreu. No prazo de um mês. Misteriosamente. Morreu mesmo.

Lydia disse:

— E quando vocês passarem pela Pedra Sagrada precisam deixar uma coisa especial. Não precisa ser uma coisa grande, pode ser também uma coisa pequena com muito amor. Uma vez, quando eu era menina, passei pela Pedra Sagrada. Tinha um doce especial, mas não queria pôr sobre a pedra. Queria comer ele sozinha.

Lydia cobriu a boca com a mão, dando uma risadinha como uma criança, depois continuou:

— Estava a cavalo. Uma hora depois atravessamos um rio. O cavalo deu um pulo no ar. Saltou. Sem razão. Eu caí e quebrei a perna. Por isso, toda vez você deve pôr um presente para a Pedra Sagrada.

Eu queria dizer: "Pessoal, para que tanta confusão? Quem disse que eu vou voltar?" Mas, de certo modo, parecia que o acordo estava feito, então sorri e concordei:

— Não vou tirar fotos da Pedra Grande e vou levar algo especial para deixar lá.

Saindo do povoado

A tempestade amainou dois dias depois; Misha e eu carregamos nossos caiaques e os levamos de volta à praia. Oleg nos deu uma descrição detalhada das correntes e dos ventos predominantes entre Vyvenka e a próxima meta, Govena Point.

— E depois? — perguntei.

Oleg encolheu os ombros.

— Nunca fui mais para o Norte.

Sergei sorriu, passou o cigarro de um dente para outro e comentou:

— Vocês são remadores de caiaque. Assim como meu bisavô, antes de os soviéticos chegarem. Vão entender o mar quando chegarem lá. Ele falará com vocês.

Lydia prometeu que iria para casa de imediato, mergulharia um pedaço de pele de coelho na manteiga e o jogaria no fogo dizendo:

— Espírito do coelho, segue estes homens. Dá a eles boa sorte e ajuda eles a viajar depressa.

Depois de atravessar a arrebentação, Misha e eu ainda balançamos nas últimas ondas fortes deixadas pela tempestade e voltamos a remar calados, repetindo os movimentos como se fossem um mantra. A visita de três dias a Vyvenka tinha sido repleta de mistério, mas estávamos no caminho de uma nova expedição árdua e perigosa e precisávamos nos concentrar outra vez no mar aberto.

Estabelecemos o nosso curso pela baía de Govena, enquanto Vyvenka ia ficando para trás e uma costa castigada pelas tempestades se estendia à nossa frente. Depois de muitas horas, parei para descansar os ombros. Misha se aproximou e sugeriu:

— Vamos comer alguma coisa?

Concordei e agarrei a borda do seu cockpit, e nossos barcos bateram suavemente um contra o outro. Misha tirou do caiaque um pedaço de *sala* (gordura de porco crua marinada em vinagre) e segurou dois embrulhos engordurados enrolados num plástico meio rasgado. Lá em casa, eu jamais tocaria naquilo, mas estávamos em Kamchatka, remando no Pacífico Norte.

— Com ou sem alho? — perguntou.

— Alho seria bom hoje.

Enquanto Misha cortava com cuidado dois pedaços iguais, perguntei:

— O que você acha daquele negócio da Moolynaut?

— O que você disse? "Aquele negócio"?

— Desculpe, é uma gíria americana. Às vezes, eu esqueço. Você acha que Moolynaut provocou uma tempestade mágica para nos levar a Vyvenka?

— Acho, também penso nessas coisas. Não sei. Ouço muitas histórias sobre pessoas especiais que moram na tundra. Pessoas com grande força. Como vocês chamam?

— Xamãs.

— É, xamãs. Muito bom. Temos a mesma palavra em russo. Ouço muitas histórias sobre xamãs. Mas eu sou russo, não um koryak. Trabalho o dia todo no computador. Como você. Você e eu não temos como saber essas coisas.

Misha mastigou seu *sala*, perdido em seus pensamentos. Depois prosseguiu:

— Veio uma tempestade, e chegamos a Vyvenka. Isso aconteceu de verdade. Talvez Moolynaut tenha chamado a tempestade. Talvez Lydia só tenha pensado que Moolynaut fez isso. Mas Lydia não estava brincando com a gente. Ela estava falando o que acha que é verdade.

Percebi que Misha não dizia que não acreditava. Eu considerava aquilo uma loucura, mas não tinha importância. Naquele momento, só precisava encontrar forças para remar mais 1.600 quilômetros até o Alasca antes de enfrentarmos as tempestades do outono. Revirei o *sala* na minha mão e por um instante pensei em jogá-lo no mar, então lembrei que precisaria de calorias para sobreviver à viagem. Só me preocuparia com as placas de gordura nas artérias depois de chegar ao Alasca.

Tinha mais uma pergunta:

— Misha? Você acha que Moolynaut quer mesmo que a gente volte?

Misha respondeu lentamente:

— Eu também penso nisso. Não sei. Disse isso para você antes. Eu sou russo, não um koryak. Cada pessoa tem uma forma de dizer. Talvez essa tenha sido sua maneira de dizer adeus. Talvez ela queira que nós voltemos. Talvez não. Talvez ela não tenha importância, talvez sim, talvez não.

A praia ainda estava a muitas horas de distância, então acabamos o almoço e recomeçamos a remar. Nossos barcos se separaram e eu me senti relaxado, mergulhando calma e agradavelmente em meus pensamentos, flutuando sobre as ondas. A península de Govena era uma fina linha verde à nossa frente, e a costa de Vyvenka não passava de uma linha fina verde atrás de nós. Por outro lado, o tendão do meu cotovelo esquerdo latejava depois de remar apenas algumas horas. Eu tinha 55 anos, e a idade, as distâncias e os antigos machucados haviam deixado sequelas.

Pensei nas expedições passadas, e uma onda de recordações voltou à minha mente: tempestades no mar, cumes à mercê dos ventos, nevascas, sede, fome, dedos congelados, a euforia no topo das montanhas, o intenso companheirismo, os parceiros de expedições apertados uns contra os outros durante as tempestades e a glória do sol brilhando. Se eu conseguisse concluir a travessia do Pacífico Norte, seria a aventura mais significativa da minha vida.

Significativa? O que isso quer dizer? Não tinha descoberto nenhuma ilha das especiarias nem conquistado terras estranhas, e ninguém ligaria se eu fosse bem-sucedido ou não. Mas minhas expedições eram importantes para mim, isso não bastava?

Fiquei satisfeito com a minha vida, com os objetivos realizados, com as metas que não conseguira atingir. Entretanto, durante todo esse tempo de aventura, passara inúmeras vezes pela vida das pessoas com um olhar casual, e depois seguira em frente para algum ponto no meu mapa que eu assinalara em vermelho. Pensei nas centenas de pessoas em suas choupanas, barracas, yurts, *yurangas* e aldeias pelo mundo afora que compartilharam sua comida comigo e me deram abrigo, convidando-me para voltar. Sempre sorria e dizia algo carinhoso como:

— Há muito tempo ainda, e a gente nunca sabe o que vai acontecer.

Mas nunca voltei.

Muitos anos antes, viajando de carro pelo Arizona, dei carona a um jovem navajo. Conversamos, paguei um lanche para ele, e ele me perguntou se eu gostaria de acompanhá-lo pelo deserto para visitar os anciãos de sua tribo e participar da cerimônia do *peyote*. Por alguma razão — problemas com prazos ou compromissos —, recusei. Agora, Oleg, Sergei, Lydia e Moolynaut me davam uma segunda oportunidade para olhar através de uma janela semelhante. Senti que, se a recusasse, talvez jamais viesse a ter uma terceira chance.

Eu não precisava seguir um professor nem um xamã — e com certeza não acreditava que Moolynaut tivesse movido as forças do céu e do mar para que Misha e eu passássemos três dias no povoado. Então, o que me impedia?

Em Vyvenka, as pessoas vivem na pobreza e com privações, dizimadas por exércitos estrangeiros e empresários gananciosos, empoleiradas numa língua de areia que desaparecerá, arrastando consigo a aldeia no mar. No entanto, a vida deles continua cheia de alegria e amor, quase sem recriminações.

Moolynaut e Sergei me aconselharam que uma jornada até a Pedra Sagrada "seria boa para você".

Durante muitos anos, repeti uma frase de Kurt Vonnegut como um estribilho: consigo "Sugestões de viagens inesperadas são lições de dança de Deus."

Não bastava? Haveria na vida algo mais importante do que satisfazer uma curiosidade sem limites?

Fiquei pensando nas perguntas que queria fazer a Moolynaut, sobre o mistério que havia por trás da nossa conversa inicial. A aventura no oceano de repente me pareceu banal em comparação à aventura diferente que me era oferecida e, ao mesmo tempo, ocultada por uma velha que contou uma simples história sobre o encontro de uma garotinha com um urso. Em um instante, embora não imaginasse a enormidade de minha decisão, aproximei-me remando de Misha e perguntei:

— *Tak* [então], você gostaria de ir para a Pedra Sagrada?

Sem reduzir a cadência, Misha respondeu:

— Por que não?

E um pouco mais adiante acrescentou:

— Mas primeiro precisamos remar até o Alasca com nossas próprias mãos. Então parou de remar e levantou-as, achando que eu não tinha entendido.

Parte 2

Voando com Kutcha

Para o lakota *não existia deserto,*
porque a natureza não era perigosa, mas hospitaleira,
não era ameaçadora, mas amiga.

— Chefe Luther Urso em Pé, dos oglala sioux

A pélvis fraturada

Depois que deixamos Vyvenka, remamos para o norte e completamos a passagem para o Alasca em meados de setembro. Durante os quatro meses da expedição, meus músculos insistiram em enviar mensagens urgentes para o cérebro, gritando que estavam cansados, gastos, acabados, sobrecarregados de ácido lático e prestes a se desintegrar — fibra por fibra, molécula por molécula — por causa do esforço excessivo. O cérebro, porém, insistia que meu corpo não era uma democracia e que os músculos não tinham o direito de discordar ou de pedir *habeas corpus* quando condenados ao gulag. Enfim, concluída a jornada, a ralé tomou o castelo, a ditadura foi derrubada, e eu voltei para casa, em Montana, para descansar e me restabelecer.

Eu morava em uma pequena casa na floresta com Chris Seashore, minha esposa, amante, melhor amiga, companheira de esqui e, com frequência, de expedições. Chris era uma mulher não muito alta, de ombros largos, nascida na Escandinávia, uma atleta em forma, uma soberba esquiadora. Sobre os esquis, ela raramente saltava um obstáculo;

sempre encontrava o caminho de menor resistência e contornava. Encarava a vida com a mesma fluidez e graça, com os pés bem-plantados sobre a Terra. Nós nos conhecemos quando Chris tinha 31 anos, mas mesmo tão jovem sua pele clara era enrugada por causa do sol forte da montanha, e os pés de galinha se irradiavam a partir dos cantos dos olhos. Eu procurava hidratar sua pele beijando as rugas, mas os pés de galinha ficavam cada vez mais fundos porque o tempo, o vento e o sol das grandes altitudes eram mais fortes do que os meus beijos. Muitas vezes, quando estávamos deitados lado a lado na cama, sentados à mesa de jantar, ou de pé sobre cumes nevados batidos pelo vento, observava que seus malares eram saltados de forma estranha, mas nunca perguntei o motivo. Imaginava que um de seus ancestrais distantes havia casado com um pastor de renas sami, misturando genes indígenas com sangue viking. Era apenas um pensamento, mas poderia explicar também a resistência ao frio e o profundo amor pelas paisagens nórdicas selvagens.

Chris fez comigo e com Misha a expedição de caiaque em 2000, mas teve sérias crises de tendinite nos antebraços e pulsos, e, quando chegamos à aldeia de Ossora, situada a uma semana de viagem ao sul de Vyvenka, ela voltou para casa. Quando falei sobre Vyvenka e o convite de Moolynaut, ela ficou entusiasmada com a ideia.

— Como poderíamos deixar de ir à festa da primavera e à Pedra Sagrada?

Além disso, já que estaríamos em Vyvenka, Chris sugeriu que poderíamos ir para o interior para procurar pastores de rena nômades.

A tundra do Ártico é constituída por uma fina camada de terra depositada sobre uma espessa base de gelo. O gelo é impermeável, e, quando a neve derrete em junho, a água permanece sobre a superfície, criando um imenso lamaçal. Zilhões de mosquitos se multiplicam na água parada;

portanto, no verão, as viagens na tundra tornam-se penosas caminhadas por uma extensão barrenta infinita, enquanto os mosquitos chupam o nosso sangue. O início da primavera é a melhor época para viajar, porque a temperatura continua abaixo de zero, mas muito acima dos extremos do inverno, quando os dias são longos, a neve resplandece ao sol cobrindo o solo, e não há mosquitos. Por isso, planejamos retornar a Kamchatka em abril.

Depois que me formei em 1971, trabalhei com uma serra elétrica por um breve período, abri trilhas de esqui; mais tarde, aprendi carpintaria e construí estruturas de casas no Colorado, em Connecticut, na Califórnia e em Montana. Ao mesmo tempo, quando se começava a falar no movimento em defesa do meio ambiente, decidi escrever com meu pai, minha irmã e meu cunhado o primeiro livro didático do país sobre ciência ambiental para universitários. À medida que o tempo passou, larguei a carpintaria e comecei a ganhar a vida escrevendo uma série de textos. Casei duas vezes e tive três filhos, Nathan, Reeva e Noey.

Em 1980, fiquei solteiro outra vez e fui morar em Telluride, uma cidade turística no lado ocidental do Colorado. Desloquei um ombro num acidente de esqui. Enquanto esperava o inchaço diminuir para ser operado, viajei de carona para o norte até Bozeman, Montana, onde conheci Chris Seashore por intermédio de uns velhos amigos. Após as primeiras conversas, perguntei se ela gostaria de descer de barco pelos rios e excursionar pelo deserto de Utah comigo. Era um convite ousado para um primeiro encontro; mais tarde, ela disse que quase recusou, mas o que a conquistou mesmo foi a perspectiva da paisagem, e não eu.

Fizemos amor ao luar, sob um zimbro retorcido, depois unimos nossos sacos de dormir com o zíper para desfrutar nossa nova intimidade. Semanas mais tarde, quando Chris teve de voltar para casa e começar o trabalho de verão transportando madeira de barco para o Serviço Florestal dos Estados Unidos, tentei separar os sacos de dormir, mas o zíper enguiçou. Chris ficou me olhando enquanto eu tentava soltar o zíper e via a minha frustração. Olhei para ela. Estava bronzeada por causa do sol forte, usava uma camiseta e tinha na cabeça o boné do time de beisebol — sua marca registrada —, ligeiramente torto, sem intenção de exibir um estilo alternativo, apenas porque o tinha colocado daquele jeito sem querer. Ela fez então uma observação casual:

— Bom, se você não consegue separar os sacos, acho que vamos ter de levá-los desse jeito mesmo, e você vai ter de se mudar para a minha casa.

Sorri, tentando adotar o mesmo tom de indiferença, e respondi:

— Diga então como faço para chegar à sua casa.

Chris morava numa velha cidade-fantasma repovoada por uns hippies e andarilhos que frequentavam estações de esqui e por dois velhos mineiros finlandeses que, muito tempo antes, haviam trabalhado nas minas de cobre e de ouro em Butte. Algumas semanas mais tarde, depois de fechar negócios em Telluride, fui para o norte de carro, deixei a estrada asfaltada e reduzi a marcha para subir o morro, seguindo as instruções que Chris havia rabiscado num pedaço de papel, no deserto. Estávamos no começo de julho, e flocos de neve espessos e úmidos pousavam sobre as folhas novas. Passei pelo esqueleto de uma antiga trituradora de minério que o tempo corroera e por uma pousada da época em que, deste lado da montanha, ressoavam o retinir estridente das máquinas a vapor e a gritaria dos trabalhadores.

A pequena cabana de Chris ficava aninhada na encosta da colina e era revestida de placas de madeira e semicoberta por trepadeiras de lúpulo. Encostei o carro na beira da estrada, desliguei o motor, puxei o freio de mão e desabei sobre a direção. Depois de dirigir durante trinta horas desde o sul do Colorado, estava exausto. Chris ainda estava no trabalho e voltaria para casa uma hora mais tarde, então desci do carro no meio da tempestade de neve e me deixei escorregar na encosta de relva que levava para a porta de entrada.

Uma voz profunda e irada que vinha do alto quebrou a quietude:

— Ei! Quem você pensa que é, xeretando a casa de Wanapekea?

Um velho gordo, agitando uma bengala acima da cabeça como um sabre, desceu a colina a passos rápidos em uma velocidade e uma agilidade surpreendentes para uma pessoa que deveria desfrutar seus últimos dias na cadeira de balanço, perto da lareira, com uma garrafa de vodca ao lado para esvaziar aos poucos.

Eu não queria pegar a pá enferrujada que estava encostada na casa e esgrimir com o gnomo que guardava o castelo da princesa, então procurei encontrar as palavras certas para evitar uma briga. Quando Chris chegou, eu estava na cozinha de Jussi, tomando um café horroroso e comendo biscoitos de canela velhos e muito doces do supermercado mais próximo, em Anaconda.

No outono seguinte, Chris e eu nos mudamos para Bozeman, onde ela terminava o curso de ciências do solo na Universidade Estadual de Montana. Alguns anos mais tarde, fomos para o Alasca, onde trabalhei na pesca comercial, e Chris conseguiu um emprego explorando minérios para a Anaconda Corporation. No fim de agosto de 1984, com uma boa poupança conseguida em verões bastante produtivos, nós nos encontramos em Anchorage e decidimos voltar para Montana de carro, comprar uma casa e nos casar. Por alguns anos, tentamos levar um estilo de vida rústico na floresta; com frequência nos sentíamos atraídos pelas enormes montanhas, pelas trilhas de esqui mais íngremes e por neve mais espessa.

Compramos um apartamento em Fernie, na Colúmbia Britânica, em 1994, seis anos antes da minha primeira visita a Vyvenka. Três anos mais tarde, num dia de janeiro de 1997, com uma temperatura de -17 ºC, Chris e eu escalamos uma crista com vários amigos à procura de neve fresca. Chris e outros dois desceram de esqui pela encosta numa nuvem de neve que refletia arco-íris no sol da manhã. Subi um pouco mais para pegar uma trilha ligeiramente mais íngreme e difícil.

Olhando para trás, reconheço que deveria ter sido mais observador. Deveria ter me lembrado do comportamento da neve debaixo dos nossos pés nos dois dias anteriores. Deveria ter cavucado e procurado sinais microscópicos de fragilidade cristalina no manto de neve. Mas fiquei conversando com os amigos, brincando, pensando no passado, no futuro ou em algum lugar e acabei me esquecendo do axioma de sobrevivência fundamental nas montanhas: viva o momento.

As primeiras quatro curvas foram gloriosas; eu dançava com a gravidade enquanto cristais brilhantes lavavam o meu rosto e voavam sobre a cabeça. Então, enquanto flutuava encosta abaixo, senti um estranho movimento, e meus esquis caíram — provavelmente menos de dois centímetros —, não para o fundo da montanha, mas para a terra mesmo. Não! Isso estava acontecendo, não! Era o que eu imaginava. Os meus esquis começaram a rachar; então toda a encosta se fraturou num labirinto aterrorizante de linhas de perfis denteados.

Li histórias reais de pessoas que conseguiram escapar de uma avalanche, como se fosse um objeto distinto, como a investida de um urso-pardo. Mas, quando você desencadeia o deslizamento, ondas de choque se deslocam pela massa de neve a cerca de 320 quilômetros por hora e todo o flanco da montanha despenca quase simultaneamente, de modo que a avalanche precipita em cima de você, embaixo de você, de ambos os lados, num turbilhão confuso, num silêncio aterrador que contrasta com a força desencadeada.

Perdi o apoio dos pés e, por um breve instante, deslizei encosta abaixo no sol brilhante, sobre um bloco de neve que se deslocava, sentindo-me quase invulnerável, como se pudesse escorregar até o fundo, levantar e sair andando. Mas o bloco se quebrou, e eu caí numa fenda, logo preenchida pela neve, e acabei engolido num impenetrável túmulo escuro. A neve começou a rolar como uma onda do oceano, e fui catapultado encosta abaixo.

Acima de mim, havia luz, ar, céu, vida. Embaixo, asfixia e morte. A camada era fina — doze centímetros, vinte, quarenta, não sei — e compacta. Murmurei para mim mesmo: "Você é franzino demais para lutar contra a neve, aproveite a força dela."

Escorreguei pelo declive a uma velocidade de, talvez, oitenta quilômetros por hora, caindo como um boneco de pano.

Com uma clareza que jamais esquecerei, disse a mim mesmo: "A avalanche é como um rio. Você é um remador de caiaque. Pense como um remador. Preste atenção na posição do seu corpo. A avalanche está descendo a montanha, mas no interior da corrente principal há redemoinhos, turbilhões. Aproveite os redemoinhos. Nade quando a corrente o carregar para cima. Descanse quando o turbilhão da neve o carregar para baixo."

Percebi uma claridade intermitente. Um pontinho imperceptível de luz. A vida. Minha sobrevivência dependia de um único e simples imperativo: "Preste atenção na posição do seu corpo."

Minha cabeça está virada para cima, na direção do ar, da vida. Aquele ponto de luz significa vida. Agora, estou de cabeça para baixo. Opa. Cabeça para cima. Cabeça para baixo. Opa. Destronquei o braço esquerdo. Não faz mal. Tenho coisas mais importantes com que me preocupar agora.

"Preste atenção na posição do seu corpo. Cabeça para cima. Cabeça para baixo."

A velocidade diminuiu, e senti uma dor aguda rasgando meu abdome enquanto era esmagado sob a neve que desacelerava. Outra dor. Cuidaria dela também, mais tarde. Enquanto isso, um mapa da montanha passou pela minha cabeça como um relâmpago. Agora devo estar no terraço, onde a encosta fica mais nivelada; já percorri dois terços da descida. A neve e eu voltaríamos a acelerar em um instante à medida que a inclinação se tornasse mais íngreme. O cálculo calmo se transformou em esperança. Como um judoca que usa a força do adversário para vencer, consegui controlar a mudança de velocidade provocada pelo deslocamento da onda de neve, fazendo com que ela me erguesse até a superfície.

Esperei por uma angustiante fração de segundo até que minha cabeça ficou virada para cima, e minhas costas apoiadas sobre a neve macia.

"Agora! Este é o momento em que preciso concentrar todos os outros momentos passados e futuros. Este é o momento em que devo escolher entre viver ou morrer."

Movimentei o braço bom e o antebraço do ombro deslocado para trás com força, como se estivesse nadando. A onda empurrou minhas costas, erguendo-me delicadamente, enquanto a neve passava por baixo. Isso! Estava me movendo mais devagar do que a própria avalanche! O pontinho de luz ficou maior. Eu estava subindo! Estava respirando. Ar. Céu azul.

Quando finalmente parei, estava deitado de costas sobre a superfície da neve, na luz brilhante do sol de inverno. Antes mesmo de recuperar o fôlego, reconheci a imagem familiar dos abetos e pinheiros embaixo dos elevados penhascos de calcário. Quis me levantar com um pulo, agitar os braços e gritar para os amigos lá embaixo que estava tudo bem.

Mas não consegui ficar de pé. Não podia mexer as pernas.

"Oh, meu Deus. Estou paralisado!"

Fiquei deitado na neve, imaginando com horror que passaria o resto da minha vida numa cadeira de rodas.

Então uma voz esperançosa dentro de mim falou lá do fundo do abismo: "Você está bem, Jon. Só muito machucado, mas não paralisado."

Mas outra voz retrucou:

"Está mentindo. A falsa esperança é pior do que a falta dela."

"Não, não estou paralítico."

"Então prove."

"Está bem, vou mexer os dedos dos pés. Se conseguir, é porque não estou paralítico."

Parei um pouco. Seria o começo da minha recuperação ou o fim da vida que eu conhecia havia 51 anos?

Tentei criar coragem e gritei uma ordem ao meu sistema nervoso, lançando impulsos elétricos por misteriosas sinapses: "Vocês que estão aí embaixo, dedos do pé! Escutem! Estou falando com vocês! Mexam-se!"

Os dedos se agitaram dentro das botas.

Horas mais tarde, os médicos do hospital local disseram que eu havia fraturado a pélvis e rompido os músculos adutores do osso. A hemorragia interna estava causando risco de morte. Uma equipe de emergência me levou de helicóptero a Calgary, e os cirurgiões juntaram os ossos com uma placa de titânio e quatro grandes parafusos. Depois da cirurgia, fiquei dez dias no hospital e seis semanas de cama. Então, cercado pela incrível parafernália de uma clínica de fisioterapia, voltei a andar mancando, equilibrando-me precariamente com a ajuda de muletas.

Nos primeiros dias, dava graças a Deus por conseguir ir ao banheiro sozinho. Três semanas mais tarde, Chris me levou para esquiar em uma inclinação suave, perto de Darby. Depois de uma patética corrida desequilibrada, gritei:

— Mesmo que só consiga fazer isso, é muito melhor do que uma cama de hospital. Vou me dar por satisfeito.

Mas à noite tive uma ideia irracional:

— Se posso esquiar num declive suave, devo poder esquiar em encostas íngremes de montanhas altas. — Chris balançou a cabeça, preocupada.

Eu passava quatro horas por dia na academia e, no dia 5 de julho, cinco meses e nove dias depois do acidente, escalei com Chris a parte canadense das Montanhas Rochosas, embaixo de paredes de calcário imponentes e picos altos. Almoçamos no desfiladeiro, um se apoiando no outro com cuidado. Depois, respirei profundamente, ignorei a voz dentro de mim, subi nos esquis e olhei um trecho de pista íngreme com neve compacta sobre um pequeno penhasco. Tinha de fazer três curvas curtas e depois um corte agudo à direita para evitar cair nas rochas. Desde o acidente, não efetuava uma curva tão agressiva.

Chris olhou para mim como se de repente compreendesse a situação.

— Tem certeza de que é uma boa ideia, Jon?

Sorri nervoso e me atirei na pista, sem dar nenhuma chance de conversa ou precaução. As bordas dos esquis batiam na neve endurecida, levando-me em curvas desajeitadas que eu não realizava havia muito tempo. Os esquis eram a minha vida, e em certo momento quase a tiraram de mim. Agora, eles me traziam de volta, me arrancavam do abismo para a gloriosa compressão de uma curva, numa liberdade total de movimentos.

Naquele dia, provei que ainda podia esquiar, mas nunca sarei por completo e, nos anos seguintes, tive fortes crises de dor. Nos dias bons, continuo com meu estilo ativo de vida ao ar livre, mas, nos ruins, mal consigo andar. No entanto, em parte por meu otimismo inato ou talvez por uma recusa obstinada, resolvi levar adiante meu antigo plano de remar de caiaque no Pacífico Norte. Se me chamarem de louco, vou sorrir meio sem graça e dar de ombros. Durante quase trinta anos, a aventura era o objetivo da minha vida. Eu sabia lidar com a dor, mas não conseguia me imaginar levando uma existência sedentária.

Conheci Moolynaut dois anos depois desse episódio, na primavera de 2001. Quatro anos depois do acidente, queria voltar a Vyvenka e ir até a Pedra Sagrada. Chris e eu compramos uma câmera para filmar as culturas dos nômades que vivem do pastoreio de renas — pressupondo que os encontraríamos no cenário devastado. Nunca discutimos as complicações de uma viagem a uma terra remota e difícil com o corpo meio destruído.

Um mês antes de partir, enquanto subia uma escarpa íngreme de uma trilha, senti uma dor repentina bastante forte na pélvis quebrada e aparafusada. Parei e me apoiei nos bastões dos esquis. Que problemas físicos estariam desencadeando esses impulsos elétricos nas minhas terminações nervosas? Por um lado, era quase fim de tarde, e havíamos esquiado maravilhosamente bem o dia todo. Não era vergonha alguma voltar para casa. Mas, por outro, o sol ainda estava alto sobre os picos ocidentais. Eu podia suportar a dor. Não disse nada aos meus amigos e procurei transferir o peso do corpo para a parte de trás dos pés. Continuei subindo na direção da crista assinalada por um tronco morto familiar, que me animou porque seus galhos embranquecidos se erguiam formando um arco como os braços unidos de uma bailarina.

Depois do jantar, fiquei deitado no sofá e fui para a cama mais cedo. Quando precisei urinar no meio da noite, minha pélvis doeu tanto que tive de me arrastar até o banheiro.

Meu médico local, Ron Clark, tirou uma radiografia e observou que a placa que segurava minha pélvis quebrara e os parafusos estavam soltos. A junção da sínfise púbica, que se separara no acidente, tinha sido soldada com uma mistura de osso e tecido da cicatriz, mas o remendo estava fraturado. Ron explicou que numa pessoa saudável a junção pélvica se flexiona um pouco, mas a mistura da placa com o tecido da ferida não permitia nenhum movimento. Forcei repetidas vezes todo o conjunto ao esquiar de maneira extremamente agressiva, e ele acabou se rompendo, como um clipe de papel quebra quando é dobrado insistentemente para a frente e para trás.

— Então, o que mantém o meu corpo junto agora? — perguntei.

— Talvez nada. — respondeu ele com um risinho.

— E o que está provocando a dor?

— Bom, é um sistema complexo; pode haver diversas causas.

Marquei uma consulta com o dr. Schutte, um cirurgião especialista em medicina esportiva de Missoula, Montana. Ele estava muito ocupado e não pôde me examinar até a véspera da nossa partida para a Sibéria.

Chris e eu pensamos em abandonar a expedição, mas a dor era esporádica, e eu me sentia bem no geral. Nossas passagens não eram reembolsáveis, então resolvemos arrumar as malas de qualquer maneira e decidir o que fazer na última hora.

O dr. Schutte é um homem que trabalha muito e tem um senso de humor enigmático apesar da seriedade de sua profissão. Tirou várias radiografias e confirmou que a placa estava quebrada, os parafusos estavam soltos e, no linguajar do radiologista, havia "uma opacidade linear através da crista do osso que poderia ser consequência da nova fratura".

Repeti a pergunta que tinha feito ao dr. Clark:

— Então, o que exatamente está provocando a dor?

— Não tenho certeza. A pélvis sofreu um grave deslocamento durante a avalanche... O trauma foi muito grande, e houve danos ao tecido mole...

Pensei:

"Se ninguém sabe o que provoca a dor, como vamos encontrar o tratamento?" Esperei que ele continuasse.

O dr. Schutte concluiu: — Sou especialista em joelhos e ombros. Não opero a pélvis. É melhor o senhor procurar um médico que saiba tratar disso. Suponho que ele consiga retirar a placa. Mas o osso cresceu ao redor do metal, então a retirada poderia ser muito dolorosa, e a reabilitação pode levar seis meses. Na sua idade, talvez seja necessário um ano até recuperar a forma por completo. O risco é muito grande, e não tenho certeza se a operação resolveria o problema.

Ele esperou que eu digerisse a informação.

— O senhor quer marcar uma consulta com um especialista em quadril e pélvis?

Pensei no hospital em Calgary: quando acordei da anestesia, logo após o acidente, nove tubos transportavam líquidos e gases para dentro e para fora do meu corpo. Incomodado, arranquei a máscara de oxigênio e a deixei cair no chão, o que me deixou tonto; então, contra a vontade, toquei a campainha e pedi à enfermeira que recolocasse a máscara. Aquilo fora apenas o começo. Depois que tive alta e voltei ao nosso apartamento em Fernie, Chris alugou um guindaste hidráulico na loja de equipamentos hospitalares. Todas as manhãs ela me erguia da cama e me levava de cadeira de rodas até o assento do banheiro. Quando eu acabava, ela me erguia e me instalava em uma poltrona com encosto reclinável. À tarde, ela me levava da poltrona para a cama. Lembro-me do dia decisivo em que Chris me instalou na cadeira de rodas, e eu resolvi dar uma volta sozinho pelo corredor para fazer um pouco de exercício e me distrair. Mas, como o meu braço esquerdo machucado estava mais fraco do que o direito, volta e meia a cadeira saía do curso e batia na parede. A janela no fim do corredor ficava no vão da escada, abaixo da minha linha de visão, então, quando cheguei ao auge da minha penosa expedição, nem sequer consegui olhar para fora. Frustrado, dei meia-volta com a cadeira, olhei o túnel verde em tom pastel das paredes, entrei no apartamento e pedi a Chris que me levasse de volta para a poltrona reclinável.

Concordei em fazer a primeira operação porque não conseguia mexer as pernas, ficar de pé ou andar. Agora, eu podia caminhar a maior parte do tempo e até esquiava nos dias em que me sentia bem. Não estava ansioso para arriscar uma nova operação, até porque poderia dar errado.

O dr. Schutte aguardava uma resposta.

Foi fácil decidir contra a ideia de uma nova cirurgia, mas foi assustador me comprometer a realizar uma expedição a uma remota tundra na Sibéria. As imagens rodopiavam na minha cabeça, se sobrepunham, se misturavam.

— Não, não pretendo ouvir o parecer de outro médico. Já compramos as passagens para a Sibéria.

O dr. Schutte olhou surpreso:

— Quando vão viajar?

— Amanhã.

Ele sorriu, perguntou sobre a expedição e ouviu a minha história com atenção. Então examinou as radiografias em preto e branco com as inquietantes imagens da minha pélvis com a placa de aço quebrada e os parafusos entortados. De costas para mim, perguntou:

— O senhor continua correndo ou fazendo jogging?

— Não, não muito. Não desde o acidente.

Ele acenou lentamente com a cabeça:

— É, acho mesmo que não. — Ele pegou as radiografias e as enfiou em um envelope pardo. Depois se virou, estendeu a mão e falou em voz branda, como se fosse um amigo:

— Boa sorte na Sibéria. Não corra. Se o problema persistir, volte.

Retorno a Vyvenka

Como não havia voos para o extremo leste da Rússia, Chris e eu tivemos de dar quase a volta ao mundo de avião, via Nova York e Moscou, até PK, uma cidade de 250 mil habitantes onde ficavam estacionados os navios da frota pesqueira russa do mar de Bering e os submarinos atômicos que outrora — e talvez ainda hoje — espreitavam ao largo da costa da Califórnia. Na tarde do dia 30 de março, Misha nos encontrou no aeroporto com um enorme sorriso no rosto e um buquê de rosas para Chris. Parecíamos verdadeiros zumbis depois de atravessar dezenove fusos, dormindo duas noites nos assentos da Aeroflot e respirando a estranha mistura de gases da atmosfera de um avião, mas Misha anunciou que tínhamos chegado a tempo para a festa anual dos geólogos, com duração de uma semana.

Na época, Misha tinha 40 anos. Quando jovem, ele se formou no prestigioso Instituto de Geologia e Mineralogia de São Petersburgo. No período soviético, os jovens cientistas eram mais bem-pagos e, caso escolhessem trabalhar no desolado território siberiano, poderiam antecipar a aposentadoria. Atraído pela aventura e pelos benefícios, Misha foi contratado como hidrogeólogo para mapear as reservas hídricas da península de Kamchatka. Lá, ele se casou com Nina, também hidrogeóloga, e os dois se fixaram em um pequeno apartamento na cidade de Termalny (Hot Springs), a cerca de meia hora de carro de PK.

Quando eu estava no primário, aprendi que os soviéticos eram uma organização odiada que mandava na vida das pessoas com mão de ferro. Entretanto, essa imagem não passa de uma exagerada simplificação americanizada e de mera propaganda política. Não sei como as pessoas se sentiam em outros lugares do país, mas em Kamchatka, na década de 1980, os hidrogeólogos passavam o verão na natureza selvagem. O governo repressivo e autocrático de Moscou estava muito longe, mas os colegas estavam próximos, compartilhavam o acampamento, a comida escassa e a vodca caseira que destilavam em fogueiras na floresta, e enfrentavam ursos. Os geólogos tornaram-se amigos para toda a vida, e o coletivo tornou-se uma sociedade e uma organização social. Com a queda do comunismo em 1988, esses homens e mulheres ficaram desempregados ao mesmo tempo, então criaram uma empresa, a Aquarius, um conglomerado capitalista. No caos generalizado que se seguiu ao desmoronamento do império soviético, a Aquarius privatizou quatro valiosos recursos naturais: um spa de águas termais, um poço artesiano de água potável, uma fonte de água mineral e outro poço para a exploração do dióxido de carbono subterrâneo. Nunca entendi como funcionava o processo de privatização, ou como não funcionava, mas, nos dias frenéticos que se seguiram à reestruturação econômica da União Soviética, a chamada *perestroika*, as pessoas mais espertas enriqueceram, e as menos espertas, ou menos agressivas, ficaram sem nada. Misha era esperto. A Aquarius se associou a uma grande companhia de pesca, comprou na Suíça modernos equipamentos para engarrafamento automatizado e passou a vender refrigerantes, água mineral e gás de dióxido de carbono industrial. Quando cheguei com Chris no início da primavera de 2001, a Aquarius era uma empresa que crescia 25% ao ano. Ao mesmo tempo, Misha já havia deixado a vida de geólogo saudável, revigorante e desafiadora para se preocupar com a parte burocrática do empreendimento, com o suborno dos funcionários do governo e com o dinheiro, como qualquer empresário russo.

Apesar disso, homens e mulheres da Aquarius ainda viviam em blocos de apartamentos comunitários em Termalny. E ainda se divertiam juntos. Tomávamos vodca, dançávamos e comíamos. Extremamente desafinado, mas agitando os braços como Frank Sinatra, cantei "Yesterday", dos Beatles, aos berros, totalmente bêbado — e recebi muitos aplausos.

Uma mulher esbelta, linda, de maquiagem pesada, usando perfume barato em excesso e falando um inglês excelente me tirou para dançar. Enquanto deslizávamos pelo salão, ela disse:

— Há governos e há pessoas. Nossos governos estiveram em guerra, mas nós somos pessoas, russas e americanas, e nunca houve guerra entre nós. Bem-vindo à Rússia.

Ela apertou os seios contra o meu tórax, e, meio aturdido pelo efeito dos fusos e da vodca, fiquei pensando na loucura da Guerra Fria, que gerou tanto medo, ódio e gastos.

Misha e Nina têm duas filhas, Anastasia, com 12 anos na época, e Maria, com 10. A família morava em um prédio da era soviética que ficava em cima de três lances de uma escada suja e mal-iluminada. O encanamento vez ou outra funcionava. Mas Nina tinha decorado o ambiente com tapetes novos, cortinas com babados, muitas plantas e os outros apetrechos de um lar feliz. Aos domingos, seu dia de folga, ela passava aspirador, pano, varria, e o pequeno apartamento ficava sempre cheio de amor.

Por uns dias, Misha trabalhou freneticamente para terminar alguns compromissos no escritório; depois, no dia 6 de abril, Chris, ele e eu nos enfiamos por entre pessoas que protegiam com as pernas abertas sacolas de peixe seco e de cebolas para conseguir os três últimos assentos disponíveis no voo Yak-40 para as cidades gêmeas de Korpf/Tillichiki, cerca de 1.300 quilômetros ao norte de PK. Não havia estradas entre Korpf/Tillichiki e Vyvenka, quarenta quilômetros mais ao sul, mas Misha tinha combinado que Oleg e Sergei nos apanhariam com seus veículos de neve.

Um vento forte sacudia o helicóptero que voou em círculos na chegada, soprando espirais de neve sobre a pista. A mulher russa ao meu lado trazia um imenso buquê de rosas vermelhas. O avião pousou e parou, o zumbido agudo do motor diminuiu e silenciou, a porta se abriu, e, no casulo da cabine semelhante a um túnel, os passageiros se levantaram, preparando-se para sair. Uma rajada de ar gélido penetrou meu nariz, anunciando:

— Estão vendo? Todas essas roupas de proteção não são nada para mim. Em dois segundos, cavei um buraco na sua armadura. Imaginem só o que consigo fazer em um dia, uma semana ou um mês.

A mulher atrás de mim gritou assustada; eu virei e vi o vento arrancar as pétalas das rosas e carregar em espirais ascendentes os fragmentos vermelhos que redemoinharam ao redor da fuselagem prateada do helicóptero, como se recebêssemos as boas-vindas numa cerimônia havaiana com uma chuva de flores.

Muitos russos em trajes ocidentais esperavam à margem da pista para saudar os passageiros enquanto três homens koryak, com camisas de camurça, *mukluks* (botas) de pele de foca e remendos de tecido de uniforme do Exército russo aguardavam do outro lado da cerca. Seus gorros de pelo, decorados com bordados de contas, destacavam-se por umas orelhas que lembravam as de lobos, enfeitadas para um espetáculo. Eles usavam uma longa e oblíqua faca enfiada sobre a pélvis. A pele marrom-acinzentada e o uniforme camuflado com a cor da floresta destoavam das pequenas pétalas de rosas que agora rodopiavam no alto e se misturavam com a neve carregada pelo vento.

Oleg, corpulento e sólido como um lutador de sumô, nos saudou com um forte abraço de urso. Sergei se aproximou com seu andar estranho e ágil, sorrindo com a boca desdentada, e Simon, o prefeito de Vyvenka, apertou a nossa mão com a familiaridade e a elegância de um político da tundra. Três motos de neve estavam estacionadas na rua: duas velhas Buran russas de esteiras e a Yamaha verde brilhante de Oleg. Arrancamos em alta velocidade, deixando para trás os trenós artesanais de bétula, rumo a Vyvenka.

Enquanto amarrávamos as malas, pulei assustado ao ouvir um enorme estrondo metálico, e um veículo gigantesco e blindado de combate terrestre sobre esteiras de aço avançou pela rua, como se se dirigisse para o fronte na batalha de Leningrado. Chris e eu fomos os únicos a nos assustar, e, quando perguntei o motivo de tanto estardalhaço, Misha respondeu com indiferença que era um *visdichot*, como se o nome explicasse tudo. Com o tempo, aprendi que esses grandes animais, uma demonstração da tecnologia russa na Segunda Guerra Mundial, são os utilitários esportivos e as caminhonetes desta terra áspera.

Quando terminamos de prender a bagagem, os homens puxaram os cordões de partida, e as duas cansadas Buran tossiram para voltar à vida com certa dificuldade, enquanto a Yamaha ronronava. Oleg convidou Chris a se sentar no confortável assento traseiro da sua moto, enquanto Misha e eu montamos de pernas abertas sobre os trenós carregados, como vaqueiros sobre touros, sacolejando violentamente pelas ruas congeladas e esburacadas da cidade marcada por sulcos profundos. Da parte inferior dos esquis das motos de neve, saíam faíscas enquanto disparávamos pela estrada vazia, e elas jogavam cascalho nos nossos rostos.

A economia de Korpf/Tillichiki baseia-se na abundante pesca do salmão e na exploração da segunda maior mina de platina do mundo, localizada a oitenta quilômetros de distância, no interior. Mas, apesar dos recursos, a cidadezinha parecia prestes a se desintegrar e a ser levada pelo vento, como as pétalas de rosa. As tábuas de madeira desbotadas, descascadas, que revestiam as paredes das casas gastas pelas intempéries pendiam de pregos meio soltos, retorcidos, e as coberturas de metal dos telhados batiam ruidosamente contra os esqueletos de estruturas de edifícios abandonados, devastados e canibalizados. O lixo rodopiava pela rua como rolos de capim seco. Alguns bêbados passaram cambaleando, seguidos por uma jovem mãe que puxava um trenó de plástico com uma criança enrolada em agasalhos. Oleg virou à direita em uma curva fechada e desceu por uma viela decorada com roupas congeladas estendidas no varal; então, de repente, como se tivéssemos atravessado uma porta mágica, nos vimos fora da cidade, penetrando a tundra. Virei para trás para me certificar de que Korpf/Tillichiki não era uma miragem efêmera e olhei para o deserto ártico primordial que se estendia diante de nós, até onde os olhos ou a imaginação podiam alcançar. Enquanto as motos de neve derrapavam sobre o gelo liso de um lago, o trenó adernou com perigo na corrida desabalada entre violentas rajadas de vento e tentáculos de neve que deslizavam sobre o gelo como um novelo de cobras executando uma coreografia. Em poucos minutos, o frio congelante fez doerem meu queixo e rosto descobertos. Atrás de mim, Misha murmurou algo em russo e riu alto.

Mais ou menos cinco minutos depois, chegamos ao fim do lago, e as motos reduziram a velocidade saltando sobre a neve fofa que cobria a superfície acidentada da tundra. Após mais uns solavancos, ouviu-se um rangido metálico agudo por cima do chiado normal de um motor, e a moto derrapou, saindo da trilha de neve compacta e embrenhando-se, como era previsível, nos arbustos. Sergei acendeu um cigarro, e Oleg se aproximou para verificar a situação. A esteira tinha saído da guia. Oleg resmungou em voz baixa:

— *Paiyette* [aproximadamente: Nem é grande coisa. É assim mesmo. É a vida].

Misha, Chris e eu puxamos a moto do meio dos arbustos enquanto Sergei recolocava as peças gastas e recalcitrantes em suas respectivas posições com um martelo pesado. Com o exercício, a sensação de frio diminuiu, e o sangue voltou a bombear calor pelo meu corpo. Depois de mais duas avarias, chegamos a uma passagem acima do rio Vyvenka e paramos para descansar.

Sem nenhuma introdução, Oleg começou a contar uma história:

Há muitos anos, um jovem forte e uma linda donzela se apaixonaram. Mas, como o rapaz era pobre, o pai da moça não permitiu o casamento. Numa tarde de verão, a donzela entristecida estava sentada diante da casa e penteava seus longos cabelos reluzentes. Era tão linda que o sol se apaixonou por ela e a convidou a fugir com ele para o céu. A moça recusou e, em vez disso, fugiu com o namorado. O pai perseguiu o jovem casal. O sol, enraivecido por ter sido rejeitado, atirou enormes pedras contra os pobres jovens. Percebendo que não poderiam escapar do pai e do sol, o rapaz e a moça pularam em um penhasco e morreram. O impacto da queda abriu um grande buraco no chão. A água que saiu do buraco formou o rio Vyvenka. Os morros de cada lado do rio são as pedras atiradas pelo sol vingativo. Desde então, o rio Vyvenka é fonte de vida e de alimento para o meu povo. Assim, o sacrifício dos dois namorados assegurou a saúde e a prosperidade das gerações futuras.

De repente, Oleg puxou o cordão de partida de sua moto, assinalando o fim da história e que estava na hora de ir embora. Misha e eu subimos no tobogã atrás do trenó de Sergei, e ele começou a descer cuidadosamente pelo declive íngreme da colina. Quase de imediato, o tobogã deslizou mais veloz do que a moto, ameaçando fazê-la capotar. Tive certeza de que iríamos todos tombar no meio dos arbustos em uma enorme confusão de pessoas e veículos, mas Sergei ficou de pé sobre a moto, olhou para nós com um sorriso maroto e disparou a toda velocidade. A moto deu um salto na frente do tobogã, mas a aceleração nos fez pular também, e voamos no meio dos amieiros, como Calvin e Haroldo em seu trenó de brinquedo, até chegarmos ao rio e deslizarmos sobre o gelo liso. Perto da cidadezinha, vimos umas dez pessoas na margem pescando em buracos no gelo. O rio fazia uma curva à esquerda, e seguimos a trilha batida sobre um morro não muito alto na direção do oceano e da aldeia.

Lydia apareceu na porta assim que ouviu o barulho das motos. E, segundo seu ritual costumeiro, apareceu com uma pequena pá coberta de brasas vermelhas, arrancou fiapos de lã dos nossos capuzes e os deixou cair nas brasas. A lã se retorceu e queimou enquanto ela fazia uma invocação. Depois de exorcizar os maus espíritos que poderiam invadir seu remoto santuário, Lydia pousou a pá sobre a neve, deu um abraço em cada um de nós, um particularmente caloroso em Chris, e nos convidou a entrar na casa de Goshe.

A aldeia de Vyvenka

Na Idade Média, a Rússia era uma nação europeia localizada a oeste dos montes Urais. Então, em 1552, os russos começaram a se expandir para o leste — conquistando, matando, cobrando tributos e escravizando as populações indígenas que habitavam a imensa extensão da taiga e da tundra siberianas desde o Paleolítico. Os aguerridos koryak e seus vizinhos, os chukchi, viviam ainda mais a leste de Moscou e foram os últimos povos a serem subjugados. Os primeiros soldados russos chegaram à costa da região nordeste da Ásia em 1697, mas foram repelidos por guerreiros koryak que usavam armaduras de pele de foca cobertas com placas de osso e elmos de pele de morsa. Mesmo depois de os reforços russos invadirem as terras e atacarem aldeias isoladas fazendo reféns, os guerreiros continuaram lutando. Mas, como os bravos apaches e sioux da América do Norte, os koryak não conseguiram resistir para sempre. Após sessenta anos de guerras e devastações provocadas pelas doenças trazidas pelos europeus — enquanto a população de 13 mil diminuía para cinco mil pessoas —, os koryak sobreviventes capitularam.

Isso foi há muito tempo, e durante as minhas cinco visitas a Vyvenka ninguém jamais falou da conquista russa. O povo koryak não fala das dificuldades e dos tempos ruins. As pessoas experimentam períodos difíceis mas seguem em frente. Em uma terra em que as dificuldades são constantes, essa é a única maneira de sobreviver.

Kamchatka é uma península estreita, do tamanho da Itália, mas com uma população duzentas vezes menor, que se projeta no mar como a tromba de um elefante a partir da costa leste da Sibéria. Vyvenka está localizada na costa nordeste da península, sessenta graus ao norte e seiscentos quilômetros ao sul do Círculo Ártico, quase na mesma latitude de Anchorage, no Alasca. Mas, enquanto na América do Norte grandes florestas crescem nessa latitude, apenas a tundra subártica cerca Vyvenka. Gramíneas, musgos e juncos cobrem as montanhas e os planaltos, e arbustos baixos e até algumas árvores mais resistentes crescem em vales protegidos contra o cortante vento do inverno.

A Unesco reconheceu como Patrimônio Cultural e Natural Mundial a geologia e a ecologia peculiares de seis lugares da península de Kamchatka. As designações basearam-se na observação de que Kamchatka tem a maior densidade de vulcões ativos do mundo, a maior diversidade de salmões, trutas e salvelinos e ainda, ao que se calcula, 12.500 ursos-pardos, mais da metade das águias do mar de Steller do planeta e centenas de espécies de plantas endêmicas e subárticas.

Na era soviética, viviam em Vyvenka duas mil pessoas, inclusive médicos, advogados, professores, engenheiros e outros funcionários do governo russo. Mas, com a *perestroika*, a estrutura econômica desapareceu da noite para o dia, e quase todos os russos foram embora. Em 2007, ainda viviam na aldeia 350 pessoas.

Para entender Vyvenka, é preciso ampliar e talvez redefinir os conceitos de isolamento e pobreza. Vyvenka está a nove fusos de Moscou — mais de um terço da volta ao mundo e três vezes a distância de Nova York a San Francisco.

Quando os russos conquistaram a Sibéria e estenderam o seu império até o Pacífico no século XVIII, não construíram nenhuma estrada que cruzasse a nova terra, ao contrário dos conquistadores americanos, que se preocuparam em assimilar a costa do Pacífico. Talvez a Sibéria seja uma região tão inóspita, ou talvez a única explicação seja a de Winston Churchill: "A Rússia é uma charada envolvida em mistério dentro de um enigma." Mas, qualquer que seja a razão, a primeira via que cruza a Sibéria de oeste a leste, por onde podem transitar veículos comuns de tração dianteira, como os automóveis, foi concluída em 2003. Essa estrada serpenteia a fronteira meridional da Rússia até Vladivostok por 3.330 quilômetros, até o sul de Vyvenka, sem nenhum ramal secundário norte-sul que ligue Vladivostok a qualquer outro lugar da península de Kamchatka. Partindo de Vyvenka num trenó puxado por cães e seguindo em direção ao oeste, seria possível encontrar uma estrada adequada para automóveis com tração nas rodas dianteiras em algum ponto perto dos montes Urais, mas a viagem talvez levasse um ano ou mais, dependendo da habilidade do viajante, da logística, da meteorologia e da sorte. Quando Vitus Bering partiu de Moscou, nos anos 1720, levou três anos para chegar ao oceano Pacífico. Se, entretanto, o viajante optar pela viagem num trenó puxado por renas e seguir a bússola em direção ao norte, atravessará a tundra desabitada até chegar ao oceano Ártico, depois de percorrer 1.120 quilômetros. O oceano Pacífico guarda o flanco oriental da aldeia.

Alguns mapas mostram estradas que cruzam a linha de sessenta graus de latitude norte na tundra siberiana. Eu vi mapas, mas também viajei por essas paragens de esqui e de motos de neve, conversei com caçadores em acampamentos enfumaçados, com o mapa apoiado contra a carcaça enferrujada de um *visdichot*, e perguntei ao motorista a respeito de lugares aonde eu ainda não tinha ido. Dessas experiências, aprendi que as estradas traçadas nos mapas muitas vezes são uma miragem. Como o Nikolai do acampamento de renas me disse certa ocasião, apontando o dedo nodoso para uma das enigmáticas linhas vermelhas traçadas num mapa bastante amassado:

— Não sei por que alguém acha que há uma estrada aqui. Talvez uma pessoa um dia tenha percorrido a tundra numa moto de neve para procurar o cão perdido, e, no dia seguinte, um cartógrafo americano, voando de helicóptero sobre a região, tenha visto as marcas da moto de neve e falado: "Olha, deve ser uma estrada." É por isso que há uma estrada no mapa.

Em muitas partes do mundo, uma estrada é uma linha horizontal construída por engenheiros e operários que escavam terra e pedras para preparar um leito firme, instalam galerias de drenagem e erguem pontes sobre os rios. Mas, no extremo norte russo, ninguém tem recursos ou disposição para construir uma estrada assim para o tráfego relativamente escasso que ela poderia permitir. Em vez disso, a construção de estradas — como acontece aqui — não custa nada no inverno, porque tudo o que é sólido congela, criando um leito firme e liso sobre rios, alagados e passagens nas montanhas. Quando o gelo derrete na primavera, a estrada desaparece, mas não há motivo para preocupação: basta esperar cinco ou seis meses, e outra estrada rústica, navegável por *visdichots* e caminhões militares com tração em seis rodas, voltará a aparecer — mais uma vez, sem qualquer custo. No Norte, as pessoas aprendem a ter paciência. Como Oleg diria: "Não tem outro jeito."

Os suprimentos chegam a Kamchatka de navio; o telefone às vezes funciona, mas as pessoas são pobres, e, no caos da Rússia moderna, os transportes e as comunicações não são confiáveis. Consequentemente, do nosso ponto de vista americano, as aldeias do extremo oriente russo são buracos infernais com uma infraestrutura dilapidada, eletricidade intermitente, comida escassa, edifícios caindo aos pedaços e comunicações quase inexistentes. Mas, se você interpretar a vida das pessoas através das lentes da opulência americana, não se dê ao trabalho de conhecer as populações pobres do mundo. Quando Misha e eu chegamos a Vyvenka na expedição de caiaque de 2000 — famintos, congelados, encharcados e assustados —, encontramos abrigo, calor e comida. Mais tarde, ao voltar outras quatro vezes, Moolynaut, Lydia, Oleg e Sergei já tinham se tornado amigos muito queridos, portanto Vyvenka passou a também representar uma extensão familiar.

Na expedição de caiaque, Misha e eu precisamos comprar comida. Sob o vidro rachado do balcão numa loja escura, cavernosa, com janelas quase turvas de sujeira, encontramos um chocolate americano do Dia dos Namorados de dois anos antes, embrulhado numa caixa vermelha em formato de coração com um laçarote vistoso, além de esmalte de unhas francês e molas de aço para algum motor misterioso projetado por um engenheiro de uma terra distante. Mas Oleg me contou que era quase impossível comprar uma vela nova para a sua moto de neve. Ele me olhou com interesse e ceticismo quando falei que nos Estados Unidos era possível encomendar qualquer peça de qualquer veículo para ser entregue em 24 horas. Naquela época, Misha e eu não precisávamos de peças para motos de neve, mas estávamos famintos, então compramos arroz, óleo de cozinha, açúcar, chá, um pacote de biscoitos fora da validade e ficamos com medo de morrer de fome com uma comida tão inadequada. Mas Oleg contribuiu com peixe seco e um pote enorme de caviar de salmão gorduroso. Lydia nos ofereceu um pouco de geleia, alguns rabanetes vermelhos e batatas que acabara de colher. Enquanto remávamos para o Norte, lançávamos uma rede quase todas as noites e fazíamos a festa com salmão fresco.

Portanto, de fato, Vyvenka é um conjunto de cabanas dilapidadas, decrépitas, de papelão revestido, situada tão perto do oceano que, durante as tempestades, as ondas arrebentam contra as casas. Para meus amigos, esse é o lar e, durante os anos em que visitei esse remoto posto avançado, minha barriga sempre esteve cheia e meu saco de dormir, seco.

Um dia, na minha terceira visita a Vyvenka, depois de me sentir bem à vontade para conhecer mais a fundo a vida das pessoas, perguntei a Lydia o que acontecia quando eles ficavam doentes. Ela me disse que muitas vezes, em primeiro lugar, iam consultar Moolynaut, porque era uma poderosa curandeira. Se não funcionasse, havia uma enfermeira na aldeia.

–– E se nem Moolynaut nem a enfermeira conseguirem a cura? — perguntei.

Lydia explicou que havia um hospital e um helicóptero de resgate em Korpf e acrescentou:

— Se o helicóptero está funcionando, se o tempo está bom, se tem combustível, se o piloto não bebeu e se tem dinheiro, o helicóptero leva as pessoas para o hospital. Se o helicóptero não vem, às vezes as levamos a Korpf na moto de neve ou na lancha. Mas, se não tem neve ou se o tempo está muito ruim para usar a lancha, as pessoas morrem. — Olhou para mim e sorriu calorosamente, como se me desafiasse com sua tranquilidade.

Moolynaut

Depois que Chris, Misha e eu chegamos a Vyvenka e nos lavamos perto do fogo, Lydia nos levou por uma cortina de calor até a cozinha de Goshe, onde trocamos a exaltação dos horizontes infinitos e a aspereza da tundra pelo espaço fechado e seguro de uma casa. Nove meses antes, Misha e eu tínhamos chegado de caiaque no meio da arrebentação a essa aldeia isolada mas acolhedora, e por alguma razão lá estávamos de volta. No interior da casa, e mesmo antes de eu tirar o casaco, Lydia tocou com um dedo as marcas de queimaduras de gelo que sofrera no rosto durante a viagem de moto e observou:

— Ah, você é homem branco, mas parece caçador.

Então perguntou por que o rosto de Chris não estava marcado pelo frio, e Sergei respondeu que ela era esperta e usava uma máscara no rosto, ao passo que eu era forte, mas idiota. Todos riram bem-humorados, e o cômodo despojado e caindo aos pedaços se encheu de alegria no calor da reunião.

Depois do chá, Lydia nos disse para esperar enquanto buscava Moolynaut para nos visitar. Sentamos em banquinhos capengas ao lado da mesinha, aquecidos pela pesada *petchka* de tijolos. Moolynaut entrou; usava um vestido de algodão desbotado com estampas de flores, meias compridas de lã vermelha e um lenço vermelho na cabeça. Ela nos cumprimentou com entusiasmo, com uma voz rouca mas cantada, como se fosse a versão feminina de Louis Armstrong:

— Estou feliz por você ter voltado. Já tinha falado para você antes, estou feliz de ver os americanos de novo.

Eu disse a ela que estava contente por estar de volta a Vyvenka. Conversamos um pouco sobre a temporada de pesca, a intensidade do inverno e o retorno tão esperado do sol da primavera.

Depois houve uma pausa na conversa. Lembrei que Moolynaut era uma xamã bastante respeitada por sua tribo. O nome dela significava "aquela que dá o sangue pelo povo" em koryak. Eu precisava estabelecer um ponto de partida para poder sondar o mistério que havia dentro dessa mulher. Mas necessitaria de tempo e paciência. Para começar, pedi a Moolynaut que me contasse a história da sua vida.

Ela falou em russo, agitando as mãos, cheia de animação, olhando para o céu à procura de lembranças agradáveis. Misha traduziu.

Moolynaut nasceu numa *yuranga* na tundra de Kamchatka, perto do rio Vyvenka, ao norte do monte dos Sapatos Velozes. Ela acredita ter nascido por volta de 1904, mas não tem certeza nem está preocupada com a data. Um dos avós de Moolynaut era americano. Ele chegou num navio que negociava com os koryak, mas estava tão doente que o comandante o deixou aos cuidados de uma mulher chamada Arnaut, a xamã e curandeira do lugar. O jovem marinheiro melhorou graças à carne de rena e às rezas, e acabou casando com Arnaut. Entretanto, apesar de sua jovem, poderosa e respeitada esposa, do novo lar e da família cada vez maior, o marinheiro ficava em frente ao mar por horas a fio, todos os dias, olhando o oceano, desejando voltar à terra natal. Finalmente, um dia, chegou outro navio comercial ianque, e ele partiu, deixando Kamchatka e a família para sempre.

Uma *yuranga* koryak é mais ou menos circular, com um metro e vinte de altura e o teto em forma de cúpula com um buraco no centro para a fumaça sair, semelhante aos *yurts* do Tibete e aos *gers* da Mongólia. Mas a *yuranga* do nordeste siberiano é maior do que as cabanas da Ásia Central e se subdivide em pequenos espaços, em toda a circunferência, com divisórias de pele que servem de quartos de dormir. No centro, há uma lareira aberta, a cozinha comunitária e o local para refeições. Seis famílias moravam na *yuranga* de Moolynaut.

A dádiva do Corvo 77

Moolynaut parou de contar, sorriu, levantou os braços e explicou:

— Nos dias de primavera, como hoje, a luz do sol entrava pelas peles, espalhando uma claridade suave e morna, e não como numa casa com paredes e telhado sólidos, uma lâmpada elétrica e uma janelinha.

Antes que os soviéticos conquistassem a parte oriental da Sibéria, havia poucas aldeias no Ártico russo. Vyvenka não existia, mas havia uma pequena aldeia em Tillichiki, habitada apenas por gente pobre, que não tinha renas. Os pastores de renas chamavam os aldeões de comedores de ratos, pois muitas vezes estavam tão famintos que comiam até roedores.

Moolynaut explicou que seu pai, Yuuka, tinha duas mil renas e três mil cavalos brancos. Imaginei esse enorme rebanho de cavalos brancos correndo pela tundra, saltando pelos pântanos com a crina ao vento. Mas, sem acreditar na imagem, indaguei:

— Três mil cavalos? Tem certeza? Para que ele precisava de tantos cavalos? E por que eram todos brancos?

O cômodo ficou em silêncio. Lydia olhou para o outro lado, tentando me evitar. Oleg, que estava próximo de nós, perto da *petchka*, com os braços cruzados sobre o peito largo, ergueu as sobrancelhas surpreso e preocupado com a minha indiscrição. Somente Moolynaut me encarou:

— Sim — repetiu, imperturbável. Meu pai, Yuuka, tinha duas mil renas e três mil cavalos brancos. E meu tio tinha cinco mil renas. Juntos, tínhamos sete mil renas e três mil cavalos brancos. Meu pai era um homem rico. Os cavalos eram muito bonitos. Quando eu tinha 7 ou 8 anos, ele me deu um cavalo branco, e nós galopávamos juntos pela tundra. Meu pai vendeu os cavalos para líderes de outros clãs porque todo mundo queria ter lindos cavalos brancos como os do meu pai.

Nunca mais questionei esse relato. Nas cinco visitas a Vyvenka, ouvi muitas histórias. Algumas pareciam totalmente absurdas para a minha mentalidade ocidental, outras eram mais verossímeis, e muitas ficavam no meio do caminho. Mas, depois daquele dia, eu me limitei apenas a gravar as informações, sem questionar ou duvidar, e neste livro conto as histórias exatamente como me foram relatadas.

Depois de uma pausa, Moolynaut prosseguiu. Ela explicou que, embora os koryak fossem donos de muitos animais, tinham poucas posses materiais do mundo dos homens brancos. Naquele tempo, as pessoas não tinham muito contato com os russos, mas os americanos aportavam todos os anos na baía de Gecka, e seu pai trocava carne e pele de rena e marfim de morsa por farinha, açúcar, chá, roupas e algumas ferramentas de metal, armas e chaleiras.

Muito longe dali, o czar Nicolau II assumiu o poder enquanto intelectuais e anarquistas se reuniam em porões escuros para planejar uma revolução. Logo, as notícias de uma guerra atravessaram a tundra e chegaram a Kamchatka. A certa altura, entre 1920 e 1924, o Exército Vermelho vencedor tomou a região. O clã de Moolynaut fugiu com suas renas e criou uma rede de postos de observação para vigiar os movimentos das tropas hostis. Inicialmente, os koryak conseguiram escapar de seus perseguidores, mas ficou difícil esconder-se na tundra aberta com famílias inteiras, crianças pequenas e dez mil animais. Por fim, os koryak resolveram atacar e derrotaram um pequeno destacamento do Exército Vermelho, perto da Montanha do Coração. Quando os soviéticos enviaram reforços, os koryak reuniram o conselho na Pedra Sagrada e decidiram que, se os russos pretendiam matar os líderes do clã porque eram capitalistas ricos, eles lutariam até a morte. Mas, se os soviéticos tomassem apenas as renas e pedissem ao povo que mudasse a cultura, eles se renderiam.

Moolynaut de repente parou de falar nesse ponto, e, depois de um momento de silêncio, Lydia continuou em inglês:

— Os soviéticos concordaram. Sabiam que tínhamos fuzis e que éramos corajosos e fortes. Sabiam que os exércitos teriam dificuldades em sobreviver nesta terra áspera e que nós lutaríamos. Então, eles não nos mataram nem aprisionaram nosso povo nos gulags.

Depois olhou para mim com atenção, apontou para minhas anotações e perguntou:

— Você vai escrever o que eu disse no seu livro quando voltar para os Estados Unidos?

— Sim. Se você quiser.

— Então escreva isto: os soviéticos obrigaram o nosso povo a ir para as aldeias e se tornar "comedor de ratos". A mãe e o pai de Moolynaut não tiveram outro jeito. Quando meu pai morreu e minha mãe ficou sozinha para criar quatro filhos, não teve outro jeito. As pessoas com filhos pequenos fizeram o que os soviéticos mandavam para que os filhos sobrevivessem. Mas os mais velhos, se seus filhos já estavam crescidos e podiam cuidar de si...

Lydia parou por um instante.

— Alguns dos mais velhos... foram para a tundra para morrer.

Misha traduziu para o russo, e Oleg assentiu com a cabeça. Moolynaut de repente anunciou que estava cansada, apanhou seu casaco e saiu sem olhar para trás e sem se despedir.

Ela me contou o restante da história de sua vida aos poucos, ao longo de cinco anos e meio e cinco visitas. Às vezes, Moolynaut contava apenas o essencial de uma história e o completava com os pormenores no ano seguinte, retomando a narrativa como se o tempo não tivesse passado. A história com frequência saltava décadas, para a frente ou para trás.

Embora ela fosse mais precisa em certos detalhes, em especial ao descrever sua infância, em outros momentos ela me deixava irremediavelmente confuso. Por exemplo: em duas ocasiões, ela falou que teve quatro maridos, e, outras duas vezes, disse que teve dois. Em muitas oportunidades, ela falou que teve dois, três, cinco e sete filhos. Até hoje não sei ao certo se as discrepâncias se deviam à perda de memória de Moolynaut ou à falta de disposição de falar sobre todas as complexidades de uma vida longa e repleta de tragédias.

A última vez que vi Moolynaut, em novembro de 2005, resolvi esclarecer os fatos. Então, munido de caneta e caderninho, perguntei-lhe diretamente:

— Quantos filhos você teve?

Àquela altura, éramos amigos o suficiente para ela nos convidar para entrar na sua casa. Estava sentada no chão, sobre um tapete puído, fino, em um cômodo sem móvel algum, mas com uma janela voltada para o sul. A luz cálida do sol filtrava pela janela, de modo que a neve lá fora, trazida pelo vento, parecia distante e abstrata. Ela se sentava com a perna direita enfiada embaixo do joelho esquerdo e a perna esquerda esticada para frente. Moolynaut dobrou o tronco até tocar os dedos dos pés, permanecendo em silêncio enquanto se alongava. Considerou minha pergunta por alguns minutos e depois voltou a se sentar reta, olhando para mim, e respondeu:

— *Mnoga* [muitos].

Com o risco de ofendê-la, repeti a pergunta.

Ela cantarolou por cerca de cinco minutos na língua antiga, balançando para a frente e para trás, cantando baixinho num sussurro gutural e respondeu:

— Estão todos mortos agora.

E prosseguiu murmurando:

— *Mnoga. Mnoga* filhos, *mnoga* netos, *mnoga* bisnetos. *Eideen* [um] tataraneto. A maioria está morta agora. Depois que meu marido morreu, o marido russo, o melhor deles, achei que não poderia mais viver. Mas acabei percebendo que devia continuar porque todos ainda estão vivos dentro de mim.

Nunca mais perguntei sobre a história da sua família.

Em muitas ocasiões, Moolynaut explicou que, quando tinha 18 ou 19 anos, os soviéticos tiraram o gado do pai e mandaram Yuuka e Moolynaut para um barco de pesca. Os dois tiveram de trabalhar numa enorme barcaça chamada *kongass*, com 30 ou 35 metros de comprimento, sem motor ou vela. Descreveu minuciosamente que a barcaça fora construída com tábuas de oito centímetros de espessura pregadas em ripas ainda mais espessas, presas a uma quilha feita com a madeira de uma enorme árvore encontrada numa floresta distante, perto de Vladivostok.

O povo koryak de Kamchatka pesca arenque e salmão em imensas armadilhas. Cada armadilha consiste de uma rede de malhas finas de cerca de oitocentos metros de comprimento, presa à praia numa das extremidades e colocada no mar em ângulos retos. O peixe não é apanhado ali, mas é desviado para a armadilha, um cercado fechado como um labirinto, também de malhas finas. O *kongass* fica ancorado a essa armadilha. Quando ela está cheia, a tripulação desce uma rede de malhas finas, chamada *seine*, para retirar os peixes.

Um dia, expliquei a Moolynaut que eu trabalhara por quatro anos como pescador no mar de Bering, no Norte, e lembrava com clareza que, embora tivéssemos guindastes hidráulicos, com frequência cortávamos as mãos puxando as redes pesadas e que os cortes e as bolhas costumavam inflamar porque ficavam sempre mergulhados na água salgada fria. Depois da introdução, perguntei se ela considerara o trabalho no *kongass* difícil. Ela assentiu com a cabeça e disse apenas que trabalhava com os homens e que era muito duro porque ela era pequena, mas jovem e forte. Então explicou com orgulho que, apesar das dificuldades, sua brigada costumava apanhar o equivalente a duas ou três vezes mais que a cota.

Tentei imaginar Moolynaut jovem, com pouco menos de um metro e meio de altura, e talvez com não mais de quarenta quilos. Mas, antes que eu pudesse concluir minhas divagações, ela disse:

— Eu queria trabalhar com as renas. Meu pai queria trabalhar com as renas. Sabíamos pastorear e não sabíamos muita coisa sobre pescar. Mas fizemos o que os soviéticos nos mandavam.

Num dia de primavera, quando Moolynaut tinha 30 anos, uma violenta tempestade se abateu sobre a costa. O pesado *kongass* forçou as amarras velhas e gastas que o prendiam ao ancoradouro, as cordas se partiram, e o vento arrastou a barcaça para a arrebentação. Moolynaut, Yuuka e o restante da tripulação pularam na água gelada do Ártico. Com a roupa pesada de pele de rena que a puxava para baixo, ela viu a luz do dia esmaecer acima dela aos poucos e estava quase aceitando a morte quando sentiu seu casaco ser agarrado por trás, e seu pai a puxou para a superfície. Ele tinha se amarrado a uma espécie de boia feita com o estômago inflado de morsa, e, ao chegar à superfície, começaram a mover os braços como remos até a praia, agarrados à boia. A água estava gelada, e, quando estavam quase perdendo as forças, o pai disse que eles sobreviveriam se ela ficasse de barriga para cima exposta ao sol. Assim que chegaram à praia, arrancaram a roupa pesada e molhada e ficaram nus; esfregaram os corpos vigorosamente para estimular a circulação e correram muitos quilômetros na praia até encontrar o calor de uma cabana.

Depois do naufrágio, Moolynaut foi enviada para o *kaholtz* (coletivo) Lenina, onde pastoreava renas. A tribo era nômade e se deslocava com o rebanho. Os soviéticos construíram uma série de casinhas de madeira ao longo da rota de migração das renas, e ela ficou morando nessas casas e em *yurangas*. Mas, além desses poucos detalhes, nunca falou muito sobre a sua vida.

Um dia, pedi a Moolynaut que explicasse de onde vinham seus poderes curativos. Em vez de responder, ela disse que a esposa do velho Danielich, Nrooly, era uma grande curandeira. Conseguia mudar o tempo ou provocar uma onda no mar. Certa vez, os caçadores levaram um homem com uma fratura no fêmur. O osso havia perfurado a pele e estava exposto, e ele sofria muito. Nrooly cantou uma música para o homem adormecer, e, quando ele acordou na manhã seguinte, estava bom de novo.

Ao ouvir Moolynaut contar a história, percebi que ela não pensava sua vida cronologicamente, como uma sucessão de dias ou horas, como a maioria das pessoas na América do Norte. Acontecimentos do Mundo Real misturavam-se com experiências do Outro Mundo, e, pelos silêncios e pelas omissões, aprendi que as linhas mais importantes que conduziam sua narrativa eram o ciclo das estações e o fluir do tempo na tundra.

A festa da primavera

Quando Moolynaut era garota, a festa da primavera era realizada na tundra, na Pedra Sagrada, a oeste de Vyvenka, ou em outra Pedra Sagrada, mais ao sul. Naquele tempo, o povo vivia em grupos familiares nômades e migrava em busca de forragem fresca na terra congelada, onde plantas e animais podiam se agarrar à vida. Os koryak não tinham condições de se agregar em grupos grandes, porque, pastando, seus animais podiam acabar com as plantas daquela área, portanto, na maior parte do tempo, as famílias permaneciam isoladas. Apenas duas vezes ao ano, nas festas da primavera e do outono, grupos diferentes se reuniam para festejar, visitar parentes, estabelecer alianças e trocar notícias. Para os jovens, era também a oportunidade de encontrar outros da mesma idade e de escolher parceiros fora de suas famílias mais próximas para casar.

Em uma das nossas conversas, Moolynaut me contou:

— Até os inimigos vinham para a festa, porque era um tempo de paz. Ninguém podia lutar na Pedra Sagrada. Às vezes, quando a festa acabava, os guerreiros iam embora e então voltavam a ser inimigos. Mas, em outras, os guerreiros inimigos resolviam casar com uma mulher de outro clã ou decidiam que dava muito trabalho continuar inimigos, então ficavam amigos. As coisas aconteciam assim.

Moolynaut explicou que as pessoas viajavam por muitas semanas para ir aos festivais. Naqueles dias, viajar era diferente de hoje. Os nômades viviam em tendas, portanto não era tão complicado se deslocar em direção à Pedra Sagrada à medida que a festa se aproximava. E, se um jovem amante da aventura e dos prazeres resolvia percorrer a tundra, sem tribo nem rebanho, em busca de uma festa interessante, na esperança de encontrar uma mulher bonita, viajava a pé, de trenó puxado por cães ou renas, caçando e arranjando alimento pelo caminho. Como os cães, as pessoas e as renas precisavam comer de qualquer maneira, a viagem não implicaria um gasto maior. Paradoxalmente, hoje, a introdução do motor a combustão interna reduziu, em vez de aumentar, o alcance e a frequência das viagens. Como já expliquei, viajar no verão com as motos de neve é impossível, porque não há estradas.

Mas, mesmo no inverno, uma pessoa precisa de gasolina, que é cara. Além disso, se não houver infraestrutura ao longo do itinerário, os viajantes precisariam levar consigo combustível e peças de reposição, o que limita as distâncias a serem percorridas.

Hoje, a festa da primavera em Vyvenka se realiza nos arredores da aldeia e é um evento local, com poucos visitantes das aldeias vizinhas. Fazia frio na manhã do grande evento, um vento úmido soprava do mar, e a neve estava dura e estalava debaixo dos pés. Muitas pessoas trajavam os tradicionais *kuchlankas* [sobretudos] de pele de rena com bordados de miçangas, outras estavam vestidas com várias camadas de roupas ocidentais. Volvo, o filho de Oleg e Lydia, de 10 anos, todo orgulhoso porque participaria da competição de trenó, saíra cedo com Oleg para ficar com os homens. Angela, a filha de 6 anos, começou a viagem conosco, mas logo escapuliu para ficar com as amigas. Em uma pequena aldeia onde todo mundo se conhece, sem crimes violentos ou trânsito perigoso de automóveis, as crianças costumam aparecer e desaparecer. Lydia carregava seu *boubin*, um tambor semelhante a um tamborim de uns 75 centímetros de diâmetro. No lugar das soalhas na parte posterior, correntes leves tilintavam. Lydia conversou conosco em inglês e depois entoou um canto na língua antiga enquanto tangia o tambor com um pé de cão coberto de pelo.

Caminhamos não muito rápido até chegar ao local da festa, na tundra. Lydia nos lembrava de que as colinas ao norte eram uma baleia adormecida, e o vale, o pescoço da baleia. Então, ela sorriu com aquele seu sorriso inocente e enigmático tão característico e pediu que andássemos sem fazer barulho, para não acordar o gigante.

Enquanto atravessávamos a neve endurecida, trazida pelo vento, havia um som oco debaixo dos nossos pés, que reverberava como o tambor cerimonial de Lydia. Bati de leve o dedo do pé contra a crosta. A oeste do pescoço da baleia, a tundra se estendia até o horizonte, coberta de neve, com um ou outro salgueiro e cedros-anões retorcidos, agarrados ao solo, despontando do seu manto invernal. Caçadores polares, que observam a mudança das estações, a chegada e o fim do gelo, e os animais que migram pela região, nunca falam em *terra firma*. Não é um termo usado por alpinistas ou esquiadores que costumam presenciar deslizamentos e avalanches, ou por canoeiros de rio, flutuando com as correntes que se deslocam arrancando árvores e pedaços de terra e carregando-os até o mar. Eu tinha rolado de uma montanha preso sob uma massa de neve. Não há nada de *firma* na película que cobre a terra durante o inverno. Um dia, uma forte tempestade ou um tsunami varrerá a língua de terra e a aldeia de Vyvenka e a levará para o mar. Nem aí existe *terra firma*.

Terra firma é uma expressão latina, urbana. Eu imaginava jocosamente que tivesse sido cunhada por um operário da palavra que vivesse no centro de Roma, que tomasse água trazida por um encanamento de chumbo e depois se entregasse à depravação e à orgia, comendo uvas nos cachos e línguas de colibris assadas. Ou talvez um empreendedor imobiliário que tentava vender condomínios em Pompeia, com uma enorme janela com vista para o Vesúvio.

Como se percebesse que eu estava indo longe demais com minhas divagações, Lydia acelerou o ritmo do seu tambor, para me trazer de volta à festa da primavera, em Vyvenka, onde a tundra siberiana encontra o mar de Bering. No vale gelado abaixo de nós, Moolynaut e muitas outras mulheres idosas formavam um grupo fechado, todas vestidas com seus *kuchlankas* de pele de rena festivamente decorados, batendo nos tambores, cantando e dançando com surpreendente agilidade para pessoas de mais de 80 ou 90 anos. Nós nos aproximamos e as cumprimentamos. Moolynaut sorriu e nos deu um rápido abraço, depois voltou para a música. Misha me explicou que todas as velhas tinham comido cogumelos alucinógenos e dançavam em transe, a caminho do Outro Mundo.

Mas a cena estava incompleta, e eu tentei imaginar várias *yurangas* de pele erguidas na planície da tundra, com as renas, as fogueiras dos acampamentos, os jovens guerreiros de terras distantes e o cheiro das carnes assando.

As parelhas de cães estavam postadas na encosta aguardando a grande disputa. Há cem anos, Roald Amundsen escolheu cães do nordeste siberiano para a sua vitoriosa expedição ao Polo Sul, porque esses animais foram treinados para puxar cargas pesadas num frio extremo, muitas vezes passando fome. As parelhas de hoje têm vida fácil, mas tediosa, porque as pessoas as usam para breves incursões de caça e de pesca, e quase ninguém faz longas viagens pela tundra. Danielich era a única pessoa que usava seus cães para o transporte, porque vivia sozinho, a 35 quilômetros da aldeia.

De repente, Sergei apareceu, como se tivesse se materializado. Ele não disse "olá" nem "bom-dia", apenas falou de repente:

— Uma rena treinada para disputar corrida pode alcançar uma velocidade de oitenta quilômetros por hora nos primeiros quinhentos metros. — E sorriu o seu sorriso desdentado, com o conhecido cigarro preso no canino inferior.

Misha traduziu.

Eu me sentia um tanto confuso.

— Renas aqui hoje? Haverá corrida de renas?

— Não, não mais. Nada de renas... A última vez que tivemos corridas de renas foi em 1998. Mas eram velhas, lentas e não estavam bem-treinadas. Foi muito triste ver que mancavam assim.

E, para ter certeza de que compreendíamos, imitou uma rena velha coxeando na neve. Apesar da situação trágica, todos rimos, e Sergei continuou:

— Não como nos velhos tempos. Eu tinha uma parelha veloz. Ninguém ganhava de mim.

"Eu pastoreei renas para o coletivo dos 17 aos 34 anos. Se conseguisse manter os lobos afastados e as renas gordas, todos os anos o líder da brigada me dava de presente a rena mais velha, mais inteligente, e uma nova, forte. Era o meu salário. Eu atrelava as duas, e a mais velha ensinava a mais nova a correr. Quando a nova aprendia e estava bem-treinada, eu a atrelava sozinha ao trenó. Então a gente voava. Ninguém conseguia me vencer. Eu era o mais rápido."

— Sergei, existem renas em Vyvenka hoje? — perguntei.

Sergei balançou a cabeça entristecido.

— *Nyet*. Em 1985, havia cinco brigadas de pastores de renas em Vyvenka. Cada uma tinha dois mil animais, eram dez mil renas no total. Em 1998, só havia 150. Então, todas elas debandaram durante uma tempestade. Talvez perseguidas pelos lobos. Ninguém sabe. Oitenta correram para um penhasco, despencaram de lá e morreram. As outras setenta desapareceram na nevasca. Nós somos chamados de o povo koryak, "o povo das renas". Mas agora não existe mais nenhuma rena.

Quando Misha e eu percorremos a costa nessas paragens, em 2000, vimos apenas cinco renas em quatro meses. Em comparação, quando viajei para o Ártico do Alasca e do Canadá, milhares e até dezenas de milhares de caribus (primo próximo da rena) migravam em manadas pela tundra. Aquele ecossistema estava vivo e completo; este estava perdendo um elo crucial.

Eu precisava compreender as forças que se desencadearam contra essas pessoas e as impeliram para uma desorganização tal que acabaram perdendo as renas que lhes forneciam alimento, roupa e abrigo, e constituíam a base da sua cultura. Mas estávamos numa festa, e aquele não era o momento nem o lugar apropriado para explorar mais a fundo essa tragédia coletiva.

— Sergei, ainda há muitas pessoas pastoreando renas? Gostaríamos de encontrar estes pastores e o povo das renas. Você e Oleg falaram em nos levar para a Pedra Sagrada. Poderíamos ir mais além e procurar o povo das renas na tundra?

Sergei ouviu e depois virou o rosto para a tundra.

— Vivi aqui toda a minha vida, pastoreei renas. Fui para o Exército. Uma vez, trabalhei num navio e fui para Vladivostok. Viajei por toda parte. Mas nunca fui para muito longe daqui, pela tundra.

Ele ficou calado por um tempo.

— Você compra a gasolina?

— Claro que vou comprar a gasolina.

— E óleo também?

— *Conyeshna* [claro].

— Sim, podemos fazer isso.

E Sergei se afastou.

Lá embaixo, as velhas vestidas de pele de rena dançavam, tocavam o tambor e comiam cogumelos. De repente, puseram seus tambores no chão encaminhando-se com dificuldade pelo pescoço da baleia, na direção da aldeia. Lydia se aproximou explicando que o primeiro evento da festa, a corrida das senhoras, estava prestes a começar. Nós a seguimos até onde havia bandeiras fincadas na neve, distantes 50 metros umas das outras. Quando as mulheres se aproximaram da primeira, começaram a balançar as pernas e a dar passos sem sair do lugar, procurando relaxar, como velocistas olímpicos que se preparam para ganhar uma medalha de ouro. As pessoas se aproximaram. Uma menina foi encarregada de acompanhar cada uma das corredoras, para que se mantivessem no traçado e para impedir quedas, colisões e machucados. A prova consistia em percorrer a distância até a bandeira mais distante, com uma volta rápida de 180 graus, e retornar ao ponto de partida. As velhinhas se colocaram em posição na linha traçada na neve empurrando-se, rindo e abrindo espaço com os cotovelos para tomar posição. Moolynaut estava encurvada, rosto enrugado e aparência frágil, segurando a bengala com uma das mãos, e Angela, sua acompanhante, com a outra. Alguém berrou:

— *JÁ!*

Com a bengala balançando, os pés arrastando, a cabeça para a frente e endireitando os ombros, Moolynaut arrancou e alcançou a primeira posição. Chegou ao poste na frente das outras, plantou sua bengala como um esquiador de slalom, dando a volta no poste seguinte, e disparou com tanta rapidez que Angela ficou para trás e acabou se desequilibrando. Por um breve instante, Moolynaut arrastou Angela sobre a neve. As competidoras que vinham atrás se chocaram ao dar a volta no poste e, na confusão, se empurraram, se acotovelaram, xingando, rindo, como se estivessem bêbadas. Angela não conseguiu recuperar o equilíbrio e acompanhar Moolynaut; a velha xamã largou a mão da menina, acelerou no trecho de volta e, ao cruzar a linha de chegada, bem à frente das outras concorrentes, ergueu a bengala em sinal de vitória.

Quando o sol começou a se pôr e o ar gelado da tarde desceu, regressamos à aldeia para assistir a um grupo de dançarinos profissionais de Korpf/Tillichiki que se apresentava num palco montado em frente às paredes de um verde desbotado da prefeitura. Dezenas de koryak, com câmeras de todos os tipos e épocas, empurravam-se pelo melhor ângulo para fotos. Sergei me trouxe uma cadeira para que eu pudesse ficar mais alto do que a multidão e filmar por cima da cabeça das pessoas. Mas, depois de alguns instantes, um adolescente valentão com a câmera da mãe tentou subir na cadeira comigo, apoiando-se na minha câmera. Empurrei, briguei e, por fim, desisti.

A festa da primavera não pretendia ser um evento aberto ao público. Fiquei imaginando que, um século antes, quando as pessoas viajavam meses para deixar seu incrível isolamento por pouquíssimos dias, o baile devia ser um acontecimento arrebatador, selvagem, no qual os mais velhos se misturavam com os mais jovens, que logo caíam uns nos braços dos outros, envolvidos pela mescla de odores de pele de rena úmida e de corpos suados. Mas eu não havia percorrido três quartos do mundo para fotografar um grupo de dançarinos profissionais que se exibia de forma amadora durante alguns minutos. Decidi que estava na hora de começar a viagem através da tundra até a Pedra Sagrada e ir além. A música parou, a multidão se dispersou, e, com Misha, Chris e Lydia, voltei para casa para jantar.

Svetia

Três mulheres saíram da multidão de repente e correram para nos alcançar. Uma delas me pareceu familiar, mas não consegui lembrar o seu nome nem onde nos teríamos conhecido. No entanto, ficou claro que ela se lembrava de Chris e de mim, porque nos abraçou efusivamente. Era uma mulher koryak miudinha, a boca pequena, um sorriso malicioso e um rosto fino, anguloso. Seus dois dentes da frente estavam tortos formando um V. Com um batom vermelho vivo, sombra arroxeada nas pálpebras e esmalte de unhas brilhante, parecia destoar em Vyvenka, mas as cores complementavam com perfeição sua pele negra.

— Jon, Chris, que bom ver vocês de novo! Faz muito tempo. Aconteceram tantas coisas.

Misha traduziu. Eu me lembrava do rosto dela de algum lugar, mas na hora me deu branco.

A mulher percebeu que eu não a reconhecia e disse:

— Não se lembra de mim? Sou Svetia, a mulher de Dimitri.

Fiquei sem graça:

— Ah. Claro. Lembro sim.

Em dezembro de 1999, quando eu estava planejando com Misha e Chris a expedição de caiaque, recebi um e-mail de um desconhecido chamado Dimitri, explicando que tinha ouvido falar de mim e queria entrar em contato comigo porque tínhamos muita afinidade. Dimitri pretendia ir a pé, sozinho, da região central de Kamchatka até Pevek, uma cidade na costa do Ártico, uma viagem de 1.600 quilômetros pela tundra tão pouco habitada. O itinerário acompanharia o trajeto que faríamos de caiaque pela costa. Ele dizia que estava sem dinheiro e que gostaria que eu levasse para ele botas e equipamento para camping. Respondi que veria o que seria possível fazer.

Quando Chris e eu fomos para Kamchatka em 2000, para começar a expedição, encontramos Dimitri, que nos convidou para ir ao seu humilde apartamento e nos apresentou Svetia, sua mulher. Eles formavam um casal curioso: um russo loiro de ombros largos e uma koryak, miudinha e negra.

Svetia cresceu em Vyvenka. Sua mãe preparava os lanches na escola da aldeia e seu pai era pescador. Ele morreu no mar quando a menina tinha 9 anos, e ela, a mãe e duas irmãs ficaram na miséria. Dimitri era um biólogo russo especializado em renas que viajara para Vyvenka a fim de estudar a redução dos rebanhos. Apaixonaram-se, casaram, tiveram um filho e se mudaram para um bairro de PK.

A vida era boa. Dimitri ganhava um bom salário como biólogo de campo, e Svetia complementava a renda da família "preparando as coisas" no laboratório. Tinham uma horta grande, e sempre havia o suficiente para comer.

Mas Dimitri era apaixonado por aventura. Largou o emprego para fazer longas caminhadas que duravam o verão todo. Svetia foi com ele uma vez, mas não aguentou. Ela se queixou para mim: "Dimitri é como um urso; eu sou apenas um tetraz."

Quando Chris e eu os visitamos, Svetia nos serviu chá e biscoitos. Dimitri estava todo animado, mostrando fotos das viagens anteriores e mapas de projetos futuros. Abriu um armário e tirou seu equipamento. Fizera um par de esquis cortando canos de plástico ao meio. Um tubo de borracha de pneu velho servia de fixação, e ele prendeu pedaços de pele de foca no fundo dos esquis para dar aderência ao subir uma encosta. O saco de dormir de rena e a barraca de lona pesavam cinco vezes mais do que um equipamento moderno de camping do Ocidente.

Ele estava planejando partir algumas semanas depois do início da nossa expedição. Svetia concordou em ficar para cuidar da horta e do filho. Dei a Dimitri um par de botas. Ele explicou que, depois de largar o trabalho, tinham ficado pobres. Será que eu podia lhe dar 500 dólares?

Quinhentos dólares é muito dinheiro em qualquer lugar do mundo, especialmente na Rússia.

Sorri e procurei na carteira:

— Tome aqui 50 dólares. Boa sorte e boa viagem. Cuide-se.

Svetia e as duas irmãs apareceram bêbadas na nossa frente.

— É tão bom ver vocês. Fico feliz que tenha concluído sua viagem para o Alasca. Era tão perigosa. Fiquei preocupada com você.

Então, num impulso, ela tirou um grande anel de âmbar do dedo e o deu a Chris:

— Tome, pegue isto.

Chris tentou recusar, mas Svetia agarrou a mão dela, tirou a luva e enfiou o anel no dedo.

— Tome, por favor. Você é uma mulher corajosa. Não é como eu. Eu sou só um tetraz.

Svetia passou o braço no meu, e eu a amparei enquanto caminhávamos pela rua congelada. As irmãs nos seguiram trocando as pernas. Devagar, escolhendo palavras enroladas, ela me contou sua história.

Dimitri foi embora de casa no início de junho de 2000, explicando que não mandaria notícias até chegar a Pevek. Dizia que se comunicar com a família dá azar. Precisava ficar sozinho, na natureza selvagem, totalmente concentrado na expedição. Isso aconteceu dez meses antes. O inverno chegou e se foi, Svetia começou a se preocupar com o maluco do marido russo. Então ouviu falar de um andarilho que tinha comprado comida de uns geólogos. Um deles tirou foto do homem, mas, por alguma razão, não fez uma cópia para ela. Svetia deixou o filho com uns amigos e conseguiu carona para o norte num navio que iria para Manily, onde os geólogos estavam acampados. A foto não era de Dimitri. Ela continuava acreditando que Dimitri estava vivo em algum lugar no deserto gelado e que algum dia apareceria. Mas pude ver em seus olhos que já começava a perder as esperanças.

Svetia pegou carona em motos de neve e em *visdichots* até Tillichiki e depois até Vyvenka, para visitar a terra natal e a família pela primeira vez em dez anos. Agora pretendia esperar um petroleiro ou um cargueiro e pedir carona de volta a PK.

Chegamos às casas geminadas de Goshe, Oleg e Lydia. Ficamos parados, meio sem graça, em frente à porta. Oleg e Lydia pareciam pouco à vontade com as três mulheres, e imaginei a razão. Vyvenka tinha um lado negro: o desespero, o álcool, a pobreza, a preguiça, o suicídio — a sina das aldeias do norte de toda a região ao redor do Ártico.

Oleg e Lydia sabiam que eu era escritor e procuravam me afastar dos elementos pouco agradáveis. Queriam que eu retratasse a aldeia de um ponto de vista positivo.

Mas eu não sou cego. Em nossa primeira visita a Vyvenka, Misha e eu soubemos de um homem que bebera demais, caíra do barco e se afogara. Dessa vez, eu ouvia comentários sobre suicídio de adolescentes. Víamos bêbados na rua o tempo todo. Já escrevi sobre aldeias no Canadá e na Groenlândia, mas evitei falar do lado negro. Como aceitava a generosidade e a amizade das pessoas, não achava certo expor ao mundo suas sórdidas batalhas.

Para Oleg e Lydia, elas eram mulheres bêbadas, mas, para mim, Svetia era uma amiga, a esposa de um companheiro de aventura, acompanhada das irmãs. Lydia me puxou pelo braço para me fazer entrar. Não convidou Svetia e as irmãs. Svetia gentilmente me agarrou pelo outro cotovelo, indicando que não queria que eu fosse.

Virei para Lydia.

— Deixe-me conversar com ela um minuto.

Chris hesitou, como se quisesse ficar do lado de fora comigo, mas eu queria resolver a situação sozinho.

— Tudo bem, querida. Vou entrar já.

Todos entraram, deixando-me com Svetia e as irmãs, e uma língua bem rudimentar para fazer a ponte entre nós.

Num pidgin misturado com russo e sinais, Svetia me pediu para ir à sua casa. É claro que, por um lado, eu não podia e não queria ir. Minha mulher e meus melhores amigos me esperavam. Mas, por outro, Svetia fora hospitaleira comigo e vivia uma tragédia. Eu queria mostrar minha solidariedade, mas até a compaixão tem limites.

Svetia me puxou pelo cotovelo.

— Não, obrigado — respondi, e fiz sinal de que precisava entrar.

— *Nyet, nyet!* Dimitri foi embora há muitos meses. Venha para a minha casa. Você compra vodca, você me toma.

Ela apertou o corpo contra o meu, colocou uma das mãos ao redor da minha cintura e me massageou de um jeito erótico com a outra, repetindo:

— Me toma. Dimitri foi embora há muitos meses. Entende? Dinheiro, dinheiro. Você compra vodca, você me toma.

Sorriu e passou, de forma provocante, a língua nos lábios, esticando-os num beijo.

— Você está bêbada — disse eu em inglês. — Por favor, vá para casa e durma.

Depois dei um passo para trás e com delicadeza tirei a mão dela.

— Talvez você quer minha irmã?

Levantou minha mão e a colocou sobre o peito da irmã.

Esta sorriu e segurou minha mão quando tentei puxá-la.

— *Nyet, nyet!* Não é uma boa ideia.

Svetia não desistiu.

— Uma garrafa de vodca, uma mulher. *Ou* melhor. Duas garrafas de vodca e três mulheres. Sim, assim está muito melhor. Todas juntas.

Ainda segurando minha mão com força contra o seu seio, a irmã de Svetia repetiu a oferta:

— Três mulheres, um homem, uma cama, duas garrafas de vodca, todos juntos.

As três irmãs davam risinhos e sorriam concordando. Consegui puxar a mão.

Estava frio, e meu nariz escorria. Svetia tirou a mão da luva, limpou o meu nariz com o polegar e o indicador como se eu fosse seu filhinho, limpou a sujeira nas minhas calças e disse algo carinhoso em russo que eu não compreendi.

Lydia apareceu na porta e chamou:

— Jon, por favor, venha. Está na hora de comer. Temos uma comida especial para a festa. Já está pronta.

— Só um instante.

Lydia desapareceu. Minha esposa e meus amigos esperavam por mim dentro da casa quentinha, mas eu sentia uma ligação inexplicável com aquela mulher, muito provavelmente viúva por causa da paixão do marido por aventura. Lembrei-me da avalanche e desejei que os estranhos fossem gentis com Chris se eu morresse nas montanhas.

Toquei o quadril de Svetia gentilmente e fiz sinal para ela me acompanhar.

Fomos nos afastando da casa, em direção à praia, encostando um no outro no caminho estreito. Uma escavadeira velha estava estacionada na areia, e ficamos atrás dela para nos manter fora de vista. Puxei uma nota de 500 rublos da carteira (cerca de 20 dólares) e a dei a Svetia. Ela agarrou a minha mão toda, não apenas o dinheiro, e a pressionou com força contra o seu seio. Com a mão livre, tirou a nota dos meus dedos e a colocou no bolso. Depois de guardar o dinheiro, baixou a mão e massageou meu pênis outra vez.

— *Nyet.* — Empurrei-a com cuidado. — Pegue só o dinheiro. Vai precisar para ir para casa. Não gaste tudo em vodca. Gostaria de poder ajudar. Gostaria de encontrar Dimitri para você. Gostaria que ele estivesse aqui e pudéssemos ser todos amigos.

Svetia não compreendia o inglês, mas entendeu a mensagem. Assentiu com a cabeça e olhou para mim com tanta tristeza que segurei sua cintura delicada com ambas as mãos. Depois ela se inclinou para trás, e precisei segurá-la firme pelos quadris, para que não caísse. A arrebentação golpeava a praia, despedaçando icebergs na areia, enquanto o céu resplandecia com o vermelho do pôr do sol; lembrei-me de toda a trajetória que Dimitri havia percorrido. A maquiagem de Svetia e a vodca no seu hálito misturavam-se aos odores do sal na areia e da graxa velha da moto. Ela se endireitou, se enroscou contra o meu corpo e olhou para cima. Nós nos beijamos, e sua língua acariciou com sensualidade os meus lábios, como se fôssemos velhos amantes. Seus ombros começaram a sacudir, e percebi que ela estava chorando.

Quis chorar também. Embora ninguém soubesse ainda do paradeiro de Dimitri e Svetia acreditasse — ou esperasse — que ele reapareceria, temi pelo pior. As pessoas cometem erros. Tenho muitos amigos que morreram em picos nevados ou em mares tempestuosos. Lembrei-me do horror da avalanche. Uma decisão errada em 25 anos de prática do esporte. Uma besteirinha. Eu poderia ter morrido, mas "felizmente" me safei com seis semanas de guindaste e uma placa na pélvis.

Acariciei os ombros dela, passei a mão nas suas costas e disse carinhosamente em russo:

— Vai dar tudo certo, pequeno tetraz. De algum jeito vai dar tudo certo.

Ela olhou para mim e sorriu. Poderíamos esquecer a sua tentativa de vender o corpo para mim por uma garrafa de vodca. Poderíamos também lembrar esse momento. Outra vez nos beijamos à luz do crepúsculo, ouvindo o barulho do mar. Quando finalmente ela se afastou, beijei as lágrimas que lhe rolavam pelas bochechas.

— *Shasliva* [boa sorte], pequeno tetraz.

Svetia assentiu e foi andando lentamente atrás das irmãs, os ombros caídos, ainda chorando.

Lydia

Voltei para a casa de Goshe e para os amigos reunidos na sala de visitas. No cômodo havia um sofá verde feio e gasto, com um estofado exagerado, meio caído, da era Brejnev, um tapete vermelho puído e com cheiro de mofo e um horrendo papel de parede com motivos florais, também da era Brejnev. No nordeste da Sibéria, os dezoito anos do governo de Brejnev foram o único período em toda a história do lugar em que as pessoas tiveram posses materiais. No fim do século XIX, os koryak ainda viviam em grande parte na Idade da Pedra, com escassas ferramentas de metal e um fuzil ou dois. Depois vieram a Revolução Bolchevique, a Segunda Guerra Mundial e Stalin. Então veio Brejnev, que presidiu um período econômico favorável, de 1964 a 1982. Foi nessa época que as pessoas compraram seus móveis, tapetes e papéis de parede. Depois, a economia soviética entrou em colapso. As pessoas tinham dinheiro, mas era inútil, porque não havia nada para comprar. Com a *perestroika*, veio o capitalismo, e o sistema mudou. As pessoas podiam comprar qualquer coisa, mas ninguém tinha dinheiro. Já em Moscou era diferente — na capital havia mais donos de Rolls-Royce do que em qualquer outra cidade do mundo. E em Vyvenka há também o barco de Oleg, com motor de popa, e uma brilhante moto de neve novinha em folha, mas, no nordeste da Sibéria, a maior parte da mobília é da época de Brejnev.

Lydia anunciou que estava na hora de comer, e fomos todos para a cozinha. Foi um verdadeiro banquete com peixe frito, batatas cozidas, salada de repolho e pão fresco. A essa altura, eu já tinha concluído que, se quisesse compreender Moolynaut, teria de conhecer, tanto quanto possível, tudo o que dizia respeito ao povo que vivia na aldeia. Então pedi a Lydia que me contasse sua história de vida.

Lydia nasceu em 1956 e cresceu numa época em grande parte favorável, principalmente durante o regime de Brejnev. Ela não teve de apagar da mente tantos terrores como Moolynaut. Lydia contou:

— Moolynaut viu muitas mudanças, muitas mortes. Não é? Entende? Às vezes, não é bom falar dos tempos ruins. É por isso que Moolynaut não conta para você toda a história de vida dela.

Lydia sugeriu que, se unisse a história de vida dela com os fragmentos da narrativa de Moolynaut, eu seria capaz de compor a história recente dos koryak.

— Meu avô nasceu por volta de 1856 ou 1857. Quando se tornou um homem, tinha doze mil renas domésticas. Hoje, as pessoas ficam ricas porque aprendem a subornar os funcionários do governo, a falar com os homens dos bancos e coisas assim. Mas naquele tempo era diferente. Se as renas não gostavam de você, elas fugiam e iam para o rebanho de outro homem. Para manter as doze mil, precisava ser carinhoso, para que as renas quisessem ficar com você. Também precisava trabalhar muito para todas elas ficarem gordas e felizes. Somente os homens bons e trabalhadores como meu avô ficavam ricos.

"Todos os anos vinham homens dos Estados Unidos em grandes navios. Compravam carne de rena e davam ao povo farinha, açúcar, fuzis Winchester, chaleiras e muitas outras coisas. Os americanos tinham coisas boas. Melhores que as russas. Eles traziam grandes blocos de açúcar bem branco. As pessoas falavam desse açúcar depois que os bolcheviques escorraçaram os americanos. Os americanos sempre foram bons para nós, mas precisaram ir embora.

"O clã do meu avô era formado por quatro famílias com seis a doze filhos cada. Precisava de muita gente para cuidar de todas aquelas renas. As pessoas moravam em *yurangas* no verão e viajavam com elas. No inverno, às vezes moravam em *zimlankas* (casas permanentes semissubterrâneas cavadas no gelo).

"Um ano, um jovem saiu de Chukotka e foi para o sul com uma bela parelha de cães bem-disciplinados e veio para a nossa festa da primavera na Pedra Sagrada. Era um chukchi, não um koryak. Os chukchi e os koryak são como primos. Não sei bem quando isso aconteceu, mas foi antes que os soviéticos fizessem a coletivização e antes que a vida mudasse. Meu avô matou uma rena e deu carne para esse homem em sinal de amizade."

Lydia interrompeu a sua história:

— Se você mata uma rena perto da Pedra Sagrada, só pode matar uma rena de pernas brancas. Do contrário, coisas ruins acontecerão. Entende?

Fiz sinal que sim.

— Esse homem se apaixonou pela filha do meu avô e pediu para casar com ela. Mas meu avô era rico e não daria a filha em casamento sem um bom pagamento. Era assim que meu povo fazia. Agora não. Agora é diferente; os jovens casam como querem, mas naquele tempo meu avô era um homem rico, não daria a filha em casamento a um preço barato. Meu avô disse: "Você precisa trabalhar para mim durante três anos. E trabalhar muito. Se durante esse tempo se deitar com minha filha, eu mato você.

"Naquele tempo era assim.

"Passaram três anos, e eles fizeram uma cerimônia de casamento. Todas as mulheres da tribo formaram um círculo, com a noiva e o noivo no meio. Então a noiva tentou fugir. O pretendente correu atrás dela, e todas as mulheres procuraram impedir. Bateram nele com bastões, chutes, para que ele caísse. Se o jovem fosse bem rápido e forte, conseguiria escapar das mulheres e apanhar a esposa. Quando ele a pegava, segurava no seio dela, e ela se tornava sua esposa. Se não a agarrasse, pior para ele, não era bom o suficiente para se casar com ela. Ele tinha de voltar para casa e não recebia nada em pagamento por todo o seu trabalho. Uma vez ou outra, as mulheres de uma tribo matavam um pretendente lento e fraco a pauladas. Era assim que o povo fazia naquele tempo.

"É claro que esta mulher era minha mãe e esse homem se tornou meu pai. Depois que os dois se casaram, os soviéticos vieram e levaram quase todas as renas do meu avô. Deixaram para ele um pequeno rebanho de mil animais. Acho que meu avô até aceitou a perda das renas. Mas os soviéticos fizeram muitas outras coisas más. Mataram todos os cães de trenó e as renas domésticas de trenó e queimaram todos os nossos lindos trenós de bétula. Depois de fazer essas coisas horríveis, disseram: "É um novo tempo, o povo koryak deve fazer parte da Rússia moderna. Agora vocês têm tratores e não precisam mais viajar à maneira antiga.

"Acho que meu avô também poderia aceitar essas perdas. Mas os soviéticos levaram os filhos embora. Puseram os filhos em escolas especiais para aprender a ser russos. Durante nove meses por ano, eles não podiam visitar as famílias, falar a língua koryak ou fazer as coisas do jeito antigo. Isso começava quando as crianças tinham 6 anos.

"O irmão do meu avô fugiu para a tundra para se esconder. Levou as renas, a família, um fuzil Winchester e muitos cartuchos. Mas os soviéticos o encontraram e o mataram. Meu avô não quis fugir. Não quis lutar. Ficou triste por perder todas as renas e os netos. Tinha 78 ou 79 anos. Teve uma vida boa, então morreu.

"Isso aconteceu mais ou menos nos anos 1930, talvez em 1934 ou 1935. Não sei exatamente. Eu ainda não havia nascido naquele tempo, por isso não sei. Minha mãe nasceu em 1918, tinha mais ou menos 17 anos quando chegou a coletivização e meu avô morreu.

"Os soviéticos dividiram o povo em brigadas. Cada brigada tinha um coletivo. As brigadas não eram muito diferentes dos clãs originais.

Só que a vida não era muito divertida porque as crianças estavam em escolas soviéticas, e não na tundra com suas famílias.

"Meu pai se tornou líder de uma brigada. Ele começou com quinhentas renas. Ou talvez mil. Eu ainda não tinha nascido, por isso não sei. Com o tempo, ele conseguiu aumentar o rebanho para cinco mil. Minha mãe e meu pai tiveram quatro filhos antes de mim. Um morreu quando bebê, então ficaram só três. Eu nasci em 1956.

"Você quer ouvir a história de como vim ao mundo?"

Lydia relaxou um pouco; ela precisava de muita concentração para falar em inglês. Sorriu, levantou, tirou a chaleira da *petchka* e despejou mais uma xícara de chá. Pedi que continuasse.

— Era o começo da primavera, como agora, e tinha neve no chão. Na época, morávamos numa *zimlanka*, uma casa subterrânea, e minha mãe estava pegando lenha para queimar quando percebeu de repente que estava dando à luz; deixou cair a lenha e correu para casa. Meu pai abriu a porta e ouviu uma criança chorar. "Que choro é esse?", perguntou. "Onde está a criança?"

"'Não sei', respondeu minha mãe. "Ela caiu."

"Minha mãe e meu pai procuraram. No começo não conseguiram me achar. 'Onde está a criança?', gritava meu pai. Eu estava na bota da minha mãe. Estava molhada e melada, por isso escorreguei da calça da mamãe para dentro da sua bota. Eu estava chorando.

Lydia se sacudia de tanto rir, e todos nós rimos.

— Minha mãe me levou ao peito e disse: "Vamos chamar nossa filha Naventacrov, a Mulher que Traz as Meninas dos Montes." Minha mãe via o futuro. Ela sabia, então, que eu teria três filhas e só um filho homem.

"Meu pai morreu quando eu tinha 4 anos. Tinha uma doença na barriga."

Lydia apertou com a mão o lado inferior direito do abdome.

— Uma doença bem aqui numa parte da barriga.

— Apendicite? — perguntei.

Depois de alguma discussão, todos concordamos que era apendicite, e Lydia continuou a história.

— Meu pai morreu com mais ou menos 50 anos. Minha mãe tinha filhos para criar, deixou a tundra e veio para Vyvenka.

Lydia sorriu de novo.

— Nós nos tornamos "o povo que come ratos", mas você precisa entender, não havia outro jeito. Quando eu tinha 6 anos, fui para a escola soviética com todas as outras crianças. Era uma época muito ruim. No primeiro dia, a professora me perguntou: "Como é o seu nome?" Eu disse: "Meu nome é Naventacrov, a Mulher que Traz as Meninas dos Montes." A professora russa disse: "Não, esse não é mais o seu nome. Agora você é uma russa. Agora o seu nome é Lydia."

"Chorei o dia todo. Chorava todos os dias. Era pequena e queria ir para casa. Não queria dormir naquela casa da escola com todas as outras crianças e sem mãe.

"Foi uma época ruim. Não é bom falar dos tempos ruins. Quando você tem muitos tempos ruins na vida, aprende a não falar dessas coisas. Aprende a falar dos bons tempos.

"Quando saí daquela escola horrível e voltei para casa, minha mãe me disse: 'Você pode ter uma vida ruim, mas nunca deve ser infeliz. Se você é infeliz, vai ficar com a cabeça dura e depois você fica doente.'"

Lydia parou um pouco, despejou mais chá e continuou:

— Vou falar de uma época boa. Meu irmão mais velho era médico das renas. Ele viajava na tundra no verão e me levava com ele. Aquela foi uma época boa porque eu ficava na tundra, viajava com meu irmão, trabalhava com as renas. Depois, mais tarde, fui para a escola em PK para aprender inglês. Inglês é uma língua boa, eu quis aprender.

Acenei concordando. Embora ela massacrasse um pouco a sintaxe em certos momentos, sua pronúncia era estranhamente clara, e seu vocabulário, excelente.

Lydia suspirou:

— Então perdemos todas as renas. Sergei falou isso para você. Comemos a carne da nossa última rena em 1998. Foi muito triste comer a última rena. Foi uma época muito triste. Sem eletricidade, sem calor. As casas caíam. As pessoas passavam fome. Em dezembro de 1998 não havia mais renas.

Evidentemente, eu queria perguntar:

— O que aconteceu com todas aquelas renas?

E acho que Lydia sabia disso. Mas ela já tinha evitado a minha pergunta ao dizer: "Não é bom falar dos tempos ruins."

Todos ficamos em silêncio por um momento.

Se eu estivesse em Vyvenka três anos antes, teria visto as renas pastando nos morros acima da aldeia. Quando refletimos sobre o desaparecimento das culturas, muitas vezes imaginamos que os acontecimentos fundamentais ocorreram décadas ou gerações antes, e não há três anos. Se eu ficasse lá por algum tempo, Lydia acabaria contando os detalhes. Mas ela estava certa: sua história já era muito triste. Não precisávamos nos alongar sobre a última perda trágica que cortara os laços com sua antiga cultura.

Lydia deve ter lido meu pensamento:

— Tenho uma vida boa agora. Tenho Oleg, e ele cuida de mim. Nossa filha mais velha está em Khabarovsk, na universidade, aprendendo a ser técnica em medicina. Anastasia, minha segunda filha, está na escola em PK. Volvo e a nossa pequena, Angela, ainda estão em casa. Três moças e um rapaz. Eu sou Naventacrov, a Mulher que Traz as Meninas dos Montes.

Lydia parou de novo.

— Para mim, é difícil falar com você em inglês por tanto tempo. Muitos dias eu não falo tanto em inglês. Em Vyvenka, na maior parte do tempo, nem tenho visitas como você. Estou feliz que você veio. Estou feliz que trouxe Chris, sua linda esposa. Isso é bom. Estou cansada agora. Está na hora de dormir.

Nossos anfitriões saíram, e Misha, Chris e eu estendemos os colchonetes no chão da sala e nos enfiamos nos sacos de dormir. Assim que fechei os olhos, pensando nos acontecimentos daquele dia, pensei que a história de Lydia complementava perfeitamente a de Moolynaut, formando um todo mais completo, integrado. Mas também compreendi que a história não havia terminado e que precisava encontrar um clã sobrevivente dos pastores de renas em alguma parte da vasta tundra coberta de neve varrida pelo vento.

Os preparativos da partida

Na manhã seguinte, Oleg, Sergei e Simon vieram discutir os planos da nossa expedição em busca de uma tribo de pastores de renas. Abri o mapa sobre o tapete empoeirado, e nos agachamos para estudá-lo. Ninguém falou por um bom tempo. Finalmente, Sergei traçou um círculo com o dedo ao redor de um grande segmento do interior.

— Talvez em algum lugar aqui.

Ótimo! O círculo tinha 160 quilômetros de diâmetro e atravessava muitas linhas geográficas marrons rabiscadas, que pareciam inócuas no papel até eu as converter na minha cabeça, em cadeias de montanhas, espaços vazios e frios, imaginando as tempestades que sopravam a neve sobre as cristas e através dos passos.

Oleg e Sergei conheciam cada ondulação do terreno que era possível percorrer com um tanque de gasolina, ida e volta. Mas, apesar de terem vivido na aldeia a vida toda, além dessa região era *terra incognita*. Meu mapa mostrou uma grossa linha vermelha de Tillichiki até o norte com a legenda "Estrada de inverno". Sugeri que voltássemos para Tillichiki e seguíssemos pela estrada. Talvez o povo das renas estivesse acampado ao longo do percurso de modo que pudesse transportar a carne até a costa e trocá-la por mercadorias.

Oleg balançou a cabeça em silêncio.

Sergei explicou:

— Nunca ouvimos falar dessa estrada. Mesmo que exista uma, ela leva daqui até o norte. A Pedra Sagrada fica a oeste. Se estamos procurando renas, precisamos ir primeiro até a Pedra Sagrada.

Meus amigos não me deram chance de argumentar ou discutir, e, como podíamos fazer apenas conjecturas e eu queria ir de qualquer maneira para a Pedra Sagrada, sorri e concordei.

Oleg falou sobre o plano:

— Pegaremos duas motos de neve, minha Yamaha e o Buran de Sergei, e dois tambores de combustível [110 galões]; um motor de reserva para o Buran porque é velho; comida para duas semanas. Se encontramos o povo das renas, ótimo. Se não encontramos ninguém, voltamos para casa.

Chris e eu explicamos que, na realidade, não queríamos usar as motos de neve porque o barulho, o cheiro e a falta de atividade prejudicariam nossa relação tátil e pessoal com a tundra. Depois de muita discussão, decidimos que Oleg e Sergei transportariam o combustível, a comida e o material para acampar, e Misha, Chris e eu seguiríamos de esqui.

Fomos ao armazém e compramos os suprimentos. Oleg e Sergei contribuíram com caviar de salmão e peixe seco das suas reservas de inverno e depois saíram depressa para preparar as motos. Misha, Chris, Simon e eu voltamos para a cozinha de Goshe para tomar o chá, enquanto Lydia ia buscar Moolynaut.

A velha avó entrou, tirou o casaco, sentou devagar e dirigiu um olhar penetrante para mim, como se me visse pela primeira vez. Sempre a considero um pouco assustadora quando me olha desse jeito, mas procurei encará-la.

— Você vai com Oleg e Sergei procurar renas na tundra? — perguntou.

Assenti com a cabeça, e ela prosseguiu:

— É bom.

Ergueu as mãos e olhou para cima.

— Um dia as renas vão voltar para Vyvenka. Vão vir quando os tempos ruins acabarem. Vão vir do sul.

Então bebeu chá em silêncio. Ninguém falou mais, e eu tomei chá sem questionar. Moolynaut levantou de repente, vestiu o casaco puído e se dirigiu à porta. Com a mão na maçaneta, virou-se.

— Você vai encontrar o povo das renas. Em outros tempos, dávamos peixe para as pessoas que vivem na tundra, porque nós temos muito peixe e elas não. Eles nos davam carne de rena, mesmo que também tivéssemos muita carne. Eu disse a Oleg para levar peixe nos trenós e dá-lo ao povo das renas. Talvez vocês tragam um pouco para mim. Não como carne de rena há muito tempo.

Ela parou.

— Vocês trazem carne para mim?

Assegurei que, se encontrássemos o povo das renas, voltaríamos com carne.

Então, ela fez uma breve reza em koryak, e Lydia a acompanhou até a casa dela.

Depois que elas saíram, Simon perguntou:

— Ontem, você perguntou à velha avó sobre a vida com as renas?

— Sim, mas ela não me contou muita coisa.

— Eu sei. Talvez eu possa ajudar. Cresci em Vyvenka, mas fui para a universidade em PK, me formei em engenharia e trabalhei na Rússia Ocidental, entre os homens brancos, durante vinte anos. Os homens brancos falam do passado mais do que nós. Voltei para casa, para viver com meu povo, mas sou escritor, como você. Nossa função é escrever sobre o que acontece. Tempos bons ou tempos ruins. Nossa função é escrever sobre todos os tempos. Os tempos do passado. Por favor, venha jantar na minha casa à noite, vou lhe dar uma história que escrevi sobre a vida com as renas.

A história de Simon

A RENA ALBINA

No jantar, Simon me deu o manuscrito, datilografado numa máquina de escrever comum:

O sol da primavera inundava suavemente o rosto do menino que dormia em seu saco de pele de rena. Sua respiração era profunda e rítmica, e seu sorriso saudava a manhã de primavera. Os raios de sol filtravam como dedos através da barraca de pelo, despertando novamente a vida após a hibernação durante um longo inverno.

O pai o chamou:

— Acorde, meu filho. Os arbustos estão acordando como você; eles vão subindo na direção de uma estrela, e os galhos se agitam num oceano de mornos ventos da primavera. Entre as cores serenas do rosado amanhecer da estação, ouve o lamento dos cisnes que migram. Escuta com atenção, ouve a terra cantando ao quebrar sua prisão de gelo e gerando a nova relva que alimentará nossas renas.

Depois de uma rápida refeição, pai e filho atrelaram os animais ao trenó e partiram. O pai gostava do ritmo veloz, achava estimulante. Rindo, o menino se aninhou contra as costas largas do pai. Uma manada de renas pastava ao longe.

Abril é o mês em que as renas dão à luz. Todos estão felizes. Até os homens severos e silenciosos começam a cantar, e as crianças estão muito excitadas, ansiosas por brincar com os amigos.

O sol brilhava tépido, mas o pai sabia que uma tempestade de neve se aproximava. Por isso, precisava levar logo a manada até o sopé de uma colina que desviaria os ventos poderosos da tempestade vinda do norte.

O menino tocou o cotovelo do pai e disse:

— Olha, há uma coisa branca na tundra. Não é neve, está se mexendo. Talvez um cisne.

O pai parou o trenó e olhou com o binóculo.

— É uma rena albina que acabou de nascer.

— Posso ajudar o filhote recém-nascido? — implorou a criança.

— Como você quiser.

O menino pulou de alegria. O pai pensou que deveriam tratar a rena albina do mesmo modo que as outras. Se fosse saudável, viveria; se fosse doente, deveria morrer. Mas sabia também que estava na hora de o filho aprender a confiar nas próprias decisões para crescer e se tornar um homem.

Enquanto se aproximavam da manada, o pai conversou com as renas com voz suave, estalando a língua. As renas conheciam sua voz, ficavam calmas com ela.

O filho insistiu:

— Papai, prometa que deixaremos a rena albina viver até ficar velha. Prometa que não faremos parcas e gorros com a sua pele, no outono.

— Prometo — concordou o pai com ternura.

A previsão do pai estava certa. À tarde, a tundra foi fustigada pelos ventos e por uma furiosa tempestade de neve. Na manhã seguinte, quando a tempestade amainou, o pai resolveu verificar a manada.

— Posso ir com você? — pediu o garoto.

— Fique em casa. Não podemos confiar no tempo — disse o pai.

O filho começou a chorar. O pai não suportava o choro e acabou cedendo.

A manada começou a se movimentar com lentidão na neve funda que caíra fazia pouco. O pai chamou as renas assobiando e estalando a língua suavemente. Um pequeno grupo de animais desgarrados estava do outro lado do rio. Ao som da voz do pai, começaram a atravessá-lo. Entre eles estava a rena albina. Mas o gelo da primavera era frágil, e o peso dos animais o quebrou. Parte da manada caiu na correnteza gélida. As renas adultas nadaram com energia até a margem, mas a corrente era forte demais para o recém-nascido e o levou. O menino chorou e correu para a beira do rio.

— Pare! — gritou o pai.

O filhote chegou até uma parte de gelo mais firme, mas suas pernas já estavam cansadas de nadar na água gelada. A correnteza começou a arrastá-lo para baixo. Ele percebia o perigo e chorava aflito. O menino se atirou na água, agarrou a cabeça do filhote e nadou contra a correnteza. Mas daí a pouco começou a fraquejar. Então, num último esforço, rolou de costas, puxando o animal gelado e encharcado para cima de seu corpo.

O veadinho ficou de pé e esfregou o focinho morno contra o rosto do garoto. Depois sacudiu a cabeça, correu para a mãe e começou a mamar com voracidade.

— Pai, você viu? O albino me disse "Olá"! — gritou o filho.

— É possível — respondeu o pai.

O menino continuou:

— Nossas almas se encontraram, nossas almas se encontraram!

Abril passou, julho chegou, e a natureza se apressava em concluir o próximo ciclo de vida. Nuvens de mosquitos perseguiam animais e pessoas. Os pastores levaram as renas para as montanhas, onde encontrariam ventos frescos e partes do solo ainda cobertas de neve.

O outono traz as cores de uma natureza morta: pôr de sol iridescente, orvalhos perolados, grama amarelada, mirtilos vermelhos, névoa azulada que escurece tapetes de amoras silvestres. Em agosto, as renas engordam, e o pelo fica espesso e pesado. É a época em que se prepara a roupa de inverno. É também a época de secar a carne porque o sol e o vento ainda são quentes.

Então, os pastores conduziram as manadas perto dos acampamentos. Ali, todos se juntaram para formar um curral vivo. Os homens forçaram as renas a andar em círculos dentro do curral e laçaram os animais que escolhiam para matar. Pela primeira vez na vida, a rena albina ficou com medo das pessoas e se encolheu perto da mãe. Um pastor laçou o filhote e o arrastou para o lugar do abate. O menino chorou, e o pai gritou:

— Meu filho salvou esta rena do rio congelado, e prometi a ele que não a mataríamos.

O homem então tirou o laço e deixou a rena viver.

Passaram-se cinco anos. Num dia frio de janeiro, um mensageiro trouxe a notícia de que uma grande matilha se aproximava. Os pastores correram para as manadas e prepararam uma emboscada perto de um pequeno vale. À meia-noite, o pai do menino ouviu a respiração leve dos lobos no ar frio parado. À luz da lua, viu uma cabeça escura e cinco vultos subindo até a crista. Mirou firme e atirou, mas não acertou o alvo porque a distância era muito grande, e a luz, fraca demais. As renas ouviram o estampido e, ao perceber a aproximação dos lobos, fugiram em disparada. Os lobos atacaram e mataram três delas em um piscar de olhos.

A rena albina correu na direção oposta à do resto da manada. Um lobo se aproximou por trás dela. A rena percebeu o hálito quente de seu perseguidor. O fim parecia inevitável. Então ela se virou de repente e atacou o lobo com os chifres.

No meio da noite, ninguém viu o fim da luta fatídica. Na manhã seguinte, os pastores contaram as perdas. Três renas mortas e duas desaparecidas, entre elas a albina.

O menino se lembrava com tristeza da amiga e do tempo em que costumavam brincar juntos.

Três anos depois do desaparecimento da rena albina, os pastores já a haviam esquecido. Apenas o menino, então um jovem, se lembrava da amiga toda branca. No outono, quando as renas estavam no cio, a rena albina reapareceu.

Os machos estavam gordos e fortes. Andavam no meio da manada a medir forças e bater os chifres contra as árvores, preparando-se para a luta que os aguardava. Então começou o embate. Os berros dos animais misturavam-se ao ruído das pancadas secas dos chifres.

O líder da manada mantinha-se altivo em cima de um morro mais alto, forte, esplêndido. A certa altura, berrou, exibiu-se na frente da manada numa dança ritual, depois plantou os cascos no chão com firmeza e esfregou o focinho na terra.

Um jovem desafiante o atacou. A luta durou uma hora, mas nenhum dos dois cedia. Então, enquanto lutavam, um dos chifres do líder se quebrou. A conclusão parecia certa, mas o velho lutador era esperto. Começou a se afastar, fingindo-se derrotado, e, quando o desafiante baixou a guarda, ele o atacou pelo lado. O jovem caiu, com uma perna quebrada.

Durante todo o tempo, o rapaz e a rena albina se mantiveram afastados. O filhote, que tinha se tornado um macho adulto robusto e vigoroso, avançou e desafiou o líder, lançando um ataque desesperado. O líder o deteve, mas começou a sentir o cansaço, enquanto as forças do albino continuaram intactas. Depois de uma luta rápida e violenta, o líder caiu, e o albino subiu o morro para ocupar o lugar onde antes o primeiro se postara soberbo.

Então, o vencedor reuniu a manada e começou a conduzi-la para longe dos pastores. Um dos mais velhos gritou:

— Aquela rena ficou selvagem durante muito tempo, não vai obedecer ao nosso comando. Vai levar as renas para voltarem à vida selvagem na tundra. Precisamos matá-la.

Em um instante, o rapaz se despiu, pulou no rio gelado, nadou e correu para interceptar a manada. Correu até não poder mais para salvar o amigo. Ele sabia, como num sonho, que a rena o ouviria e somente a ele. Escondido atrás de um morro, deu uma volta até alcançar a frente da manada. Quando chegou ao espaço aberto, estava a apenas alguns metros da rena albina com a manada enfileirada atrás. Ela olhou fixamente para o rapaz nu, como se tentasse se lembrar da infância, quando ele a salvara do rio gelado. Então deu meia-volta e conduziu a manada outra vez para o acampamento.

A viagem até a Pedra Sagrada

O dia 9 de abril amanheceu claro e sem vento, com a temperatura em torno de -18 ºC. Chris, Misha e eu caminhamos pela rua, como celebridades, com os esquis sobre o ombro, acenando para os amigos que gritavam:

— *Shasliva* [boa sorte].

Procurei Svetia no meio da multidão, mas não a vi. Oleg e Sergei vinham de moto atrás de nós, como se estivéssemos num desfile de 1º de maio, rebocando pesados trenós feitos de uma mistura de aço soldado e bétula amarrados, tela e pele de rena — tudo preso por tiras de couro, cabos de polietileno amarelo, cordas de varal e uma preciosa corda trançada para escaladas que eu trouxera como presente. Dois tambores de combustível enferrujados destacavam-se entre a carga por seu peso e volume. O fiel cão de Oleg, Wolfchuck, corria atrás da Yamaha, observando a paisagem com calma.

Subimos pelo pescoço da baleia e colocamos os esquis. Misha usava uma camuflagem militar branca especial para o Ártico, que o tornava parecido a um comando russo se preparando para atravessar o Polo Norte e atacar o ponto nevrálgico da Pennsylvania Avenue. Chris e eu vestíamos parcas amarelas e laranja brilhante, próprias para esqui, e parecíamos patricinhas que erraram o caminho para Chamonix. Oleg disse para irmos na direção da Montanha do Ganso e apontou a distância, depois os dois aceleraram e partiram em disparada para caçar, deixando para trás uma nuvem cinzenta de gases flutuando na imensidão.

Quando a fumaça se dissipou e o silêncio se restabeleceu, foi como se o cosmo tivesse parado de vibrar. À nossa frente, estendia-se uma paisagem de colinas e elevações cobertas de neve, entrecortada por vales e pequenas torrentes. Um mundo sem motores. Esculturas de neve formadas pela ação dos ventos, *strastugi*, repetiam-se intermináveis como dunas de areia em miniatura. Arbustos cresciam em todos os lugares possíveis, enquanto, nas planícies expostas, tufos de grama amarelada despontavam tênues da neve. Naquele momento, ainda estavam presas ao solo congelado, mas, quando o sol do verão começasse a esquentar o gelo, o solo derreteria, as raízes absorveriam a preciosa umidade, as folhas se tornariam verdes e as sementes se desenvolveriam.

Respirei o ar gelado, para que o corpo exorcizasse o calor, o conforto e a segurança, se adequasse aos rigores da viagem pela tundra siberiana. Muitos sinais se espalharam pelas terminações nervosas, expandindo e contraindo os vasos sanguíneos e os capilares — tudo em busca de um novo equilíbrio. Fui tomado por um estado de alerta familiar, alegre, vibrante.

A paisagem quase totalmente desprovida de árvores estendia-se a oeste, à nossa frente, além da extensão do oceano Pacífico e de norte a sul, quase na mesma distância entre Miami e Washington. Procurávamos uma tribo de pastores de renas que se movimentavam em algum ponto adiante e não tínhamos a menor ideia de onde pudessem estar.

— Bom — procurei me tranquilizar —, um passo de cada vez.

Apontei os esquis para a base da colina e acelerei na descida. No meu cérebro, interruptores se ligaram, e os temores quanto ao resultado da nossa expedição foram substituídos pela catarse purificadora do movimento. Logo cheguei ao fundo da colina e me virei para olhar Chris, que graciosamente desenhava oitos seguindo a minha trilha, como se nossos caminhos estivessem para sempre entrelaçados, numa dança coreografada, cruzando-se e separando-se por instantes, mas voltando a se tocar e a se entrelaçar de forma inexorável. Misha seguia Chris; os esquis dele sacudiam sobre a crosta de neve da manhã, e ele agitava os braços para manter o equilíbrio e curvava os ombros para a frente, como um gorila numa motocicleta, como se só pudesse ficar ereto se agarrasse o ar à sua frente. Reunimo-nos no sopé, colocamos as peles na base dos esquis nos preparando para a escalada e avançamos lentamente na direção da Montanha do Ganso.

Resíduos de imagens e pensamentos urbanos agitavam-se na minha mente, mas o crânio não era forte o suficiente para retê-los, e eles escapuliam naquela tundra e no céu infinito, como o ar que sai de uma bola furada. A tundra não é uma forma distinta, como a imagem perfeita de uma queda-d'água num calendário, um pico coberto de gelo perpétuo ou um rochedo com o cabrito montês que se destaca em desafio ao céu com nuvens em fuga. Ao contrário, é o espaço entre as formas. Uma ausência de formas tão vasta que o tempo e a distância se distorcem. Aquela rocha está a cinquenta metros e tem a altura de um cachorro ou está a dois quilômetros, do outro lado deste oceano de brancura ondulada, e tem o tamanho de um arranha-céu? Não importa, porque, nesse instante, a principal característica da paisagem são os cristais congelados da minha respiração que refletem a luz do sol em microscópicos arco-íris dançantes para então se dissiparem no éter, onde serão dissolvidos pelos ventos cósmicos.

Chegamos à Montanha do Ganso, apoiado no seu queixo, vigiando a nossa lentidão. A temperatura subia com rapidez à medida que o sol de abril galgava o céu sem nuvens.

— Para onde vamos agora? — perguntei.

Misha explicou que, segundo as instruções de Oleg, teríamos de caminhar por várias horas em uma velha trilha feita por motos de neve, atravessar um riacho e continuar pela tundra, sem qualquer indicação, na direção de uma colina que se destacava na paisagem. Os caçadores de Vyvenka mantinham uma pequena cabana, uma *serei*, nos flancos da colina, perto de um espesso bosque de cedros, e Oleg nos garantiu que os dois nos alcançariam nesse local no fim do dia.

No início da tarde, a neve ficou mais macia, e poças-d'água se formaram ao redor da rocha. Atravessamos um pequeno riacho borbulhante sobre a camada de gelo cristalino que chegava até os seixos arredondados do fundo.

Misha e eu esquiamos lado a lado em silêncio por alguns minutos. Depois, sem mudar o ritmo, ele comentou:

— Jon, você salvou a minha vida me trazendo de volta à Natureza Selvagem nos nossos caiaques. É muito bom estar de novo aqui agora.

Eu ri:

— É, mas quase matei você algumas vezes na viagem de caiaque.

— *Da*. É verdade. Mas na cidade eu estava doente tratando de muita papelada. Você me deu vida nova. Estou vivo mais uma vez.

A distância, os cedros abraçavam o flanco de uma pequena colina. Faixas menores de bétulas cresciam às margens protegidas de um rio.

Perguntei a Misha se era esta "a colina" e aquele "o bosque de cedros" que Oleg havia mencionado nas instruções, mas ele me garantiu que não. Misha trabalhou muitos anos como geólogo de campo e compreendia mais do que eu as indicações que Oleg dera em russo, então confiei na navegação dele.

Subimos mais um pouco e atravessamos outro vale extenso, e Chris e eu começamos a nos sentir cansados, então paramos para beber e lanchar. Quando reiniciamos a marcha, os músculos adutores da minha virilha começaram a doer, e fiquei com medo de ter mais uma daquelas crises na pélvis que me debilitavam. Pensei na consulta com o dr. Schutte e em sua expressão cética quando disse que pretendia viajar pela tundra siberiana, mas era tarde demais para questionar a decisão ou a sanidade mental, então me concentrei em manter o ritmo e acompanhar Misha.

No fim da tarde, a dor aumentou, mas, quando estava prestes a sugerir mais uma pausa, encontramos os sulcos da moto de neve de Oleg e Sergei e vimos uma fumaça levantando-se nos flancos de uma pequena colina. A *serei* era pequena, escura, suja, esquálida, fedida, manchada de gordura e de óleo de peixe. Os móveis se reduziam a uma mesa capenga, alguns bancos e, encostados em uma parede, beliches cobertos com peles velhas de rena, gastas e com sinais de picadas de mosquitos. Mas ela contava com duas coisas fundamentais: um teto à prova-d'água e um fogão com lenha ardendo. Luxo é uma questão de perspectiva. A noite mais horrível da minha vida foi quando uma tempestade me pegou no Pacífico Norte, em um barco não muito maior que um caiaque com a cabine aberta, sem nenhuma proteção ou saco de dormir, sem lugar para deitar e constantemente submerso na água gelada que rolava sobre a minha cabeça. Considerando a situação desse ponto de vista, uma barraca é um luxo, e uma *serei*, opulenta. Depois da *serei*, você pode gastar cinco milhões de dólares numa autêntica mansão de um americano branco e não terá um conforto igual.

Tiramos nossas parcas suadas enquanto Oleg e Sergei puxavam alguns fios da bateria da moto de neve e acendiam uma lâmpada de 12 volts em cima da mesa. Após o jantar, preparamos chá e ficamos sentados nos beliches para conversar. Quando estávamos na aldeia, Oleg era sempre taciturno, mas agora a tundra e a *serei* o tornavam falador. Aquecendo suas largas mãos musculosas ao redor de uma xícara, ele nos lembrou de que não poderíamos fotografar na Pedra Sagrada.

— Não esqueçam, eu falei antes para vocês que a última pessoa que tirou uma foto da Pedra Sagrada morreu.

Assegurei a Oleg que não tiraríamos nenhuma foto.

Para se certificar de que eu tinha entendido as forças do mal com as quais estávamos lidando, Oleg contou uma história:

Uma vez, eu viajei pelo rio Vyvenka para pescar no gelo e acampei com vários homens. De repente, no meio da noite, um deles acordou gritando, desesperado: "Pai! Pai!", que quer dizer "Vá embora, Demônio! Vá embora, Demônio!" O Demônio foi embora, e voltamos a dormir, mas então, de repente, um bicho peludo, macio, sentou sobre o meu peito. Eu quis gritar, "Pai! Pai!", mas a coisa pôs a mão sobre a minha boca, e eu não consegui. Não podia respirar. A coisa foi ficando cada vez mais pesada, até quase esmagar o meu peito. Eu me debati para lá e para cá até o rapaz ao meu lado acordar. Ele me sacudiu com força e a coisa me largou por um instante, o tempo suficiente para eu berrar: "Pai! Pai!" Assim que gritei, a coisa peluda desapareceu.

Oleg ficou calado por um minuto, depois continuou:

— Eu fiquei bem, mas o rapaz que me salvou ficou acabrunhado, triste, e morreu dez dias mais tarde.

Perguntei a Oleg se sabia o que era a coisa peluda, e ele disse que não tinha certeza, mas achava que tinha sido enviada por um *cherney caldoon*, um bruxo preto, e explicou que *cherney caldoons* são pessoas que criam encantamentos maus sem terem sido provocadas.

Conversamos sobre os *cherney caldoons* e seus opostos, os *belee caldoons*, os bruxos brancos ou xamãs.

Perguntei:

— Se os *cherney caldoons* são tão poderosos a ponto de matar, será que os *belee caldoons* são poderosos o bastante para curar?

— Ah, sim! — garantiu Oleg. — A avó de Moolynaut era uma poderosa *belee caldoon*. Uma vez, um homem muito doente veio de longe para se tratar. Mas estava tão doente que morreu em frente à casa dela, antes de poder entrar em sua *yuranga* e ser curado. A velha pegou uma faca, cortou o próprio coração e morreu. Enquanto estava morta, viajou rapidamente para o Outro Mundo e encontrou o homem morto. Ela o curou; os dois deixaram a terra dos mortos e voltaram para a terra dos vivos. Então, ela pôs o coração de volta no peito e o costurou. Não ficou nenhuma marca, e os dois viveram por muitos anos.

Não sei o que me levou a fazer outra pergunta. Acho que eu estava pensando na minha pélvis, que doía um pouco, depois de um dia longo e cansativo.

— Se a avó dela fez um homem morto voltar à vida, Moolynaut poderia curar a minha pélvis?

Oleg pediu mais informações, e eu contei a história da avalanche, a cirurgia, a placa, as dores que iam e voltavam e a radiografia que mostrara a placa quebrada.

Oleg ouviu com atenção. Eu quase esperava que ele desencorajasse o meu pedido como um capricho sem sentido, mas ele me levou a sério.

— Moolynaut não é tão poderosa quanto a avó dela, mas, mesmo assim, é uma grande *belee caldoon*. Ela curou muitas pessoas, mas nunca curou ninguém com uma placa de metal. Será difícil. Os deuses aqui conhecem muitas coisas, mas não têm experiência em placas de metal. Talvez ela possa ajudar você, talvez não. Ela precisa perguntar a Kutcha, o Deus Corvo. Kutcha é o mensageiro. Ele viajará até o Outro Mundo e perguntará se você pode ser curado.

Olhei para Misha, que sorriu para mim como se tudo isso fosse perfeitamente normal. Não queria manifestar dúvidas e não conseguia pensar em nada para acrescentar, então agradeci a Oleg, e ficamos lá sentados, cada qual perdido nos próprios pensamentos. Depois de alguns instantes, Sergei anunciou que tínhamos um dia árduo pela frente e deveríamos dormir.

Deitei no beliche e fechei os olhos sentindo uma energia radiante emanar do fogão. Oleg e Sergei eram muito pragmáticos, especialistas em manter em funcionamento máquinas sem peças de reserva e em sobreviver na gélida paisagem ártica. Entretanto, desde que Misha e eu tínhamos chegado a Vyvenka no verão anterior, à procura de abrigo da arrebentação e da tempestade, todos os amigos koryak contavam histórias sobre o poder xamânico. É claro que espiritualidade e pragmatismo não são incompatíveis, mas em vinte anos de viagens pelas terras do Ártico eu nunca encontrara antes uma fé na magia tão ingênua do povo do norte, calejado pela vida, com quem eu tinha acampado.

Na manhã seguinte, Oleg nos deu novas instruções e foi pescar com Sergei. Na hora do almoço, encontramos os dois num lugar varrido pelo vento. Depois de comer, pegaram as motos e se dirigiram para o vale. Demos várias voltas sobre a neve congelada aquecida pelo sol, até encontrar e seguir as marcas das motos por uma planície monótona. Uma hora mais tarde, chegamos a um obelisco de rocha vulcânica de uns sete metros de altura e cerca de um metro e meio de diâmetro. Oleg e Sergei esperavam por nós: Sergei dando tragadas no cigarro, e Oleg olhando o espaço em paz.

A Pedra Sagrada me fez lembrar o antigo cone de um vulcão liliputiano, enrugado e curvado pela idade, como Moolynaut, coberto por uma camada de excrementos de aves e pela neve trazida pelo vento. Não fosse toda a excitação que ele suscitava, teria passado por ele sem olhar para trás. Mas, por alguma estranha razão, eu tinha vindo de muito longe para ver esta rocha que perfurara o quente manto plástico da terra projetando-se em direção ao céu infinito de Kutcha, na tundra.

Havia ainda oferendas em dinheiro, doces, fósforos e cigarros deixadas por outras pessoas. Tirei um colarzinho de contas vermelhas de vidro do bolso que carregava comigo havia muitos anos e, quando olhei para ele pela última vez, vi refletida no olho de peixe das contas a imagem distorcida do meu rosto coberto por uma barba branca espetada, suja de fuligem, e pelas feridas provocadas pelo gelo que já começavam a descascar, com pingentes pendurados no bigode. Deixei cair o colar numa fenda da pedra e, em troca, pedi o poder de compreender, de fazer uma viagem segura e de levar carne de rena para Moolynaut.

Imaginei *yurangas* pardas espalhadas pela planície, renas pastando até o horizonte e parentes, amigos, amantes, xamãs e inimigos tocando tambores e dançando diante do minúsculo obelisco torto, tão misteriosamente portentoso. Mas hoje havia apenas quatro homens calados, uma mulher e duas máquinas que se fartavam de gasolina e arrotavam óleo.

Nós cinco estávamos ali porque cada um, à sua maneira, adotara a Natureza Selvagem, que, de algum modo, nos fazia "sentir vivos". Mas, ao mesmo tempo, vivíamos em estruturas sólidas, permanentes, assistíamos televisão e dirigíamos carros ou motos de neve. Chris, Misha e eu tínhamos esquiado pela tundra durante dois dias. Uma minúscula fatia de tempo.

Antes de sair de Vyvenka, Simon, o prefeito da aldeia, disse que a energia flui das entranhas repletas de magma da terra até a Pedra Sagrada. Ao mesmo tempo, as pessoas absorvem a energia positiva da tundra e a transferem, por sua vez, para a pedra. Portanto, a pedra é um ponto focal, um reservatório, uma central de troca de energias boas. As pessoas transmitem energia à pedra, mas também a retiram dela. Se eu concentro um pouco de força da paisagem, modulando-a pelo corpo, e a passo para a pedra, um amigo, um estrangeiro ou mesmo um inimigo poderá assimilar parte dessa boa vontade, amplificada pela recepção da nova energia das profundezas da terra.

Simon explicara ainda que, para recebê-la, uma pessoa deve fazer contato físico com ela: caminhar, esquiar, morar numa *yuranga* ou pastorear renas. Uma geração antes, quando as pessoas migraram para as cidades e começaram a viajar de automóvel em vez de trenós puxados por cães e renas, esse vínculo primordial em parte se cortou — por isso elas perderam um pouco da capacidade de extrair energia da tundra —, e o ciclo se enfraqueceu.

Segundo Simon, os seres humanos passaram a depender tanto da tecnologia que não sentem mais necessidade de buscar energia da terra. Assim, nós a retiramos da Pedra Sagrada sem avaliar o que tomamos e sem dar nada em troca; sem reciprocidade, é possível que a Pedra Sagrada perca o poder.

Fui até Chris e envolvi os ombros dela com o braço. Pensei em nossa rica e variada vida em comum, escrevendo livros na casa confortável ao deserto de Montana, esquiando na Colúmbia Britânica, viajando para lugares remotos, apoiando um ao outro, rindo, amando. Tiramos as luvas, e cada um colocou a mão livre sobre a Pedra Sagrada, formando um círculo tátil fechado: a pedra, Chris, eu e novamente a pedra. Chris agradeceu à pedra por sua energia e pela tundra que se estendia diante de nós. Eu pedi que guardasse um pouquinho da minha essência americana de ex-químico e a passasse a algum outro viajante, numa ponte através das culturas.

A Pedra Sagrada nada falou. Ou talvez tenha falado.

Perdidos

Viajamos em um ritmo mais lento no dia seguinte, porque Oleg e Sergei relutavam em se aventurar além das fronteiras do conhecido. Passamos a noite em outra *serei*, e, depois do jantar, Oleg explicou que nunca ultrapassara o lugar, mas que amigos relataram a existência de uma terceira *serei* a cerca de 25 quilômetros ao norte. Ele achava que os pastores de renas talvez vivessem naquela direção, então traçou um pequeno "xis" no meu mapa:

— A *serei* está aqui. — As linhas ao redor dela eram muito espaçadas, indicando que estávamos nos dirigindo a uma paisagem formada por amplos vales e colinas onduladas. Oleg tinha rabiscado o "xis" na metade do declive de uma das colinas, mas ele nunca tinha estado na *serei* antes, e as pessoas que lhe deram instruções verbais não tinham mapa, bússola, sextante, altímetro ou GPS.

De manhã, Sergei preparou a primeira refeição com um estardalhaço de panelas. O sol brilhante do dia anterior fora substituído por nuvens baixas, e um vento gélido soprava do norte. Oleg e Sergei partiram na nossa frente, e Misha e eu seguimos a trilha de esqui. Em certos trechos, o vento carregara toda a neve da tundra, deixando tufos de grama misturados com juncos. Mais adiante, a neve era tão dura que mal conseguíamos enxergar as marcas frescas das motos. Ao subir o vale menor de esqui até atingir um afluente menor que se originava no norte, Misha perguntou:

— Aonde você está indo?

Olhei para ele com expressão de interrogação.

— Oleg mostrou no mapa que a *serei* estava acima deste vale.

— Sim, mas as marcas vão naquela direção.

Misha estava certo; uma trilha muito sutil indicava um caminho em linha reta. Senti certa preocupação com a discrepância entre o "xis" de Oleg e as marcas das motos, mas devíamos seguir a trilha. Algumas horas mais tarde, encontramos Oleg e Sergei esperando por nós num denso grupo de cedros. Oleg explicou que a *serei* estava *bleezkee* (muito perto), mas não sabia com certeza onde. Sugeriu que subíssemos até uma elevação vizinha, virássemos à esquerda e procurássemos a construção. A colina era muito íngreme para as motos, portanto Sergei e ele contornariam a elevação e localizariam a *serei*. Lá, ficariam esperando com o fogo aceso e um chá quente.

Não gostei do plano. No inverno, eu sempre carrego equipamento de sobrevivência na bagagem: comida de emergência, pá para cavar um abrigo na neve, casaco acolchoado e cobertor térmico. Mas naquela manhã Sergei havia insistido para que tirássemos o excesso de peso das motos de neve. Portanto, estava apenas com a minha câmera, um saquinho de frutas secas e nozes, um litro de água e fósforos. A temperatura estava em cerca de -21 ºC, e o vento soprava forte. Segundo as indicações dos amigos, teríamos de percorrer uma elevação, em um país que não conhecíamos, e encontrar um abrigo que jamais tínhamos visto.

Sugeri que ficássemos juntos, mas Oleg e Sergei me ignoraram. Misha se comportava como se Oleg fosse o chefe da expedição e tivéssemos de obedecer às ordens dele. Chris e eu discutimos a situação e decidimos aceitar sem causar problemas.

As motos de neve dispararam, e subimos pela elevação. Em geral, gosto do isolamento, do desconhecido e dos espaços vazios. Mas em cima daquela colina comecei a ficar preocupado. Abaixo de nós, em direção ao norte, não víamos senão uma extensão branca — nada de *serei*, de trilha, de motos de neve, nem de Oleg, nem de Sergei, nem de Wolfchuck. Em direção ao sul, a faixa de arbustos que poderiam servir de abrigo destacava-se negra contra a extrema brancura da tundra. Branco e preto, bom e ruim, *belee* e *cherney caldoons*. Pensei nas cores de Halloween:

preto e laranja, noite e luz de velas. Nossa salvação lá fora era muito nítida, uma noite tépida em uma *serei* acolhedora com o estômago cheio ou uma luta desesperada pela sobrevivência contra a hostilidade de um frio mortal.

Misha sugeriu entrar no vale, virando ligeiramente à esquerda, como Oleg dissera. Chris e eu concordamos. Então me dei conta de que, nas últimas horas, andamos num amplo semicírculo. Tinha certeza disso. Pela manhã, o vento soprava contra a metade direita do meu rosto e agora uivava contra a esquerda: demos uma volta de 180 graus. Na realidade, estávamos esquiando no vale do afluente que havíamos desprezado pela manhã.

Oleg garantiu que havia uma espécie de um cânion em algum lugar com uma *serei*, mas eu não sabia se estávamos no vale certo. Se estivéssemos no certo, deveríamos descer até o rio ou esquiar seguindo o contorno como implicava o "xis" no mapa? Se escolhêssemos a segunda alternativa, que elevação teríamos de contornar?

A história da exploração polar está repleta de relatos de exploradores competentes que ficaram desorientados e morreram de frio a poucos quilômetros de um abrigo. Chris sugeriu que subíssemos até o topo outra vez e vasculhássemos a paisagem com os binóculos. Cada vez mais apreensivos, seguimos a sugestão dela. Quando chegamos lá, o vento havia aumentado, transformando-se em tempestade, e o frio cortava o casaco como uma faca.

Ouvi um forte estalido que reverberou, e a neve fez uma sutil ondulação debaixo dos nossos pés.

Chris se virou com um olhar preocupado no rosto.

— Você ouviu isso?

Era a terra que falava: a camada de gelo permanente se expandia com a queda da temperatura. Na maioria dos lugares ventosos, o solo congela até um ou dois metros de profundidade. Por exemplo, em casa, no oeste de Montana, meu encanamento está enterrado a uns setenta centímetros de profundidade e nunca congelou. Em Anchorage, no Alasca, os tubos estão enterrados a três metros. Por outro lado, no Ártico, o frio do inverno é tão intenso e o calor no verão é tão efêmero que o solo nunca descongela por completo. Ao longo dos milênios, a camada de gelo e o solo congelado desceram aos poucos, penetrando com seus tentáculos gélidos a direção da enorme massa de rocha quente na crosta superior da Terra. Em alguns lugares da Sibéria, a zona de gelo permanente chega a ter a espessura de 500 metros.

Murmurei:

— O solo congela a uma profundidade quase mil vezes maior na Sibéria do que em Montana.

Seguindo essa imagem nada tranquilizadora, acrescentei:

— Meu Deus, nem trouxemos parcas quentes.

Misha sugeriu que voltássemos para o grupo de arbustos onde tínhamos nos encontrado com Oleg e Sergei pela última vez, mas não encontramos nem a trilha nem ninguém. Eram quatro horas da tarde, e as sombras da noite começavam a se alongar; era preciso decidir. Se voltássemos agora, poderíamos alcançar a *serei* onde tínhamos passado a noite anterior, antes da escuridão total. Então nos separaríamos dos nossos amigos e passaríamos a noite sem comida e sem sacos de dormir, mas protegidos do vento. Tínhamos fósforos e poderíamos acender o fogo. Ficaríamos com fome e com um pouco de frio, mas nada grave. Se continuássemos vagando sem rumo à procura de uma mancha minúscula na tundra praticamente infinita, com sorte encontraríamos a *serei* ou Oleg e Sergei, mas, se não conseguíssemos encontrar abrigo ou os dois, passaríamos uma noite perigosa ao relento sem nenhum equipamento de sobrevivência.

Em geral, costumo tomar decisões cruciais depois de pesar as probabilidades e as consequências. Qual era a chance de encontrar abrigo ali? Sentamos sobre as mochilas protegidos pelos arbustos, dividimos um lanche e tomamos um pouco de água. Quais seriam as consequências se não encontrássemos a *serei*?

Chris me abraçou forte e encostou a cabeça no meu peito.

— Acho que deveríamos voltar — sugeriu.

Voltamos cansados para a *serei*, acendemos um fogo alto e alegre e fomos dormir sem comer. Pela manhã, Misha encontrou um doce de mirtilo na mochila, e o dividimos em três; foi o nosso café da manhã. Depois avivamos o fogo e voltamos a dormir para conservar a energia. Quando acordamos, encontrei algumas colheradas de farinha de trigo e uma pitada de sal guardadas num cantinho da *serei*. Acendemos o fogo de novo e preparamos cinco panquecas do tamanho de uma moeda para cada um de nós.

Apertando o estômago, Misha gemia:

— Ai! Comi muito. Não consigo comer mais nada.

Brincando, retruquei:

— Por favor. É Natal. Coma mais uma fatia de bolo. Eu mesmo fiz.

Estávamos em um local conhecido, e, como Oleg e Sergei estavam à nossa procura, a única alternativa era esperar. Às duas e meia da tarde, ouvimos o barulho de uma moto de neve, e Sergei entrou na cabana.

Eu estava exausto e aborrecido porque nos procurara a noite toda, mas também aliviado por estarmos salvos, e não congelados na tundra. Segundo ele, éramos incompetentes porque não conseguimos encontrar a *serei* e loucos por ter voltado para o abrigo quando poderíamos ter esperado sobre a colina onde ele nos teria encontrado na tarde do dia anterior. Nós é que éramos loucos: achei que, a bem da verdade, a crítica deveria valer para todos, mas fiquei calado.

Sergei nos rebocou até a terceira *serei*, a pouco mais de um quilômetro do ponto de onde havíamos voltado. Bom. Eu ainda achava que tínhamos tomado a decisão certa, considerando as informações recebidas e as condições no momento.

As duas primeiras *serei* eram cabanas de caçadores, mas esta era uma casa de verdade com uma pequena entrada, uma cozinha espaçosa e um quarto. A fumaça subia por uma chaminé de tijolos. Havia um curral de arbustos para as renas, uma pilha de lenha para queimar e um banheiro do lado de fora. Um laço de couro estava pendurado num prego perto da porta, e havia uma bonequinha abandonada na neve. Algumas famílias haviam morado ali recentemente, trabalhando nas manadas. A emoção foi mais forte do que o constrangimento, o aborrecimento e o desconforto das últimas 24 horas. Estávamos a apenas dezesseis quilômetros do território familiar a Oleg e Sergei e já nos encontrávamos na rota de migração dos pastores nômades de renas. Tirei os esquis e entrei no vestíbulo escuro que rescendia a couro recém-curtido. Uma segunda porta levava para a cozinha com um fogo alegre queimando numa imponente *petchka*.

Oleg ficou aliviado por estarmos salvos e só manifestou um pouco de desagrado com a nossa incompetência. Ele tinha posto uma panela de água para ferver sobre o fogão e sugeriu que descansássemos enquanto ele preparava o jantar. Fui para o quarto e me deitei em uma das oito camas de ferro, com molas frouxas e colchões de algodão puídos e finos.

Por que Oleg e Sergei nunca haviam estado nesta *serei* antes? Tínhamos levado três dias andando até chegar ao local desde Vyvenka. Um homem levaria apenas meio dia com uma moto de neve. A casa fora habitada por pastores koryak. Será que Oleg e Sergei não tinham curiosidade a respeito do próprio povo? Será que a comunicação era tão ruim que eles não sabiam que parentes seus moravam tão perto? Ou os pastores se mantinham afastados dos vizinhos da aldeia de propósito?

Queria fazer muitas perguntas, mas relutei. Ainda havia certa tensão no ar e, como eu era de fato o comandante do contingente de homens brancos, todos os erros recaíam em minhas costas. Senti a necessidade de deixar que o tempo e o silêncio me redimissem.

Tivemos um jantar farto com macarrão e carne de alce, seguido por arroz-doce, manteiga e damascos. À medida que a noite foi passando, percebi que Oleg e Sergei não estavam ressabiados.

Paiyette. Havia sido cometido um erro, mas agora estávamos todos a salvo. Éramos cinco pessoas e um cão, sozinhos, porém unidos, á procura do povo das renas, e o ressentimento não seria útil para a sobrevivência na tundra. Quatro dias antes, ao partir de Vyvenka, não sabíamos se haveria pastores de renas nas proximidades. Agora, pelo menos sabíamos que eles existiam. Precisávamos apenas encontrá-los.

Ao captar os sinais e os odores das renas e dos pastores, Oleg começou a refletir em voz alta. Lentamente, de início, e mais acalorado à medida que ia se esquentando ao longo do discurso, explicou o motivo pelo qual o povo de Vyvenka perdera suas manadas.

Antes da Revolução Bolchevique, os pastores de Vyvenka levavam a existência nômade, de subsistência, que Moolynaut, Simon e Lydia tinham descrito. Os soviéticos coletivizaram e modernizaram a atividade, preservando, ao mesmo tempo, muitos elementos do modo de vida antigo. De acordo com o sistema stalinista das brigadas, os pastores construíram na tundra uma série de habitações, como a que estávamos usando. Eles pastoreavam as renas na mesma rota de migração que percorriam todos os anos e se deslocavam de uma casa para outra, vivendo em relativo conforto durante os meses mais frios do inverno. Depois, na primavera e no verão, deixavam as casas e continuavam migrando usando as barracas tradicionais e as *yurangas*.

Enquanto os koryak cuidavam das manadas, os comerciantes russos tratavam do transporte marítimo e da comercialização. Em épocas predeterminadas, os koryak levavam os animais para as baías mais protegidas ao longo da costa, onde estava ancorado um navio frigorífico. Abatiam as renas, carregavam a carne e as peles no navio e recebiam o pagamento. Mas, depois da *perestroika*, os russos partiram de repente, e os navios não apareceram mais. Os koryak sabiam que os comerciantes de PK ou de Vladivostok comprariam a carne, mas não tinham como levantar capital, alugar navios, organizar mercados, conseguir licenças, e assim por diante.

Os pastores ficaram desanimados.

Os comerciantes russos, que roubavam com a maior liberdade, ofereciam preços muitos baixos pela carne. Se os koryak se recusassem a vendê-la, os russos iriam embora e os pastores não receberiam dinheiro algum. Se vendessem, os russos enriqueceriam e os pastores mal conseguiriam sobreviver. Com frequência, os "comerciantes de uísque" ofereciam vodca em vez de dinheiro. Utilizando a eterna fórmula de exploração, no início eles trocavam algumas garrafas de vodca por uma rena. Quando os pastores se embriagavam, os ladrões trocavam mais uma garrafa de vodca por muitas renas.

Os pastores ficaram ainda mais desanimados.

Como se não bastasse, falsos coletores de impostos afirmavam que os koryak deviam dinheiro ao fisco e cobravam a dívida imaginária em carne. Quando o uísque e as mentiras não funcionavam, caçadores ilegais matavam as renas e levavam embora as carcaças em seus *visdichots*.

O desânimo se tornou desespero.

Quando o desespero tomou conta, os pastores se embebedaram ainda mais com vodca, não vigiaram os animais e sofreram grandes prejuízos por causa dos lobos. Oleg explicou que o pai de Moolynaut envenenava os lobos com estricnina que comprava dos americanos. Se a estricnina não funcionasse, ele os matava com fuzis Winchester. No período soviético, os soldados caçavam os lobos com helicópteros. Mas, depois da *perestroika*, os pastores não puderam mais comprar o veneno, e as tropas russas deixaram de enviar os helicópteros para ajudar os pastores indígenas por causa do custo. Com o agravamento da crise econômica, os koryak sequer tinham dinheiro para comprar a munição, e os lobos dizimaram as manadas.

Interrompi o relato com uma pergunta:

— Vamos imaginar a época em que Moolynaut era menina, quando havia poucos russos, poucos coletores de impostos, poucos caçadores ilegais e pouca vodca. Os americanos forneciam rifles aos koryak, e as manadas se multiplicavam.

— É isso mesmo — concordou Oleg.

— Agora vamos retroceder mais, para antes mesmo dos americanos, antes dos fuzis Winchester, antes da estricnina. Como as pessoas controlavam os lobos?

Sergei respondeu rapidamente:

— Com as palavras.

— Palavras? — indaguei.

— Sim. Os *belee caldoons* conheciam as palavras. Eles cantavam para os lobos. Os lobos ouviam, comiam algumas renas, não muitas, e todo mundo convivia em harmonia.

Ficamos calados por um bom tempo, enquanto a lenha estalava no fogo e o vento uivava e batia nos vidros das janelas. Então, Oleg falou pensativo:

— Nos tempos antigos, os lobos eram muito admirados e honrados. As fêmeas eram sempre as chefes de família. Elas treinavam e ensinavam a cria a caçar, e o bando vivia graças ao conhecimento e à esperteza delas. Quando um caçador matava uma loba, as pessoas se reuniam para homenagear o espírito. O caçador colocava um pedaço da pele do animal no fogo em sinal de reverência. Se a pele queimasse rapidamente, o fogo indicava que o caçador honrava a loba. Então, o caçador levava a carcaça para perto do fogo enquanto as pessoas formavam um círculo. Ele punha raminhos de bétula nos olhos e ouvidos da loba para que ela não visse quantas renas viviam perto da casa. As pessoas faziam muita comida e davam à loba o pedaço de carne mais delicioso e mais gordo. Desse modo, honravam o bando. E, por sua vez, os lobos honravam as pessoas.

"Naquele tempo, quando nossos bisavôs estavam vivos, tínhamos muitas renas. Os lobos matavam quando estavam com fome, mas de barriga cheia não incomodavam. As pessoas caçavam os lobos, mas eram lerdas e tinham armas ruins, então os lobos em geral podiam escapar sem se machucar. Hoje existe uma guerra entre lobos e pessoas. Por uma geração, elas usaram motos de neve e helicópteros para atirar neles, os mataram com iscas envenenadas. Agora, os predadores matam não só porque têm fome, mas também para prejudicá-las. E os velhos não sabem mais fazer as pazes com os lobos."

Oleg parou um pouco e depois prosseguiu:

— Mesmo com todos esses problemas, talvez ainda tivéssemos renas se pudéssemos encontrar as palavras e os cantos para manter a vodca longe das pessoas. Muito tempo atrás, a Pedra Sagrada tinha mais poder do que hoje. Ela dava aos nossos *belee caldoons* poder suficiente para afastar os lobos com seus cantos. Mas, naqueles tempos antigos, não havia vodca, então a Pedra Sagrada não nos ensinava um canto contra a vodca. Agora, a maioria dos nossos *belee caldoons* morreu, e os poucos que continuam vivos, como Moolynaut, são velhos e perderam parte dos poderes. Todos os jovens cresceram nas escolas soviéticas e aprenderam com as pessoas que têm cabeça dura, então também não têm poderes. Não tem ninguém que fale com a Pedra Sagrada e aprenda um canto contra a vodca. Quando os pastores estão bêbados porque tomam vodca demais, os lobos vêm e matam as renas. É por isso que não temos mais renas.

Tentei falar algumas palavras de esperança:

— Mas as pessoas que pastoreiam as renas estiveram aqui, nesta casa, há poucas semanas. Há ainda pessoas na tundra que pastoreiam as renas.

Oleg olhou para mim pensativo e depois sorriu. — Sim, é por isso que estamos aqui, nesta viagem. Para encontrar essas pessoas. Obrigado por trazer a gasolina.

Então, após refletir um instante em silêncio, ele apenas concluiu:

— Amanhã teremos uma longa viagem, está na hora de dormir.

No deserto branco

Saí da casa assim que o sol começou a se levantar, vermelho e achatado, a leste no horizonte. Parecia tão perto que poderia tocá-lo e ao mesmo tempo tão distante quanto a galáxia mais longínqua. O vento que soprava neve sobre os montículos endurecidos fora o prenúncio do perigo quando estávamos perdidos, mas agora havia outro companheiro familiar, e era quase um estribilho para essa estranha tribo que perambulava sem rumo por uma paisagem implacável e brilhante.

Até agora, Oleg e Sergei tinham um plano: encontrar o povo das renas sob orientação ou aprovação da Pedra Sagrada para depois seguir em frente rumo à *serei* mais distante de que eles tinham conhecimento. Mas, dali em diante, não havia nenhum plano, apenas o espaço aberto e a neve da primavera que crepitava sob os nossos pés. Para a minha mente de ph.D. em Química, tudo aquilo parecia muito insensato, mas ninguém ouvia o que eu tinha a dizer ou sugerir. Pois bem. Embora nada disso tivesse sentido para mim, lembrei que o povo koryak e seus ancestrais sobreviviam há milênios nesta terra extremamente áspera, e eu estava aprendendo a deixar de lado meus preconceitos ocidentais e a me abrir para um modo de pensar misterioso.

Depois da primeira refeição do dia, Oleg e Sergei abasteceram as máquinas com o combustível de um dos tambores. Quando acabaram, o tambor ficou leve e tinha um som oco. Sergei disse que, como Chris, Misha e eu éramos lentos por causa dos esquis e acabaríamos nos perdendo, devíamos viajar nas motos. Oleg concedeu a Chris a honra de ocupar o poleiro de rainha atrás de Wolfchuck na Yamaha, enquanto Misha e eu arrumamos míseros assentos empelotados nos trenós ajeitando algumas peles de rena entre os tambores de combustível, o fogareiro de folha e o motor reserva de Sergei.

Durante todo o dia, seguimos em direção ao norte, desenhando amplos arcos. Chris chamou a paisagem de Oceano Gelado, imaginando nossas motos de neve como iates em miniatura navegando precariamente sobre as ondas. Misha observou que se parecia mais com um Deserto Branco, pois viajávamos havia cinco dias sem termos sinal de vida. Na realidade, eu achava estranha a escassez de gado porque, percorrendo o Ártico no Alasca e no Canadá, vi muitos animais, e em Kamchatka havia vegetação suficiente para sustentar uma fauna rica e variada.

Oleg e Sergei são caçadores indígenas que comem bem quando abatem animais e comem mal quando não conseguem. Também sou caçador, e, se houvesse marcas de renas e alces na neve, eu as teria visto.

Misha tem a melhor visão a distância do que qualquer outro companheiro com quem viajei. Ele quase sempre percebe objetos muito antes de mim. Chris não fala muito quando viaja; ela observa. Wolfchuck tem olfato canino e foi treinado para alertar Oleg da presença de gado, e, além disso, sabia que uma boa caça é seguida por muita comida para todos. Deduzo, portanto, que nós seis, somando nossos conhecimentos e sentidos, não estávamos muito enganados. Claro, havia roedores morando debaixo da neve, e vimos alguns sinais de raposas e arminhos. Vez por outra, Wolfchuck pulava da moto para tentar levantar algum tetraz, e Sergei o seguia; ajoelhava na moto, com a direita sobre o acelerador e atirava segurando a arma com a anca esquerda, uma mistura de Wyatt Earp em *Tombstone, a justiça está chegando* e Sylvester Stallone numa missão de guerra. Mas, além disso, vimos poucas pegadas e nenhum animal de casco de grande porte.

Oleg explicou que, três anos antes, abatera muitos gansos em abril, mas, no ano anterior, matara apenas alguns.

— Se houvesse patos e gansos voando por aí — concluiu —, pararia bem aqui, deitaria no meio do vale e ficaria imóvel como uma pedra o dia todo se fosse preciso. E, quando um pássaro voasse sobre a minha cabeça, atiraria. Eles me chamam o Demônio dos Patos — gabou-se todo orgulhoso. Sergei explicou que, dois anos antes, ele chegara a apanhar oito peixes por dia perto da segunda *serei*. Agora, ele se considerava feliz quando apanhava dois.

Tive curiosidade de saber a causa do declínio dessas populações, e, quando regressei aos Estados Unidos, procurei um estudo sobre o gado selvagem da região. A fonte mais próxima foi um relatório do Programa de Desenvolvimento das Nações Unidas. Os cientistas escreveram: "Para avaliar a magnitude e o rumo dessa mudança, é necessário conhecer muitos detalhes sobre o desaparecimento de algumas espécies e os indicadores da degradação da fauna e da flora ao longo do tempo. [...] A compreensão das hipóteses básicas é problemática."

Em outras palavras, os biólogos não sabem o que está acontecendo — e isso nas áreas estudadas que ficam a centenas de quilômetros ao sul de Vyvenka. Quando estive em PK, perguntei a Vadim, um dos cientistas do projeto, se ele poderia me apresentar a alguém que estivesse monitorando as populações de animais no norte de Kamchatka, perto de Vyvenka. Vadim me disse que era muito dispendioso trabalhar naquela área; portanto, até onde ele sabia, não havia nenhum estudo.

Consequentemente, o mistério continua. Os habitantes de Vyvenka exercem caça e pesca agressivas num raio de quarenta quilômetros ao redor da aldeia, por isso é muito provável que os excessos tenham dizimado as populações da fauna nas proximidades. Mas, durante a viagem, além da área habitada pela caça normal, vimos apenas alguns grupos esparsos de pastores, e eu não imaginava que houvesse uma pressão tão grande para caçar. Meus amigos explicaram que, na era soviética, os soldados mataram renas, ursos, lobos e até aves selvagens utilizando helicópteros, dizimando dessa maneira as populações de animais. Mas isso acontecera dez ou quinze anos antes, e seria crível que as populações tivessem se reconstituído nesse meio-tempo.

Não sei explicar o equilíbrio populacional do ecossistema moderno, mas a paisagem parecia vasta e desolada sem a emoção de subir ao topo de uma colina e observar de cima uma manada de renas selvagens, ou até um alce solitário, com o hálito congelando no ar da manhã e pateando na neve em busca de musgos suculentos e outra vegetação. Entretanto, tínhamos iniciado a viagem havia apenas cinco dias, eles estavam muito animados, e o sol da primavera enfim começava a penetrar a armadura do inverno, inundando-nos com seu tão esperado calor. Paramos para almoçar, e Sergei acendeu fogo para preparar um pote de chá. Sentei num lugar separado do grupo para absorver a energia radiante em solidão e escrever no diário. Com a ideia do Deserto Branco na cabeça, tentei imaginar como era a tundra uma geração antes, com milhares de renas domésticas deslocando-se pela paisagem. Então compreendi os motivos pelos quais, em tempos difíceis e de grandes mudanças, o povo de Vyvenka perdera parte das suas renas, a metade delas, ou mesmo a maioria, mas achei difícil entender como poderia ter perdido todos os animais.

O desaparecimento dos mercados, o capitalismo feroz, os coletores de impostos, os caçadores ilegais, a vodca e os lobos: a explicação estava aí.

Pensei nas histórias de Oleg. Ele contava que, nos últimos anos, os lobos haviam dispersado as manadas de renas e fizeram uma matança devastadora. Se é muito difícil acreditar que os velhos xamãs tivessem encantamentos para se comunicar com os caninos selvagens, outra explicação seria que, antigamente, antes de as pessoas usarem venenos, armas e helicópteros, o ecossistema estava intacto, e os lobos dispunham de uma variedade de animais de caça para se alimentar. Depois que o ecossistema se fragmentou e se desequilibrou, os lobos começaram a morrer de fome. Então, ao encontrar uma grande manada de renas, matavam mais do que podiam comer. Portanto, de acordo com esse raciocínio, há poucas gerações, as pessoas não protegiam suas manadas com cantos, mas com todo um estilo de vida baseado no respeito e na preservação do ecossistema.

O *Homo sapiens* se estabeleceu no Ártico há trinta ou quarenta mil anos. Na maior parte desse período, nossos ancestrais caçaram nesta terra árida e congelada usando longos bastões com pequenos pedaços de osso, pedra ou marfim presos nas extremidades. Talvez vocês não acreditem que a energia flua da terra para a Pedra Sagrada e para as pessoas, e que as pessoas também recebem energia da terra e a devolvem para a Pedra Sagrada. Mas resta o fato de que essas pessoas, que se assemelhavam a nós em termos anatômicos, sobreviveram numa terra muito áspera sem dispor de nenhuma tecnologia. Viveram durante as eras do gelo, migraram para regiões desconhecidas e povoaram a terra. Fiquei pensando no dia em que Misha, Chris e eu nos perdemos e percebi que, se me dessem uma lança e nada mais, eu morreria rapidamente nesse lugar. Mesmo o mais cínico observador ocidental deve constatar que os caçadores da Idade da Pedra sobreviveram graças a uma aguda observação do ambiente e a uma íntima ligação com a paisagem e suas criaturas. Eu me dei conta de que, se as pessoas abrissem os canais perceptivos o suficiente e se estivessem bem-sintonizadas com o ambiente, não há dúvida de que poderiam estabelecer pactos tribais com os lobos.

Sergei interrompeu minha divagação me chamando para o chá e para o almoço, e então continuamos a procissão, percorrendo um amplo vale porque parecia um pasto razoável para renas. Mais tarde, comecei a sentir câimbras nas pernas por ficar sentado no trenó, e minhas costas doíam pela vibração constante, então, quando paramos para um descanso, subi numa pequena elevação para esticar os músculos e fotografar nossa expedição de cima. No ar imóvel, o silêncio era quebrado apenas pela respiração arquejante e pelo ruído das botas na camada mais dura da neve. Nenhum odor flutuava na paisagem coberta de neve. Tudo o que restava era o vazio dos espaços abertos que agora conhecia. Chegando a um ponto adequado, peguei a videocâmera. Logo, o ronronar de um motor e o tossir de outro quebraram o silêncio. E a procissão começou: moto-trenó... moto-trenó... forma interrompida pelo espaço... quatro pontinhos se arrastando pelo oceano congelado imaginado por Chris. Embora as motos viajassem a cerca de 25 quilômetros por hora, pareciam paradas na vastidão que servia de pano de fundo, como se não houvesse passado ou futuro, nem o lugar de onde vínhamos e nenhum destino para o qual nos dirigíamos.

Gravei um minuto de vídeo, andei até a extremidade da elevação e comecei a descer, conforme planejara, para interceptar a procissão. Graças à gravidade, andar não exigia esforço algum, por isso alonguei os passos, e então, pensando na facilidade e na fluidez dos esquis, acelerei a descida com grandes passadas. De repente, uma das botas enroscou na crosta, e eu tropecei. Como dera muito impulso, não consegui me equilibrar, então dei uma cambalhota e aterrissei em cima do meu ombro. Fiquei de pé, sacudi a neve e acenei com a mão para mostrar que estava tudo bem e só tinha levado um pequeno tombo.

Mas não estava tudo bem. Minha pélvis se soltara. O dr. Schutte me alertara: "Não corra!", mas, por um instante, esqueci aquela amarga experiência ao experimentar a força irresistível da gravidade. Consegui ficar de pé e voltei para as motos, forçando-me a não mancar. Ninguém — nem mesmo Chris — percebeu a dor que eu sentia.

Acampamos à noite e, na manhã do sexto dia, subimos um morro e observamos a paisagem vazia. Oleg achava que as renas poderiam estar agrupadas numa ampla planície onde a forragem era abundante, enquanto Sergei imaginava que elas procurariam o abrigo de um vale. Tínhamos saído de Vyvenka com duas motos e 110 galões de gasolina, e estávamos conscientes de que, assim que queimássemos as últimas preciosas gotas, os pistões silenciariam e congelariam, parando por completo.

Partimos mais uma vez, depois do almoço preparado por Oleg, viajando com facilidade sobre a neve endurecida pelo vento. Mas, sempre que cruzávamos uma ravina ou o leito de um riacho ou descíamos pelo lado de uma colina protegido do vento, as motos atolavam na neve granulada. Para piorar, a moto de Sergei tinha um problema mecânico muitas vezes por hora. Quando uma moto quebrava ou emperrava, ninguém falava, amaldiçoava, acusava ou se queixava. Se afundava na neve macia, usávamos a pá e empurrávamos; se os roletes guia da esteira de Sergei saíam do lugar, tombávamos a moto pesada de um lado e voltávamos a colocar as peças gastas no que se imaginava ser sua posição. Quando o motor superaquecia, colocávamos neve sobre o carburador e esperávamos. Fiquei impressionado com o número de vezes em que é possível convencer uma máquina que está nas últimas a funcionar temporariamente, sem pôr para consertar.

Agora eu compreendia, mais uma vez, por que Oleg e Sergei não se afastavam demais de casa. As motos de neve podem ser mais rápidas e mais simples do que os seres humanos — ou do que os animais. Mas, quando uma delas funciona com velas de dez anos e rolamentos de trinta, quando as motos estão tão gastas que é preciso carregar um motor de reserva, quando o combustível constitui três quartos da carga e, em todo caso, ninguém tem dinheiro para comprar gasolina, as motos de neve são uma chateação sem tamanho, e não um meio rápido e eficiente de viajar. Somando todos os problemas, percorríamos em média menos de cinco quilômetros por hora, mais ou menos a mesma velocidade dos esquis. Na Idade da Pedra, as pessoas viajavam centenas de quilômetros em trenós puxados por suas parelhas de cães ou por renas para se reunir na Pedra Sagrada durante a festa da primavera. Hoje, com a eclética combinação de pobreza e tecnologia do século XXI, as pessoas quase nunca se afastam mais de quarenta quilômetros de casa.

Naquela tarde, um dos tambores de combustível começou a vazar e espalhou gasolina na nossa barraca e nos sacos de dormir.

— *Payette*. Não é o fim do mundo. É a vida.

De qualquer maneira, o tambor estava quase vazio, por isso colocamos o restante da gasolina nas motos e o que sobrou no tambor bom. Então, Oleg deitou o tambor enferrujado, decrépito, e o chutou. Ele rolou pelo declive de uma pequena elevação, e o vento o carregou pela tundra coberta de neve; saltou e pulou como um filhote saltitante, e, quando desapareceu numa nuvem de neve poluída, imaginei estar testemunhando o fim da Era do Combustível Fóssil e o início de uma incerteza assustadora, preocupante.

Tínhamos usado metade da gasolina. Calculei que teríamos de voltar porque precisaríamos da metade restante para a viagem de regresso. Mas Oleg explicou que ele e Sergei haviam usado muita gasolina procurando por nós numa rota tortuosa. Oleg calculava que poderíamos usar a gasolina que estava agora nas motos, mais um tanque de reserva em cada uma, antes de ter de voltar. Não era muito. Procurei me encher de coragem pensando na probabilidade de regressar a Vyvenka sem encontrar o povo das renas ou sem levar carne para Moolynaut.

Na noite do sétimo dia, subimos até o topo de uma colina e ficamos surpresos ao ver no horizonte várias perfuradoras velhas, capengas, abandonadas, enferrujadas, corroídas pelas intempéries. Parecia que alguns marcianos brincalhões tinham voltado no tempo em discos voadores para roubar um maquinário dilapidado do século XIX e depositá-lo na tundra.

Ocorreu-me, então, que a segunda maior mina de platina do mundo está localizada perto de Korpf/Tillichiki. Misha explicou que estávamos viajando numa zona rica em minérios de rochas metamórficas e achou que os geólogos deviam fazer algumas perfurações em busca de ouro e prata.

Ao mesmo tempo, escurecia, o vento ficava mais forte e densas nuvens lenticulares indicavam a aproximação de uma tempestade. A barraca estava encharcada de gasolina do tambor que vazara, mas, quando as pessoas viajam com uma moto decrépita, acabam cheirando como ela. Paramos e instalamos a enorme barraca de lona, montamos o pequeno fogão de folha que nos aqueceria e catamos lenha para queimar. Em seguida, construímos um quebra-vento com neve, arbustos, tábuas e pedaços de papelão revestido de alcatrão que roubamos sem nenhuma cerimônia da plataforma. Trabalhei por uma hora, então me ergui para esticar as costas e tentei interpretar a dor constante que sentia na pélvis.

O que estava acontecendo naquele ponto? O que poderia ter se quebrado, o que teria sido rasgado, arrancado, deslocado ou raspado? Nem imaginava, mas me senti vulnerável ali, em plena tundra, tão longe de cuidados médicos.

Tentei agir como se não fosse grave:

— *Paiyette.* — Não funcionou. Apesar da determinação em me comportar estoicamente, a dor persistia obstinada, concentrada no meu ponto de equilíbrio, no meu estilo de vida.

Procurando afastar a preocupação, olhei os três homens de ombros largos e a mulher miúda, forte, com capuzes forrados de pelo e rostos bronzeados, feridos pelo vento, cobertos de geada e gelo. Tínhamos vindo de muito longe juntos e logo retornaríamos para as nossas existências tão diferentes. Mas, por enquanto, estávamos construindo um anteparo para nos proteger da tempestade, com um objetivo comum, superando os obstáculos à medida que iam surgindo. Abaixei para continuar o que estávamos fazendo.

A tempestade

Desde a última *serei,* vínhamos acampando na barraca de lona de Oleg. Quando estávamos nos sacos de dormir, ombro a ombro, havia espaço para quatro pessoas, mas éramos cinco. Oleg dormia encostado numa das paredes da barraca; Sergei se enfiara no saco com Oleg; Misha deitou no meio, e Chris ao lado dele. E eu? Procurei me aconchegar a Chris, separado por várias camadas de tecido e penas de ganso com meu saco de dormir meio fora da aba lateral da barraca, exposto. Quando acordei na manhã seguinte, o lado do saco que ficara de fora estava sob cerca de trinta centímetros de neve fofa e seca.

Os borrifos de neve também invadiram o interior da barraca, e meus amigos, embora bem enrolados em seus sacos, estavam cobertos por uma camada de neve muito fina, como ondulações da tundra que se estendiam no horizonte. Mas, ao contrário da tundra, a barraca fedia a gasolina, corpos sujos, lona mofada, fumaça de lenha e pele de rena malcurtida. Tentei levantar sem incomodar ninguém e senti uma pontada aguda irradiar da pélvis, passar por minha virilha e alojar-se na parte superior do fêmur. Respirei fundo, para mais uma vez tentar compreender o que estava machucado, a gravidade do mal e como recuperar o equilíbrio. Em algum lugar da minha consciência, percebi que dormira com aquela sensação durante toda a noite, persistente, constante, insistente, muito preocupante, sem, no entanto, me debilitar.

Fechei os olhos, fiquei imóvel e tentei não me xingar de estúpido idiota.

Dormimos até tarde, acendemos o fogareiro, comemos com calma e penduramos as mochilas úmidas sobre o fogão para secar. Depois nos vestimos e nos aventuramos no meio da tempestade para catar mais lenha.

A primeira lufada de ar carregado de neve me tirou o fôlego, mas, assim que me recompus, percebi que a temperatura era apenas -17 ºC. Finas volutas de neve carregadas pelo vento rodopiavam no chão e se envolviam em nossas botas, como polvos no leito do mar. O fogo aceso de manhã foi confortável, mas eu gostava do calor interno gerado pelo movimento ao serrar madeira para queimar e tirar a neve com as pás. Procurei me mexer com cuidado e perceber se os outros tinham notado que eu caminhava tentando encontrar um ponto de equilíbrio que pressionasse menos a ferida. Mas a pélvis é nosso ponto de apoio, e não podemos nos manter de pé sem ela. Os cabos desprendidos da plataforma de perfuração batiam com o vento, as polias rangiam, e uma roda solta girava devagar, fazendo com que a plataforma parecesse o fantasma da civilização batendo as correntes.

Terminamos as tarefas e nos recolhemos. O interior da barraca estava lotado, e tive trabalho para encontrar uma posição confortável, porque tanto a pélvis quanto os músculos adutores adjacentes doíam. A intermitente luz solar era dispersa pelas nuvens, refletida pela neve que soprava com o vento, refratada pela lona da barraca, espalhando uma luminosidade alaranjada esmaecida, como a de uma vela.

Fiz anotações no diário enquanto Chris lia uma cópia amassada e úmida da revista *New Yorker*. Oleg parecia satisfeito olhando para o nada, mas Sergei precisava dar vazão à sua energia irrequieta, inesgotável. Ele se mexia nervoso; tomou diversas xícaras de chá, atiçou o fogo e depois pediu para ver a revista *americanski*. Chris interrompeu a leitura e lhe deu a revista.

Sergei remexeu na mochila até encontrar um par de óculos de leitura arranhado, empoeirado e torto, e então estudou com cuidado cada página. Examinou o estofamento de couro de um Lexus e comentou secamente:

— *Americanski* Buran [moto de neve americana].

A página seguinte mostrava a imagem de uma modelo provocante com uma roupa mínima, apertada no corpo, aparentemente excitada porque havia acabado de comprar um celular. Sergei comentou:

— Ela deve estar com frio com essa roupa.

Todos rimos porque ela parecia tola, coberta apenas por aqueles trajes insignificantes e envolta em algumas páginas do *New Yorker* para se aquecer. Fiquei com pena dela, tive vontade de lhe dar um gorro de pelo de cão enfeitado com contas, uma farda do Exército soviético encharcada de óleo de moto de neve, calças de pele de foca e uns sapatos de verdade, porque, pelo amor de Deus, toda vez que ela saísse para fazer pipi, aqueles saltos altos com certeza furariam a fina crosta de neve.

Sergei olhou a página anterior, um anúncio colorido de um homem com uma roupa elegante da L.L. Bean, andando num campo de neve, na direção de um abeto meio indistinto. Um labrador retriever preto o seguia a dois passos de distância. A matéria dizia: "A parceria americana. O século americano."

Sergei perguntou, intrigado:

— Do que está falando?

Chris olhou para mim.

Eu sorri.

— A foto diz que, se você trabalhar para esta companhia, ficará muito rico. E, se você ficar muito rico, nos Estados Unidos, poderá passear com o seu cão na neve.

Houve um silêncio estupefato; depois todo mundo caiu numa gargalhada estrondosa. Quando se acalmou o suficiente para falar, Sergei exclamou:

— Meus amigos *americanski*! Ah, vocês *americanski*! Que gente estranha! Nunca vamos entender vocês.

Assim que a euforia passou, ficamos em silêncio, desfrutando a paz de uma jornada tempestuosa, ouvindo o vento e a tela batendo. A neve se acumulava do lado mais protegido da barraca, penetrava pela porta fechada e assobiava como se derretesse sobre o fogão vermelho em brasa. Misha retomou a conversa:

— Nós rimos, mas nesta vida todos moramos em cidades grandes ou pequenas, e às vezes é difícil saber quanto devemos trabalhar e quantas coisas comprar. Todos trabalhamos para comprar muitas coisas, mas talvez trabalhemos demais, porque não precisamos da maior parte das coisas que compramos. A gente não precisa de dinheiro para ir até a Natureza Selvagem e ver a neve cair.

Oleg acrescentou:

— É isso, Misha, você tem razão. A maior parte das pessoas quer dinheiro. Eu também quero dinheiro. Mas muitas pessoas em Vyvenka não gostam de trabalhar e têm problemas com dinheiro. Talvez essas pessoas sejam felizes. É difícil saber.

— Um pobre acorda de manhã e pensa: "Estou com fome. Não tem comida na casa." Então ele sai no gelo e vai pescar *korishka* [um peixe de uns 12 ou 13 centímetros que Misha chama de peixe-pepino]. Talvez ele tenha sorte naquele dia e apanhe uma rede cheia de *korishka*. Não consegue comer todos eles, então leva o peixe que sobrou para a loja e vende. Agora ele tem um grande problema. Tem dinheiro. "O que vou fazer com todo este dinheiro?", pensa.

Oleg apertava a cabeça entre as mãos como se carregasse um enorme peso emocional e ela latejasse de dor. Para provocar mais impacto teatral, repetiu o dilema imaginário.

O que vou fazer com todo este dinheiro?

Então sorriu e levantou um dedo no ar como se dissesse "Eureka".

— Vou comprar um pouco de vodca.

E deu uma risadinha nervosa, que não era típica dele.

— Então esse homem gasta todo o seu dinheiro, toma toda a sua vodca e apaga. Quando acorda, não tem dinheiro nem vodca. Mas agora a vida é simples de novo. Ele não tem preocupações e sabe exatamente o que fazer. Está com fome, então vai pescar *korishka*.

Todos rimos e depois meditamos em silêncio sobre as histórias e as imagens completamente diferentes nas duas extremidades do espectro econômico, em dois continentes vizinhos e tão distantes um do outro.

Oleg pegou a revista da mão de Sergei e a folheou devagar passando os olhos sobre uma cultura tão incompreensível. Era um dia tempestuoso, não tínhamos mais nada para fazer, então esperamos com paciência. Oleg desamarrou uma das presilhas da abertura da barraca e olhou para a tempestade lá fora. A neve rodopiava e pousava sobre seu rosto largo e passivo.

— Eu disse para vocês antes. Se os bandidos da máfia em PK roubassem apenas 75% do nosso peixe, todos os pescadores de Vyvenka estariam ricos como vocês *americanski*. Mas eles roubam 95%, por isso a vida é dura.

"E ainda perdemos nossas renas. Falamos disso ontem. Antes da *perestroika*, antes que o bandido do Gorbachev entregasse o país aos bandidos *americanski*, tínhamos dez mil renas em Vyvenka. Dez mil, entende?"

Ele esperou que Misha traduzisse e que eu assentisse.

— Agora não temos nenhuma. Zero. Nada.

Oleg se recompôs, sorriu e disse suavemente:

— *Paiyette*.

A conversa, que começara de forma tão jovial, tornara-se melancólica, e todos decidimos nos voltar aos nossos mundos e aos nossos pensamentos particulares.

O povo das renas

A tempestade desabou durante a noite, e no dia seguinte Oleg pulou a primeira refeição e saiu em disparada de moto, sem passageiros ou trenó. Voltou meia hora depois com novidades excitantes. Tinha visto algumas casas em um vale próximo, com fumaça saindo de uma das construções.

Devoramos a comida e nos arrumamos depressa, como se temêssemos que as casas desaparecessem se chegássemos meia hora mais tarde. Quando alcançamos a elevação sobre o rio, formou-se no céu um arco-íris através da neblina congelada. Não era um arco-íris de verão, com uma curva brilhante e imensa sulcando um céu azul cálido, mas um arco-íris de inverno, baixo, próximo da superfície por causa do frio e apontando — como tudo aqui — para o horizonte distante. As cores eram esmaecidas, desbotadas, mas eram o primeiro vermelho e amarelo naturais que víamos nessa paisagem áspera toda branca e nos saudaram como flores de verão. Eu nunca tinha visto um arco-íris no inverno, mas Sergei sorriu e anunciou:

— Um arco-íris no inverno é sinal de sorte. Hoje vamos encontrar o povo das renas.

Além do arco-íris, havia um grupo de casas meio cobertas pela neve que se acumulara com o vento. Disparamos com as motos para baixo

A dádiva do Corvo 151

do declive íngreme e seguimos a trilha fresca deixada pela moto de neve rio acima, depois dos esqueletos das casas enfeitadas com papel alcatroado solto e pedaços arrancados dos tetos que batiam contra as vigas arrebentadas. O cheiro de fumaça de lenha emanava de um pequeno enclave de construções intactas. À medida que nos aproximávamos, o sol penetrava ardendo através da neblina, revelando encostas riscadas pelas cicatrizes de traçados toscos e profundas trincheiras escavadas por maquinário pesado da época da exploração de minérios.

Dois homens saíram de uma das construções, piscando na luz da manhã. Efusivo e falante, Constantine pesava bem mais de cem quilos e trajava uma camisa xadrez fina, calças de agasalho de algodão e pantufas para enfrentar a temperatura muitos graus abaixo de zero. Seu companheiro Nikolai parecia saído de um gulag — calado, alto, barbudo, macilento, as faces cavadas e o olhar vítreo, como se se sentisse perseguido. Constantine e Nikolai tinham trabalhado para os geólogos na fase de prospecção e ficaram ali depois que todos se foram, preferindo o isolamento e a pobreza no meio da natureza à pobreza banal, infestada de favelas, da vida na cidade. Constantine apertou a minha mão com tanto entusiasmo que quase quebrou os ossos. Nikolai estendeu um toco enrugado, provavelmente destruído numa explosão, esmagado, imprensado em algum acidente na mina. Embora ele não visse outro ser humano Deus sabe havia quanto tempo, não disse sequer uma palavra.

Uma companhia americana descobrira ouro naquele local em quantidades que justificavam a exploração comercial, e os líderes koryak disseram que, se quisessem, podiam cavar a montanha toda até a costa e levá-la embora nos seus navios, mas não poderiam construir uma fábrica de lixiviação por cianeto para concentrar o minério na tundra. Então a companhia nunca abriu a mina. Contrataram Nikolai para tomar conta das ruínas do campo de exploração e protegê-las de invasores inexistentes. Constantine era um caçador freelance abusivo e usava armadilhas para apanhar as poucas raposas, carcajus e arminhos remanescentes que viviam no vale.

Ele nos convidou a entrar na cabana e serviu chá e pão caseiro. Quando saímos outra vez, o sol estava quente. Tive a sensação de que a tempestade noturna fora a última do inverno, e agora a primavera se instalava em toda a sua plenitude. Fiozinhos de água escorriam tinindo do telhado com uma melodia alegre. Indagamos a respeito do povo das renas. Constantine apontou para a planície em frente:

— Sigam para oeste, até chegar a um grupo denso de arbustos. Virem para o sul, cruzem três riachos congelados, depois virem de novo a oeste na direção das montanhas. Vocês encontrarão renas e uma pequena tribo de pastores.

Uma hora mais tarde, subimos uma pequena elevação, e Sergei sussurrou:

— *Eileen* [renas].

Pulei do trenó, tive dificuldade para ficar de pé por causa dos espasmos da pélvis ferida e olhei pelo binóculo na direção apontada por Sergei. Ao longe, renas pastavam em paz na tundra; seus chifres intricados e cheios de ramificações destacavam-se contra as colinas distantes cobertas de neve. Perto da manada, quatro homens estavam diante de uma fogueira. Um deles olhava para nós de binóculos. Fiquei com vontade de acenar com a mão, gritando alegre um "Olá", mas isso me pareceu algo tolo a fazer. Chris se aproximou de mim, então lhe estendi os binóculos e me inclinei um pouco, apoiando-me delicadamente nela, enquanto ela fazia o mesmo. Foi um momento de intimidade simples, sem palavras, a comemoração muda de nosso sucesso, porém mais memorável e emocionante do que uma manifestação ruidosa com aplausos. Tínhamos viajado pela tundra por nove dias, o que é muito ou pouco, dependendo da perspectiva de cada um, e, apesar da improbabilidade da nossa empreitada, tínhamos encontrado o povo das renas naquela vasta paisagem vazia.

Atravessamos o fundo de um riacho, ficamos atolados na neve macia durante meia hora e depois voltamos a pisar na crosta sólida da imensa tundra. Oleg prendeu Wolfchuck ao trenó para que ele não pulasse e começasse a perseguir as renas. Então nos aproximamos muito lentamente. As renas olharam para cima e correram assustadas, mas não para muito longe. Paramos. As renas se acalmaram. Continuamos com cautela. Os jovens estavam esperando. Três deles vestiam uniformes de serviço do Exército soviético, e o outro, um incongruente conjunto de esqui de náilon vermelho e azul. Um dos homens era loiro de olhos azuis, revelando antepassados russos, mas os outros tinham os olhos amendoados, malares pronunciados e a cor escura dos koryak.

Paramos e ficamos olhando para eles num silêncio constrangedor. Depois de viajar até lá, não tínhamos nada a dizer. Os pastores também ficaram calados. Atrás deles, observei uma rena pateando o solo e procurando um pouco de grama e musgos no meio da neve. Então Oleg nos apresentou rapidamente. Os homens acenaram com a cabeça e não falaram muito; depois conversaram entre si em particular.

O mais velho disse:

— Temos poucos visitantes.

O homem interrompeu:

— Tivemos visitantes apenas uma vez na minha vida. Eram japoneses e vieram de helicóptero. Fizeram muitas perguntas e foram embora depois de uma ou duas horas.

O primeiro continuou:

— As renas começaram a parir. Hoje de manhã vimos dois filhotes novos. Agora a manada está muito nervosa porque os lobos muitas vezes atacam enquanto as fêmeas dão à luz. Vocês são estrangeiros. As renas não os conhecem e vocês não sabem como falar com elas. Precisam voltar para a base e falar com Nikolai, o chefe da brigada. Alexander lhes mostrará o caminho.

O homem de roupa de esqui se apresentou como Alexander, sentou sobre o trenó de Oleg e apontou para o sul. Oleg e Sergei deram partida nas motos, e nos afastamos da manada devagar, na direção da base. Depois de atravessar dois riachos, ficamos outra vez atolados na neve, e uma vez tivemos de mexer nos roletes guia; fizemos uma pausa para fumar, seguimos mais oito quilômetros até um pequeno acampamento de cabanas de papelão revestido aninhadas na neve amontoada. Ao ruído dos motores, um homem alto, magro, bonito, de meia-idade saiu para nos saudar. Oleg explicou a missão, e os dois conversaram. Misha não traduziu, e, pelo pouco que compreendi, Oleg falou da viagem e dos motivos de nossa visita. Não sabia ao certo o que ele dizia, mas fiquei satisfeito por falar por nós porque, se alguém me fizesse uma pergunta, eu não conseguiria explicar rapidamente a razão da nossa longa viagem para chegar até ali.

Um ano atrás, Moolynaut me olhara nos olhos e dissera:
— Por favor, volte. Será bom para você.

Por isso, Chris e eu saímos de Montana, via Nova York, Moscou, PK, Korpf/Tillichiki e, por fim, Vyvenka. Um impulso, o gosto pelas viagens e a curiosidade tinham nos guiado até encontrar o povo das renas, mas naquele momento me senti mais um intrometido do que um peregrino sagrado.

O estranho tinha um rosto triangular, com maçãs do rosto salientes que se estreitavam até o queixo pontudo, destacado por um bigode ralo que pendia sobre um cavanhaque ainda mais ralo. No entanto, a característica mais marcante era seu sorriso, que parecia sempre presente, sutil, genuíno e benevolente.

Ele se dirigiu a mim em russo, com a mão estendida:

— Olá, meu nome é Nikolai. Prazer em conhecê-lo.

Apertei sua mão e me apresentei. Em seguida, ele cumprimentou Chris com um sorriso paternal e disse:

— Vocês vieram de muito longe, devem estar famintos. Por favor, entrem.

Um aparelho de som maltratado, ligado a uma velha bateria de carro, tocava uma música arranhada; um fogo forte queimava num fogão de ferro enferrujado, e havia peles penduradas por toda parte, emanando um suave odor animal almiscarado, já familiar. O teto era tão baixo que me curvei por instinto, embora tivesse alguns centímetros de sobra para ficar ereto. Meus olhos, acostumados à luminosidade da tundra, ajustaram-se aos poucos ao cômodo cavernoso, iluminado pela dispersa luz do sol que filtrava por janelinhas sujas. Dois homens se apresentaram, enquanto duas mulheres se mantiveram caladas na sombra, perto do fogão. Nikolai ofereceu os bancos menos capengas para mim, Chris e Misha. Oleg e Sergei dividiram um banco que ameaçava despencar a qualquer instante.

Havia doze pessoas no acampamento: Nikolai e sua esposa, Nadia, seis homens entre 20 e 30 anos, duas mulheres jovens e duas criancinhas, de 3 e 5 anos. Oitocentas renas pastavam na tundra.

As moças, envergonhadas, moviam-se em silêncio servindo tigelas repletas de um maravilhoso cozido quente de carne de rena com arroz. Quando terminamos de comer, elas trouxeram pedaços de fígado frito servidos sobre trigo-sarraceno, uma pilha enorme de pães de aveia fritos e chá escuro açucarado.

Nikolai nunca perguntou por que Chris e eu tínhamos atravessado três quartos do globo para ir àquele isolado posto avançado. A duração e o entusiasmo da nossa jornada, o espaço salutar da tundra e a frequência das tempestades de primavera tinham exorcizado os motivos. Estávamos em uma casa quente, fazendo uma refeição nutritiva, envolvidos pela bondade de estranhos. Eu me sentia feliz por poder relaxar, livre das sacudidas das motos, único epicentro de ruído e poluição do ar num raio de centenas de quilômetros.

Nikolai explicou que os membros de sua brigada migravam por uma rota no formato de um charuto que repetiam todos os anos. Durante o regime soviético, com a abundância de dinheiro e de material, eles construíram uma fileira de casas para que seus acampamentos de inverno fossem mais confortáveis. O campo atual era o mais elaborado, com cinco construções: o refeitório, onde estávamos, uma cabana particular para Nikolai e a esposa, um *banyo* (sauna russa), um barracão de ferramentas e uma construção pequena no formato de uma tenda para a preparação da carne e do couro. A brigada se instalava lá todos os anos enquanto as renas pariam. No início de maio, quando os filhotes estavam mais fortes, eles deixavam a base e iam em direção ao mar de Okhotsk, onde as brisas do oceano protegiam pessoas e renas das densas hordas de mosquitos que costumavam invadir a tundra. No verão, suplementavam sua dieta com salmão e carne de foca. A brigada vivia em tendas nos meses quentes e regressava para as casas mais ao norte no fim de outubro.

Eles também tinham casas em Manily, uma cidadezinha às margens do mar de Okhotsk. As crianças maiores moravam na cidade para estudar, e algumas das mães ficavam com elas, alternando temporadas na cidadezinha e nos acampamentos na tundra.

Nikolai explicou que, antes da *perestroika*, a brigada tinha duas mil renas, a quantidade que seus pastos comportavam. Durante o caos que se seguiu ao colapso da infraestrutura soviética, o pessoal perdera mais da metade do rebanho, e agora tinha apenas oitocentas.

Nikolai pareceu abatido por causa da perda até eu mencionar que a brigada perto de Vyvenka perdera todas as suas renas, elogiando-o:

— Você deve ser um bom líder para manter a brigada unida e preservar as tradições.

Era o elogio certo, e Nikolai concordou devagar com a cabeça, enquanto seu rosto expressava um grande orgulho. Depois ficou mais triste e pensativo.

— Sim, foram tempos muito difíceis. Durante muitos anos, nós nos escondemos na tundra, longe dos caçadores ilegais, dos coletores de impostos e de outros bandidos. E longe da vodca. Mas mesmo assim perdemos muitas renas. Com uma manada tão pequena, paramos de vender carne. Agora as condições estão melhorando. Vamos reconstituir o rebanho até chegar a duas mil. Então vamos vender carne de rena de novo.

Olhei em volta. Embora o ambiente fosse terrivelmente pobre para os padrões norte-americanos, nossos anfitriões haviam servido arroz, trigo-sarraceno, chá, açúcar e pão escocês de um armazém. Nikolai tinha uma moto de neve bastante nova estacionada em frente à cabana. Portanto, o clã operava com uma economia monetária pequena, porém viável. Se a brigada não vendia carne de rena, como conseguia o dinheiro?

Nikolai explicou que viviam de forma comunitária, e cada um contribuía com o que tinha. Algumas pessoas trabalhavam meio expediente em Manily. Ele e a esposa recebiam pensões do governo, e a rica mina de platina em funcionamento proporcionava uma mísera remuneração pela exploração de 80 milhões de dólares anuais em minério nas terras dos koryak.

Depois da refeição, voltamos ao ar livre. Nikolai e os homens mais jovens examinaram nossa carga: o tanque de combustível amassado, o fogareiro enferrujado e o motor de reserva cheio de graxa.

Nikolai pediu para experimentar meus esquis. Sentei na neve e troquei minhas botas de esquiar pelos seus *mukluks*. Ambos os calçados representavam o ápice da tecnologia em suas respectivas terras e para seus respectivos fins. Os meus eram feitos de plástico de alta tecnologia, com cremalheira, inclinação frontal e presilhas ajustáveis. Os *mukluks* de Nikolai tinham sola impermeável de pele de foca tratada, com o pelo para dentro, de modo a manter os pés quentes e confortáveis. A sola das botas, que estava em contato constante com a neve, também era feita de pele de foca, mas com o pelo para fora, o que as tornava impermeáveis. A parte de cima era de pele de rena, também com o pelo para fora, costurada num elaborado patchwork branco e marrom. A esposa de Nikolai havia enchido as botas com musgo seco para torná-las ainda mais quentes. Mais do que isso, eram feitas de uma cuidadosa seleção e combinação dos materiais disponíveis na natureza, em um trabalho que devia exigir muito tempo e dedicação. Mas o mais importante é que representavam uma parte concreta de uma união matrimonial: eu lhe forneço carne, e você me costura botas e faz com que sejam confortáveis e bonitas.

Nikolai foi embora esquiando, com os pés bem separados, os braços para a frente, agachado de maneira desajeitada. Sem se importar com a pouca estabilidade, ele se lançou num pequeno declive, e então as pontas dos esquis se cruzaram e ele mergulhou de cabeça na neve.

Caçadores da Idade da Pedra no Ártico

Há cerca de dois milhões de anos, pequenos grupos de hominídeos migraram de sua terra original, na região tropical da África. Alguns se estabeleceram no Oriente Médio; alguns aventureiros incansáveis deixaram para trás o cálido paraíso do Mediterrâneo, cruzaram a fértil estepe asiática e dirigiram-se para o norte.

Nos anos 1980, o arqueólogo russo Yuri Mochanov investigou o sítio de um acampamento da Idade da Pedra na margem do rio Lena, no nordeste da Sibéria, bem ao sul do Círculo Ártico.[1] Mesmo durante o período interglacial mais quente, o sítio, chamado Diring, era um lugar árido, com verões quentes e invernos extremamente frios. Ainda assim, há 250 mil anos, os hominídeos estabeleceram lá suas habitações e criaram suas famílias. Naquele passado remoto e obscuro, os primeiros siberianos pertenciam provavelmente à espécie *Homo erectus*.

Os habitantes de Diring não dispunham de ferramentas sofisticadas nem de uma linguagem. Supõe-se que usassem alguma forma de comunicação e sabe-se que fabricavam ferramentas de pedra, mas sua tecnologia e cultura eram extremamente simples em comparação com as dos homens da Idade da Pedra que vieram posteriormente, como os Cro-Magnon, que deixaram desenhos de uma qualidade artística impressionante nas paredes das cavernas da Europa. Entretanto, sua sobrevivência nos garante que algo em sua tecnologia e cultura deve ter sido mais avançado do que se pode perceber de imediato. Um pesquisador afirmou que os assentamentos de Diring no Ártico "implicam uma variedade de comportamentos e de adaptações que nunca foram atribuídos ao *Homo erectus*, desde a produção de luvas e botas até o controle do fogo e o uso de estratégias de sobrevivência durante o inverno."[2]

O povo Diring não estava só. Dois assentamentos de hominídeos no nordeste da China foram datados de 260 mil anos atrás. Os crânios mostram traços anatômicos intermediários entre o *Homo erectus* e o *Homo sapiens*.[3] Muito mais tarde, o *Homo sapiens* se estabeleceu logo ao sul do Círculo Ártico, na Sibéria ocidental há cerca de 40 mil anos,[4] e ao norte do Círculo Ártico há cerca de 27 mil anos.[5] Esses povos não deixaram registros escritos, apenas alguns restos de esqueletos, poucas ferramentas de pedra e de osso, e detritos carbonizados de fogueiras que se apagaram há muito. Entretanto, a análise do processo de coleta de alimentos pode nos proporcionar um vislumbre de seu comportamento.

Igor Krupnik, antropólogo russo que trabalha no Smithsonian Institution, calcula que no Ártico, onde os recursos vegetais são limitados, as exigências calóricas são elevadas por causa do frio, e por isso cada pessoa precisa comer 18,5 renas por ano para sobreviver.[6] Isso significa que um caçador com uma família de cinco pessoas precisa matar 92,5 renas todos os anos, ou pouco menos de duas por semana. Nossos ancestrais se estabeleceram no Ártico antes da invenção do arco e da flecha e caçavam com pedras, ou lascas de osso ou marfim amarradas nas extremidades de longas varas.

De vez em quando, em condições perfeitas, tento ver quão perto posso chegar de uma rena ou de um alce. Em toda a minha vida, apenas três vezes consegui me aproximar à distância de uma lança, quase a ponto de tocá-los. Três vezes em quarenta anos. Entretanto, se eu fosse um caçador da Idade da Pedra, teria de chegar a essa distância duas vezes por semana, verão e inverno, todas as semanas da minha vida — ou morrer.

Então como as populações da Idade da Pedra conseguiram sobreviver?

Em alguns lugares, tribos inteiras de caçadores do Paleolítico se uniam para provocar a debandada de grandes presas, como os mamutes, sobre penhascos. Pode-se imaginar que essas populações, além de caçar, catassem restos. Pois bem. Tenho certeza de que os caçadores da Idade da Pedra tinham uma série de cartas na manga de seus agasalhos de pele de rena. Por exemplo, Stephen P. Krasheninnikov, um dos primeiros exploradores russos em Kamchatka, relata que, em certa ocasião, saiu com um pequeno grupo de koryak da Idade da Pedra que localizara a toca de um urso-pardo, no início da primavera, quando o animal ainda estava hibernando.[7] Um jovem corajoso tirou todas as roupas de pelo, para que seu corpo não exalasse odor de rena. Nu, ele se arrastou para dentro da toca, levando uma corda de couro trançado. Aproximou-se do urso, amarrou com cuidado uma das extremidades da corda ao redor de suas enormes patas — tudo isso sem acordá-lo. Então se arrastou para trás dele, e, a um sinal combinado, seus companheiros começaram a puxar a corda enquanto ele empurrava o traseiro do animal. Quando conseguiram convencer e forçar o urso a sair, os homens caíram sobre ele com as lanças.

Essas histórias só aumentam meu espanto.

Vários koryak modernos me contaram que seus ancestrais mais próximos "cantavam" ou "conversavam" com os lobos para chegar a um pacto de sobrevivência aceitável para ambas as espécies. Lydia me dissera que Moolynaut "chamou" a tempestade que levara Misha e eu a Vyvenka no ano anterior. Podem entender essas palavras em seu sentido literal ou metafórico, como quiserem, mas eu vaguei sem rumo pelo oceano e pela tundra no nordeste da Sibéria e me convenci de que, sem dúvida, nossos antepassados da Idade da Pedra tinham não apenas uma força inacreditável, como também uma consciência e um poder de comunicação com a natureza que eu só consigo entender vagamente. Tenho a certeza de que jamais compreenderei tal consciência por completo, mas chegaria mais perto se passasse mais tempo aqui.

Para mim, existe outro mistério, que vai além da pergunta: Como o ser humano sobreviveu no Ártico, isto é: "Como chegou até lá em primeiro lugar?" O planeta Terra não era densamente povoado quando o *Homo erectus* e, mais tarde, o *Homo sapiens* chegaram à Sibéria. As praias luxuriantes da Índia e do Sudeste Asiático não eram tão superpopulosas. Então, por que esses ancestrais foram para o Ártico siberiano? Acaso tinham algum plano em mente? Talvez tenham sido afugentados de sua terra pela fome ou pela guerra, ou atraídos por lugares frios porque lá havia menos parasitas e organismos que causassem doenças, ou houve outra causa? Curiosidade, talvez? Fascinação pela aventura? Estariam no encalço de alguma visão religiosa ou xamânica? Nunca saberemos, e qualquer tentativa de responder a essas perguntas envolveria especulações irresponsáveis do ponto de vista antropológico, então me abstenho. Mas o simples fato de refletir sobre a questão enriquecia minha viagem e minha vida.

Apesar da incrível capacidade de sobrevivência, a vida na Idade da Pedra no Ártico era terrivelmente difícil. As primeiras coletas referentes às taxas de mortalidade e de natalidade do ser humano foram feitas no início do século XIX. Tais dados nos permitem afirmar que todas as populações ao norte do círculo polar sofriam frequentes catástrofes. Por exemplo, na Sibéria, a taxa de natalidade era elevada e relativamente constante, mas a de mortalidade também era elevada, e subia consideravelmente por ocasião de guerras, carestias e epidemias esporádicas. Nos anos mais difíceis, as taxas de mortalidade superavam as de natalidade, e as populações diminuíam. No povo nenet, cada mulher gerava em média de oito a nove filhos, mas apenas dois ou três sobreviviam até a idade adulta. Cada recém-nascido tinha apenas de 6% a 10% de chances de sobreviver até os 65 anos.[8]

Há cerca de doze mil anos, algumas culturas em diversas regiões tropicais e temperadas desenvolveram a agricultura e construíram cidades. Aos poucos, as civilizações se espalharam. Em 892, um chefe norueguês chamado Ottar enviou uma mensagem ao rei Alfredo da Noruega, contando que possuía seiscentas renas domésticas. Essa é a primeira evidência de que pelo menos uma tribo do povo ártico passara da caça para o pastoreio. Tal prática se espalhou depressa por toda a Eurásia, e, nos séculos seguintes, as populações do continente ártico, em onze fusos, prosperaram com rebanhos cada vez mais numerosos. (Na América do Norte, o povo ártico da Idade da Pedra permaneceu no estágio da caça e nunca evoluiu para o pastoreio de renas.)

Os koryak foram dizimados pela guerra e pelas doenças durante a conquista russa. Posteriormente, adaptaram-se e prosperaram sob o domínio czarista. O avô de Lydia era dono de doze mil renas. Os tempos difíceis voltaram sob o período soviético, ao qual se seguiu a *perestroika*.

Naquele momento, perambulávamos com Nikolai, o líder de um dos poucos grupos de pastores de rena do nordeste da Sibéria que sobreviveram a todas as oscilações e devastações de milênios. Após o acidente de esqui, ajudei Nikolai a ficar de pé. Obstinado e determinado, ele subiu novamente o morro, desceu esquiando e voltou a cair. Depois sorriu, soltou as presilhas dos esquis e nos convidou a entrar para tomar um chá.

Nikolai

Na manhã seguinte, Nikolai decidiu que seria melhor contatar por rádio um funcionário em Manily e contar que estava recebendo a visita de dois *amerikanski*, para não ter problemas. Toda a tribo se reuniu quando um dos jovens sentou num banco, girou a manivela de um gerador e fez funcionar, entre rangidos, uma caixa cheia de válvulas da Segunda

Guerra Mundial e muita estática. Nikolai gritou no transmissor; uma voz arranhada respondeu, e Nikolai explicou nossa presença. Fiquei ouvindo apreensivo, porque nunca se sabe como será um encontro com burocratas na Rússia moderna. Felizmente, o funcionário fez algumas perguntas lacônicas e aparentemente resolveu que teria menos trabalho se escrevesse nossos nomes em um grande registro e depois nos ignorasse. O jovem parou de girar a manivela, o ruído cessou, e o isolamento no acampamento no meio da tundra mais uma vez voltou a se sobrepor àquele mundo distante de leis e autorizações. Eliminado o problema, Nikolai explicou que atrelaria quatro renas a dois trenós para que Misha, Chris e eu pudéssemos ir para o norte visitar a manada. Oleg e Sergei preferiram descansar no acampamento da base.

As renas usadas para puxar trenós vivem perto do acampamento, e sua alimentação é mais rica do que a dos animais que pastam. Também são bem mais mansas do que as outras, porque lidam com pessoas. Elas são atreladas lado a lado, uma parelha para cada trenó. Quando as renas de tiro são jovens, os pastores cortam os chifres esquerdos da metade delas e os chifres direitos da outra metade. Elas então são atreladas de modo a fazer coincidirem os lados sem chifres, para não se ferirem. As renas usam um cabresto com pequenos pinos de latão que comprimem as têmporas. Quando o condutor puxa uma rédea, o pino pressiona um lado da cabeça da rena e ela vira na direção oposta. Cada condutor usa também um chicote de bétula, com uma ponta de presa fossilizada de marfim de mamute.

Nadia, a esposa de Nikolai, insistiu em que Chris vestisse algo mais quente do que a roupa de homem branco, deslizou sobre a cabeça de minha esposa um lindo *kuchlanka* [sobretudo] de pele de rena, mas, antes que eu pudesse admirar o trabalho de pele branca e marrom, Nadia colocou por cima um *kamlecha* [parca] de lona azul. Mais tarde,

Chris me disse que era a roupa mais quente que ela já havia usado. Nikolai forrou os assentos dos trenós de bétula com peles de rena amarradas com tiras finas de couro cru.

Depois de nos instalarmos confortavelmente, Nikolai pôs um fuzil a tiracolo, e partimos, com Misha e Chris em um trenó e Nikolai e eu no outro. Fiquei observando Misha, um homem de negócios bem-sucedido, sempre de terno, celular, expert em computação, sereno e feliz de chacoalhar pelo caminho e cutucar delicadamente o traseiro de uma rena com uma lasca de presa de mamute do pleistoceno amarrada na ponta de um bastão comprido. Sua alegria me fez lembrar o anúncio do *New Yorker* que nos fizera rir poucos dias antes. Se você é bem-sucedido, poupe e fique rico, e, uma tarde, poderá passear na neve com seu cão.

Anos antes, quando eu morava na floresta do Alasca, descobri que os cães de trenó gostam de trabalhar e uivam de alegria quando são atrelados para uma viagem. Sua felicidade, recreação, passatempo, sua razão de ser é correr, e, conduzindo um trenó atrás de uma parelha entusiasmada, eu me senti como um gnomo da floresta cavalgando o líder de um bando de lobos ao encalço de um cervo no meio da neve. No entanto, as renas são mal-humoradas e relutantes. É óbvio que não têm nenhum interesse em puxar e preferem ficar sem fazer nada, pastando musgo e ruminando. Viajamos sacolejando à velocidade de seis quilômetros e meio por hora, pouco mais rápido do que fazer *cross-country* de esqui e cerca da metade da velocidade de uma parelha de cães. Mas as renas são animais de tiro perfeitos na tundra porque se alimentam da vegetação, que, em geral, está sempre disponível. Se você não tem problema com a velocidade e com horários de chegada, qualquer que seja seu destino, as renas são o meio de transporte mais eficiente e econômico desta terra.

Viajamos meia hora, paramos ao abrigo de um pequeno bosque, e Nikolai acendeu um cigarro enquanto as renas descansavam. Ele começou a contar uma história pelo meio, como se estivesse falando para si e de repente aumentasse o volume no meio da narrativa.

— ...então, um dos nossos filhos é soldador em PK, e nossa filha trabalha no laboratório dos médicos em Vladivostok.

— Estão muito longe — observei.

Ele acenou com a cabeça e agitou a mão indicando que a história havia acabado. Se eu quisesse mais, teria de preencher as lacunas com a imaginação enquanto ele voltava a se preocupar com o problema premente da sobrevivência na tundra.

— Este é um período muito bonito, mas perigoso. As renas começaram a parir, e os lobos estão famintos depois de um longo inverno. Se os lobos atacarem e assustarem as renas, as mães fugirão dos filhotes, e, com o estouro da manada, os filhotes desprotegidos e assustados serão pisoteados. Uma semana ou duas depois de nascer, os filhotes estarão fortes o suficiente para correr, mas este momento é perigoso.

Nikolai agitou seu pontal de marfim, as renas retomaram o passo lacônico, e nós nos dirigimos para o norte. Depois de outra meia hora, chegamos ao cume de uma pequena elevação e vimos a manada pastando em paz na tundra. Nikolai amarrou as quatro renas dos trenós a um arbusto e nos deu instruções:

— Vocês esperam aqui enquanto eu vou na frente e tranquilizo a manada. Quando levantar a mão, vocês vêm, mas devagar, e não conversem nem façam movimentos bruscos, por favor.

Nikolai caminhou em direção aos seus amados animais, estalando a língua suavemente até chegar ao meio da manada. As renas, que estavam pastando, olharam para cima e depois continuaram o que estavam fazendo. Cerca de cinco minutos depois, Nikolai fez sinal para que nos aproximássemos, e caminhamos com cuidado até estarmos cercados pela visão, o som e o odor das renas. Então sentamos no chão. As renas pateavam a neve e comiam. Dois machos tiveram uma desavença rápida por causa de um pouco de musgo. A tundra estava completa e cheia de vida.

Nikolai tocou meu ombro e, com um largo sorriso no rosto, apontou para uma fêmea a cerca de trinta metros de distância. Ela estava com a cabeça abaixada para algo escuro na neve. Um recém-nascido se levantou de um monte de placenta fumegante e, poucos minutos depois, deu os primeiros passos sobre as pernas bambas. Avançou para a frente, caiu com o focinho no chão e ficou caído na neve enquanto a mãe lambia seu pelo para limpá-lo. De algum modo, aqueles poucos instantes de descanso milagrosamente deram ao filhote força, coordenação e confiança suficientes para se pôr outra vez de pé; ele se sacudiu e olhou seu mundo — renas, neve, colinas distantes, silêncio e céu azul. Então deu alguns passos decididos até a mãe, encontrou uma teta, deu uma mamada, e pela primeira vez sua boca se encheu de rico leite morno.

Observamos por aproximadamente meia hora, até que Nikolai fez sinal para que nos mexêssemos. Dois homens haviam vigiado a manada durante a noite. Agora, no calor do meio-dia de primavera, enquanto gotas-d'água formadas pelo derretimento do gelo escorriam pelos galhos dos arbustos de salgueiros e pela grama que despontava da neve, eles descansavam ao calor do fogo e bebiam chá recostados a um trenó virado que servia de anteparo contra o vento. Embora parecessem à vontade e relaxados, tinham seus rifles à mão, e a cada poucos minutos um deles olhava o horizonte com os binóculos. Nikolai colocou neve na chaleira, acrescentou alguns galhos secos à fogueira e fez sinal para sentarmos. Enquanto a água fervia, explicou que os guardas vigiavam o rebanho vinte e quatro horas por dia e depois eram substituídos por um novo turno vindo da base.

— Os guardas vigiam a noite inteira, mesmo durante uma tempestade de inverno? — perguntei.

— Principalmente à noite durante uma tempestade de inverno.

Nikolai explicou que os guardas nunca se abrigavam em barracas, mesmo no tempo mais inclemente, porque uma parede de náilon ou de pele de rena, ainda que mínima, impediria a visão do ambiente e os isolaria da manada. Numa barraca, um guarda não estaria alerta o suficiente para perceber os lobos à espreita. Um dos homens comentou que a vigilância durante a noite era agradável na primavera, quando a noite é curta, e o frio, menos intenso. Mas o inverno era severo, com dezesseis horas de escuridão, temperaturas que despencam para -50 ºC e frequentes tempestades de neve.

Nikolai prosseguiu, confirmando a conversa que tivéramos com Oleg dias antes:

— Depois da *perestroika*, muitos guardas de outras brigadas bebiam vodca demais e, à noite, dormiam em vez de vigiar. Então os lobos comiam as renas. Nós mantivemos as nossas manadas porque trabalhamos duro e evitamos a vodca. Sempre há alguém de guarda, dia e noite, todos os dias do ano.

A água começou a ferver e Nikolai pegou de sua mochila quatro canecas de zinco amassadas, açúcar e chá. Com os dedos ao redor da xícara para absorver o calor, enquanto Chris descansava suavemente apoiada em meu ombro, e as renas pastavam em paz ao nosso redor, procurei imaginar como seria ficar de vigia no vazio daquela tundra dia sim, dia não nas quatro estações, na companhia de renas e lobos, sempre ameaçado por tempestades no inverno e pelos mosquitos no verão.

No período em que viajei em busca de aventuras, acampei em diversas ocasiões, às vezes intencionalmente e muitas outras sem uma necessidade inesperada. Acampar é uma experiência agradável e ao mesmo tempo dolorosa. Preso a uma saliência estreita sobre uma parede de rocha ou apertado no cockpit molhado de um caiaque num mar tempestuoso, você está com frio, encharcado, apavorado e, muito provavelmente, com fome e com sede. Por outro lado, está tendo o contato mais íntimo que se pode imaginar com o mundo natural. Dizer que a terra ou a paisagem marinha são belas pode ser verdade, mas a beleza é quase irrelevante. Não tem tanto a ver com o que você vê, mas com o que sente. Sem nenhuma das distrações — e dos confortos — de sua existência urbana normal, você se sente vulnerável e, no entanto, poderoso, insignificante, embora profundamente conectado a todas as maravilhas a seu redor. E, através disso tudo, você tem uma clareza catártica e uma percepção intensa.

Sentado perto do fogo, eu procurava imaginar como minha personalidade e até meus sentidos seriam diferentes se acampamentos no mar, nas montanhas ou na tundra fossem um evento quase cotidiano — se toda a minha vida fosse determinada por uma manada de renas, pela espreita dos lobos e pelo fato de todos compartilharmos o espaço vazio da tundra. Na história da rena albina, Simon contou que no breu da meia-noite o pai do menino ouvia a respiração dos lobos no meio de milhares de renas, a uma distância tal que um fuzil preciso não conseguiria acertar o alvo. A respeito disso, Wade Davis escreve que os caçadores da Amazônia conseguem não apenas sentir o odor da urina de um animal a quarenta passos, como são capazes de dizer a que espécie ele pertence. Vivendo em casas e cidades, eu renunciei a essa capacidade.

Em seu livro *The Alphabet Versus the Goddess*, o dr. Leonard Shlain, cirurgião do Centro Médico da Califórnia-Pacífico, afirma que as pessoas são muito influenciadas pela maneira como se comunicam com o mundo tanto quanto pelo teor das informações que trocam.[1] Uma pessoa que recebe informações diretamente da natureza tem uma *Gestalt* perceptiva diferente de outra que recebe informações semelhantes por meio de livros e da tela do computador. É uma conclusão bastante óbvia, e acho que todos concordarão que a leitura de um famoso trecho lírico sobre uma tempestade é uma experiência, em essência, diferente da sensação de estar no topo de uma montanha com o vento gélido que sopra a neve sobre as cornijas.

Mas Shlain aprofunda ainda mais o argumento. Segundo pesquisas neurológicas atuais, o lado esquerdo do cérebro controla a propensão do ser humano a processar conceitos simbólicos abstratos. Ciência, matemática, lógica e filosofia são atividades controladas pelo lado esquerdo do cérebro. Ler e escrever também são atividades controladas pelo lado esquerdo porque substituem os conceitos, as emoções e as imagens por símbolos. Os rabiscos de tinta sobre o papel que significam a palavra "cão" não têm cheiro nem se parecem com um animal peludo de quatro patas que agita o rabo, mas o nosso lado esquerdo do cérebro estabelece a conexão entre as letras e o animal que lambe — ou morde — nossa mão. Além disso, o mesmo lado controla o passado e o futuro em relação ao nosso sentido de história pessoal linear. A consciência dessa história evidentemente apresenta benefícios, mas também implica a propensão a concentrar e a organizar todos os problemas e o estresse que constituem nossa bagagem pessoal e os projetam em ansiedade futura.

Por outro lado, Shlain escreve que o lado direito do nosso cérebro processa "*pistas não verbais,* Gestalt *concretas, música, arte, expressão, espontaneidade, simultaneidade, estética, emoção e gesticulação*"[2] (itálicos do autor) e, evidentemente, um pastor de renas koryak depende muito da intuição, que é controlada pelo lado direito. Na escuridão do inverno glacial, o pastor talvez nunca veja um lobo, mas deve pressentir o perigo. O que significa pressentir o perigo? Talvez seja algo simples, como observar a movimentação nervosa de suas preciosas renas. Ou pode ser uma aguda percepção de odor ou de audição, assim como um cego compensa a perda de visão. Entretanto, alguns afirmarão que os pastores protegem suas renas com um sexto sentido indefinível — ou um canto xamânico que garante um pacto de não agressão com os lobos. Seja qual for a crença do pastor, um fuzil é inútil durante a noite, portanto ele precisa transmitir segurança e tranquilidade às renas, para que a manada não debande, e, ao mesmo tempo, deve evitar, de algum modo, o ataque do lobo.

Identificar e evitar um ataque é uma atividade do presente. Com um lobo à espreita no topo de um morro próximo e a neve soprada pelo vento que reduz a visibilidade a praticamente zero, você precisa estar totalmente alerta — na maneira holística do lado direito do cérebro — a todas as sensações que formam o momento presente. Quando contemplo esses modernos pastores koryak, tenho o mesmo respeito, admiração e espanto que sinto pelos caçadores árticos da Idade da Pedra. Não quero trocar minha opulência atual pela breve e árdua vida de um pastor na tundra — com pouca comida e nenhum cuidado médico —, mas acredito que tenho muito que aprender com esse povo.

Eu cresci no interior do Connecticut, às margens de um lago, cercado por uma floresta da Nova Inglaterra que se estendia até onde as pernas e a imaginação de uma criança de 6 anos podiam alcançar. Nas minhas primeiras recordações, Donny Cohen, Spiker Feen e eu chapinhávamos incansavelmente no lago e construíamos fortes na mata para proteger donzelas resgatadas de demônios incansáveis. Comecei o primeiro ano do ensino fundamental em uma escola de madeira bolorenta, mas, no meio daquele ano de formação, o conselho da escola condenou nosso edifício e construiu um prédio novo de tijolos e cimento, que recebeu o belo nome de Park Avenue School. No dia da mudança, ficamos todos em fila, por ordem de altura, tomamos o ônibus amarelo da escola, voltamos a ficar em fila e marchamos para o interior do edifício sem falar. Quando entrei na escola, olhei o longo corredor reto construído com fileiras de blocos simétricos, monótonos, pontilhado de portas de ferro que se abriam para salas de aula absolutamente idênticas. De repente arrasado, saí da fila, sentei no chão de azulejos e desatei a chorar.

Nunca poderia ter expressado, então, minha angústia com as palavras que uso agora, mas devo ter percebido por intuição que, naquele momento, estavam me tirando do mundo da minha infância percebido pelo lado direito do cérebro — e dos meus ancestrais hominídeos. Se eu seguisse o caminho que a sociedade planejara para mim, aqueles dias de paz na floresta estariam para sempre reservados aos fins de semana e às férias de verão, isso se eu tivesse sorte. No restante do tempo, ficaria sentado a uma mesa, me comportaria, aprenderia a somar colunas de números e a fazer divisão composta, e memorizaria as cinquenta capitais dos estados americanos — a fim de apresentar um desempenho eficiente numa sociedade dominada pelo lado esquerdo do cérebro, onde eu operaria computadores e preencheria declarações de imposto de renda.

A maioria dos meus amigos se recorda de um momento fundamental semelhante de temor e angústia quando compreendeu, pela primeira vez na vida, que deveria se adaptar à exatidão da sociedade moderna. Uma amiga próxima, Nina, me contou que um dia fugiu do jardim da infância e foi para casa a pé, parando para brincar, sozinha, no barro perto de uma vala de irrigação.

A vida de Lydia começou no momento em que ela caiu do útero para a bota de pele de rena de sua mãe. Durante a infância, ela viveu na tundra com as renas. Mas, quando tinha 6 anos, os soviéticos a arrancaram da mãe e da tribo, suprimiram o seu nome, aprisionaram-na num alojamento e ensinaram-lhe regras e lições de uma terra distante que ela nunca vira e não compreendia.

Jill Bolte Taylor foi uma especialista em neuroanatomia que realizou pesquisas inovadoras no departamento de Psiquiatria de Harvard. Na manhã de 10 de dezembro de 1996, um vaso sanguíneo estourou do lado esquerdo de seu cérebro, comprometendo a função daquele hemisfério e fazendo com que ela passasse a utilizar instantaneamente e de maneira inconsciente a percepção do lobo direito. Jill escreve:

Foi maravilhoso. Procurem imaginar como é estar totalmente desligado da avalanche de informações que nos conecta com o mundo exterior. Então, aqui estou neste espaço, e todo estresse relacionado ao meu trabalho desapareceu. E eu me senti mais leve no meu próprio corpo. E todos os relacionamentos do mundo exterior e os inúmeros elementos estressantes decorrentes de qualquer um deles também desapareceram. Eu tive uma sensação de paz. Procurem imaginar como é perder 37 anos de bagagem emocional!

Acredito que, quanto mais tempo passarmos optando por percorrer os profundos circuitos de paz interior do nosso hemisfério direito, tanto maior será a paz que projetaremos no mundo, e mais pacífico será o nosso planeta.[3]

Em minha vida adulta, oscilo entre mundos opostos — por um lado, como ph.D. em pesquisa química e escritor de livros científicos; por outro, como aventureiro. À medida que envelheci, quando a razão deveria determinar que eu buscasse conforto e segurança, o apelo da aventura tornou-se cada vez mais forte. Muitas pessoas acham que a aventura ao ar livre é essencialmente um confronto com o perigo e o medo acentuado pela adrenalina. Esses elementos existem, é claro, mas, para a maioria de nós, as expedições proporcionam uma espécie de campo de batalha na qual somos obrigados a usar o lado direito do cérebro a fim de intuir situações complexas em paisagens misteriosas, de modo semelhante aos pastores que aprendem a evitar um ataque dos lobos no meio da noite. Assim, as expedições invocam uma gloriosa dependência dos sentidos há muito enterrados, em que fracassar não é uma opção.

No meio da tarde, chegaram dois homens da base para render os guardas da noite anterior. Durante quase uma hora, os dois turnos trabalharam juntos para levar a manada algumas centenas de metros mais perto da base do acampamento. Nikolai explicou que, todos os dias, eles conduziam as renas um pouco mais para o sul a fim de que elas encontrassem pasto fresco. A manada chegaria à base do acampamento em poucas semanas e depois continuaria a incansável e incessante migração para garantir sua sobrevivência. Quando as renas estivessem oito quilômetros ao sul da base, tão longe que já não seria conveniente para os homens se deslocarem até elas, a brigada levantaria acampamento, deixando as estruturas permanentes, e migraria com os animais durante todo o verão.

Continuamos observando as renas por várias horas e depois voltamos para o acampamento principal e nos acomodamos na casa quente, com suas paredes escuras cobertas de fuligem. Sergei perguntou o que eu achava da vida dos pastores. Respondi que percebia sua beleza, mas também suas dificuldades. Sergei concordou com a cabeça e sorriu, aparentemente satisfeito por eu ter compreendido. Ele explicou que tinha sido pastor por dezessete anos numa brigada soviética. Achei estranho que ele não me tivesse contado isso antes, mas em geral ele falava do presente, não de histórias passadas ou de planos futuros. Quando revelou essa passagem de suas memórias, ele explicou que preferia a intensa agitação da atividade sazonal e as recompensas bem maiores da pesca comercial. Sergei considerou então que a língua dos koryak do litoral tinha uma cadência cantada e melodiosa, reflexo da felicidade inata gerada pela abundante migração dos salmões que tornam a vida relativamente fácil — apesar da devastação moderna provocada pelos bandidos da máfia, que roubam a maior parte dos ganhos. Em contraposição, a língua dos pastores é abrupta, entrecortada e cheia de consoantes; gerada por sua bela, mas brutal e eterna luta pela sobrevivência.

O gelo se quebra

Passados cinco dias de convivência com os pastores, Oleg e Sergei começaram a sentir uma enorme saudade de casa. Perguntamos a Nikolai se podíamos comprar um pouco de carne de rena, mas ele disse que só a venderia quando o rebanho aumentasse até perfazer os mesmos dois mil animais que eles tinham depois da *perestroika*. Por outro lado, ele não queria que regressássemos de mãos vazias. Demos a ele 24 quilos de arroz, mais um pouco de peixe salgado, manteiga e óleo de cozinha. Nikolai retribuiu com a coxa dianteira de uma rena para o povo de Vyvenka e sapatos e luvas de couro para Chris. Naquela noite, as mulheres prepararam um jantar festivo com pilhas de pão frito, uma panela enorme de cozido de carne de alce, travessas de salmão seco e cebolas selvagens salgadas, pratos de amoras silvestres e mirtilos, tudo regado a intermináveis xícaras de chá preto com muito açúcar.

Na manhã seguinte, acordamos cedo, tomamos café da manhã e nos preparamos para a viagem. Minha pélvis parecia mais forte, depois de muitos dias de relativo descanso. O frio abaixo de zero da manhã fazia cócegas entre os pelos do nariz, enquanto o sol de uma cor púrpura, vermelho-alaranjada, se levantava do outro lado da negra planície nevada, tão imenso que parecia pulsar à medida que subia no céu. Todos do acampamento se reuniram para nossa partida. Nikolai instou Chris, Misha e eu a voltarmos quando tivéssemos mais tempo. Se enviássemos uma mensagem pelos membros da brigada em Manily anunciando nossa chegada, ele nos prepararia uma parelha especial de renas para que pudéssemos viajar para onde quiséssemos.

Depois das despedidas, Sergei puxou o cordão da partida. O barulho e a fumaça lembraram-me imediatamente da longa viagem de volta, desse acampamento de pastores de renas na tundra, passando por Moscou e pelo enorme e agitado departamento de imigração no Aeroporto JFK em Nova York, até a casinha marrom, minha e de Chris, na floresta de Montana. Virei-me e acenei com a mão enquanto acelerávamos, até que as figuras em vestimentas de peles foram diminuindo e escurecendo no horizonte que se afastava cada vez mais. O sol ascendia com a promessa de calor, e paramos para esticar as pernas e soltar Wolfchuck do seu arreio. Enormes cristais de gelo como plumas tinham se formado na vegetação exposta na noite fria e sem nuvens. Os arbustos ondulavam delicadamente na brisa da manhã, e o sol, refratando-se através do gelo, projetava faíscas de luz que dançavam sobre a neve.

Seguimos uma rota direta através das montanhas rumo a Vyvenka. Avançando rapidamente, com o tempo bom e sem fazer nenhum desvio, numa só manhã percorremos a distância que exigira vários dias de viagem na ida. Depois de atravessar uma passagem na montanha, descemos para um clima mais quente, mais marítimo. Era o dia 20 de abril. A neve e o gelo começavam a derreter, e a água corria nos regatos, enquanto atrás de nós as renas pariam, e, em algum lugar, Sergei nos assegurou, os ursos despertavam de sua longa hibernação.

No começo da tarde, Sergei manobrou sua moto de neve por um barranco íngreme e para um riacho congelado. Mas, quando acelerou para subir a margem oposta, a pesada máquina rodou e derrapou no gelo, batendo contra uma pedra. Escorreguei pelo barranco para ajudar a colocá-la em solo mais firme.

Ao levantar a traseira da pesada máquina, ouvi um estalido ameaçador do gelo se quebrando. Antes que tivesse tempo de reagir, afundei vários centímetros na água até o tornozelo, caindo em cima de uma perna. O problema não eram os muitos centímetros dentro d'água, pois um corpo normal teria absorvido o impacto, mas alguma coisa repuxou dentro da minha pélvis remendada, parafusada, mais uma vez ferida e temporariamente curada. Caí de joelhos, contorcendo-me de dor.

Rolei e me arrastei pelo barranco; fiquei esticado lá, sobre a neve, a neve que trouxera tanta alegria à minha vida, a neve com a qual convivia quase todos os meses do ano, que me cobrira numa avalanche e me aleijara. Quando tentei ficar de pé, minhas pernas mal podiam me suportar, mas consegui mancar até o trenó e sentar.

Chris sentou ao meu lado e me perguntou se poderia fazer alguma coisa.

— Não, obrigado. Não há nada que se possa fazer. Acho que vai passar.

Oleg perguntou se eu me sentia em condições de viajar.

Sorri e acenei com a cabeça, acrescentando que viajava no trenó e que, desde que não precisasse esquiar, conseguiria. De qualquer forma, não havia alternativa.

Ajeitei o assento de pele de rena e procurei me acomodar da melhor maneira no trenó de bétula, enquanto Sergei e Oleg abasteciam as motos com a gasolina dos tanques. Então Sergei se aproximou, colocou carinhosamente uma das mãos sobre o meu ombro e me garantiu que Moolynaut me curaria assim que voltássemos a Vyvenka.

Olhei para ele com ar de interrogação, mas ele retribuiu meu olhar com um sorriso cândido. Lembrei-me da conversa que tivemos na primeira noite na *serei*, quando Oleg explicou que Moolynaut iria até o Outro Mundo e pediria a Kutcha, o Deus Corvo, que me curasse. Na época, não acreditei na promessa, e ainda não acreditava, mas não ganharia nada ao expressar minha incredulidade. Em todo caso, já havia suportado aquelas crises esporádicas de dor antes, e em geral elas passavam em um dia ou dois; portanto, estava apreensivo e abalado, mas não excessivamente preocupado.

Com um cigarro pendurado na boca, Sergei olhou para trás com uma expressão amável, subiu no degrau da moto e puxou o cordão da partida. O motor crepitou mais uma vez, e nossa pequena procissão recomeçou sua viagem solitária através do deserto sem trilhas. Paramos às cinco da tarde para acampar, mas então Oleg e Sergei decidiram que seria melhor seguir até a terceira *serei*. Eu havia armazenado as coordenadas no meu GPS e verifiquei a distância.

— Vamos levar seis horas até lá — protestei. — Já vai estar escuro.

— Não se a gente acelerar — assegurou-me Sergei com um sorriso irônico.

Oleg e Sergei estavam loucos para chegar em casa e não se deixariam dissuadir. Viajamos a uma velocidade perigosa, mas evidentemente as máquinas atolaram algumas vezes e tiveram alguns problemas mecânicos. Finalmente chegamos à *serei*, muito depois de escurecer. Como todos estávamos exaustos, comemos uma refeição de pão dormido com queijo seco e caímos no sono.

No meio da noite, ouvi a porta do fogão bater e o barulho de panelas se chocando. "O que está acontecendo?", perguntei a mim mesmo. Às seis da manhã, a casa estava tão quente que abri o zíper do meu saco de dormir para me refrescar. Assim que me mexi, Sergei me empurrou uma tigela de comida e me ordenou:

— Está na hora de ir! Acorde! Coma!

Não havia razão para tanta pressa, mas Misha estava alegre e agitado, e eu não ganharia nada se me rebelasse ou me irritasse. Quando fiquei de pé, minha pélvis estava muito melhor do que na noite anterior, e andei até a cozinha mancando apenas um pouco. Fiquei aliviado porque a dor tinha diminuído, mas ainda incomodado por meu corpo ser tão frágil. Algum dia, se eu continuasse minha vida de aventura, aquela fragilidade intermitente, recorrente, poderia me causar sérios problemas.

Carregamos os trenós e partimos rumo à segunda *serei*, onde paramos durante algumas horas para pescar. Sergei apanhou um timalo de água doce e um lúcio, depois cuspiu na neve e anunciou que a pesca estava horrível e que seria melhor irmos para casa.

Antes de escurecer, já percorríamos ruas familiares e paramos em frente às casas geminadas, então bastante conhecidas, de Goshe, Oleg e Lydia. Lydia estivera preocupada e ficou extremamente feliz ao nos ver. Durante o alegre jantar de boas-vindas, Oleg contou a história do meu machucado e da rápida recuperação.

Lydia acenou com a cabeça e riu afavelmente.

— Talvez sejam os camundongos.

— Os o quê?

— Os camundongos. São os animais que pregam peças nas pessoas.

— Ah, como o coiote travesso dos índios americanos?

— Não conheço esse tal de coiote, mas acho que talvez os camundongos estejam pregando uma peça, como pregam em Kutcha, o Deus Corvo.

Um dia, há muito tempo, quando o mundo era novo, Kutcha caminhava pela praia com sua esposa, Miti. Viram uma foca morta sobre a areia, e Kutcha disse:

Vamos levar esta foca morta para casa e teremos carne no jantar.

Um ratinho se ergueu sobre as patas traseiras e gritou:

Squic, squic! Sinto muito, Kutcha, mas nós encontramos a foca primeiro. É a nossa comida. Você não pode levá-la para casa.

Kutcha ignorou o camundongo e levou a carne para casa, onde ele e Miti tiveram um farto jantar e dormiram. Quando acordaram pela manhã, o restante da foca tinha sumido, porque os camundongos haviam entrado furtivamente durante a noite e roubado a carne.

Kutcha ficou muito zangado e saiu de casa cantarolando:

Vou matar todos os camundongos e pegar minha carne de volta. La-ra-ra. Vou matar todos os camundongos e pegar minha carne de volta.

Os filhotes de camundongo ficaram com muito medo:

Squic, squic. Ah! Ele vai matar a gente.

Mas um velho camundongo sábio encontrou Kutcha na porta de sua casa e o cumprimentou:

Olá, sr. Kutcha, é muito bom vê-lo. Por favor, entre; estamos preparando um almoço para você.

Kutcha sentiu o cheiro da carne no fogo e se esqueceu de que tinha ido matar os camundongos. Em vez disso, sentou à mesa e comeu uma enorme tigela de sopa de carne de foca. Enquanto comia, os camundongos amarraram o estômago da foca ao seu traseiro.

Quando ele voltou para casa, Miti disse:

Kutcha, o que aconteceu? Você está fedendo. — E então viu o estômago da foca amarrado ao traseiro do marido e começou a rir sem parar.

Kutcha ficou realmente zangado e saiu novamente, cantarolando:

Vou matar todos os camundongos e pegar minha carne de volta. La-ra-ra. Vou matar todos os camundongos.

O velho camundongo sábio novamente saudou Kutcha na porta da casa:

Olá, sr. Kutcha, é muito bom vê-lo. Por favor, entre; preparamos um grande jantar para você.

Kutcha entrou e o camundongo lhe apresentou uma enorme travessa de costelas de foca cozidas, o prato favorito de Kutcha. Kutcha comeu até ficar tão satisfeito que se deitou e dormiu. Enquanto dormia, o velho camundongo esperto passou frutinhas vermelhas nos lábios de Kutcha e cinza preta sobre suas pálpebras, de modo que ele parecia uma linda mulher. Voltando para casa, Kutcha se olhou na água de um rio e, quando viu sua imagem refletida, achou que uma mulher muito bonita acenava para ele debaixo da água. Pulou no riacho e procurou a mulher, mas não a encontrou. Procurou por esta mulher a vida toda, mas nunca a encontrou.

Lydia acabou a história e sorriu.

— É uma bela história, Lydia, mas não compreendi. Está me dizendo que sou como Kutcha e que os camundongos estão pregando uma peça na minha pélvis?

Lydia sorriu com ar de mistério.

— É sempre muito difícil saber esse tipo de coisa.

Kutcha, o Deus Corvo

Lydia chegou na manhã seguinte, bem cedo, com pão fresco, chá e um comunicado:

— Nossa avó vem fazer uma visita hoje de manhã. Não vá muito longe. Ela vem aqui para cuidar da sua doença.

Lydia tinha estabelecido um plano, e a situação já escapava do meu controle. Em geral, costumo ser receptivo à fé e à oração, e acredito que muitas doenças podem ser curadas com remédios que se encontram em plantas nativas, mas há um limite, e eu, naquela época, não acreditava que alguém pudesse soldar metal com palavras ou transformar o tecido de velhos ferimentos em cartilagem por meio de cantos. Por outro lado, Moolynaut não me faria mal algum e seria grosseiro de minha parte recusar a oferta. Além disso, estava curioso, talvez até algo mais do que isso.

Sergei parou em frente à casa para perguntar se Moolynaut havia concordado em me ver. Aparentemente, ela escolhe bem os casos que decide aceitar, e Sergei ficou feliz por eu ter sido aprovado no exame de admissão. Chris, Misha e eu ficamos esperando, tomando chá e ouvindo o barulho metálico das máquinas enquanto os homens puxavam as redes do galpão de armazenamento, preparando-se para a temporada de pesca que se aproximava. Logo Lydia e Moolynaut chegaram. Contamos a Moolynaut sobre a nossa viagem, explicando que tínhamos trazido um pouco de carne para ela, e contamos em detalhes nossa visita aos pastores com Nikolai. Ela respondia com um sussurro áspero — "Ahh! Ahh!" — nos momentos mais importantes do nosso relato.

Então perguntou sobre o meu machucado.

Respondi que a avalanche tinha fraturado minha pélvis e que os cirurgiões a tinham remendado aparafusando-me a uma placa de platina, mas que a cura fora incompleta e eu tinha crises recorrentes de dor. Uma radiografia mostrava que a placa de metal havia se quebrado. Agora, o acidente na tundra tornara a agravar o problema da pélvis.

Durante meu relato, ela olhou fixamente para mim, mal se dando conta da presença de Misha, que agia como intérprete. Sentia-me um pouco tímido para olhar para ela, porém mais preocupado com a possibilidade de interromper o contato, então sustentei o seu olhar.

Quando terminei, ela me levou para o quarto de Goshe. Lydia nos seguiu, e, enquanto ela fechava a porta, virei para trás e percebi o olhar preocupado de Chris, lembrando como nos olhamos enquanto as enfermeiras me levavam na maca para a sala operatória. Sorri para tranquilizá-la, e ela sorriu de volta.

Lydia fechou a porta, e eu procurei me localizar no cômodo espartano, com seu tapete puído, uma cama estreita, meio caída, e uma velha maleta na qual estavam guardadas as roupas de Goshe. Moolynaut disse algo em koryak a Lydia, que traduziu:

— Nossa avó diz que ela viajará para o Outro Mundo. Existem cinco níveis no Outro Mundo. Dois *belee* [brancos ou bons] acima de nós, depois nosso mundo no meio, e dois *cherney* [negros ou maus] embaixo de nós. Moolynaut não tem força suficiente para ir ao mundo *belee* acima de todas as montanhas, mas ela vai falar com Kutcha, o Deus Corvo. Kutcha pode voar até o lugar onde mora a Velha. Essa mulher tem grande poder. Ela caminhará até o topo da montanha e conversará com a Velha que Mora no Topo da Montanha Mais Alta. Talvez ela possa curar sua doença. Talvez não. Não sabemos. Mas você precisa acreditar. Se não acreditar, coisas ruins acontecerão. Kutcha ficará zangado. Será ruim para Moolynaut. Será ruim para você.

Antes que eu tivesse tempo de absorver todas as informações e a perigosa ameaça implícita nelas, Moolynaut me instruiu a tirar toda a roupa, ficar de pé, nu, num pé só, segurar a mão direita atrás das costas e meu braço esquerdo esticado para a frente.

Eu tinha entrado no cômodo com uma ligeira sensação de curiosidade jornalística, uma disposição, pelo menos em parte, do tipo "Uau, vai ser legal escrever sobre isso algum dia". Mas Moolynaut estava extremamente séria.

Nunca saberei exatamente por que ela me pediu para ficar nu, mas suponho que quisesse que eu entrasse no Outro Mundo despido de falsas aparências, do mesmo modo como havia entrado neste. Respirei profundamente e tirei a camisa e as meias. Ao tirar o cinto, eu me senti estranhamente constrangido e vulnerável. Na frente de quem? De Moolynaut ou de Kutcha? Pensei: "Sou um químico do interior de Connecticut. Estudei com George W. Bush. Então tinha chegado a isto: vou ter de tirar as calças na frente de duas mulheres que mal conheço e ficar de pé numa perna só enquanto uma delas invoca a ajuda do mundo espiritual."

Procurei me recompor. Precisava me concentrar no presente. Dúvida e ceticismo se transformaram numa aguda sensação de alegria e ansiedade, como se eu estivesse prestes a jogar o meu caiaque numa perigosa arrebentação.

Despi as calças, atirando-as sobre a cama, e levantei um pé com todo o cuidado, perguntando-me se a pélvis fraturada suportaria o peso. Então me concentrei no meu centro de gravidade, sentindo-me ridículo naquela posição de ioga.

Moolynaut se aproximou até a poucos centímetros de distância. Era corcunda e enrugada, estava vestida com várias camadas de roupas velhas de lona, fitas coloridas e um lenço vistoso com fios dourados tecidos entre rosas vermelhas. Concentrei-me em manter o equilíbrio. Moolynaut — pequena, enrugada e velha — olhava fixamente para mim.

Ela me pedira para acreditar, advertira-me das trágicas consequências — para ambos — se eu não o fizesse. Ela havia tirado a minha armadura, deixando-me totalmente nu, sem nenhuma escapatória. Agora, fixava seus olhos nos meus, explorando minha alma.

Entrei em pânico. Na verdade, eu não acreditava que ondas cerebrais, Kutcha ou os amigos de Kutcha pudessem realizar uma cirurgia ortopédica. Entretanto, quebraria o encantamento se dissesse apenas: "Não, não acredito." Mas tinha certeza de que Moolynaut perceberia uma mentira deslavada de imediato. Eu não podia pensar. Precisava me concentrar em não cair. Mas tinha de pensar. Em que eu acreditava? Acreditava que Moolynaut e todos os meus amigos koryak tinham uma vida simples e honrada. Eu tinha vindo até aqui para aprender e compreender, e não para julgar e criticar. Sentia-me profundamente honrado por todos se preocuparem tanto comigo.

Precisava confiar no meu instinto, então comecei a falar, sem saber de início aonde os pensamentos e as palavras me levariam.

Falei com Lydia, mas sem desviar o olhar de Moolynaut:

— Diga à nossa avó que venho de um lugar diferente. Muito distante. Minha mãe nunca me ensinou a acreditar em Kutcha. Nunca aprendi sobre a Velha que Mora no Topo da Montanha Mais Alta. Minha mãe nunca me ensinou a entender como vocês vivem. Não conheço nada dessas coisas. Mas vou tentar acreditar. Vou tentar com todo o coração.

Lydia traduziu e Moolynaut acenou com a cabeça sem falar nada. Então puxou um pedacinho de pele de coelho do seu bolso e o segurou em suas mãos. Lydia envolveu a cabeça da avó com meu casaco de Polartec. Moolynaut olhou fixamente para o pelo do coelho e entoou um canto na língua antiga. Logo fechou os olhos e se balançou para a frente e para trás, lenta e ritmicamente, sempre cantando. Suas palmas se abriram, e o pelo do coelho caiu no chão.

Equilibrei-me sobre a perna apoiada no chão e me imaginei como uma torre, uma *axis mundi* girando ao redor da montanha da Velha. Minha perna começava a ficar cansada. Curvada, Moolynaut cantava esquecida de tudo o que pertencia a este universo temporal. Meu músculo quadríceps tremeu, e eu concentrei toda a minha atenção no equilíbrio e na força. Meu braço estendido tremeu, mas eu o forcei a permanecer rígido.

Eu tentava alcançar alguma coisa. Um ponto de luz talvez? O céu azul que olhava para mim de tão longe, e, no entanto, tão perto quando eu fui catapultado no centro da avalanche. Estava fraco demais para tocar aquele céu, mas talvez, se esperasse aquela corrente me erguer...

Perdi a noção do tempo. Não estava mais aleijado. Eu era um mastro de primavera todo enfeitado, uma Torá, um minarete, uma árvore de Natal — reta, altiva, ereta. Poderia ficar ali de pé para sempre, se necessário, balançando sobre um galho delgado agitado pela brisa, com o meu braço esticado e a ponta da minha asa quase tocando a de Kutcha, o Corvo Negro, rumo ao Outro Mundo.

Embora o tempo estivesse perdido, ele continuava a passar.

Moolynaut parou de cantar, olhou para cima e sorriu. Lydia disse que eu poderia pôr a outra perna no chão. Aquilo me deixou confuso por um segundo, porque minha mente consciente estava fechada por completo, e eu tinha esquecido que estava me equilibrando num pé só. Baixei a perna levantada e transferi o meu peso de maneira igual até me sentir sólida e firmemente preso à terra.

Lydia explicou que Moolynaut fora ao Outro Mundo e se encontrara com Kutcha. Kutcha entregou o nosso pedido à Velha. A Velha disse que levaria o meu pedido à Velha que Mora no Topo da Montanha Mais Alta. A Velha que falou com Kutcha disse que gostaria de me ajudar, mas seria difícil por causa da placa de metal. Ela não tinha experiência em curar ferimentos emendados em parte e de modo inadequado com placas de metal. Veria o que poderia fazer. Pediu que voltasse no dia seguinte.

Moolynaut segurou o pelo do coelho na frente da minha cicatriz, que corre acima dos meus pelos púbicos. Então ela me esfregou com um pedaço de gordura de foca. Seu toque era suave, quase erótico para uma velha. Ela cantou outra vez na língua antiga, depois se curvou até o seu rosto ficar próximo do meu pênis. Senti-me excitado, perturbado, perguntando-me o que aconteceria em seguida.

Moolynaut recitou uma breve frase na língua antiga e cuspiu nos meus pelos púbicos.

Então ela se afastou, cuspiu no pelo do coelho e me disse para guardar o pelo no meu bolso para sempre. Por fim, riscou um fósforo e se aproximou novamente. Nossos rostos ficaram a cerca de 30 centímetros de distância, eu olhei as suas rugas através da pequena faísca — rugas que guardavam os segredos de um século, os segredos das renas, dos trenós puxados pelos cães, de lobos, salmão, inverno, revolução, morte, fome, profundas mudanças, dificuldades extremas, primaveras, família, tribo. Moolynaut esticou lentamente os lábios em um círculo, como se fosse me beijar. Com um sopro delicado, apagou o fósforo, e a fumaça dançou entre nós. Enrolou o fósforo escurecido em um pedaço de papel e me disse para queimá-lo na minha *petchka* quando eu voltasse para Montana. Fez ainda uma última recomendação — eu não deveria acender fogo durante todo o processo da cura, que poderia levar de dois a três dias.

Vesti-me e voltei à cozinha. Chris e Misha tomavam chá e conversavam. Chris ergueu as sobrancelhas em sinal de interrogação; eu sorri e levantei as palmas das mãos para indicar: "Depois eu conto." Moolynaut saiu da casa sem se despedir nem olhar para trás. A vida de repente voltou ao normal, como se nenhuma sessão de cura tivesse acontecido e eu não tivesse realizado uma jornada nu com Kutcha. Lydia perguntou se Chris e eu gostaríamos de falar para as crianças da escola sobre a nossa vida em Montana. Eu estava confuso, ainda meio em transe, relutando a reingressar totalmente neste mundo. Mas, como viajantes, podíamos contribuir com novas informações e ensinar as crianças.

Então fomos até a escola. Pus a mão no bolso para me certificar de que o pelo do coelho ainda estava lá me protegendo e me curando. Havia poucos dias, eu me arrastava sobre a neve, incapaz de ficar de pé. Naquele momento, já andava surpreendentemente sem dor. No entanto, durante um ano a dor na pélvis tinha sido intermitente. Certo dia, no inverno passado, precisei me arrastar pelo apartamento para ir ao banheiro, e, dois dias mais tarde, estava esquiando agressivamente. Os cirurgiões ortopédicos dos Estados Unidos estavam confusos. Eu estava confuso. Mas aquilo não importava; no caminho para a escola, sentia-me com o ímpeto de um menino, leve, como não estava havia anos.

Chris e eu falamos a todos os alunos da escola reunidos e mostramos as fotos da nossa casa, das montanhas de Montana e dos animais que vivem em nossas florestas. As crianças fizeram perguntas inteligentes sobre nosso estilo de vida, os motivos da nossa viagem e os hábitos de vários animais. Elas nos deram de presente descansos para panelas costurados a mão, e nós retribuímos com cartões-postais de alces, ursos, pumas e cabras de chifres enormes. Depois da aula, fomos para o recreio com os alunos. Como as crianças de todas as latitudes mais ao norte, eles tinham feito com a neve uma espécie de rampa para saltos na colina acima da aldeia. Ficamos observando os meninos mais velhos, mais atléticos, descerem sobre pedaços de plástico e saltarem dando cambalhotas no ar.

De repente, também senti vontade de voar — como os meninos, como Kutcha. Queria ser um menino de novo, no recreio, fugir até a lagoa atrás da escola, apanhar uma rã e correr pelo pátio atrás de Molly Sue Fript. Queria voar de volta no tempo, eliminar a avalanche da minha história de vida e sarar, por completo e para sempre. Saltitei ligeiramente, sem sentir dor.

— Ei, Chris, vamos pegar os esquis e brincar com as crianças.

Corremos de volta para a casa de Goshe, retornamos, subimos na rampa e executamos um modesto salto de águia. Chris e eu nunca fomos muito bons nas manobras aéreas.

Três meninos, contagiados por nossa energia, correram para casa e voltaram rapidamente com rústicos skibobs que pareciam triciclos com esquis curtos de metal, em vez de rodas. Eles nos desafiaram a uma corrida e outra vez todos subimos até o topo do morro. Os meninos riam, arquitetando alguma coisa, desfilando na frente das meninas. Logo compreendi que a competição seria uma prova em que valeria tudo, sem restrições de contato, um Roller Derby de corrida de esquis, e não de patins, com apostas muito altas.

Chris fez que não com a cabeça e me chamou ligeiramente a atenção:

— Jon, não acho que seja uma boa ideia. Não vou participar da corrida, e acho que você também não deveria. Seja lá o que for que aconteceu naquele quarto com Moolynaut, sua pélvis ainda está meio presa ao tecido de uma cicatriz e a uma placa quebrada. Alguém vai se machucar, e provavelmente será você.

Foi a minha vez de fazer que não com a cabeça. A dor é uma companheira muito estranha. Quando ela está presente, toma conta de tudo e domina todos os pensamentos conscientes. Mas depois desaparece durante a noite, e — puff — dela só restam vagas lembranças. Naquele exato momento, eu me sentia ótimo. Mais do que ótimo. Tinha ficado de pé numa perna só, tentando alcançar a luz mágica que brilhava no Outro Mundo. Tinha pousado ao lado de Kutcha, e agora éramos amigos. E, em todo caso, também sou o macho que brande a lança de forma ameaçadora e guerreia com o porrete, e jamais desistiria diante de uns pré-adolescentes magricelas e ranhetas com equipamento inferior.

Uma das meninas contou: "*Adeen, dva, tree*", e os meninos arrancaram. De propósito, fiquei para trás meio segundo, em seguida disparei atrás deles e cortei o esqui direcional da frente, do competidor mais próximo, observando com satisfação enquanto ele dava uma cambalhota por cima do guidão. O competidor à direita virou na minha direção berrando com voz esganiçada, mas eu me esquivei, e ele saiu de traseira com seu bob e foi jogado para fora. Restava um. Estávamos indo bem rápido agora, na direção de uns arbustos de amieiros, mas eu percebi uma linha sinuosa aberta, então ziguezagueei diretamente para os arbustos. O pobre menino não tinha tecnologia para fazer curvas estreitas. Bateu num galho e se arrebentou com um barulho horrível de madeira que se partia. Cheguei ao fim do declive, ergui meus bastões no ar, e todas as meninas gritaram entusiasmadas.

Os derrotados vieram descendo, trôpegos, cobertos de neve, mas com um sorriso maroto. Confabularam rapidamente entre si e me desafiaram para uma revanche. Justamente quando a brincadeira começava a ficar divertida, apareceu uma professora de olhar severo com um sobretudo cinzento; ela bateu palmas e chamou as crianças de volta para a sala de aula.

Chris se aproximou de mim e colocou o braço ao redor da minha cintura com delicadeza.

— Jon. Isso foi idiota.

Eu sorri.

— Idiota é um juízo de valor. Estou melhor, e, a propósito, quem ganhou?

Mukhomor

Ao término do recreio, Chris e eu voltamos para a casa de Goshe. Moolynaut estava sentada à mesa com um pacotinho embrulhado numa revista velha e amarrado com um barbante vermelho. Ela nos cumprimentou, abriu o embrulho e espalhou na mesa um monte de cogumelos secos enrugados. Imediatamente reconheci os chapéus vermelho-claros e as manchas brancas do alucinógeno *Amanita muscaria*.

Comumente chamados mata-moscas (ou *soma* nos EUA), esses cogumelos são usados há milênios em toda a região circumpolar norte e, no sul, até a Índia e a Grécia. Guerreiros vikings comiam a *Amanita* para se preparar para o combate e atingir um estado de liberação total de energia, de loucura, de ausência de medo e de vigor. Segundo um site, "Existem consideráveis evidências circunstanciais de que o mito do Papai Noel se originou de certo modo do *Amanita muscaria*, por causa da roupa vermelha com bainha branca, como o chapéu do cogumelo... renas voando pelo céu... e o 'ho-ho-ho...'"[1]

De fato, Jesus nasceu em Belém, mas a imagem do Natal com as renas voadoras surgiu no Extremo Norte, e não no Oriente Médio.

Moolynaut anunciou:

— Vamos comer estes cogumelos juntos.

Ela deu um largo sorriso caloroso revelando alguns dentes e muitos espaços vazios. Fiquei aliviado porque aquele seu olhar intenso havia desaparecido.

Lydia perguntou:

— Vocês conhecem isto?

— Sim. Nós os chamamos *Amanita*.

— Nós os chamamos *mukhomor*. Já comeram *mukhomor* antes?

— *Nyet*.

Moolynaut dividiu com reverência os cogumelos em cinco porções, para mim, para ela própria, para Misha, Chris e Lydia. Cada porção continha um número igual de chapéus e de caules.

Molynaut explicou:

— Se você come apenas o chapéu, sente como se tivesse perdido as pernas. Se come somente o caule, sente como se perdesse a cabeça.

E riu, uma risada profunda, e seu corpo sacudiu todo de alegria. Então nos olhamos intensamente, e eu lhe assegurei:

— Não quero perder a minha cabeça nem as pernas.

Rimos de novo.

Moolynaut disse para dividirmos nossas porções em pedacinhos, mas eu não cortei os meus do jeito certo, então ela assumiu o trabalho, olhando fixamente o prato, mergulhada em profunda concentração. Cada um de nós jogou um pedaço sobre o respectivo ombro esquerdo com a mão direita e um pedaço sobre o ombro direito com a mão esquerda.

Moolynaut explicou:

— É para Kutcha. Ele também gosta de *mukhomor*, e é melhor que ele coma o *mukhomor* com a gente.

Todos concordamos com grande convicção.

Peguei uns pedacinhos de cogumelo entre o polegar e o indicador e os levei à boca. Como aventureiro e jornalista que chegou à idade adulta nos anos 1960, achei que experimentar um pouco de onda seria uma escapadela engraçada numa manhã de primavera naquela aldeia precária aninhada entre a tundra e o mar. Entretanto, eu me senti um tanto constrangido, como se estivesse me despindo de novo.

Aonde estavam me levando aquelas pessoas? Será que eu estava exagerando?

Os cogumelos tinham um gosto suave e terroso, sem nenhum ressaibo amargo de alcaloide. Comemos batatas cozidas, tomamos chá e terminamos nossas porções de *mukhomor*.

Falamos sobre nossa jornada e sobre o clã de Nikolai. Depois de cerca de uma hora, a droga começou a fazer efeito. Eu observei a toalha de mesa branca, com uma estampa comum de flores roxas, vermelhas e alaranjadas. Numa visão alucinógena, as flores tremeluziam na fraca claridade da tarde e formavam arbustos, campos varridos pelos ventos, os relevos esculpidos dos *strastugi* na montanha, motos de neve, esquis e trenós com renas.

Tinha a impressão de que Moolynaut estava sentada muito longe, do outro lado da mesa, na outra extremidade da tundra, do outro lado do tempo, e ela parecia tão pequenina, quase nada acima do horizonte distante. A tundra que se estendia entre nós era fria e varrida pelo vento, mas familiar e amiga, catártica, como se nos embalasse. Então ela levitou, flutuando sobre a mesa, sobre a tundra, como se voasse com Kutcha, carregada pelo vento errante.

E começou a falar:

Há muito tempo, quando eu era menina, muitos problemas ocorreram na nossa terra. Os russos estavam na nossa terra há muitos anos. Até meus bisavós conheciam os russos. Mas, em geral, eles não causavam tantos problemas. Às vezes, eles nos traziam coisas boas, como facas, armadilhas e panelas para cozinhar; às vezes, vinham cobrar impostos. Mas, em geral, não causavam tantos problemas.

Então aconteceu alguma coisa importante naquela grande aldeia que eles chamam Moscou, com um homem chamado Czar e outro chamado Lenin. As pessoas se matavam, mas eu era pequena e não compreendia por quê. Algumas pessoas eram Vermelhas e outras, Brancas. Mas, quando eu perguntava para minha mãe se elas usavam máscaras coloridas, minha mãe dizia que aquilo não era da conta de uma menina de 10 anos.

Um dia, ouvi que os comerciantes ianques iam chegar com seu grande navio. Os ianques vinham todos os anos desde que eu era criancinha. Sempre traziam farinha, açúcar e chá. A farinha era branca e limpa, o açúcar vinha em cubinhos grudados, e o chá não era amargo como o chá russo. Às vezes, eles traziam coisas de metal também. Meu pai tinha uma faca que comprara dos americanos. Estava sempre afiada, melhor que as facas russas. Às vezes os americanos traziam cavalos. Cavalos brancos. Meu pai era um homem rico, e ele não comprava cavalos marrons. Ele tinha quinhentos cavalos brancos. Comprou dos americanos. Em troca dessas coisas, dávamos aos americanos carne e peles de rena, peixe seco, peles de raposas e dentes de morsa. Os americanos sempre pediam mais dentes de morsa.

Em geral, toda a tribo descia até o litoral para ver os americanos e observar as transações. Os americanos sempre davam doces para as crianças e contas coloridas para as mulheres. Mas, naquele dia, meu pai falou que as mulheres e as crianças deveriam ficar em casa. Eu disse à minha mãe que iria para a tundra apanhar airelas, mas, quando me afastei da nossa yuranga, peguei o caminho velho até o oceano e subi num morro acima da praia. Alguma coisa muito ruim estava acontecendo. Meus pais pareciam muito preocupados, e eu queria ver o que iria acontecer quando os americanos chegassem.

Isso foi muito tempo atrás, mas até hoje, já velha, lembro que meu coração bateu forte quando vi as pontas dos mastros aparecendo por cima do morro. Então, depois de um tempo, subi os últimos metros e espiei lá embaixo o navio de ferro que estava ancorado no meio da baía, com vapor saindo da chaminé numa nuvem grande. Lembro o ruído surdo, profundo. O metal que se chocava contra metal. Era uma escuna com dois motores e velas.

Moolynaut parou de contar a história e olhou para mim. Eu sentia o efeito do *Amanita* e tinha a impressão de que ela estava me escapando, mas a narração continuou:

Tanto metal! — pensava, maravilhada. — Minha mãe tinha muito carinho por sua única panela de metal, seu tesouro, mas aquelas pessoas tinham um navio todo de ferro.

Os homens estavam reunidos na praia com duzentas renas, enquanto o restante da manada pastava na tundra, atrás de um morro. Eu conhecia aquelas renas; conseguia identificar cada uma delas pelo modo de andar, pelo focinho, e muitas vezes me lembrava de histórias de mãe e filhote ou de macho e fêmea. Eu não era diferente das outras crianças. Eu era uma koryak, uma pastora de renas.

Moolynaut se aprumou orgulhosamente na cadeira.

Um grande braço de ferro se esticou no deque do navio, parou e levantou um barco a remo preso por uma corda. Os homens subiram no barco; o braço balançou e baixou o barco na água. O barco e os homens pareciam tão pequenos, talvez não fossem reais. Mas eu sabia que eram. Eles manuseavam remos compridos e se aproximaram da praia. Levou muitos minutos para o barco chegar à praia, mas o tempo era abundante na tundra, e eu estava acostumada a esperar.

Quando o barco chegou, meu pai se aproximou e apertou a mão do chefe dos barcos. Eles conversaram, e meu pai virou e gritou uma ordem. Os pastores assobiaram, correram e agitaram seus chicotes compridos de couro cru até que as renas formaram um grupo tão apertado que pareciam um só animal. Mas eu sabia que eram muitas renas por causa dos chifres que balançavam na brisa como árvores com seus galhos largos. Não temos muitas árvores aqui porque nossa terra é a tundra, mas eu sabia como era uma floresta porque via os chifres.

Logo as renas que se apertavam na praia formaram uma fileira e seu grupo diminuiu, como a água de um lago que escoa para um rio, e uma das fêmeas disparou liderando as outras de volta para a tundra. Os homens gritaram e obrigaram a manada a formar um círculo. Sentia o meu corpo tinindo porque a formação de um círculo era sempre o prenúncio de que alguma coisa iria acontecer. Quando as renas ficam nervosas, elas correm. Se não têm uma orientação, elas se dispersam. Mas, se já estão andando em círculos, continuam correndo em círculos. Numa terra sem barreiras nem currais, obrigamos os animais a correr em círculos antes de escolhermos alguns para o abate.

Eu queria descer do morro e atirar bolotas de musgo para a manada para que nenhum animal fugisse, mas naquele dia, pela primeira vez na vida, os homens não pediram a ajuda das crianças.

Os americanos observaram a manada por vários minutos, e o chefe conversou de novo com meu pai. Então os estrangeiros ergueram muitas caixas de madeira do barco, colocaram as caixas na praia e abriram as tampas. Meu pai se abaixou, apanhou um fuzil novo em folha, e o embalou com cautela nos braços. Meu tio caminhou ao longo da praia, plantou três paus na areia e se afastou. Ouviram-se três tiros e os três paus caíram. Meu pai fez sinal com a cabeça.

> Os homens laçaram várias renas e amarraram seus cascos juntos. Depois os americanos pegaram os animais e os jogaram sem nenhum cuidado nos barcos. Comecei a chorar. Meu povo frequentemente vendia os couros e a carne, mas nunca tinha vendido renas vivas para ninguém. Meu pai uma vez me disse que ele nunca venderia renas vivas aos americanos porque esses homens não eram carinhosos e não saberiam cuidar delas.
>
> Um macho jovem sacudiu a cabeça e se soltou, conseguiu ficar de joelhos e olhou para o topo do morro, onde eu estava escondida. Era a minha rena; eu a tinha amansado, alimentado com musgos suculentos e lhe dava até guloseimas, como pedaços de peixe seco salgado. Minha mãe me ensinou encantamentos especiais e mágicas para proteger minha rena dos lobos assassinos — e os lobos ouviam.

Moolynaut silenciou e depois cantarolou rapidamente na antiga língua. Lágrimas rolaram pelo seu rosto.

> Mas meus encantamentos não tinham nenhuma força contra todas as coisas que estavam acontecendo com o meu povo.

Moolynaut limpou as lágrimas com a bainha da blusa. Quando começou a falar novamente, parecia que sua voz vinha de um lugar distante.

> Os fuzis eram Winchester. Winchesters são bons fuzis. Já ouviu falar em fuzis Winchester?

Concordei com a cabeça, e ela continuou, repetindo uma frase que tinha dito no nosso primeiro encontro:

> E naquele dia meu pai comprou muitos cartuchos. Você sabe, fuzis não servem para nada sem os cartuchos.

> *Ficamos com alguns fuzis e enterramos outros. Tempos ruins estavam chegando, e nos tempos ruins a gente precisa ter bons fuzis. É preciso esfregar as peças com gordura de foca, embrulhar tudo em pele de foca e esconder os fuzis debaixo da terra, onde ficam dormindo como ursos. E, quando chegam os tempos ruins, pelo menos a gente tem os fuzis. Então a gente pode viver.*

Moolynaut parou de novo, por mais tempo dessa vez.

> *Talvez eu soubesse, naquele dia, que nossas vidas iriam mudar. Não sei. Lembro-me do que vi, mas não me lembro do que pensei ou não pensei. Faz muito tempo. Eu era uma menina.*

Moolynaut terminou a história serenamente:

> *Mas lembro que queria soltar a minha rena e levá-la para a tundra no outono. Eu me vi sozinha, com o jovem macho, encolhida atrás de uma rocha saliente enquanto as primeiras neves varriam a terra. Levaria o macho para ricas pastagens, e ele me protegeria. Cresceríamos fortes e envelheceríamos juntos. Mas era apenas um sonho. Eu era uma menina, e meu pai estava na praia, contando os fuzis.*

Tive a impressão de que Moolynaut se recostara lentamente na cadeira. Embora Chris, Lydia e Misha estivessem perto, todos pareciam pequenos e distantes. Eu queria esticar o braço e tocar Chris, só para ter certeza de que ela ainda estava ali, mas não sabia se deveria. Antes que pudesse decidir o que fazer, percebi que Moolynaut estava falando comigo em russo.

— Quantos anos você tem?

A dádiva do Corvo 199

— *Pyet-decyet pyet* [cinquenta e cinco] — respondi.

Moolynaut deu uma gargalhada ruidosa, o corpo inteiro sacudindo, como se eu acabasse de contar a melhor piada do século.

— E você continua viajando pela tundra. Ela riu de novo, balançando suavemente de um lado para o outro, como se estivesse dançando. — E rema com o seu caiaque pelo oceano. Qual é o seu segredo de juventude e vida longa?

Ri sem conseguir me controlar, como se estivesse me livrando de uma grande tensão. Meus olhos se encheram de lágrimas, e deixei que a risada catártica saísse naturalmente, limpando meu interior, exorcizando as preocupações, os problemas e as questões mais graves da vida. Tinha percorrido três quartos da circunferência da Terra para procurar a sabedoria daquela xamã. Os *mukhomor* corriam em disparada no meu cérebro, e *ela* perguntava *para mim* o segredo da longa vida. Quando me acalmei o suficiente, consegui dizer uma única palavra em russo:

— *Leesja* [esquiando].

Moolynaut acenou com a cabeça de modo sereno, como se compreendesse perfeitamente, mas Lydia olhou para mim, esperando uma explicação mais completa.

Falei em inglês, para que Misha traduzisse:

— Esquiar mantém meu corpo forte, minha mente alerta e meu coração repleto de paixão. Esquiar me mantém jovem.

Já não era mais o caso de falar. Lydia saiu e voltou com o *boubin*, um tambor ritual. Moolynaut o pegou, tocou uma melodia suave e cantou em tons simples, monossilábicos:

— Ya, yaaah, ah ya, ya, ya.

Enquanto a melodia reverberava, pensei com espanto na minha cura, no xamanismo e nos meus amigos ali no quarto. Então a música e o *mukhomor* afastaram os limites protetores da razão, transportando-me para a floresta tropical com um bando de primatas pulando à luz da lua e batendo em troncos.

— Ya, yaaah, ah ya, ya, ya.

Naquele momento, eu voava com Kutcha em direção ao Outro Mundo. Passamos sobre a interminável extensão do oceano. O oceano que me dera força e quase acabara comigo. O oceano que eu atravessara em tempo real, no planeta real.

Moolynaut começou a dançar, com um vigor atlético para uma mulher de 96 anos. Na penumbra do quarto, vaguei para um estado semelhante a um transe, sem palavras, oscilando à beira de mistérios imperscrutáveis.

Nas horas seguintes, passamos o tambor de um para o outro, falando por meio de ritmos antigos e cantos sem palavras.

No meio da noite, quando a euforia da droga começou a diminuir, Chris, Misha, Lydia e eu levamos Moolynaut para casa. Então perambulei sozinho, ouvindo o som das minhas botas na neve congelada. Depois de algum tempo, vi a silhueta de Chris nas sombras da noite. Ela caminhava pela praia, movendo-se com sua graciosidade característica de atleta. Interrompi seu passeio e a alcancei exatamente na linha da arrebentação. Algumas nuvens fugiam no céu. A arrebentação brilhante refletia a luz das estrelas e uma estreita fatia de lua, mas não consegui ver o horizonte onde o mar negro encontrava o céu noturno. Vaguei num mundo de sonho alucinógeno em que Chris estava a meu lado e ao mesmo tempo em outros lugares, em outros tempos. Estávamos deitados na cama lado a lado, abraçados na nossa suave familiaridade, antes de levantar e enfrentar o dia. Estávamos sobre uma crista nevada, sorrindo, os nossos sorrisos incrustados de gelo. Preparávamos o jantar com o cheiro do pão que emanava do forno de um fogão a lenha. Então o mundo assustador desapareceu, pus o meu braço ao redor do ombro dela, e caminhamos de volta à casa de Goshe juntos, ainda sem falar.

A Montanha do Homem dos Sapatos Velozes

Dormi profundamente até a luz cinzenta do alvorecer penetrar as janelas empoeiradas. Antes que eu abrisse totalmente os olhos e saísse do saco de dormir, Lydia abriu a porta e entrou, envolvida numa lufada do gélido ar do Ártico. Em tom de grande urgência, disse que deveríamos levantar depressa porque Moolynaut estava chegando para uma segunda *sessão de cura*. Em seguida, desapareceu no frio, e eu me sentei, ao mesmo tempo desorientado e cheio de energia. Vesti a roupa e joguei água fria no rosto; logo Moolynaut entrou sorridente arrastando os sapatos e apoiando-se na bengala. Sorri de volta, lembrando como eu a vira, na tarde do dia anterior, debruçada sobre a toalha de mesa puída que se transformara numa vasta e imperscrutável planície da tundra.

Sem nenhuma conversa ou introdução, Moolynaut me levou novamente para o quarto de Goshe, onde mais uma vez me despi, fiquei de pé numa perna só, segurando o braço direito atrás das costas e com a mão esquerda esticada para a frente. Dessa vez, consegui me concentrar e me equilibrar rápido, como se fosse perfeitamente natural ficar empoleirado num galho de árvore, a minha asa tocando a asa de Kutcha. Agora éramos amigos — tínhamos comido os *mukhomor* juntos —, e eu sentia sua calorosa intimidade. Era como se eu tivesse criado raízes no solo em pé numa perna só, mas meu braço esticado estendia-se pela tundra — aquele vazio branco, vivo, que eu atravessava, mas nunca conseguiria atravessar, em meio ao frio e, contudo, estava quente e macio como um filhote de rena recém-nascido, saindo da placenta fumegante. Moolynaut puxou um pano sobre a cabeça e entoou uma cantilena em sua língua antiga, tremendo de leve à medida que, com expressão serena, se transportava para o Outro Mundo. Nós três, Moolynaut, Kutcha e eu, tínhamos uma aliança e empreendíamos juntos uma viagem ao desconhecido.

Depois de um tempo indefinido, Moolynaut parou de cantar, e, logo que pus a perna no chão, transformei-me de volta em um velho magro de cabelos brancos, nu, olhando tolamente à minha volta no quarto assombrado de Goshe.

Moolynaut conversou com Lydia em russo, e ela explicou que Kutcha discutira o meu caso com a Velha e com os outros companheiros do Outro Mundo, e eles concordaram que tentariam me curar. Moolynaut esfregou gordura de foca na minha cicatriz, e, quando se curvou para cuspir em mim, como da outra vez, foi como se recebesse a carícia suave de uma antiga amante. Então ela se afastou e disse que eu teria de retornar para mais uma *séance* no dia seguinte.

Vesti a roupa, e todos voltamos para a cozinha para a primeira refeição do dia, que consistiu de chá, pão, manteiga de caviar e salmão. Em seguida, Oleg sugeriu que fôssemos todos rio acima até uma cabana de caça. Chris, Misha e eu, que tínhamos viajado no trenó duro sacolejando por muitos quilômetros, optamos por ser rebocados pelas motos, como se praticássemos esqui aquático na neve. Depois de deslizar por meia hora sobre a suave superfície congelada do rio, os homens pararam para esfriar os motores e fumar um cigarro. Eu ainda sentia a energia produzida pelos cogumelos e pelas duas *séances*, e, como não tive vontade de ficar parado no frio, fui esquiando sozinho rio acima sobre a crosta dura da neve congelada da primavera. Movimentava-me sem dificuldade, relaxado, dando longas passadas rítmicas e impelindo os esquis com o apoio dos bastões; fui ganhando impulso, deslizando com facilidade e sentindo os músculos aquecidos pelo exercício sob o sol nascente.

O ruído do motor quebrou o silêncio da manhã, e, quando as motos me alcançaram, abaixei para pegar a corda do reboque e continuei rio acima sem parar. Chegando à cabana de caça, Chris me chamou de lado.

— Jon. Lá atrás no gelo... você estava fazendo *cross-country*!

— Pois é. Não tive vontade de ficar esperando no frio. Algum problema?

— Nenhum, mas Jon, você não percebe o que aconteceu? Quando nos conhecemos, você adorava *cross-country*. Parou depois da avalanche porque sua pélvis doía demais. Jon! Não lembra? Você não fazia *cross* desde a avalanche!

Olhei o rosto tão familiar de Chris, enrugado por décadas de exposição ao sol e ao vento; ela olhava para mim, carinhosa e séria. De início, não compreendi o que ela dizia, mas estava tão empolgada que me forcei a compreender.

Para fazer *cross-country* de esquis, é preciso impulsionar primeiro uma perna e depois a outra. O deslocamento constante do corpo de um lado para o outro é terrível para a pélvis e os músculos adutores ligados a ela. Deixei de fazer *cross* depois do acidente — mesmo nos dias em que me sentia melhor, sem dor. Nas Montanhas Rochosas, voltando de um tour de esquis, Chris e nossos amigos costumavam fazer *cross* nos dois últimos quilômetros em alguma pista plana. Eu procurava acompanhar seu ritmo, mas a dor acabava me impedindo, e então eu me arrastava penosamente o resto do caminho, frustrado e mal-humorado por não passar de um manco lerdo, um aleijado.

Mas ali eu tinha feito *cross*, e, quando a moto chegou, peguei a corda e fui embora deslizando. Por incrível que pareça, tinha me esquecido da avalanche, da dor e da cura, e esquiara pela pura alegria do movimento — o corpo e os esquis formando uma só coisa, as bordas dos esquis traçando sulcos na neve endurecida da primavera.

Chris e eu nos olhamos maravilhados.

Evidentemente, era impossível que uma velha senhora tivesse me curado esfregando gordura de foca e pelo de coelho sobre a minha cicatriz, cuspindo sobre meus pelos púbicos e entoando antigas rezas a Kutcha, o Deus Corvo. Antes mesmo do meu encontro com Moolynaut, eu tinha experimentado dias bons e dias ruins. Aquele era um dia bom, e eu usava um pouco da energia remanescente produzida pelo *mukhomor*. Não há nada como um dia sem dor e uma viagem tranquila proporcionada por cogumelos para nos sentirmos bem-dispostos.

Não, aquela sensação era diferente. Eu não era mais uma pessoa ferida aproveitando um dia bom. Estava melhor. Pousara sobre o galho com Kutcha e tocara tambor com Moolynaut. Havia competido com os meninos nos seus bobs e vencido. E agora conseguia fazer *cross* novamente. Minha mente estava vazia, capaz de experimentar alegria, mas não estava disposta ou não era capaz de analisar o que se passava.

Logo Misha e Sergei chegaram atrás de nós. Sergei apontou para um pequeno monte que se erguia curiosamente sobre a tundra plana a alguns quilômetros de distância, e Misha traduziu.

— Eles a chamam de Montanha do Homem dos Sapatos Velozes.

— Sim, Lydia falou deste lugar. Foi por aqui que Moolynaut nasceu, não foi?

Sergei acenou com a cabeça, obviamente satisfeito por eu ter lembrado.

— Mas, Sergei, por que a montanha tem esse nome?

Há muito tempo, um koryak inventou um tipo de sapato para andar na neve, feito de tábuas de bétula compridas e estreitas. Com os seus sapatos de neve, ele deslizava montanha abaixo. Nós o chamamos Bistro Torbaza, *Sapatos Velozes.*

— Você quer dizer que ele inventou os esquis?

Sergei sorriu.

— Ele passou o inverno todo subindo e descendo a montanha. Ele tinha *bistro torbaza*.

— Acho que entendo esse homem.

Chris me cutucou de leve, um sorriso travesso no rosto.

— Vamos esquiar lá naquela montanha, Jon.

Sergei advertiu:

— É íngreme, perigosa, cheia de pedras. Levarão o dia inteiro para chegar ao cume e terão de descer andando no escuro. Lembrem-se de que vocês dois se perdem facilmente.

Olhei para a montanha. Não era muito alta, íngreme ou perigosa. Durante toda a viagem, Oleg havia sido o comandante da expedição, e Chris e eu tínhamos nos comportado como turistas alheios, estranhos. De fato, nós nos perdêramos. Sim, e eu caíra na torrente gelada e me contorcera na neve murmurando "Merda!" e outros palavrões. Agíamos como idiotas na metade do tempo, incapazes de compreender, porque, sem Misha, não entendíamos o que as pessoas falavam. Mas, naquele momento, esqueci tudo porque senti o apelo da montanha coberta de neve. Para mim, esquiar é mais do que um esporte; é uma libertação das preocupações desta vida e uma forma de autoafirmação. A competição do dia anterior com os alunos da escola fora apenas o preâmbulo. Eu precisava subir numa montanha de verdade, colocar os meus esquis no início da descida e deixar que a gravidade me atraísse para a sua câmara secreta no Outro Mundo.

Olhei para Sergei.

— Não, meu amigo, não vamos nos perder e não vamos voltar andando. Vamos escalar esta montanha e descer esquiando.

Sergei abriu um sorriso, acenou com a cabeça, acelerou e nos rebocou pela tundra na direção da Montanha do Homem dos Sapatos Velozes. Quando o declive ficou íngreme demais, desligou o motor e disse que nos esperaria a noite toda se não voltássemos no tempo certo de escalada. Chris e eu prendemos as peles aos esquis, como tínhamos feito milhares de vezes antes, e chegamos com facilidade ao cume em uma hora e meia. Ficamos abraçados em silêncio num pequeno recesso protegido do vento formado pelas rochas aquecidas pelo sol; comemos alguns peixes-pepino secos olhando a tundra onde, muito além do horizonte, Nikolai e seu bravo grupo guardavam cuidadosamente suas renas de predadores humanos e animais. Em seguida, deslizamos por uma crista sobre a neve acumulada pelo vento até chegarmos a um amplo corredor voltado para oeste.

Chris e eu ficamos lado a lado. Esquiar era a âncora e o epicentro do nosso casamento. Esquiamos no nosso primeiro encontro. Esquiamos no dia do nosso casamento e na lua de mel. Depois de nos instalarmos na nova vida na casa que compramos juntos, passamos o inverno traçando amplas curvas em declives suaves nas montanhas de Bitterroot, perto da nossa casa em Montana. Certo dia, Chris fez a seguinte observação casual:

— Espero que o fato de eu ter me casado com você não signifique que esquiaremos somente nessas pistas e nessas clareiras pelo resto da vida.

Ela disse isso sem irritação nem rancor, não num tom de desafio perceptível, mas de preocupação. Beijei-a delicadamente e prometi que esquiaríamos juntos pelas grandes cordilheiras do mundo. Levamos nossa paixão para os Alpes, a Ásia Central, a Bolívia, a Colúmbia Britânica. E sempre soubemos que, quando deparássemos com problemas insolúveis de relacionamento, subiríamos nos esquis, caminharíamos numa crista gelada, respiraríamos o ar gélido e deixaríamos que as montanhas realizassem sua catarse mágica. Agora, estávamos juntos e apaixonados, no topo de uma montanha, com os esquis nos pés e uma montanha nevada lá embaixo.

Chris olhou para mim:

— Como está a sua pélvis, Jon?

— Quer saber a verdade?

— Quero.

— Bom, eu talvez esteja fantasiando um pouco. Pode me chamar de maluco, mas me sinto absolutamente, completamente, 100% maravilhoso. Não sinto dor alguma.

— Então ótimo. Este é um momento somente seu. Vá você primeiro.

A Montanha do Homem dos Sapatos Velozes era o pico mais alto das proximidades e fora fustigada por tempestades árticas que tinham varrido a neve de seus flancos, deixando expostas rochas pontiagudas. Parte da neve se acumulara em um amplo corredor que agora se estendia abaixo de mim. As rajadas de vento formavam uma topografia própria, fluida, sinuosa e fofa se comparada às cristas hirtas de terra e pedra expostas de ambos os lados. Mas a neve era dura, e meus esquis mal aderiam à superfície do gelo.

Deixei-me cair crista abaixo e acelerei, mantendo os esquis paralelos, apontando diretamente para o sopé da montanha; descia rápido demais sem obedecer aos meus canais analíticos do lado esquerdo do cérebro. Como não tinha tempo de pensar como deveria esquiar, limitei-me a enviar um único sinal consciente ao meu corpo: "Vamos controlar a operação."

Então meu corpo assumiu o controle, e meus joelhos rolaram na primeira curva, traçando um arco parabólico sobre a neve congelada com as bordas duras do aço. Os músculos exerciam uma pressão confortável contra as botas, enquanto impulsos familiares disparavam velozes pelas sinapses perfeitamente eficientes.

Torço para que todos exerçam algum tipo de atividade que dê muita alegria a seu corpo, a ponto de mandar a mente se calar. É nesse momento que a mente desliga, deixa de ter a necessidade consciente de produzir um monte de informações bobas. E, por incrível que pareça, quando o trabalho mental se interrompe, as informações passam a fluir internamente sem censura — céu, vento, a compressão dos músculos, a alegria pura do movimento.

Depois das primeiras curvas, o corredor virou na direção do sol, a neve se tornou quente e macia, e assobiava suavemente debaixo de mim. Deixei que os esquis acelerassem livres entre as curvas bastante espaçadas.

Eu dançava, voava; estava inteiro. Então, apenas por um momento, surgiu do passado uma lembrança familiar, terrível, um instante nítido. Estava prostrado na neve, no fundo da avalanche, incapaz de ficar de pé. Chris e meu amigo Misha vinham voando atrás de mim. Olhei para a crista de uma montanha que dominava a linha do horizonte, mal distinguindo os traçados dos esquis através das clareiras entre as árvores e as rochas que afloravam na superfície. Na minha lembrança, a crista tornava-se indistinta à medida que eu perdia a consciência. Uma voz dentro de mim gritava que eu não devia perder o controle naquele momento. Gritei para Chris e Misha:

— Corram, me ajudem!

Eles chegaram sem fôlego:

— O que a gente pode fazer?

Respondi:

— Preciso de um abraço, da sua energia, do seu amor.

Chris ergueu a parte superior do meu corpo com delicadeza e deitou embaixo de mim, para que eu não encostasse na neve fria, enquanto Misha se estendia por cima, para me esquentar. Concentrei toda a minha energia na linha indistinta da montanha. Aos poucos, voltei a focalizar o horizonte. Quando consegui outra vez enxergá-lo com nitidez, com as árvores cobertas de neve, quando distingui novamente o traçado dos esquis, sussurrei baixinho para Misha, Chris e as montanhas ao redor:

— Tudo certo, amigos. Estou machucado, mas vou voltar. Esperem por mim. Vou voltar.

E naquele momento estava de volta, fazendo curvas sobre a neve granulada macia, num corredor no nordeste da Sibéria, deixando para meus músculos a tarefa de pensar, concentrando-me apenas na pélvis, sem dor alguma. Enfim, por algum tortuoso e misterioso caminho, eu cumpria plenamente aquela esperançosa, irracional promessa.

Cheguei ao fundo da descida e parei na frente de Sergei, que acenava animado, gritando:

— Kielbasa e Montana, as duas palavras mais maravilhosas do nosso léxico mútuo. Kielbasa, a linguiça defumada, o alimento mais suculento, gorduroso; e Montana, o melhor lugar do mundo, nosso maravilhoso e misterioso lar nos Estados Unidos.

— Kielbasa; Montana! — respondi.

Olhamos para cima: Chris começava a descida, os ombros apontando firmemente para baixo, o corpo dobrado em ângulo, os joelhos e os esquis fluindo com graça e sem interrupção, curva após curva. Sergei imitou os movimentos de Chris, agitando a mão numa ondulação que imitava suas curvas perfeitas, controladas, e depois se virou para mim e desenhou arcos mais amplos, indicando a minha trajetória de descida mais rápida. Então, com um amplo sorriso, repetiu:

— Kielbasa; Montana.

Depois que Chris chegou perto da moto, Sergei nos rebocou até a cabana. Sorrindo, Oleg e Misha esperavam. Oleg anunciou:

— Ah, observamos com o binóculo. Muito perigoso. Ficamos apavorados por vocês.

— Não, nada perigoso. Sempre descemos assim de esqui.

Mas Sergei discordou e, entusiasmado, levantou a mão mostrando que tínhamos despencado montanha abaixo num precipício de sessenta graus.

Não me impressionei. Eu descera a Montanha do Homem dos Sapatos Velozes com a minha querida. E sem dor.

Voltamos para a *serei*, tomamos chá e regressamos à aldeia. No dia seguinte, nosso último em Vyvenka, Moolynaut veio para outra sessão de cura. Pela terceira vez, tirei a roupa e fiquei de pé numa perna só, com um braço dobrado nas minhas costas e o outro esticado para o mundo dos sonhos. Dessa vez, eu esquiava montanha abaixo, com o vento no rosto, as bordas dos esquis cortando a neve macia, e me sentia melhor, curado, sem dor. Kutcha voava comigo, de asas abertas, pairando poucos metros acima do declive, inclinando ora uma asa, ora a outra, como se também fizesse as curvas. Depois Kutcha arremeteu para dizer a Moolynaut que as pessoas no Outro Mundo me achavam um cara ótimo e por isso tinham me curado, inclusive com a placa de metal quebrada. Pedi a Moolynaut que agradecesse a Kutcha por mim, e ela disse que o faria. Era isso.

Vesti minhas roupas, tentando não analisar o processo de cura, e andei para a cozinha com minhas próprias pernas, sem dores.

Moolynaut foi embora, e nós fomos comprar um presente para ela no armazém. O armazém de Vyvenka era um salão escuro empoeirado, e, com três prateleiras atrás do único balcão baixo, nossos passos ressoavam como numa caverna. Vislumbrei alguns vultos na sombra, como gnomos guardando a ponte num conto de fadas distante. Pedimos vinte e cinco quilos de arroz, cinco quilos de açúcar e cinco garrafas do precioso suco de frutas. A balconista fez que não com a cabeça.

— Você comprou vinte e cinco quilos de arroz há duas semanas. O que está fazendo com tanta comida? Acha que está na cidade grande? Não temos comida suficiente nesta loja para vender para você só porque tem muito dinheiro.

Uma voz saiu das trevas:

— Eles dão a comida para as pessoas. Deram arroz aos nossos primos, os pastores, que vivem na tundra. Darão esta comida a

Moolynaut, para que ela tenha alguma coisa para comer além peixe-pepino. Venda a comida para eles.

A balconista pediu desculpas e colocou nossas compras sobre o balcão. Depois fez a conta com o ábaco, e nós pagamos.

Levamos a comida a Moolynaut, e também agulhas, linha, cartões-postais, luvas leves, luvas de lã sem dedos e meias quentes. Ela assentiu com a cabeça, apreciando os presentes.

Lydia preparou um verdadeiro banquete naquela noite; depois do jantar, Chris encheu duas bolas e ficamos todos jogando com elas, sem esquema tático ou regras. Todo mundo estava feliz, e Moolynaut participava entusiasmada, sempre passando a bola para as crianças, que gritavam, excitadas. Antes de ir dormir, escrevi em meu diário: "Amizade singela, um pouco de comida e duas bolas coloridas criaram muita felicidade."

De manhã, fomos à casa de Moolynaut para as despedidas, mas um vizinho disse que ela fora pescar. Pusemos a bagagem sobre as motos para a viagem até o aeroporto e nos dirigimos rio acima.

Sentada num banquinho ao lado de seus cães, Moolynaut olhava atenta por um buraco no gelo, com a linha de pescar enrolada numa vara, procurando peixe-pepino. A temperatura estava pouco abaixo de zero, e ela vestia uma parca de algodão até os pés, sem seu *kuchlanka* de pele de rena. Calçava botas de borracha debruadas de pelo de rena e as luvas verde-claras que tínhamos lhe dado.

Trocamos cordialidades. Durante todo o tempo em que a conheci, Moolynaut nunca disse diretamente palavras sábias, mantras místicos ou conselhos elevados do seu ponto de vista de uma vida centenária.

Agradeci por ter me curado, ela sorriu e balançou a cabeça. Quando me despedi, ela disse:

— Volte, será bom se voltar.

Então um peixe mordeu a isca. Ela me ignorou, o corpo tenso; com um dedo, tocou a linha para sentir as vibrações e esperou que sua presa invisível abrisse as nadadeiras, a indecisão rodando em seu minúsculo cérebro. O peixe mordeu; com habilidade, ela puxou a linha rapidamente e ergueu um peixe-pepino de uns treze centímetros de comprimento e cerca de 85 gramas. Ela o segurou sobre o gelo com o pé, bateu em sua cabeça com o cabo de uma faca comprida e o tirou do anzol com um grande sorriso.

Talvez Kutcha tenha enviado o peixe para criar uma imagem final e transmitir palavras de sabedoria que Moolynaut jamais verbalizaria.

— Se eu viver até os 100 anos, espero ser forte o bastante para atrelar meus cães e viajar por um rio congelado num dia de primavera, com a brisa do mar úmida, a névoa e o vento leve soprando a neve sobre o gelo. Espero ter sorte suficiente para apanhar alguns peixes-pepino para o jantar; ter saúde o bastante para estar cercada de amigos, filhos, filhos adotivos, netos e bisnetos; espero ser respeitada o suficiente para que alguns ricos viajantes de muito longe me deem de presente um novo par de luvas quentes. E espero me sentir contente com esses prazeres simples.

Parte 3

Voltando para agradecer a Moolynaut

O médico cura o doente com imposição das mãos, orações, encantamentos e cantos sublimes.

Sarah Winnemucca, paiute

O engraçado

O engraçado é que eu estava curado. Estava muito melhor. Refeito. Sem dor. Como diria meu cirurgião ortopédico, dr. Schutte, "de volta a meu pleno desempenho de atleta". Entre a cura, na primavera de 2001, e agora, sentado diante de meu computador nesse úmido mês de dezembro de 2008, foram sete árduas expedições: remei de caiaque em um rio de corredeiras de grande dificuldade técnica, no Himalaia, entre o gelo instável do Ártico canadense e depois duas vezes nas águas abertas do Pacífico sul. Esquiei em geleiras íngremes dos Andes bolivianos, fiz uma longa travessia de esqui na Sibéria e *mountain cross* nos montes Altai, no Cazaquistão e na China. Além de todas essas expedições, esquiei intensamente por sete temporadas na Colúmbia Britânica e no Alasca, de vez em quando escalei paredes de rocha, viajei um pouco de bicicleta por prazer nas montanhas e de caiaque em corredeiras.

Durante todo esse tempo, não senti a menor dor na pélvis, salvo algumas pequenas dores sem importância e problemas musculares normais, considerando minha idade e meu estilo de vida. Sempre que esquio e sinto meu corpo fluindo em sincronia com um terreno complexo e ondulado — com afiados cristais de neve picando meu rosto —, agradeço a Moolynaut, ou Kutcha, ou à sorte, ou a alguém, ou a alguma coisa por minha alegria. Mas não apenas quando esquio. Às vezes, andando pelo corredor do mercado, enquanto decido se quero brócolis ou couve-flor no jantar, de repente sinto minha antiga energia fluir por meu epicentro, a pélvis, em espirais ininterruptas. Então me dou conta, como se nunca tivesse verbalizado isto antes: andar não dói. Estou inteiro.

De volta à floresta de Montana

Chris e eu deixamos Vyvenka e regressamos à nossa casa na floresta de Montana. A densa camada de neve derretia nos montes, e os riachos estavam quase transbordando. Dormíamos com a janela do quarto aberta para nos deleitarmos com o ar fresco da noite, sentir o perfume da floresta que despertava e ouvir a água se chocar contra as pedras, precipitando para o vale mais populoso, lá embaixo.

Depois do café da manhã, eu pegava os óculos de leitura e caminhava até o trabalho. Muitas vezes, Chris me entregava as chaves simbólicas do carro, beijava meu rosto carinhosamente e advertia séria, mas em tom brincalhão:

— Dirija com cuidado, querido. Não se deixe contagiar pela violência da estrada.

Em seguida, ouvindo o canto dos pássaros, descia a colina a pé, no total cinquenta metros até o edifício de meu escritório, uma construção rústica onde eu acendia o fogo e ligava o computador. Chris trabalhava em seu escritório no andar de cima, ajudando-me na pesquisa e no trabalho burocrático. Ao mesmo tempo, ela escrevia seus artigos para uma revista e cuidava da horta na primavera. Ao meio-dia, almoçávamos juntos; às duas da tarde, fazíamos uma caminhada até a caixa do correio, um quilômetro e meio entre ida e volta; então, depois de responder à correspondência do dia e aos e-mails, passeávamos a pé, de bicicleta ou de caiaque pela bifurcação oeste no rio Bitterroot, um trecho de corredeiras sem o menor perigo. Um de nós, ou ambos, ia à cidade uma vez por semana para fazer as compras no mercado ou comparecer a algum compromisso. Nesse meio-tempo, porém, quase nunca víamos outras pessoas durante dias seguidos. Chris era uma pessoa tão calma e feliz por natureza que criara uma estrutura emocionalmente estável na medida certa para nós. Era o nosso período de descanso do mundo, em que podíamos desfrutar nossa intensa intimidade e alimentar nossa criatividade.

Pensava na minha cura todos os dias: andando até o escritório ou rachando lenha, quando fechava os olhos para dormir, ou quando os abria pela manhã, aninhando-me docemente colado ao corpo quente de Chris enquanto o sol nascia estendendo as primeiras sombras sobre as montanhas.

Eu disse a Moolynaut que tentaria acreditar. Entretanto, cercado pelas armadilhas e crenças da cultura ocidental, não ficava mais empoleirado ao lado de Kutcha e achava difícil ignorar a lógica científica de toda uma vida. Afinal, sou ph.D. em química. Em seu livro *Returning to Earth*, Jim Harrison resumiu de forma sucinta a postura por trás de meus sentimentos:

— Sempre me ative ao conceito que nos foi transmitido pelo professor de ciências do nono ano de que todos os fenômenos autênticos devem ter uma explicação natural ou científica.

Claro que li a respeito de curas xamânicas e de pessoas dotadas de poderes misteriosos, mas nunca prestei muita atenção a essas histórias, e elas nunca me convenceram. No entanto, agora tinha experimentado minha própria cura, e isso não fazia sentido. Como poderia explicar os livros didáticos que descreviam a Segunda Lei da Termodinâmica e continuar acreditando que uma curandeira xamã e seu colega Kutcha tinham consertado uma mistura obviamente caótica de ossos, cartilagem, tecido cicatrizado e metal?

Sentia-me dividido entre dois mundos, o mágico e o lógico. Qual deles escolher?

Um dia, enquanto andávamos por uma trilha de caça conhecida, maravilhados com a abundância de *Xerophyllum tenax* (da família dos lírios; em português, grama-de-urso), com seus caules elegantes e chapéus cônicos de flores brancas carnudas, Chris sugeriu que eu tirasse uma nova radiografia da pélvis. Já sabíamos que minha placa de titânio tinha se partido, que os parafusos estavam soltos, e algo dentro de mim tinha quebrado mais um pouco, mas isso foi antes de eu me ferir na tundra, antes da sessão de cura com Moolynaut. Uma nova radiografia seria diferente da tirada antes de viajar para a Sibéria? Afinal, é o que um cientista costuma fazer: analisar o problema antes e depois da perturbação e coligir o máximo de informações para chegar a uma conclusão.

Sabia que alguém iria sugerir que eu procurasse a opinião de um médico no Ocidente. Parei e olhei para Chris, sentindo-me nu, equilibrado numa perna só, argumentando contra toda a minha cultura, contra tudo o que aprendera ou em que acreditava.

— Não, não vou tirar nenhuma radiografia. Prometi a Moolynaut que tentaria acreditar de todo o coração.

Incrédula, Chris balançou a cabeça.

— O quê? Mas você é um cientista. Vamos verificar os dados.

— Sinto muito, não vou correr o risco de deixar Kutcha zangado.

— Santo Deus, Jon! Você acredita mesmo!

— Bom, estou melhor. Não dói. Para que consertar se não está quebrado?

Ela olhou para mim como se eu fosse um estranho. Eu via minha parceira com a cabeça sobre o travesseiro, a esquiadora, com as sobrancelhas congeladas no topo de uma montanha batida pelo vento.

Falei com voz mais suave:

— Sinto muito, Chris; sei que parece loucura. Sei disso, mas não vou tirar nenhuma radiografia. Fiquei nu na frente de Moolynaut e disse a ela: "Vou tentar acreditar."

Demos meia-volta e caminhamos um pouco sem falar. Lembrei-me do dia, décadas antes, em que meu professor entrou em meu escritório no edifício de química onde eu escrevia minha tese e perguntou por que não havia marcado uma entrevista de emprego para continuar minha carreira depois de formado.

Respondi mais ou menos com estas palavras:

— Não. Não vou marcar nenhuma entrevista. Eu disse ao meu cão que preferia sentir o cheiro da terra.

E, naquele momento de recusa e autoafirmação, em que abandonava a racionalidade porque não se tratava mais disso, mudei minha vida e fixei uma meta que me levou a ficar de pé na frente de Moolynaut.

Minha função de cientista era dissecar mistérios, escarafunchá-los e investigá-los, explodi-los com elétrons, esmagá-los em detectores, esmiuçá-los com computadores, montar mentalmente os pedaços e então — o Santo Graal da lógica ocidental — desmembrá-los em Hipótese, Teoria e Lei. O mistério com uma espada na barriga. CQD — Como Queríamos Demonstrar.

No entanto, eu me encontrava diante de um paradigma alternado. Segundo a famosa afirmação de Ken Kesey:

— Se você busca o mistério, e não a resposta, nunca cessará de procurar.

Perguntei-me quantas vezes na vida vacilei à beira de um momento mágico mas nunca percebi que estava perto porque era muito míope, não era capaz de observar ou estava preocupado demais com a responsabilidade, a razão ou a segurança para ter essa consciência. Agora eu caminhava com a pélvis livre de toda dor, e por que não substituir CQD por "Aleluia"?

Entretanto, não era tão fácil assim. O lado esquerdo do meu cérebro ocidental não desistiria e não permitiria que uma velha mudasse de uma hora para outra a visão de mundo que eu havia herdado de meus ancestrais e de minha cultura. Por um lado, eu me recusava a tirar uma radiografia. Por outro, apesar da recusa, parte de mim precisava da explicação que a radiografia me daria. Portanto, procurava algo que jamais encontraria e, ao mesmo tempo, repudiava a investigação.

Antes de partir para a Sibéria, nem o dr. Clark nem o dr. Schutte haviam conseguido explicar o motivo pelo qual eu sentia uma dor intensa de vez em quando. Sem dúvida, a placa estava quebrada, mas não havia terminações nervosas em uma placa de titânio. Embora a fratura da espessura de um fio de cabelo estivesse em grande parte cicatrizada no tecido ósseo da ferida, minha pélvis continuava bem-alinhada.

Nunca voltei a procurar o dr. Schutte, mas Ron Clark é meu amigo, e várias vezes falei com ele sobre minha cura. No fim, ele resumiu seu mais preciso diagnóstico profissional:

— Algo misterioso causava a dor. Então algo misterioso acabou com ela.

Seria possível que a dor original fosse imaginária, psicossomática? É fácil rotular de neuróticas as pessoas que sofrem de dores crônicas.

Mas a dor é real, é ardilosa; muitas vezes ela desafia as explicações científicas. Em seu livro *Pain: The Fifth Vital Sign*, Marni Jackson explica que há relação direta entre o trauma psíquico e a dor aguda, repentina. Se você deixa uma pedra cair sobre o dedo do pé, o dedo dói. Se deixar cair uma pedra maior, a dor será maior. No entanto, a dor crônica, prolongada, como a que eu sentia, é infinitamente mais complicada. Muitas vezes, os médicos não observam nenhuma relação quantificável entre parâmetros físicos — como uma radiografia, uma imagem por ressonância magnética ou uma tomografia computadorizada — e a intensidade da dor crônica.[2]

A dor é um pequeno demônio sorrateiro. O cérebro pode registrar a dor mesmo quando não existe um trauma detectável, ou então, por outro lado, pode se comportar como se tudo estivesse perfeito, quando na verdade existe um trauma. As pessoas que amputaram um membro com frequência sentem uma dor crônica no órgão que deixou de existir. Portanto, se você amputa um braço, a parte do cérebro responsável pela comunicação com aquele braço se recusa a admitir que o braço não existe mais. Esses neurônios cerebrais estão preocupados com a possibilidade de perder o emprego e dão o alarme dizendo que o braço está doendo.

Então, talvez Moolynaut tenha me curado, ou talvez, o que é mais importante, eu nem estivesse ferido. Ou então tenha ocorrido alguma misteriosa comunicação, e, instantaneamente, eu tenha desejado voltar a ser saudável.

Os cientistas exploram essas e outras questões intimamente relacionadas quando testam a eficácia de novos medicamentos ou terapias. Em geral, eles selecionam pessoas com determinada doença e as dividem ao acaso em dois subgrupos. Tratam, então, um grupo com o medicamento real e outro com um comprimido com ingredientes inativos, um placebo. As pessoas que tomam o placebo acham que estão sendo tratadas quando, na realidade, não estão. Resumindo diversos estudos, 32% dos pacientes foram curados ou parcialmente curados com um placebo.[3] Essas experiências implicam que, assim como uma criança para de chorar quando colocamos um band-aid do Mickey sobre um corte, cerca de um terço dos adultos de repente se sente melhor quando dizemos a eles que agora irão melhorar.

É possível que meu corpo estivesse fisicamente curado quando eu ainda estava nos Estados Unidos, muito antes de conhecer Moolynaut, mas alguma parte de meu cérebro estivesse confusa com todo aquele metal e tecido da cicatriz. Por isso, meu cérebro *achava* que eu ainda estava machucado e deveria sentir dor — e, portanto, eu tinha de ficar em casa e não podia esquiar. Tenho particular dificuldade em crer que minha dor original fosse imaginária ou psicossomática, que eu me arrastasse pelo apartamento, no inverno anterior, porque algum incômodo processo mental me impedia de me divertir, e que o problema tenha se resolvido quando uma velha senhora se tomou de grande preocupação por mim e cuspiu nos meus pelos púbicos. Afinal, quem manda aqui: Moolynaut, Kutcha, eu ou meu cérebro?

Tenho um grande amigo e companheiro de esqui, Andy Zimet, médico. Ele me lembrou que a dor era intermitente e que, quando fui falar com Moolynaut, eu não sentia dor. Dias antes de voltarmos para Vyvenka, escorreguei numa rocha, caí num riacho e feri a pélvis outra vez. A dor desapareceu sozinha no dia seguinte, e não senti dor quando fui andando para a primeira sessão de cura. Andy levantou a hipótese de que, no inverno anterior, a placa quebrada pode ter se torcido um pouco, o suficiente para friccionar contra o osso ou o tecido mole e causar uma dor considerável. A última queda violenta pode ter deslocado a placa quebrada, mesmo que muito pouco. O movimento causou dor imediata, mas fez com que a placa se readaptasse, e agora não me causava conforto nem desconforto: a dor tinha desaparecido. Assim, minha "cura" graças a Moolynaut e a Kutcha ocorreu por coincidência, poucos dias depois de eu sarar graças a uma sequência de eventos inusitados, mas fisicamente explicáveis.

Uma tarde, seis meses depois de visitar Moolynaut, sentei à mesa de trabalho com a intenção de pôr no papel um resumo do que me acontecera com as possíveis explicações.

Para começar, escrevi:

"Fui curado. Como diria Misha: 'Isto é realmente'."

Em seguida:

"Alguns acreditarão que Moolynaut e Kutcha realizaram uma intervenção mágica externa. Ou então, especialistas no tratamento da dor poderão propor que a mágica ocorreu de dentro para fora, porque minha mente e meu corpo exorcizaram a dor real ou imaginária. Como terceira possibilidade, um especialista em estatística argumentará que tudo não passou de uma coincidência rara e fortuita."

Durante algum tempo, rabisquei homenzinhos de pauzinhos, esquiadores descendo felizes em encostas absurdamente íngremes. Por fim, escrevi:

"Não consigo estabelecer uma distinção entre essas três possibilidades. Talvez não deva me preocupar em fazer a pergunta, porque, mesmo que eu pudesse deduzir a resposta por mágica, nada mudaria. Moolynaut cuspiu nos meus pelos púbicos, e eu estou melhor. Não há o que discutir."

Depois de desenhar por mais algum tempo, percebi que havia outra questão que eu não havia levado em consideração. Quando estava de pé numa perna só no quarto de Goshe, enquanto Moolynaut murmurava sua cantilena na língua antiga e eu tentava alcançar aquele ponto de luz, talvez meu braço esticado se estendesse sobre os anos que passei como químico pesquisador e ph.D. em busca de algo que não sei definir nem traduzir em palavras. Por um breve instante, acreditei.

Acreditei em quê?

O xamanismo é uma prática antiga. Em todas as culturas aborígenes, em todos os continentes, das florestas tropicais à tundra gelada, desde tempos ancestrais, até onde os antropólogos conseguem deduzir um comportamento humano de registros fósseis, temos evidências de que os xamãs constituíram parte da cultura humana. E eu me tornara parte dessa antiga e venerável tradição.

Movido pela curiosidade, comecei a ler sobre rituais e religiões animistas do neolítico na tentativa de compreender a complexa sequência de eventos que de repente se tornou minha realidade. Contudo, as argumentações, as contra-argumentações, as crenças, os desmentidos eram tão contraditórios e confusos que não aprendi nada. Pesquisei então o período seguinte; enveredei pelo Paleolítico e cheguei às origens de nossos ancestrais, antes mesmo da evolução do *Homo sapiens*.

Aprendi que, há cerca de 1,6 milhão de anos, os hominídeos começaram a fazer o primeiro instrumento de pedra simétrico tosco, um machado, lascando as bordas de uma pedra em formato oval até produzir uma lâmina. No entanto, por mais incrível que pareça, durante 1,5 milhão de anos a tecnologia das ferramentas de pedra mal evoluiu. Por outro lado, nesse meio-tempo, o tamanho do cérebro continuou crescendo. Na evolução humana, ferramentas sofisticadas surgiram muito mais tarde em relação a um fator muito mais importante do ponto de vista evolutivo.

Quando estava no ensino fundamental, aprendi que o instrumento de utilidade fundamental no progresso dos hominídeos foi a mão, com um pulso flexível e o polegar em oposição aos outros quatro dedos. A sra. Shepherd, com seu cabelo roxo, seus vestidos roxos e suas pernas atarracadas, nos ensinou que o *Homo* da Idade da Pedra usava suas mãos maravilhosas para criar e usar ferramentas e armas. É verdade que, mais recentemente, alguns pesquisadores postularam que também usávamos nossas mãos para desenvolver a arte de lançar projéteis, mas todas essas explicações mecânicas podem ser apenas parte da história. A sra. Shepherd nos ensinou com muito zelo longas divisões e enfatizou a extravagante ideia de que deveríamos olhar pela janela e observar as folhas do outono, mas se esqueceu de nos ensinar que nossos ancestrais tocavam música e seguravam pincéis em suas mãos extraordinariamente hábeis. Procurei ir além do preconceito da sra. Shepherd, para quem o progresso da evolução se baseou apenas no pragmatismo: ferramentas, armas, defesa e ataque. O que ocorria em nossa mente, em que a consciência era algo muito novo, enquanto descíamos das árvores e nos tornávamos humanos? Muito antes de nossos ancestrais desenvolverem um conjunto de ferramentas sofisticadas, já usavam seus poderes cognitivos para estabelecer relações sociais, enterrar os mortos, coletar e armazenar pedras simbólicas e conchas do mar, e, posteriormente, decorar esses objetos com tinta vermelho ocre.

Portanto, o que era mais importante: a magia ou a lógica? Quando fazemos essa pergunta, não atinamos para a questão fundamental. São tantas as coisas que não conhecemos! Como saber se nossos ancestrais eram carinhosos ou combativos, se cooperavam ou competiam entre si? Quando a linguagem se desenvolveu? Será que os pais brincavam de amarelinha com os filhos? E a pergunta mais pertinente ao mistério que me atormentava: por que as pessoas reverenciam, respeitam ou mesmo temem seus xamãs? Quando os xamãs começaram a curar os doentes?

Ninguém sabe responder a essas perguntas, mas, graças ao carinho de Moolynaut e às brasas incandescentes das fogueiras do acampamento de Nikolai, tive o privilégio de captar um pequeno vislumbre do poder do passado. O povo koryak não construiu fortalezas de pedra, jamais enviou exércitos em guerras de conquista globais nem lançou naves espaciais até a lua. Com a mente distorcida pelos preconceitos ocidentais em relação a nosso conceito de "realização", não percebemos e esquecemos.

Eu não precisava explicar minha cura. Moolynaut nunca me pediu que explicasse. Ela pediu apenas que eu acreditasse, que abrisse minha consciência para uma parte de mim mesmo que estava lá havia 2 milhões de anos mas que acabara sendo ignorada, guardada em alguma enorme arca de couro empoeirada no sótão do meu cérebro, com alguns machados de pedra gastos e uma sacola de pele de rena tingida de vermelho ocre.

Chris e eu tínhamos um maravilhoso ritual: sentávamos no sofá, num delicado contato físico sem intenções eróticas, e discutíamos qualquer questão que dissesse respeito a um de nós. Então, certo dia, trançando nossas pernas, Chris me fez a inevitável pergunta:

— Em que você acredita exatamente? Acredita que foi Moolynaut quem curou você? Acredita em Kutcha?

Ficamos ali em silêncio por muito tempo. Por fim, disse a Chris que eu nunca compreenderia o que tinha acontecido com meus ossos, com as terminações nervosas, os ligamentos e o tecido da cicatriz. Aquilo tudo era irrelevante.

Quando submetidas a intensos estímulos emocionais ou físicos, as pessoas mudam. Elas se apaixonam, passam fome sobre o topo de uma montanha, em meio ao vento, dançam a noite inteira e acordam no dia seguinte um pouco diferentes do que eram. Eu mudara, tinha a percepção de que o meu corpo estava mais leve. De repente, senti medo de que o cientista latente em mim construísse alguma catapulta sofisticada capaz de destruir essa esplêndida catedral erguida em meu cérebro, capturasse a sessão de cura com Moolynaut, a acusasse de heresia e a queimasse na fogueira.

Magia ou lógica? O que eu escolheria?

Jamais escorraçaria a lógica com um rápido chute no traseiro. Entretanto, algo especial aconteceu naquele dia em Vyvenka, que me revelara uma misteriosa conexão entre meu cérebro, meu corpo, a natureza e o mundo espiritual; uma relação que estava lá desde sempre, mas também não estava, porque só passou a existir quando comecei a crer nela.

Nunca saberei se acredito ou não em magia, porque não sei definir o significado mais profundo do termo. Portanto, não tenho uma resposta porque perdi o sentido da pergunta. Contudo, tenho certeza de que, se acreditar que o mundo é maravilhoso, fascinante e misterioso, sempre estarei consciente, curioso e atento a tudo o que está à minha volta, procurando, daqui em diante, não deixar escapar aquele momento especial. Acho que isso já é um bom começo.

Levantei, fui até o quarto, peguei meu surrado volume de *The Hero with a Thousand Faces*, de Joseph Campbell, abri no Capítulo 2 e confirmei que o repúdio não é uma opção. Campbell escreveu:

"[Se o herói recusar o chamado,] seu mundo exuberante se tornará um árido deserto de pedras, e sua vida deixará de ter sentido — mesmo que, como o rei Minos, com esforço titânico, ele consiga construir um fabuloso império. Qualquer edifício que ele construa será a morada da morte: um labirinto de paredes ciclópicas para se esconder de seu Minotauro. A única coisa que pode acontecer agora é ele criar problemas para si e esperar a gradativa aproximação de sua desintegração."[4]

É uma referência ao fogo do inferno e à danação. Eu estava com 56 anos. Sofrera um grave acidente e tinha me curado. Tinha acreditado. Tinha analisado minha crença com lógica científica, mas nada fazia sentido. Bem, nada não é a palavra exata. Se desse ouvidos a Joseph Campbell, a Moolynaut, a Kutcha e a mim mesmo, não teria nenhuma escolha.

Talvez minha relação de toda uma vida com as montanhas, os desertos e os oceanos deste mundo já tivesse começado a me modificar há muito tempo. Em minha primeira visita, Moolynaut pedira que eu voltasse. Agora, eu podia encarar a realidade e explorar a profundidade e a amplitude de sua misteriosa sabedoria.

Decidi regressar a Vyvenka uma terceira vez, sob o pretexto de agradecer a Moolynaut por ter me curado, mas, na realidade, porque precisava continuar uma jornada iniciada muito tempo antes e em certos momentos negligenciara.

Um bar mitzvah e um *boubin*

Infelizmente, minhas finanças sofreram vários e desastrosos reveses. Meu editor de livros didáticos morreu, e minhas palavras, ideias, direitos autorais e carreira mergulharam num marasmo jurídico. Ao mesmo tempo, não consegui vender nenhum dos originais sobre minhas aventuras e viagens. As bolsas entraram em colapso, e nossa poupança se dissipava dia a dia. Procurei emprego como professor substituto de física e química na Escola Secundária de Darby, mas não fui aceito porque em meu currículo não constava a licenciatura. Estava decidido a voltar a Vyvenka e agradecer a Moolynaut, mas não tinha condições de pagar a passagem de avião.

Em agosto de 2002, recebi um e-mail de meu irmão, Dan, que mora e trabalha em Tóquio. Seu filho, Benjamin, faria o bar mitzvah em outubro. Dan sabia que Chris e eu estávamos quebrados, e generosamente se prontificou a pagar nossas passagens. O momento não poderia ser mais oportuno; o presente de Dan foi generoso e também uma feliz coincidência. Decidi pegar o avião e atravessar o Pacífico semanas antes da data, fazendo um desvio até Kamchatka, visitar Moolynaut, e de lá voltar para me encontrar com Chris e a família.

O roteiro de minha viagem previa uma escala em Tóquio, para passar uma noite com Dan; em seguida, pegaria o trem-bala até a costa ocidental da ilha de Honshu, onde embarcaria em mais um voo atravessando o mar do Japão até Vladivostok. Depois de sobrevoar o Pacífico e de uma noite maldormida no apartamento de Dan, ainda meio tonto por causa dos fusos, tomei um táxi até a estação ferroviária e cheguei à plataforma de embarque às 9h14. Às 9h23, uma fila de mulheres em uniformes de cor verde hospital com debruns cor-de-rosa chegou à plataforma com precisão militar, brandindo orgulhosamente vassouras e espanadores, como se fossem desfilar de espada em punho. Quando a coluna chegou à primeira linha branca pintada no chão de concreto, três mulheres pararam abruptamente, enquanto as outras seguiram marchando até a linha branca seguinte, onde outras três saíram da formação, e assim por diante, até que, com um desempenho perfeito, todas se posicionaram a intervalos regulares ao longo da plataforma, em rígida posição de sentido.

O trem chegou às 9h26, parou, e as portas se abriram exatamente nas linhas brancas. Os passageiros saíram enfileirados, e as mulheres de uniforme verde cumprimentaram educadamente cada pessoa que saía. Então, em tempo recorde, elas entraram e rapidamente varreram o trem. Saíram às 9h31, e os passageiros seguintes, eu incluído, embarcaram, sempre em fila. O trem partiu às 9h33min59s, um segundo antes do horário.

Ao meio-dia, abri a embalagem do almoço comprado na estação em Tóquio, onde estavam higienicamente acondicionadas, em um prato de isopor enfeitado com um raminho de salsinha de plástico verde, uma pequena porção de arroz, uma vagem, uma cenoura minúscula, pedacinhos de vários legumes que eu não reconhecia e várias pequenas porções de peixes, algumas identificáveis, outras não.

Esse universo preciso, limpo, imaculado, acabou abruptamente quando meu voo seguinte pousou no aeroporto de Vladivostok. Taxiamos em frente a hangares de concreto cinzento caindo aos pedaços, com telhados de madeira esqueléticos, que pareciam suportar com relutância a neve de mais um inverno siberiano. O reflexo do avião se espalhava em cores de pôr do sol nas poucas janelas que haviam sobrevivido à destruição do tempo, do vandalismo e do abandono. No terminal, soldados armados de fuzil levavam os passageiros até corredores sem iluminação, e nossos passos ecoavam nos pisos gastos de madeira arranhada.

Na mesa do departamento de imigração, uma mulher jovem, magra, de aparência eficiente com o uniforme dos Pogranichniki de elite (os guardas de fronteira da Rússia) perguntou em inglês o motivo de minha viagem à Rússia.

Expliquei que estava em viagem de turismo.

Ela meneou a cabeça e bateu o dedo sobre o balcão.

— Está mentindo.

Ficamos nos encarando em silêncio.

Ela disse isso e, apesar da situação preocupante, fiquei pensando em sua pronúncia gutural e na cadência familiar de seu sotaque russo:

— Vejo turistas todos os dias. Olhe para aquelas pessoas — e apontou agressivamente para um casal japonês de meia-idade munido de sua câmera, vestido com roupas esporte limpas, bem-passadas.

— Aquelas pessoas são turistas. — Então esperou um instante para dar mais ênfase:

— Olhe para suas roupas. E, mais importante, vejo seus olhos. O senhor não é turista. O senhor está mentindo.

Por minha longa experiência com a polícia e os guardas de fronteira do mundo todo, aprendi que é melhor bancar o idiota até certo ponto e não falar nada do que dizer algo descuidadamente. Fiquei calado.

A Pogranichniki passou para a ofensiva, elevando o tom de voz:

— E também não me diga que é um homem de negócios. Olhe para aqueles homens — e apontou uma fileira de homens de negócios japoneses, todos vestidos com ternos cinzentos idênticos, segurando pastas pretas idênticas, como uma série de imagens num espelho, sorrindo pacientemente. — Se o senhor disser que é um homem de negócios, vai ter problemas, porque estará mentindo de fato. — Bateu com o punho sobre o balcão com uma pancada afirmativa:

— Não minta para mim.

Tentei pensar numa frase simples que pudesse passar por seu exame, e não numa história complexa, tortuosa, que decerto me levaria para o abismo.

— Vou a Petropavlovsk visitar amigos.

Ela sorriu. — Obrigada. Agora acredito que esteja dizendo a verdade.

Então voltou a bater no balcão:

— Mas que tipo de pessoas são esses amigos? Por que são tão importantes para que você precise vir de tão longe para visitá-los?

Resolvi não lhe dizer que iria agradecer a Moolynaut por ter curado a minha pélvis mandando que eu ficasse de pé numa perna só, com o braço direito nas minhas costas e o esquerdo estendido para a frente, procurando o Outro Mundo. Sorri e não disse nada.

Ela pegou o meu passaporte, empurrou para trás sua cadeira preta com um ruído de metal arranhando a madeira e desapareceu atrás de uma porta parda malconservada, sem nenhuma identificação escrita. Outro agente apareceu e cuidou rapidamente dos turistas e dos homens de negócios japoneses, até que fiquei sozinho.

Será que seu computador disse a ela que, em 1999, Franz e eu abandonamos nosso guia e pegamos um barco para as ilhas Kurilas sem a devida autorização, até que os Pogranichniki cederam e nos deixaram passar, apelidando-nos de a "Expedição americana suicida de apenas dois homens"? Será que eles tinham o registro de que, em 2000, Misha e eu havíamos conseguido burlar de caiaque os burocratas de Anadyr na calada da noite, porque não tínhamos autorização para visitar a região? Ela sabia que o nosso caso acabou no escritório de um general e que o general permitiu que continuássemos nossa viagem por respeitar a nossa expedição?

Um contínuo com as costas muito curvadas, que andava arrastando os pés, apagou a maioria das luzes, porque obviamente não havia necessidade de toda aquela eletricidade só para mim, e eu fiquei esperando no breu. Quase uma hora mais tarde, a mulher voltou. Sem falar nada, estendeu-me o passaporte carimbado e sorriu amistosamente como para dizer: — Pois é, agora sei tudo a seu respeito. O senhor é um andarilho. O senhor e, provavelmente, seus amigos são todos bandidos de segunda categoria. Mas não somos todos bandidos de segunda, cada qual à sua maneira, aqui na fronteira? Bem-vindo à Rússia.

Na manhã seguinte, prossegui rumo ao norte em outro voo e encontrei Misha em PK. Dias mais tarde, em 14 de outubro, pousamos no aeroporto de Korpf/Tillichiki, ainda mais próximo do Círculo Ártico e mais decrépito. O outono já estava bastante avançado, e as tempestades eram muito frequentes, de forma que Oleg não pôde arriscar uma travessia pelo oceano e nos apanhar com seu barco, mas também não havia neve, e ele não poderia viajar com uma moto de neve. Logo, tivemos de ir a pé do aeroporto até Vyvenka.

Antes de partirmos de Korpf, Misha quis visitar um geólogo, seu amigo, que trabalhava em uma mina de platina. A mina fica na tundra, ao norte da cidade, e o escritório dista alguns quarteirões do aeroporto. O geólogo nos recebeu calorosamente em uma sala confortável, bem-iluminada, com as paredes cobertas de fotografias de modernos equipamentos pesados instalados num enorme depósito de aluvião, a segunda maior mina de platina do mundo. Quando o geólogo soube que eu era jornalista, detalhou todas as medidas de proteção ambiental usadas para que a mina não poluísse a rica zona de desova dos salmões na região dos koryak. Sorri e decidi levar às escondidas algumas amostras de água para um laboratório nos Estados Unidos.

Depois do chá e de um lanche, o geólogo explicou que a estrada usada no inverno até Vyvenka tinha alguns atalhos por numerosas lagoas, lagos, pântanos e rios, e só podia ser usada quando congelava por completo. Ele recomendou que fôssemos pela praia e designou um motorista para nos levar para o sul até onde fosse possível. O motorista explicou que era tarde demais para partir, se pretendíamos chegar a Vyvenka naquela mesma noite, mas telefonou para um amigo que era guarda de uma pequena mina de carvão em nosso caminho. O amigo, Alexei, nos daria comida e abrigo para a noite. Subimos num enorme caminhão militar a diesel com tração nas seis rodas, percorremos ruidosamente a estrada até o extremo sul da cidade e pegamos um trecho de areia molhada na praia. Enfim, quando chegamos a um rio profundo demais para o caminhão passar, o motorista desligou o motor.

Minha mochila estava muito pesada, como o saco do Papai Noel, com presentes, roupas quentes, equipamento de pesca, cordas, ferramentas, chá, kielbasa, uma caixa de fraldas Pampers para a neta de Lydia e uma caneca para Gosha, porque um dia ele ficou bêbado e quebrou todas as xícaras de sua casa. Eram cinco e meia da tarde, a praia estava banhada pelas cores do pôr do sol, e um vento sudoeste agitava o mar na baía de Govena, cobrindo-o de espuma branca. Misha e eu tiramos a roupa até a cintura, atravessamos o riacho gelado, voltamos a nos vestir e, finalmente livres das garras da civilização, iniciamos nossa caminhada pela praia. Logo começamos a conversar, relembrando com carinho nossa expedição de caiaque ao longo da costa, dois anos antes. Na época, quando partimos de Vyvenka, remamos pela baía e acampamos numa faixa de areia que agora tremeluzia no crepúsculo distante. Govena Point erguia-se com elegância a sudeste, onde ondas muito altas e uma perigosa mudança da corrente impediram que continuássemos nossa viagem, obrigando-nos a passar uma noite tensa numa minúscula praia na trilha de um urso-pardo.

Caminhamos pela areia macia enquanto o pôr do sol aos poucos se despia de suas cores e a noite descia. Na vida normal, eu costumava perder a transição do dia para a noite porque me retirava para o brilho caloroso da luz elétrica de nossa casa. Entretanto, esquecendo-se de meu medo crescente da escuridão, acho a mudança de luminosidade um dos momentos mais gloriosos do dia. As cores e as sombras se suavizam, formando um calmo pano de fundo que me abraça, mas sem exigir atenção, permitindo que os pensamentos se interiorizem ou voem para fora. É o momento propício à reflexão sobre os acontecimentos do dia e sobre as próximas aventuras. À medida que a visão se adapta, enxergo cada vez mais com cada vez menos, até que, afinal, a retina se rende e pede a luminosidade crua de um farol.

Estava totalmente escuro quando deixamos a praia e seguimos por uma trilha rumo à mina de carvão, acompanhando os sulcos de pneus no barro cobertos com uma fina camada de gelo. Um homem desgrenhado de pé sob a luz de uma lâmpada de segurança nos indicou a casa onde Alexei nos esperava. A construção se encontrava em um estado avançado de abandono, até para os padrões da fronteira russa, com a pintura descascada, o papel de parede manchado, móveis trôpegos artesanais e pó de carvão por toda parte. Mas Alexei nos ofereceu um suculento cozido bem gorduroso e uma salada fresca crocante colhida em sua estufa.

Então ele explicou que a mina fechara recentemente para o inverno, mas ele ficara como zelador e guarda de segurança. Queixou-se da dificuldade de conseguir comida naquele inverno porque a escavadeira tinha quebrado e ele não podia ir até a cidade.

Perguntei por que ele não usava a moto de neve em vez de tentar achar um caminho com uma pesada escavadeira que consumia muito diesel.

Ele me pareceu irritado com meu comentário e explicou que havia onze meses não recebia salário nem tinha um veículo para andar na neve — leve ou pesado — que funcionasse. De qualquer modo, era difícil chegar à cidade e comprar alimentos, e, mesmo que chegasse ao armazém, não teria dinheiro para pagar.

Deixei o assunto morrer.

A União Soviética havia entrado em colapso, mas a besta continuava espalhando seu veneno muito depois de ter expirado. Estávamos sobre um valioso depósito de carvão, mas não havia recursos para manter o maquinário, comprar comida, pagar os funcionários ou pintar uma casa. Vinte e cinco quilômetros mais ao sul, em Vyvenka, a eletricidade era esporádica, porque não havia combustível suficiente para fazer funcionar o gerador, e a usina de aquecimento central tinha sido fechada anos antes pela falta de carvão, de engenheiros, de peças de reposição e de determinação.

Na manhã seguinte, pegamos outra vez o caminho pela praia, passando por falésias de rochas sedimentares entremeadas por filões de carvão. Depois de algumas horas, chegamos a um pequeno porto com uma colônia de pescadores abandonada, aninhada atrás de uma rocha enorme. Vimos as fundações de algumas casas e um guincho a vapor usado muitos anos antes para puxar os barcos da água durante as tempestades. Falésias bloqueavam a passagem ao longo da praia, então pegamos uma trilha indistinta que conduzia ao planalto da tundra por uma ravina estreita. Fomos palmilhando o caminho no meio de um emaranhado de pegadas de animais de caça e de sendas estreitas que se desenrolavam sinuosas em meio a arbustos baixos, capim e outras gramíneas amarelados pela geada do outono. Muitos coelhos do Ártico fugiram para se esconder quando nos aproximamos. O céu escureceu a sudoeste, e nuvens de chuva apareceram no horizonte. A tempestade se aproximava aos poucos, impelida por curtas rajadas de vento que anunciavam um sistema de baixa pressão vindo em espirais em nossa direção.

Se estivéssemos no mar, teríamos de procurar abrigo, mas a terra é sólida e clemente, e, naquele momento, a tempestade não apresentava perigo algum. Dois anos e meio antes, Moolynaut chamara uma tempestade para nos levar até Vyvenka. Talvez ela conversasse conosco mais uma vez, dizendo que nos apressássemos para alcançar o calor, o conforto e a amizade da aldeia.

Uma chuva fina começou a cair. A picada nos conduziu por uma ligeira inclinação a uma pequena bacia onde os arbustos que cresciam ao abrigo do vento chegavam à altura do ombro. De repente, Misha cambaleou para a frente e caiu, sacudindo folhas e galhos e espalhando gotículas de água. Uma das pernas estava torcida atrás dele em um ângulo esquisito. Corri e vi que seu pé estava preso numa armadilha de arame. Ele se sentia confuso, mas não ferido, e eu não pude deixar de rir.

— Misha, se você fosse um lince, eu teria de arrancar sua pele agora.

Misha não achou muita graça na brincadeira, mas ao mesmo tempo estava sem jeito por ter sido pego desprevenido. Liberei seu pé do arame, dando graças a Deus por não se tratar de uma armadilha de mola para prender a perna; armei-a novamente e a cobri com folhas, deixando-a outra vez invisível para o próximo animal que vagasse pela trilha.

Paramos para descansar e comer. Estávamos perto de Vyvenka, no território dos caçadores que colocavam armadilhas para os linces predadores de coelhos. Pouco depois do meio-dia, deixamos o planalto rumo à margem norte do rio Vyvenka. Conforme combinado, Oleg nos esperava com o barco para nos levar pelo rio até a aldeia e nos recebeu calorosamente.

— *Oostal* [cansado]? — perguntou-me.

— *Da, conyeshna, chut, chut* [sim, claro, um pouco].

Perguntei pela saúde de todos, e Oleg respondeu que estava tudo bem. Sua filha, Anastasia, tinha voltado de PK grávida e sem marido. Agora também morava com a família, e Lydia e ele estavam muito felizes com outra criança na casa agora superlotada.

Perguntei como tinha sido a pesca naquele verão, e o rosto de Oleg ganhou feições mais sérias. Ele explicou que o peixe era abundante, mas os pescadores locais não obtiveram autorização para lançar as redes.

— O quê? — perguntei incrédulo.

Uma pequena companhia tinha construído uma fábrica para processar peixes com a ideia de que os habitantes de Vyvenka poderiam agregar valor a seu produto congelando e enlatando o peixe ali mesmo. Na tentativa de estabelecer vínculo com a comunidade, os proprietários da companhia despacharam para o norte mercadorias de primeira necessidade e venderam os alimentos a um preço barato a seus funcionários e aos pescadores. Doaram dinheiro para as escolas e ajudaram a reconstruir a biblioteca. Infelizmente, os grandes conglomerados de pesca sediados na cidade, acostumados a controlar a migração do salmão, se aborreceram. Para punir a pequena empresa e suas ideias inovadoras, convenceram o governo a proibir por completo a pesca naquele ano, na esperança de levar à falência os que não se adequavam a seu esquema. Enquanto os capitalistas brigavam nos escritórios e nos bancos de PK, os pescadores de Vyvenka não tinham o direito de pescar em seu rio ancestral. De uma hora para outra, suas rendas anuais despencaram para zero.

— Então como vocês vivem? O que comem?

— *Paiyette*. Na Rússia sempre se dá um jeito — respondeu Oleg. — Lydia ganha um pouco como professora. Temos as batatas da horta, os pepinos da estufa, as frutinhas vermelhas da tundra. Matamos coelhos no mato, caçamos focas no mar e apanhamos peixe no rio. No próximo ano, teremos dinheiro para comprar as coisas. Agora vivemos com o que já temos. Em toda a história, sempre há tempos bons e tempos ruins. *Paiyette*. O importante é ser feliz, mesmo nos tempos ruins.

Atravessamos o rio e andamos pelas ruas já familiares até a casa de Oleg e Lydia. Algumas pessoas estavam demolindo um conjunto de apartamentos abandonado da era soviética. Sem as paredes externas que tinham sido derrubadas e o interior exposto, o edifício parecia um grande animal morto, apodrecendo. A demolição parecia uma última tentativa de exorcizar os vestígios do extinto e odiado regime soviético, e, com o exorcismo, ele se expunha para nós, mais uma vez, em toda a sua feiura crua.

Lydia nos esperava na porta da casa. Arrancou alguns fiapos de nossas roupas, nos conduziu para dentro e queimou os fios em seu ritual de limpeza. Estava feliz e radiante, e não demonstrava que a renda do marido tinha caído a zero no ano anterior, arrastando-os para a pobreza extrema até que a Terra completasse outra volta em torno do sol, o salmão obedecesse à sua urgência primordial de nadar rio acima, e os burocratas russos emitissem novas autorizações para pescar.

Durante o chá, expliquei que minha pélvis estava completamente curada e queria agradecer a Moolynaut por me devolver a saúde.

Lydia replicou:

— Sim, isso é bom.

Então ela sorriu e continuou: — Moolynaut preparou um presente para você.

— Que maravilha! Estou emocionado. O que é?

Lydia desapareceu no quarto de trás e voltou com um tamborim de cerca de setenta centímetros de diâmetro feito com madeira de bétula recurvada e coberto de pele de rena. Uma trança de cordas permitia transportar o instrumento, e uma fina corrente de metal estava presa sobre a trança para tinir, como os címbalos de um pandeiro. A baqueta era a pata dianteira de um cão coberta de pelo.

Lydia me entregou o presente.

— Este é um *boubin*. O *boubin* tem voz de mulher, e isso é bom, porque vocês, homens, precisam de mulheres na vida. Precisa tocá-lo para que ele conheça você. Quando ele for seu amigo, ele se tornará seu *boubin*. Talvez se torne sua namorada.

Pôs a mão sobre a boca e deu uma risadinha maliciosa.

Segurei o tamborim e arrisquei uma batida.

Lydia pegou o instrumento e disse:

— Não, assim!

Ela sacudiu o *boubin* e bateu um ritmo antigo. Então dançou pelo quarto dando passos largos, cantando na língua antiga, de olhos fechados.

Tentei imitá-la, e todos riram.

Lydia explicou:

— Todo mundo pode fazer um tambor. Mas somente pessoas especiais fazem *boubin*. Moolynaut sabe como. Tudo tem que acontecer num tempo especial com uma canção especial. Moolynaut começa a fazer o seu *boubin* na primavera, porque sabe que nessa época vocês estão chegando. Depois que toda a neve vai embora, ela prepara a madeira das árvores que dizem "oi" para o sol depois do sono do inverno. O couro precisa ser de uma rena especial morta de um jeito especial. Ela veio de algum lugar, ao norte de Korpf. Eu não sei todas as coisas com exatidão. Cada coisa que está no *boubin* vem de um lugar especial em uma época especial. Se tudo é feito como tem que ser, é um *boubin*. Se uma só coisa não é feita do jeito certo, é só um tamborim.

— Entendo. Então agora o *boubin* é mágico?

— Sim. Correto. Mas ele pode ter magia *belee* [branca] ou magia *cherny* [negra]. Agora é o seu *boubin*. Você deve ensinar para ele vozes *belee*.

Fiquei um pouco preocupado com tanta responsabilidade, e ao mesmo tempo o pedido aumentava minha sensação de estar trapaceando. Como poderia ensinar magia a um tamborim se não acreditava que tamborins tivessem consciência? Podia racionalizar o pedido como uma alegoria, assim como meu professor de religião do colegial tinha dissecado, analisado e explicado todos os milagres da Bíblia de maneira adequada a um bando de rapazes presunçosos de 18 anos. No entanto, nem a cega aceitação literal nem a racionalização alegórica encontraram eco em mim. Eu estava entre amigos em uma cultura estrangeira. Todos a meu redor estavam animados, felizes, carinhosos e generosos. O cinismo e a análise me pareceram impróprios. Lembrei a mim mesmo de que, ao contrário, devia continuar sendo solícito, curioso e observador.

Toquei o *boubin*, falei carinhosamente com ele, como se estivesse falando com uma criança recém-nascida, e tentei comunicar-lhe pensamentos alegres.

É possível que o *boubin* tenha sussurrado ao meu ouvido, ou é mais provável que a conversa recente tenha penetrado minha mente e despertado uma compreensão tardia.

— Mas espere um pouco, Lydia! Você disse que Moolynaut começou a fazer o tamborim na primavera, logo depois que a neve foi embora?

— Sim, você não lembra? Acabei de dizer.

— E Moolynaut sabia desde o começo que o *boubin* era para mim?

— Oh, sim — Lydia sorriu. — É a única maneira de fazer um *boubin*. Quando você está fazendo um *boubin*, deve pensar na pessoa que o levará para casa. Deve saber que essa pessoa trará a magia *belee* para o *boubin*. Então ele pode fazer a magia *belee* para as pessoas. Senão, coisas ruins acontecem.

Lydia parou e refletiu, depois balançou gravemente a cabeça.

— Coisas muito ruins.

Respirei fundo.

— Na primavera, eu não tinha dinheiro suficiente para comprar uma passagem de avião. Eu não sabia que viria para Vyvenka até meu irmão nos convidar em agosto para o bar mitzvah.

Lydia olhou para mim como se não entendesse minha perplexidade.

— Você não compreende? — perguntei. — Como Moolynaut sabia que eu viria antes que eu mesmo soubesse?

Lydia sorriu, e suas largas bochechas rosadas emolduraram a boquinha redonda.

— Ah, sim. Não é nenhuma dificuldade. Muitas vezes Moolynaut sabe essas coisas antes de outras pessoas.

Bati delicadamente no tamborim, procurando pensar.

Então me dei conta de que Moolynaut, o principal personagem desse drama, não estava presente.

— Onde está Moolynaut? — perguntei. — Posso falar com ela para agradecer pelo *boubin belee*?

Lydia respondeu:

— Você veio aqui para agradecer a Moolynaut porque sarou dentro de você, mas Moolynaut não curou você. Moolynaut é apenas aquela que fala.

— Você quer dizer a mensageira — interrompi. — Moolynaut é a mensageira.

— Sim, Moolynaut é a mensageira. Ela falou com Kutcha, o Deus Corvo. Agora você precisa agradecer ao próprio Kutcha. Mas Kutcha não mora neste mundo. Você e Misha precisam ir até a nossa bisavó no Outro Mundo. Quando você vai ao Outro Mundo, você pode agradecer a Kutcha. Amanhã é a hora de você falar com Kutcha no Outro Mundo.

Toquei no *boubin* devagar, com uma sensação de medo. Na minha casa, na segurança e no íntimo conhecimento de minha cultura, eu tinha especulado sobre a evolução, a função e o poder da mente hominídea. Contudo, agora teria de ir além da especulação. No dia seguinte, pediria a meu cérebro desenvolvido que me levasse para um lugar onde nunca havíamos estado.

A jornada para o Outro Mundo

Naquela noite, depois que todos se retiraram, Misha e eu estendemos nossas esteiras sobre o tapete desbotado e mofado de Goshe da época de Brejnev, abrimos nossos sacos de dormir e enfiamos os casacos nos sacos de náilon das nossas mochilas para servirem de travesseiro. Apagamos a luz, mas, antes de adormecer, perguntei a Misha o que Lydia queria dizer quando falou que estava na hora de conversarmos com Kutcha no Outro Mundo. Misha respondeu que achava que comeríamos de novo o *mukhomor* com Moolynaut.

No silêncio e na escuridão, ele continuou:

— Muitos koryak viajam para o Outro Mundo com o *mukhomor*. Você e eu somos europeus. Talvez possamos seguir esse caminho. Talvez não. Vamos saber amanhã.

Lembro que pensei:

— O que será agora?

Eu deixara minha casa nos Estados Unidos, passara pela estação ferroviária ultralimpa de Tóquio e agora estava de volta à casa de Goshe, em Vyvenka. Não acreditei que Moolynaut me levasse para falar com Kutcha, mas também não tinha acreditado que ela pudesse curar minha pélvis.

Na manhã seguinte, sem compromissos urgentes, cortamos lenha, tomamos chá e ficamos conversando. Depois de um almoço leve mais cedo do que de costume, Moolynaut apareceu andando com passos não muito firmes; ela apertava um lado do corpo, onde obviamente sentia dor.

Cumprimentei-a e perguntei o que estava acontecendo.

Ela tossiu levemente e ergueu a mão indicando que falaria depois. Peguei depressa um banquinho, e ela se sentou devagar, sempre apertando o lado, com a respiração acelerada.

Depois de se recompor, Moolynaut explicou que duas semanas antes estava dando de comer a seus cães quando um deles avançou na comida com um movimento brusco e a derrubou. Ela caiu sobre a borda de um balde e quebrou algumas costelas. Estava sarando, mas continuava sentindo dor.

Lembrei-me de quando me despedira de Moolynaut no ano anterior. Ela estava pescando no gelo, e seus cães dormiam em paz ainda atrelados aos arreios. Houve uma época em que eu tinha cães de trenó no Alasca e frequentemente tinha dificuldade para apartar as brigas entre eles, para afastá-los da comida ou controlar sua excitação enquanto tentava atrelá-los. É claro que Moolynaut não tinha força nem rapidez atlética ou agilidade para controlar um bando de cães barulhentos e agitados, então devia dominá-los principalmente pela força de vontade e pelo vigor de sua voz áspera, arranhada, mas segura. Mas isso não evitou o acidente.

Então pensei:

— Se Moolynaut tem a capacidade de curar os outros, por que não canta para si mesma, entra em transe, visita Kutcha no Outro Mundo e cura suas costelas quebradas?

É claro que os xamãs não têm esse poder. Apesar das *séances* e do *mukhomor*, em Vyvenka as pessoas adoecem e se machucam. Muitas morrem jovens. O alcoolismo e o suicídio são endêmicos. Olhando para o passado, pensei que nem os xamãs mais poderosos haviam sido capazes de repelir os invasores cossacos que conquistaram sua terra, no século XVIII, ou conseguiram curar as doenças infecciosas que mataram de 60% a 65% dos koryak no primeiro contato. Na época soviética, diabólicos agentes da KGB jogavam xamãs de helicópteros, dizendo-lhes que voassem se tinham tantos poderes mágicos. Agora, os russos controlavam o território e a pesca dos koryak, e os cantos de Moolynaut não eram eficazes contra os burocratas corruptos. Portanto, onde começa e onde acaba seu poder? Por que eu fui o escolhido? Por que minha pélvis deixara de doer?

Interrompi meu devaneio e percebi que tinha esquecido as boas maneiras. Fui correndo para a sala, peguei meu *boubin* e voltei para a cozinha, tocando um ritmo calmo e entoando uma canção de agradecimento. Misha traduziu, mas Moolynaut mal tomou conhecimento de minha brincadeira e de minha gratidão. Muito concentrada, ela procurou dentro de seu xale, de onde tirou uma sacola de pano cheia de *mukhomor* secos. Espalhou os cogumelos sobre a mesa de Goshe, coberta com a toalha florida de plástico, misturou os cogumelos e pegou um particularmente grande.

Pela primeira vez, ela sorriu. Respirou fundo, olhou para o teto enquanto balançava para a frente e para trás, com o mesmo movimento de nosso transe de cura. Depois de refletir por alguns instantes, disse que um dia, no início do verão, andando na tundra, ouvira uma voz. Olhou em volta, mas não viu ninguém; a voz não era familiar. Então percebeu que a voz vinha do chão; olhou para seus pés e viu o *mukhomor* que chamava seu nome. Ele explicou que tinha uma mensagem especial para Jon Turk e pediu a Moolynaut que o colhesse e o secasse para mim.

Ela segurou o cogumelo entre nós dois.

Pus o *boubin* sobre a mesa e peguei o cogumelo dos dedos enrugados mas firmes de Moolynaut.

Quando ela secou o cogumelo no sol quente do verão, o chapéu vermelho vivo perdeu a cor e adquiriu um colorido avermelhado opaco. Ao mesmo tempo, os pontos brancos escureceram até quase se misturarem à cor de fundo. Contudo, olhando frente a frente para o fungo, tive a impressão de que os pontos brancos da camuflagem saíam de seu esconderijo e olhavam para mim, como muitos olhos. Por algum motivo estranho, não fiquei surpreso pelo fato de aquele *mukhomor* saber meu nome e intuí que eu já estava vindo para Vyvenka antes de saber do bar mitzvah e antes que o meu irmão me oferecesse uma passagem de avião. Não achava que talvez fosse estranho que aquele cogumelo tivesse conversado com Moolynaut.

Chris, Misha e eu havíamos comido o *mukhomor* antes, mas evidentemente aquela primeira experiência fora uma introdução casual à droga. Naquele momento, enquanto eu olhava o bilhete para o Outro Mundo, fiquei apreensivo, mas também curioso demais para recuar.

Repetimos o ritual de separar o caule do chapéu com cuidado, picamos tudo, jogamos um pedacinho atrás dos ombros para Kutcha e comemos o chapéu e o caule em proporções iguais, para não perder as pernas ou a cabeça. Dessa vez, Moolynaut não comeu o *mukhomor*, porque suas costelas doíam demais para embarcar numa longa jornada provavelmente árdua.

O *mukhomor* era muito maior do que o que eu havia comido um ano antes, e Moolynaut olhava para mim com atenção. Misha estava sentado a meu lado, cortando e comendo sua porção, menor do que a minha. Sergei entrou, com os olhos vidrados, já viajando para o Outro Mundo. Lydia comeu um *mukhomor* pequeno. As crianças entravam e saíam. Conversamos mais um pouco, mas não lembro o assunto.

Em silêncio, Moolynaut reuniu suas coisas e saiu, deixando-me sem minha mestra, como se eu estivesse nu, de pé numa perna só, precisando me concentrar em meu ponto de gravidade para ficar ereto, conectado à terra.

Comecei a sentir a cabeça mais leve. Olhei para meu relógio como se fosse uma âncora que me prendia à realidade; era uma da tarde.

Sem propósito e de forma estranha, alguém tinha ligado a televisão. Cinco animais de desenhos animados, de cor verde iridescente, saíram da tela movendo-se em espiral, dizendo-me para comprar o chocolate Kit Kat. Então uma mulher extraordinariamente limpa em um ambiente extraordinariamente limpo garantiu que minha vida seria melhor se eu comprasse o detergente Tide. Olhei em volta do quarto e para meus amigos, e não me convenci de que a limpeza seria minha salvação;

e com certeza não facilitaria minha viagem até a Velha que Mora no Topo da Montanha Mais Alta.

Na televisão, um navio de guerra saía do porto, e muitas mulheres lindas de seios enormes e roupas apertadas estavam enfileiradas no cais e davam adeus a seus homens. Uma mulher jogou um embrulhinho nos braços esticados de um marinheiro, que o abriu e retirou uma calcinha cor-de-rosa de renda. Ele agitou a calcinha em sinal de vitória enquanto seus camaradas olhavam com inveja. Outra mulher, mais bonita do que a primeira, jogou um presente para seu namorado marinheiro. Meias. Todos os marinheiros riram do infeliz palerma que recebera um par de meias da namorada atrevida. Quando ela se virou para ir embora, a câmera focalizou seu traseiro em zoom envolvido numa calça preta agarrada. Então o traseiro se expandiu até encher toda a tela — duas bochechas balançando com uma linha bem no meio; em algum lugar, além da tela, um tronco e duas pernas se movimentavam. Um logotipo apareceu rapidamente sobre a bunda que balançava, e uma voz profunda e sonora falou de dentro da televisão.

Eu não entendia russo, mas, como o *mukhomor* começava a afetar meu cérebro, imaginei que o idiota estivesse falando comigo, com voz máscula, convencendo-me a comprar algo em Moscou, Paris ou Madison Avenue.

Talvez vendessem calcinhas mágicas que faziam com que as pessoas falassem pela bunda.

Comecei a rir de forma nervosa. Meus amigos me olharam, mas eu não era capaz de explicar.

Agora grandes bolas de fogo explodiam na televisão, e corpos flácidos, sem vida, voavam pelo ar. Já era demais.

Toquei o ombro de Misha:

— Vou dar uma volta.

Enquanto vestia minha parca, Lydia balançou a cabeça:

— Não, não é bom. Talvez a Mulher que Vive no Oceano cante para você. Ela tem uma voz maravilhosa, como uma nuvem quente, suave. Talvez você siga a voz no mar porque acha que é um mundo quente, seco com muitas mulheres lindas. Mas a água é fria e você morrerá. O sorriso travesso de Lydia iluminou seu rosto largo, cheio de carinho e preocupação.

— Não vai acontecer nada comigo — respondi.

— Não. Talvez o *mukhomor* converse com você, e você não vai saber o que é mar e o que é terra. Então você seguirá a linda voz. Você é um homem, e os homens gostam de dormir com mulheres lindas. A Mulher que Vive no Oceano é muito linda. Isso não é bom. Vou enviar Angela com você. Ela vai segurá-lo quando a Mulher começar a chamá-lo.

Angela é a filha mais nova de Lydia e Oleg. Tinha 8 anos naquela época e, embora sempre se mostrasse tímida perto de mim, era esperta e observadora. Eu levara para ela vários presentinhos, e ela sempre me observava, curiosa, sem entender muito bem. Lydia agasalhou a menina.

Era uma tarde cinzenta de outubro na região subártica da Sibéria. Angela vestia um casaco de lã vermelho, luvas de lã, um gorro de pelo de cão e botas de borracha amarelas. Saímos e fomos à praia. Não ouvi um canto de sereia, mas parei para observar as ondas e refletir — mais uma vez — sobre nossa viagem de caiaque pelo oceano e sobre a tempestade que nos levara àquela estranha e maravilhosa aldeia. Angela se agarrava às minhas calças com suas mãos pequeninas. Olhei para ela, que me puxou, com um olhar assustado, determinado, com os calcanhares fincados na areia, esforçando-se para me segurar para trás, como se eu pudesse correr para a Mulher que Vive no Oceano. Sorri, mas Angela estava apavorada e assustada com sua responsabilidade e não sorriu para mim. Contive uma risada, com medo de que, se caísse numa gargalhada estrondosa, rolando na areia como um louco, a pobre Angela ficasse sem saber o que fazer.

Não podíamos nos comunicar por meio de uma linguagem de verdade, apenas com algumas palavras básicas em russo e pela nossa humanidade comum. Calado, voltei para a terra firme, e juntos subimos nas costas da baleia adormecida, que parecia uma colina se erguendo acima da aldeia. Um vento frio soprava suave do norte, e me virei para recebê-lo de frente, saudando a chegada de mais um inverno. O inverno é a época do ano que mais me agrada, quando a neve fofa cobre a terra como um manto, e Chris e eu esquiamos, traçando graciosas curvas nas montanhas silenciosas.

Uma mãozinha puxava de forma quase imperceptível a perna da minha calça, e minha pequenina mas cuidadosa guardiã apontou para o chão. Ajoelhei. Angela se ajoelhou a meu lado, pegou uma frutinha vermelha da tundra, menor do que uma ervilha, e a ofereceu a mim. Sorri e com cuidado esmaguei a preciosa fruta entre os dentes. Ela secara com o gelo do outono, mas a doçura do verão guardada sob a pele endurecida explodiu em minha boca. Sorri, e Angela retribuiu o sorriso com um deleite infantil proporcionado por um prazer tão simples.

Lembrei que um dia, décadas antes, eu me arrastara no meio do pasto alto num campo abandonado em nosso sítio em Maine, com dois de meus filhos, Nathan e Noey, para colher morangos silvestres escondidos rente ao chão. Os três engatinhávamos sobre as mãos e os joelhos, abrindo aos poucos uma passagem estreita entre o pasto amarelado, e, vez por outra, quando nossas trilhas se cruzavam, eu encontrava um rostinho manchado de vermelho, concentrado na busca dessas explosões de prazer. Retornando ao presente, olhei para o sorriso alegre de Angela e ri, e ao mesmo tempo lamentei a passagem dos anos que havia transformado meus filhos em adultos, e me alegrei pelo longo e fascinante caminho que enriqueceu minha vida e me levou àquela minúscula aldeia no fim do mundo.

O crepúsculo afugentou o dia, e o *mukhomor* começou a dançar mais forte em meu cérebro. Levantei e me senti um pouco tonto; comecei a caminhar, mas perdi o foco, então sentei. Minha mente ficou livre de pensamentos e então, na minha imaginação, o *boubin* começou a soar enquanto alguém cantava. Eram as sereias, as bruxas ardilosas. Elas não me chamavam das profundezas do oceano real; chamavam de um oceano imaginário, cantavam dentro de mim.

Fiquei sentado, ouvindo.

Angela, minha fiel companheira, puxou meu cotovelo.

Falou em russo, muito séria, e eu reconheci as palavras: — Noite, frio. Muito frio.

Ela estava de pé e eu sentado, por isso seu rosto estava no mesmo nível do meu. Sua boca estava tensa de preocupação, rosada por causa do gelo, com a suave beleza da juventude.

Acenei com a cabeça e respondi em russo:

— Sim, vamos para casa.

Levantei com determinação e segurei a mãozinha frágil de Angela. Decidida, ela me conduziu ao pé da colina; percorremos a rua principal de Vyvenka, cheia de buracos de lama congelada, e chegamos à casa. Quando entrei na sala, a televisão tinha sido desligada e Misha estava sentado sozinho no sofá verde empoeirado, olhando para o vazio, obviamente em outro lugar. Angela desapareceu.

Deixei-me cair na poltrona verde mofada de Goshe e olhei para o relógio — eram cinco da tarde. Então perdi contato com o Mundo Real. Em estado de sonambulismo, penetrei uma caverna, uma espécie de labirinto de paredes escuras, lisas, ameaçadoras, indefiníveis. Havia muitas curvas e túneis laterais, mas, a cada entroncamento, eu avançava para um pequeno ponto de luz que brilhava ao longe. A luz deveria se tornar cada vez mais brilhante à medida que eu me aproximava, no entanto continuava inalterada. Comecei a correr em sua direção.

Sim, correr. Eu tinha uma missão. Em minha mente, eu sabia que deveria agradecer ao Corvo Negro por restabelecer a conexão entre meu corpo e meu espírito.

Então de repente parei. O que aconteceria quando eu chegasse ao Outro Mundo? Teria o poder de encontrar o caminho de volta? O inverno estava próximo, minha pélvis estava curada; eu queria esquiar com meus amigos.

Como em todos os sonhos, principalmente os induzidos por um cogumelo mágico, as palavras e a lógica romperam seus vínculos. Pensei: "Talvez eu possa entrar no Outro Mundo apenas por um segundo. Vou ficar na porta, vou me segurar firme no batente e entrar rapidamente só para agradecer a Kutcha. Ele curou minha pélvis, preciso agradecer. Depois vou voltar depressa, correr para casa e esquiar."

Comecei a conversar comigo mesmo: "O que aconteceria se o Outro Mundo me sugasse como um gigantesco aspirador e eu não fosse capaz de escapar?"

"Moolynaut viaja para o Outro Mundo e volta com aparente facilidade.

"Mas eu não sou Moolynaut.

"Onde está Moolynaut? Por que ela me deixou? Ela não deveria ser meu guia?

"Preciso de um mestre e de um guia. Preciso de alguém que me apresente a Kutcha e, depois que eu cruzar o limiar, me guie para sair do Outro Mundo."

No entanto, eu estava sozinho. De repente, fiquei apavorado com a possibilidade de morrer se avançasse mais. Tomado pelo pânico, dei meia-volta e corri pelo túnel na direção do Mundo Real, esbarrando nas paredes em meio à escuridão. Quando cheguei ao primeiro cruzamento do labirinto, parei.

"Direita ou esquerda?"

"Oh, meu Deus! Não consigo lembrar.

"Por que fui tão estúpido? Todos sabem que é preciso levar uma corda ao entrar num labirinto. Por que esqueci a corda? Eu me considerava um aventureiro cuidadoso. Agora estou entre o Mundo Real e o Outro Mundo, perdido num nada desconhecido, e não cumpri minha missão em nenhum dos dois. Por que não trouxe Angela? Ela me levaria para casa. Onde está Moolynaut? Por que ela me deixou?

"Fique calmo", pedi a mim mesmo. "Fique calmo."

Ainda durante o sonho, sentei, mas, embora meu corpo continuasse no labirinto, minha mente captou uma nova clareza.

Lembrei-me dos primeiros instantes depois da avalanche, quando fui perdendo a consciência e as montanhas começaram a ficar indistintas. Naquele momento de extremo perigo, eu quisera com todas as forças focalizar a paisagem. Agora, vacilava novamente, dessa vez aprisionado num sonho.

"Preciso voltar."

"Voltar?", perguntei-me. "O que significa 'voltar'? No Mundo Real o tempo se movimenta somente para a frente e não há 'volta' para eu regressar. Bem, tenho de parar de bater nas paredes e procurar voltar aonde estava antes de comer o *mukhomor*, ou nunca chegarei lá. Comecei a jornada e agora não consigo voltar. Talvez não haja nenhuma luz no fundo do túnel, nenhum lugar fulgurante onde Kutcha esteja sentado com toda pompa. Mas esta viagem aconteceu; vou me lembrar dela para sempre. Então, será que é tão ruim estar aqui? Agora, sem passado nem futuro?"

Fiquei sentado. Nesse instante, como uma névoa que se dissipa, o labirinto se dissolveu no nada, e eu me encontrei, não no labirinto, mas na poltrona verde mofada de Goshe. Misha conversava no outro cômodo. Ele estava no Mundo Real, falando com pessoas reais. Amigos.

Fiquei de pé com as pernas bambas e fui devagar até a cozinha iluminada. Lydia, Misha e Anastasia tomavam chá e comiam pão. Eram nove da noite.

Meus amigos me olharam, e eu disse:

— Estava perdido na caverna. Tive medo do Outro Mundo e voltei para o Mundo Real, não para o Outro Mundo.

Lydia segurou minhas mãos nas suas.

— Suas mãos são como gelo — comentou.

— Não, é impossível. Corri muito. Estou cansado e suado.

— Suas mãos estão sem sangue. São como gelo.

— Não faz mal. Eu me perdi no meio do caminho entre o Mundo Real e o Outro Mundo. Vi uma luz. Era o Outro Mundo, mas fiquei com medo de ir até lá. Não consegui encontrar o caminho de volta. Eram muitos os caminhos no labirinto. Mas agora acho que voltei. Vocês têm certeza de que este é o Mundo Real?

Lydia puxou meus braços com delicadeza e falou com voz branda:

— Volte do lugar onde você está. Volte para este mundo. Nós amamos você. Seus amigos estão na cozinha tomando chá e comendo pão. É pão bom. Eu mesma fiz. Com manteiga. Se você está perdido e faminto, deve comer manteiga. Está muito magro.

E, brincando, cutucou as minhas costelas com o dedo.

Depois de um tempo que me pareceu interminável, sussurrei em tom dócil:

— Tudo bem, obrigado. Acho que entendo agora.

Lydia me deu um pedaço de pão macio aromático feito em casa, com uma abundante camada de manteiga. Dei uma mordida e mastiguei devagar, saboreando o alimento.

A jornada neste mundo

Devo ter dormido, porque, na lembrança seguinte, estava deitado na esteira, e a luz da manhã filtrava através da janela suja, espalhando uma tonalidade desbotada sobre a tinta semidescascada e a mobília do quarto coberta de pó. Acordei confuso, sem saber ao certo em que mundo me encontrava, o que tinha ocorrido na realidade e o que se passara no mundo dos sonhos.

Misha roncava, então saí ao ar livre para pôr meus pensamentos em ordem. A praia, as ondas que quebravam e o oceano no horizonte eram agora imagens familiares, amigas, apesar de toda a sua ferocidade. Contudo, o efeito do *mukhomor* ainda não havia passado inteiramente. O túnel reapareceu com a luz, agora mais fraca do que na noite anterior, mesclada em meu subconsciente à arrebatação que chiava.

— Por que Moolynaut me trouxe para este túnel? Ou será que fui eu quem me trouxe aqui? Sou um estrangeiro, caucasiano, jornalista. Talvez tenha penetrado fundo demais o mundo de Moolynaut. Talvez ela tenha conjurado meu medo alucinógeno para me afastar, assim como os aborígenes da Amazônia espetavam cabeças encolhidas em postes na beira dos rios no meio da selva para advertir: "Vocês estão indo longe demais. Não são bem-vindos aqui. Devem voltar agora."

"Não, não acredito nisso. O cogumelo falou com Moolynaut, que foi apenas a mensageira. Não atire no mensageiro. Moolynaut me curou, ela é minha amiga. Minha amiga, sim, mas, se é minha mestra, agora ela não diz. Ou, se disse, eu não ouvi. Ouvi apenas o *mukhomor*, e não o compreendi. Esse *mukhomor* falou pela primeira vez na tundra, no verão, dizendo a Moolynaut que tinha uma mensagem para Jon Turk. Agora falou diretamente comigo. Será que eu estava surdo, cego ou não merecia? Será que falhei com o cogumelo, com Moolynaut ou comigo mesmo? Será que Kutcha me ouviu e compreendeu que eu estava tentando lhe agradecer?"

Preocupado, voltei à casa, para os meus amigos. Misha estava lá tomando chá. Perguntou se eu me sentia bem, e, quando fiz sinal positivo com a cabeça, ele explicou que na noite anterior tinha feito uma viagem maravilhosa com as cores e as formas de um caleidoscópio em três dimensões, que giravam em espirais. Ele não encontrou nada anormal, significados ocultos nem o Outro Mundo.

Lydia entrou com outro pão fresco, e fiquei aliviado porque não falou do *mukhomor* nem perguntou sobre o fato de eu não ter conseguido passar para o Outro Mundo. Oleg chegou, enorme, semelhante a um urso, com um largo sorriso no rosto.

Falou comigo em russo:

— Vamos caçar.

Sua simplicidade e seu calor me tiraram do labirinto e dos pensamentos confusos. Queria abraçá-lo. Sim, como ele sabia? Era exatamente daquilo que eu precisava, de uma incursão na tundra, onde eu me sentia confiante e competente, onde meu senso de navegação era ótimo e eu sempre sabia encontrar o caminho de casa.

Acenei concordando e respondi: — *Da. Ochen harasho* [Sim. Ótimo].

Misha e Sergei também estavam ansiosos para sair da aldeia, e, é claro, Wolfchuck, já pronto para partir. Levamos comida e equipamento para dois dias e carregamos nossas coisas até a lagoa onde o barco estava atracado. O inverno se aproximava, e as crianças escorregavam sobre poças congeladas enquanto os pais empurravam carrinhos e carroças até o poço da aldeia.

Quando chegamos à lagoa, Oleg tirou a vela da sua fiel Yamaha. Estava suja e entupida; eu a teria trocado, mas, considerando que as peças de reposição eram escassas e naquele ano não havia receita proveniente da pesca, ele soprou a vela, imagino que para dar sorte, e a pôs de volta no cilindro. Enquanto isso, Sergei chapinhava à beira do mar com suas botas de borracha até a virilha, como uma criança grande, quebrando o gelo fino que se formara durante a noite. Rolamos o barco sobre troncos de madeira recuperada do mar para empurrá-lo até a água; ligamos o motor e rumamos para o interior, enquanto o casco de alumínio rompia o gelo com um tinido agudo, quase melodioso.

Depois de muitos quilômetros, Oleg parou o motor de repente. Uma foca bigoduda apareceu na superfície e nos observou com curiosidade. Fiquei surpreso ao ver uma foca tão longe, em água doce, mas não disse nada, enquanto Oleg pegava o fuzil. O alvo estava muito distante, em águas abertas, para uma arma de calibre 12, mas a mira de Oleg era excelente. Depois, puxamos a foca morta para o barco.

Continuamos rio acima por algumas horas, paramos numa *serei*, acendemos o fogo e fervemos água para o chá. Sergei me perguntou se ele se parecia com um índio americano.

Respondi:

— Sim e não. Os koryak e os ameríndios têm os ossos da face altos parecidos, mas os koryak são diferentes, são mais asiáticos, é difícil definir. — Continuei explicando que tanto os koryak quanto os ameríndios se originam da Ásia Central, a sudoeste do ponto em que estávamos.

Sergei meneou a cabeça. — Não. Não é verdade. O rio Vyvenka é o centro da terra. No início, há muito tempo, não havia pessoas no mundo. Então, Kutcha voou durante muitos dias até encontrar o lugar mais maravilhoso de todo o planeta para viver. Foi para o Outro Mundo, pegou um punhado de koryak e o depositou com cuidado no chão, bem perto daqui, na tundra. Foi Kutcha quem nos escolheu e nos deu o melhor lugar para morar, no centro do mundo.

"Depois Kutcha colocou outras pessoas neste lugar. Mas elas foram embora. Vocês, homens brancos, vieram daqui, mas se tornaram um pouco estúpidos depois que deixaram este lugar."

Ele refletiu por um instante e prosseguiu.

— Ou talvez vocês tenham deixado este lugar porque já eram estúpidos. Não sei direito. Aconteceu há muito tempo. Muito antes de eu nascer. Precisa perguntar a Lydia. Ela sabe essas coisas.

Depois do chá, fomos pescar usando pedaços e restos de linha velha de náilon, anzóis enferrujados e uma curiosa variedade de iscas, inclusive uma feita com uma colher de cozinha, com um anzol soldado grosseiramente ao cabo serrado. Apesar do estranho apetrecho, os peixes se deixaram fisgar; enchemos um cesto grande trançado antes de voltar para a *serei* para jantar. Esperamos a escuridão cobrir a terra, e então Oleg anunciou que caçaríamos coelhos à luz das lanternas. Vestimos os agasalhos e saímos na noite, esgueirando-nos entre os arbustos de chorões, tentando não fazer barulho sobre a lama semicongelada e quebradiça. Eu segurava uma lanterna, e Misha outra, procurando entre os arbustos um movimento rápido; as figuras dos nossos dois amigos, empunhando suas armas, oscilavam à luz dançante das lanternas. No entanto, as horas passaram sem que víssemos um único coelho, e voltamos para a *serei* de mãos vazias.

Oleg estava desanimado.

— Antes, comíamos carne de rena. Agora as renas se foram, então caçamos coelhos. Mas os coelhos são mais raros a cada ano que passa. Hoje não há nenhum. Talvez no ano que vem a gente coma somente perdizes brancas.

Lembrei-me, entristecido, da frase do grande chefe oglala sioux, Touro Sentado: "Quando os búfalos se forem, caçaremos camundongos, pois somos caçadores e queremos a nossa liberdade."

Deixei de lado o desespero e tentei me mostrar confiante:

— Mas matamos uma foca e temos um cesto enorme de peixes.

Oleg concordou triste.

Na manhã seguinte, a pesca foi escassa, e Oleg ficou abatido outra vez.

— É a mina de platina — lamentou. — Está jogando os venenos nos riachos na nascente do nosso rio sagrado e matando os peixes. Agora não restam muitos para pescar; a cada ano, é mais difícil encontrar alguma coisa para comer.

Prevendo esse tipo de denúncia, eu tinha trazido alguns frascos limpos em minha sacola. Expliquei que um amigo meu, geólogo, da Universidade em Montana era especialista em poluição e recuperação de minas e analisaria a água para avaliar a contaminação por metais pesados. Enviaria os resultados a Misha, que era hidrogeólogo. Talvez fosse impossível lutar contra os enormes interesses das mineradoras, mas, em todo caso, seria importante saber se a empresa estava poluindo a água e envenenando os peixes. Todos concordaram, e recolhi algumas amostras da água do rio Vyvenka.

Embora no começo tenha sido mais lentamente, lá pela metade da manhã os peixes começaram a morder a isca, e até a hora do almoço enchemos um segundo cesto. Depois que o sol do meio-dia derreteu o gelo que se formara durante a noite, pusemos o produto de nossa pesca e os equipamentos no barco, e descemos o rio em direção à aldeia. O motor ronronava; o casco planava graciosamente sobre a água do rio lisa como um espelho, e Oleg pilotava com habilidade entre os bancos de areia do fundo. Então ele desligou o motor, e o barco foi descendo com a correnteza. Uma pequena nuvem de fumaça do escapamento foi embora flutuando com a brisa, e o silêncio da tundra nos surpreendeu. Procurei com atenção outra foca na água transparente como um vidro, mas nada vi.

Depois de algum tempo, Oleg olhou para mim:

— Jon, sabe por que você teve medo de entrar no Outro Mundo?

Olhei para seu rosto curtido, em que as intempéries, as dificuldades daquela terra e o universo político e econômico em que ele vivia haviam deixado rugas profundas. Oleg era um homem pragmático, um caçador. Conseguia manter um motor funcionando sem peças de reposição havia dez anos, quando a maioria das pessoas teria dado fim a ele, mas era raro ele falar de questões emocionais ou espirituais. Sorriu mansamente.

— Não — respondi. — Não sei por que fiquei com medo. Mas ele era real. Não consegui me forçar a passar para o Outro Mundo.

Oleg meneou a cabeça:

— Entendo.

O barco desceu com a correnteza, girando devagar num redemoinho, e depois voltou a pegar a correnteza rio abaixo. A paisagem da tundra ia se desenrolando em ambas as margens, dourada e vermelha, nas cores do outono.

Oleg prosseguiu:

— Todas as pessoas nascem com certa quantidade de poder. Os deuses deram a você um grande poder para viajar no Mundo Real. Mas, como você canalizou muita energia nessa direção, não tem suficiente para viajar para o Outro Mundo. Você foi esperto em não atravessar a porta para o Outro Mundo. Talvez você nunca encontrasse o caminho de volta. É um viajante pouco esperto para ir ao Outro Mundo. Eu também. Eu sou um bom caçador, mas não viajo para o Outro Mundo.

Quase gritei de alívio. Não havia nenhum complô contra mim, nenhuma cabeça encolhida me advertindo para dar meia-volta. Estava entre amigos, a limitação estava apenas em mim. Não, eu não era um ser limitado; eu tinha o poder — desde que me convencesse de minha fragilidade. O calado e taciturno Oleg, meu parceiro de aventuras — e não Moolynaut, Lydia ou o *mukhomor* —, era o mestre que eu procurara no dia anterior. Não sabia como explicar tudo aquilo a ele, então sorri, certo de que ele perceberia, apesar do fosso existente entre nossas culturas e heranças ancestrais, e aceitaria o profundo agradecimento de meu silêncio.

Oleg prosseguiu:

— Você, é claro, veio aqui porque procurava alguma coisa. Não a encontrará no *mukhomor*. Kutcha mora no Outro Mundo, mas talvez possa encontrá-lo na tundra. Espere e observe. Kutcha compreenderá e visitará você no Mundo Real. Então poderá agradecer a ele. Entendeu?

Fiz sinal que sim, e ele continuou:

— Você e Misha devem voltar mais uma vez. Você precisa fazer uma viagem longa e difícil pela tundra, no Mundo Real. Passarão fome e sentirão cansaço. Então talvez, se tiver sorte, encontrará o que está procurando.

Fiquei estupefato. Tinha ido até lá aparentemente para agradecer a Moolynaut, mas na realidade impelido por alguma busca inconsciente que me senti obrigado a empreender, mesmo que não a compreendesse. O *mukhomor* me levou ao labirinto, mas fiquei apavorado. Agora estava no Mundo Real, onde o tempo se move numa só direção e ninguém anda para trás. A misteriosa e inatingível luz branca ainda brilhava para mim no fim do túnel, como eu esperava que sempre o fizesse. Tudo era tão óbvio; por que não havia percebido antes? Eu não estava buscando uma porta que me levasse a um salão ofuscante de paredes douradas. Tudo isso seria muito incoerente com todas as minhas outras experiências aqui, no limite oriental do mundo oriental.

Moolynaut tinha me curado. Eu supunha que ela fosse também minha mestra, embora não tivesse ministrado longas palestras sobre como viver uma vida com um propósito, do mesmo modo que Don Juan guiara Carlos Castañeda. As palavras não eram o principal método de comunicação aqui. Dias antes, Moolynaut me dera o *mukhomor* e depois saíra do quarto. Não a vi mais desde então, portanto, com ou sem uma linguagem, ela não estava me guiando diretamente. Será que a lição era tão óbvia que ela não precisava expressá-la? Ou tão complexa que eu não poderia compreendê-la? Não, essa era a linguagem da minha lógica controlada pelo lado esquerdo do cérebro, em meu vocabulário ocidental. Eu precisava lembrar a mim mesmo que Moolynaut crescera na tundra, numa tenda de pele de rena, pastoreando renas, mergulhada numa realidade não verbal. Consciente ou não do que estava fazendo, ela me conduzia para uma *Gestalt* orientada pelo lado direito do cérebro, e eu não deveria esperar que ela usasse as palavras para me ensinar o oposto.

A lição estava bem diante de meus olhos, desde que eu olhasse para as brasas da fogueira no acampamento de Nikolai e me imaginasse conversando com os lobos durante uma tempestade no inverno. Naquele momento, Oleg me trazia a mesma mensagem com a certeza do caçador de que a terra me ensinaria tudo o que eu precisava saber.

Mas espere um pouco. Moolynaut tinha me transmitido uma mensagem verbal. Ela disse que eu precisava acreditar. Acreditar em quê?

O barco continuava preguiçosamente à deriva com a correnteza. A foca morta jorrava sangue pelo buraco da bala e parecia observar-me esperando.

A Sibéria é uma terra muito áspera; então, você deve achar que é um lugar onde a sobrevivência depende principalmente da lógica e do pragmatismo do hemisfério esquerdo. Entretanto, foi lá que aprendi que a magia e os sonhos estão na origem dos grandes feitos. Foi lá que aprendi que a magia paira ao nosso redor na maior parte do tempo, esperando apenas ser reconhecida — concretizada.

Tentei seguir uma droga alucinógena até o Outro Mundo a fim de agradecer a Kutcha. E fracassei. Oleg me dizia que eu poderia alcançar o mesmo objetivo fazendo uma longa viagem a pé. Assim como Moolynaut, Oleg era muito cuidadoso com as palavras. Não dava muitas explicações, nem queria, mas intuí que, em sua mente, o Outro Mundo e o Mundo Real eram parte do mesmo conceito. Eu poderia falar com os espíritos — e agradecer a Kutcha — comunicando-me com a terra.

Senti que, aos poucos, estava eliminando as cascas da proverbial cebola, de Moolynaut, um ser humano que vivia claramente no Mundo Real, pelo menos na maior parte do tempo; a Kutcha, o deus mensageiro, brincalhão, meio imaginário e meio sem forma; à tundra, algo concreto, mas paradoxalmente sem forma em sua imensidão. Eu investigava — buscava. Agradecer a Moolynaut ou a Kutcha era apenas a desculpa de que eu precisava para convencer minha lógica e minha mente ocidental, concentradas num único objetivo e controladas pelo lado esquerdo do cérebro, a ir até lá. O problema era que, embora me aproximasse da resposta — o que quer que isso significasse —, eu estava perdendo a pergunta de vista. Opa, eu tropeçava nas próprias palavras. Estava cansado de pensar.

Virei para Misha:

— Você vem comigo?

Misha deu seu sorriso largo, caloroso e familiar de dois amigos que tinham compartilhado grandes aventuras.

— É claro, Oleg está certo. Precisamos fazer isso. Precisamos ir para a Natureza Selvagem. Vai ser como ir remando para o Alasca pelo mar. Sim, Jon, devemos fazer isso juntos.

Oleg puxou o cordão da partida, e continuamos rio abaixo sob o vasto céu da tundra, ouvindo o ronronar do motor de popa. Meia hora mais tarde, a poucas centenas de metros da aldeia, vimos as crianças brincando na praia, e Oleg desligou novamente o motor.

— Lembra-se de Dimitri?

Lembrei-me do alegre entusiasmo de Dimitri e dos cinquenta dólares que eu lhe dera. Lembrei-me de meu doce abraço em Svetia, ambos apoiados na velha escavadeira enferrujada — suas lágrimas, seu toque, nosso beijo carinhoso.

— *Conyeshna* [claro] — respondi.

— Encontraram o seu corpo no verão.

— Onde?

— A poucos dias de caminhada de Manily.

— Como ele morreu?

Oleg encolheu os ombros:

— Ninguém sabe. Ele resolveu viajar tarde demais na estação. Mau tempo para viajar. Dimitri era forte. Ele achava que era um bom viajante, como você e Misha, mas morreu porque não ouviu a terra. Provavelmente morreu em outubro ou novembro, mais ou menos nesta época do ano, quando a tundra começa a congelar. Talvez tenha caído uma tempestade e ele não tenha conseguido enxergar. Talvez tenha sentido fome e não quis parar e esperar que a tempestade passasse quando estava bem perto da aldeia. Dimitri era um homem impaciente. Encontraram seu corpo perto de um pequeno lago. Achamos que ele caminhou sobre o gelo fino durante uma tempestade e caiu. Nadou até a margem, mas, como estava molhado, morreu logo.

Oleg esperou que entendêssemos e continuou:

— Quando você voltar para fazer sua viagem, deverá ouvir a terra. Deve ser paciente.

Continuamos à deriva em silêncio e refleti que, embora a tundra pudesse ser uma metáfora nesta estranha jornada, era algo real. Ela podia matar.

Oleg pegou o cordão da partida, mas, antes de ligar novamente o motor, virou-se e falou:

— Tem mais alguma pergunta?

Respirei profundamente. Oleg virou de lado, com uma das mãos sobre seu adorado motor, e olhou para mim. Havia um sorriso suave em seu rosto. Não, não tinha mais nenhuma pergunta. Eu sabia como era morrer, não muito de perto, mas era o bastante. Todos nós tentamos ouvir, mas a linha divisória às vezes é imperceptível, e as pessoas cometem erros. Ou não têm sorte.

Mas a pergunta de Oleg permanecia sem resposta. Será que eu tinha alguma pergunta sobre a vida em geral? Pensei por um minuto e me dei conta de que precisava apenas seguir o exemplo dele, com sua maneira de viver tranquila e honesta: ame sua família. Ganhe dinheiro se puder. Descubra algum jeito para comer se não tiver dinheiro. Mantenha sua moto funcionando mesmo que não disponha de peças sobressalentes. Seja paciente. Não se desespere quando as coisas dão errado. Não chute seu cão.

Não tinha mais perguntas.
— *Nyet, spaciba. Panemayoo* [Não, obrigado. Entendo.]

A criação

Quando voltamos para a aldeia, eu disse a Lydia que Sergei tinha contado a história da criação koryak. Então perguntei se as pessoas brancas haviam saído do jardim do Éden de Vyvenka porque eram estúpidas ou ficaram estúpidas depois do êxodo. Ela me disse que a história da criação de Sergei estava errada.

> *Quando o cosmo era novo, não havia gente; Etinvin, nosso Deus, fez as pessoas e as colocou na terra. Começou fazendo o Povo do Norte. Deu a eles o melhor lugar, o mais rico e mais maravilhoso do planeta para morar, bem aqui, perto de Vyvenka. Pôs o salmão nos rios, focas nas baías e renas na tundra.*
>
> *Quando Etinvin acabou, havia muitos outros lugares despovoados na Terra. No entanto, ele não tinha mais peças genuínas para fazer pessoas. Então perguntou a Kutcha o que deveria fazer, e Kutcha sugeriu que esculpissem algumas pessoas na madeira. Etinvin esculpiu pessoas de madeira. Essas pessoas se tornaram os europeus. Eles são estúpidos porque são feitos de madeira, e não de partes genuínas. Estão sempre brigando e não pensam no futuro da Terra. Constroem máquinas que destroem a Terra.*
>
> *Quando acabou de fazer todas as pessoas, Etinvin olhou para baixo e viu uma mulher na tundra. Estava dando à luz e gritava*

porque sentia muita dor. Seu marido não sabia o que fazer, então tentou tirar a criança da barriga da mulher com uma faca grande, mas a mulher e a criança morreram.

Etinvin ficou triste e chamou Kutcha:

— Essas pessoas são novas e não sabem viver. Você deve descer do céu para a terra e ensiná-las a viver.

Kutcha reuniu as pessoas e explicou:

— As mulheres devem ir à tundra observar as aves para ver como elas dão à luz.

As mulheres foram à tundra, observaram as aves pondo ovos e então compreenderam. Tiveram muitos filhos, e seu número cresceu. Mas as pessoas ainda não sabiam viver muito bem. Então Etinvin chamou novamente Kutcha e pediu que voltasse à Terra e dissesse às pessoas como viver.

E Kutcha deu o seguinte conselho:

— A água do oceano está cheia de sal e não é boa para beber. Bebam a água das montanhas. É a água mais doce.

"Quando o sol está se pondo, seus filhos não devem chorar. Devem sentar perto de vocês, e vocês devem contar histórias para eles. Depois das histórias, as crianças devem dormir.

"Vocês precisam levantar cedo pela manhã, principalmente na primavera, quando a terra desperta da noite do inverno.

"Se uma criança cair, digam:

Levante. Não chore."

"Quando os peixes nadarem rio acima, façam silêncio perto do rio. Os peixes vão ter seus filhos, e vocês precisam ficar quietos por respeito às crianças.

"Se vocês têm dor de cabeça, de estômago ou outra dor, chamem Kutcha e digam: 'Ajude-me'. Kutcha colocará seu manto de corvo e

descerá do alto dos céus. Cuspirá no lugar da dor, então vocês precisam empurrar a dor com um dedo através do corpo. Peguem a dor do outro lado do corpo, agarrem e digam: 'Volte para a sua mãe. Ela mora no lugar mais escuro do Norte.' Então vocês devem sair e jogar a dor no vento."

Lydia concluiu:

— Isso é o que Kutcha disse às pessoas para que elas saibam como viver.

A visita de Kutcha

Naquela noite, comemoramos o aniversário de Lydia: 46 anos. Os convidados representavam cinco gerações, porque uma geração, os filhos de Moolynaut, não compareceu. Moolynaut era a mais velha. Oleg, Lydia, Sergei, Misha e eu, todos de uma geração jovem o suficiente para ser seus netos. Os filhos de Oleg e Lydia eram a quarta geração, seguidos pela filhinha de Anastasia, que se mexia e sorria num cesto.

Eu era o segundo mais velho, depois de Moolynaut. Não penso com frequência em mim como um idoso, mas, quando isso acontece, lembro-me muitas vezes de minha primeira aventura no exterior. Eu estava então com 18 anos, não tinha dinheiro, viajava de carona pelo Oriente Médio. Fui para um albergue da juventude em Istambul. As pessoas fumavam haxixe; os casais faziam sexo. Eu era o mais jovem do edifício e observava atividades com as quais apenas sonhara. Trinta e nove anos mais tarde, estava sentado na cozinha de Goshe, continuava viajando e, naquele momento, comemorava com meus amigos de Vyvenka.

Lydia preparou um banquete à base de repolho, batatas e cebolas de sua horta, pepinos da estufa, ovos de gaivota apanhados em junho e armazenados em um freezer, carne de coelho de uma abundante caçada e uma maionese fabulosa comprada no armazém. A televisão berrava, e, embora todos parecessem ignorar o estardalhaço, Moolynaut olhava para a tela enquanto comia. Tentei imaginar o que estaria pensando. Olhando casualmente de longe, a tundra parece uma monótona extensão de ondulações contínuas — verdes, amarelas ou brancas — sob um céu que tudo domina, que traz a luz do sol ou a tempestade, o calor ou até quase a morte. Sua beleza não salta imediatamente aos olhos, como numa foto de calendário dos Tetons ou do vale Yosemite; está nos detalhes, como a amora congelada e ressequida pelo gelo que Angela me ofereceu ou uma raposa espreitando entre as moitas, à caça de camundongos. Moolynaut nascera na tundra e estava tão sintonizada com essa terra que o *mukhomor* falou com ela entre as ervas e os juncos. Agora, essa mistura de cores e violência girava e rodava em espirais repentinas, estendendo seus dedos não tão sutis até o fundo de nossa consciência.

Depois do jantar, perguntei se podíamos desligar a televisão e jogar algo. Quando todos concordaram, enchi alguns balões e começamos a jogá-los de um para o outro com as mãos, entre muitas risadas e brincadeiras.

Lydia perguntou pela saúde de meu pai; respondi que ele estava ótimo, ágil, era uma pessoa ativa.

Lydia continuou:

— Você disse antes que ele mora em Nova York?

— Em Nova York, não; em Connecticut, perto de Nova York.

— Sim, compreendo. Em Nova York, perto daquela casa enorme que pegou fogo e despencou quando os aviões bateram nela. Vimos pela televisão. Foi muito feio. O avião bateu na casa enorme e teve um incêndio muito grande. As pessoas pulavam. E depois todo o edifício caiu. Foi muito feio. Ficamos tristes e preocupados com seu pai. Quando vimos na televisão, Oleg disse: "Jon deve vir morar em Vyvenka. É uma coisa muito louca lá nos Estados Unidos."

Sorri.

— Mas onde eu poderia viver? — perguntei, como se não esperasse uma resposta.

Lydia sorriu:

— Talvez na baía de Gecka. Você conhece esse lugar? Mais ou menos 15 quilômetros ao sul daqui. Você passou por lá de caiaque. A água é calma a maior parte do tempo. Tem muitas focas. A pesca é boa. Você poderia arrumar e morar numa casa velha. E poderia comprar uma moto de neve para vir até a aldeia sempre que quisesse. Fica a apenas meia hora de distância numa moto rápida. Você precisa de um rifle e de rede de pescar. Mas podia comprar essas coisas em Petropavlovsk antes de vir a pé até Vyvenka. Não se pode comprar um bom fuzil em Vyvenka. Nem balas. Você tem necessidade de muitas balas para o fuzil.

— E Chris?

— Ah, claro — respondeu Lydia rindo. — Chris precisa vir sempre.

Dois anos antes, Moolynaut tinha mandado que eu voltasse para Vyvenka porque "Será bom para você". Eu voltei e abri um novo e fascinante capítulo da minha vida. Fiquei entusiasmado com a imensa generosidade da proposta de Lydia, mas não pretendia dar um passo tão grande.

— Obrigado, Lydia. Muito obrigado. Vou pensar.

Estava ficando tarde; Misha e eu levamos Moolynaut para casa, com o presente de dez quilos de arroz, beterraba e repolho em conserva, açúcar, mel e macarrão. A lua brilhava através de nuvens lenticulares, as poças congelaram, descongelaram e voltaram a congelar, deixando películas de gelo entremeadas com a lama que cobria o chão. A eterna arrebentação reverberava e ecoava na encosta da baleia adormecida. Moolynaut estava mais curvada do que de costume, apertando com força as costelas quebradas, mas ainda caminhava com brio. Quando paramos à sua porta para a despedida, pediu que eu levasse *mukhomor* para Chris. Expliquei-lhe que teria problemas com os Pogranichniki americanos, e ela fez sinal de que entendia.

Então me olhou com seus olhos penetrantes e disse:

— Você e Misha devem voltar para fazer esta viagem a pé na tundra. Oleg falou disso com vocês. Talvez eu morra antes, mas vocês precisam voltar.

Prometi que voltaria e então a abracei com cuidado, para não apertar as costelas machucadas.

Na manhã seguinte, voltei com Lydia e Misha ao topo das costas da baleia, onde eu colhera frutinhas com Angela. Lydia escolheu alguns galhos, jogou fora os que tinham defeitos, que eu não consegui enxergar, e fez com os restantes duas vassouras toscas. Ela explicou que, quando voltasse para os Estados Unidos, levaria uma vassoura para mim e outra para Chris. Então teria de andar pela casa toda no sentido horário varrendo os maus espíritos, e Chris faria o mesmo, só que no sentido oposto. Deveríamos nos encontrar no meio, e depois Chris varreria os maus espíritos do centro para fora da casa pela porta da frente, enquanto eu iria atrás dela tocando o *boubin* e cantando:

— Saiam, maus espíritos. Voltem para a sua mãe. Ela mora no lugar mais escuro do Norte.

Lydia me fez prometer solenemente que eu faria isso. Descemos a colina, encontramos Oleg na rua e fomos juntos para casa. A escavadeira alaranjada da aldeia passou com estardalhaço, puxando um reboque monstruosamente pesado, carregado de madeira retirada dos edifícios de apartamentos soviéticos. O reboque tinha dois pneus murchos de um lado, e a borracha gasta fazia muito barulho enquanto as bordas nuas retorcidas cavavam sulcos na rua já cheia de valetas. Um menino se pendurava de cabeça para baixo do lado capenga, sorrindo e acenando.

O cavalo de Oleg veio a galope a nosso encontro, saindo do corredor entre dois edifícios semidestruídos. Esse cavalo sempre foi um enigma para mim. Não só porque era gordo e quase não tinha pelos nesta terra siberiana de invernos gélidos, mas pelo simples fato de existir. Uma vez perguntei a Oleg por que o comprara, e ele respondeu:

— *Normal* [está tudo certo, não se preocupe].

Oleg não é propenso a explicações longas e complexas sobre a vida; ele já é uma lição por si. Perguntei a Lydia a respeito do cavalo, e ela falou carinhosamente das incompetências e idiossincrasias do marido, completando o comentário:

— Oleg viu o cavalo e o comprou.

Perguntei a Sergei, e ele me assegurou que era um animal muito forte.

— Mas alguém o usa? — perguntei.

— *Da*.

Então ela pensou um instante e modificou sua afirmação:

— *Potom*. [mais tarde].

E o cavalo "*normal, potom*", que em geral perambulava pela aldeia sem fazer nada, disparou pela rua por puro prazer, correndo ao lado do trator.

Segundo Oleg, o cavalo se sentia muito só e achava que todo objeto grande que se movia era outro cavalo, quem sabe até uma égua, com um pouco de sorte.

Um pequinês de menos de um palmo de altura surgiu em disparada, latindo em guinchos agudos. O cavalo relinchou. Atraídos pelo barulho, meia dúzia de cães, entre huskies e pastores-alemães de aspecto feroz, ansiosos por um pouco de ação, resolveu que aquele era o momento adequado para acordar de sua soneca e se engalfinhar numa briga excitante.

Viramos a esquina e entramos em casa para o chá.

A coisa mais doida de tudo aquilo foi a tentação de aceitar a proposta de Lydia, comprar um fuzil e uma rede de pescar e mudar-me para a baía de Gecka. Teria eletricidade abundante e confiável; com uma conexão via satélite, poderia ter acesso ocasional, embora pagando caro, à internet. No entanto, a ideia durou apenas um instante. Sou velho demais para aprender a falar russo fluentemente e nunca passaria de um forasteiro. Chris jamais concordaria em deixar a América do Norte; além disso, depois de passar lá alguns longos, escuros e solitários invernos, eu poderia acabar correndo atrás de uma escavadeira e de um trailer, como o cavalo de Oleg, na esperança de que fosse uma mulher.

Na noite de 19 de outubro, o ventou soprou do norte, e a temperatura despencou para muitos graus abaixo de zero. Acordamos pela manhã antes do nascer do sol, no intuito de voltar ao aeroporto de Korpf, já que nosso voo estava marcado para o dia seguinte. Oleg explicou que os lagos menores do planalto já estariam congelados, de modo que subimos o rio em seu barco e pudemos pegar os atalhos pela tundra.

Há sempre um momento fundamental no fim do outono, quando o inverno chega e anuncia:

— Olá, Jon, velho amigo. Sou eu de novo. Como vão as coisas? A neve está a caminho. Chega de se espreguiçar ao sol.

E eu respondo:

— Ótimo. Vamos esquiar.

No entanto, eu estava na Sibéria; o frio intenso que penetrava através dos pelos de minhas cavidades nasais esfriou um pouco minha exuberância. Na hora das despedidas, não vi Moolynaut, e fomos andando até a lagoa onde Oleg guardava seu barco. Um manto de gelo estendia-se sobre a praia com uma delicada brancura cristalina, e o vento fustigava a baía, formando uma ampla camada de espuma sobre as ondas. Oleg virou o barco contra o vento e acelerou. Os respingos congelaram sobre o para-brisa, o deque e nossas parcas. Lydia tinha enrolado meu *boubin* em um pano para protegê-lo, mas não confiei na embalagem, abri minha parca e deixei o *boubin* junto do meu corpo, onde ficaria o mais quente e seco possível, considerando o clima atual. Mas, com o tamborim sobre o peito, não consegui fechar o zíper da parca até em cima e senti o frio úmido penetrar até a alma. O sol atrás de uma colina não tinha a menor intenção de emitir um mínimo de calor nos cinco meses que se avizinhavam. Assim que deixamos a zona salobra da maré e penetramos a água doce, o casco deu um solavanco e foi cortando uma camada de uns dois centímetros de gelo límpido como cristal. Para manter o sangue circulando, eu precisava mexer os dedos dos pés dentro das botas e apertar os dedos das mãos nas luvas. A certa altura, o som do motor mudou de forma brusca, Oleg apertou rapidamente o botão para desligar o motor, e o barco parou no meio da lama congelada. Um pedaço de gelo entrara no sistema de refrigeração, então esperamos alguns instantes para que ele derretesse com o calor do motor. Partimos outra vez, andamos uns quatrocentos metros, esperamos de novo, e, devagar, retomamos nossa viagem em direção ao norte com todo o cuidado.

Pensei:

— Se esperássemos mais um dia, o gelo estaria duro demais para viajar e também fino demais para podermos andar sobre ele; teríamos de ficar parados em Vyvenka até que tudo congelasse totalmente, e eu perderia o bar mitzvah.

Por fim, Oleg decidiu que não poderia mais avançar e nos deixou no lado norte da praia com as indicações necessárias para chegar a Korpf. Depois que o barco rumou para o sul pelo canal aberto no gelo que acabara de quebrar, Misha e eu ficamos sozinhos na tranquila vastidão da tundra.

Sorri e me lembrei do grito de batalha soviético que tínhamos usado quando nos atiramos na arrebentação.

— Trabalha e defende.

— Pois é, Jon. Trabalha e defende. Muitas coisas aconteceram. Agora vamos para casa, vamos voltar ao trabalho nos nossos escritórios. Vamos lidar com muita papelada. Longe da Natureza Selvagem. Trabalha e defende. Este é o nosso último dia na Natureza Selvagem.

Seguimos a margem do rio até a interseção com a estrada de inverno. O solo estava tão revirado e sulcado pelos *visdichots* que era difícil caminhar. No entanto, era ainda mais inseguro andar na tundra, onde a neve macia do início da estação se amontoara entre os montículos de terra. Subimos até o topo de uma colina e nos deliciamos com o silêncio, absorvendo e refletindo sobre os acontecimentos da semana que passara. Lá embaixo, a estrada de inverno cruzava uma enorme lagoa, então viramos para leste, na direção da praia. Avançamos rapidamente pelo topo da colina varrida pelo vento, mas, quando descemos, topamos nos arroios com densos bosques de cedros-anões que chegavam à altura do nosso peito. Misha resolveu andar de quatro, arrastando-se sobre as mãos e os joelhos entre os arbustos, mas o espaço era mínimo; fiquei com medo de furar o couro delicado do *boubin* num toco mais afiado. Então calculei que as árvores retorcidas estavam tão próximas umas das outras que eu poderia quase andar me contorcendo entre os galhos mais altos dos arbustos.

Subi na primeira árvore, fui me equilibrando com cuidado sobre os joelhos e me arrastei por alguns metros, segurando o *boubin* com uma das mãos e procurando jogar o peso do corpo para as partes mais densas de galhos resistentes. Encorajado, fiquei de pé, sentindo-me o próprio Paul Bunyan erguendo-se triunfante acima das copas da floresta, brandindo seu machado mágico. Dei um passo, perdi o equilíbrio, corri alguns metros para tentar recuperar o centro de gravidade, mas escorreguei num lugar muito frágil, onde as agulhas não eram sustentadas pela ramagem. Ouvi um resmungo áspero e percebi que quase aterrissara sobre Misha, que se contorcia sobre a barriga, tentando atravessar uma massa impenetrável de troncos mais resistentes.

Fiquei esperando uma repreensão, mas Misha riu.

— O que há de tão engraçado? — perguntei.

— Você é o esquilo e eu sou o urso.

Tentei imitar o som do esquilo.

— Como vai você, seu Urso?

Misha rosnou.

Peguei uma pinha e retirei da casca alguns preciosos pinhões saborosos, na esperança de que todos os ursos tivessem ido dormir e nenhum deles estivesse perambulando à procura da mesma guloseima.

A aldeia parecia muito distante, a luz do dia esmaecia, e acampar a céu aberto seria extremamente desconfortável. No entanto, não havia outro jeito, e Misha pensou tão rápido quanto eu, portanto persistimos até alcançar a planície costeira e a praia de areia macia. Chegamos à aldeia depois do escurecer e passamos a noite na casa de um amigo de Oleg e Lydia.

Na viagem de regresso ao Japão, fui parado novamente na alfândega em Vladivostok. Dessa vez, o guarda apontou para o embrulho de tela que continha o *boubin*. — O que tem aí? — perguntou.

— Um tamborim.

Ele tirou o instrumento do embrulho, sacudiu-o para ouvir o tinir dos címbalos e o percutiu com a perna de cão de pelo preto.

— Não, não é um tamborim.

Fiquei surpreso.

— Não é um tamborim? — perguntei incrédulo.

— Não. É um *boubin*. Um *boubin* e um tamborim são coisas diferentes. Você não pode sair da Rússia com isto.

Discutimos e ele me mandou ao andar de cima para falar com um oficial de cabelos brancos, num uniforme elegante, com fitas e tranças douradas no ombro, sentado atrás de uma mesa grande. Ele falou escolhendo com cuidado as palavras num excelente inglês:

— Sente-se, por favor. Posso ver o *boubin*?

Ele o tocou delicadamente.

— Tem voz de mulher.

Fiquei chocado, lembrando-me do comentário de Lydia: — Este *boubin* tem voz de mulher, e isso é bom, porque você é um homem e precisa de mulheres na sua vida.

Fiquei calado, e o oficial continuou: — É um trabalho artesanal valioso. Nossa lei proíbe levar produtos culturais e espirituais para fora da Rússia. Não pode levá-lo para casa.

Fiquei arrasado e não soube o que responder.

Houve um breve silêncio entre nós, e ele prosseguiu: — Não se compra uma coisa dessas numa loja. Não é um souvenir. Onde o conseguiu?

Seus olhos eram severos e penetrantes, e ficou claro que se tratava de um militar de carreira. Pensei na mulher que me criara dificuldades na entrada; o oficial sentado na minha frente não fazia cenas nem esmurrava a mesa gritando: "Não minta para mim." Talvez fosse um daqueles soldados que interrogavam os presos no regime soviético; em todo caso, ele tinha atrás de si todo o peso do império. O que poderia saber um oficial do Exército que outrora jogava xamãs de helicópteros em pleno voo?

Respirei profundamente. Não, uma mentira não funcionaria. Então, que história contaria para poder levar meu *boubin* para casa? Apesar do protocolo militar, como o oficial sabia que o instrumento tinha uma voz de mulher? Pois é, a Rússia é "uma charada envolta num mistério, dentro de um enigma". Gerou Stalin e também Rasputin.

Então arrisquei e contei a história desde o começo: a viagem entre os koryak, a avalanche, Moolynaut, nossa excursão pela tundra, a sessão de cura e meu regresso graças a Moolynaut. Omiti o *mukhomor*. Ele ouviu com profunda atenção, não mais como um inquiridor, mas como um amigo, e imaginei que estávamos sentados ao redor de uma fogueira num acampamento, com uma garrafa de vodca entre os dois.

Quando terminei, ele sorriu:

— Não posso tirar este *boubin* do senhor. É seu.

Em seguida, ele me levou ao andar térreo e me escoltou pessoalmente pela longa e lenta fila diante da mesa da alfândega.

Voltei a Tóquio e encontrei Chris e os muitos membros da minha família. A esposa de Dan, Yuki, nos hospedou com carinho em seu pequeno, porém elegante apartamento. Terminada a cerimônia do bar mitzvah, Chris e eu passeamos pelos Alpes japoneses e mergulhamos nas fontes termais, onde geniais arquitetos paisagistas "ajeitaram" o mundo natural para torná-lo muito mais ordenado e plácido. Então, com a proximidade do inverno e da temporada de esqui, regressamos à nossa casa em Montana, aninhada na floresta de pinheiros, abetos e outras coníferas dos montes Bitterroot.

Usando as vassouras que Lydia tinha feito para nós, andei no sentido horário pela sala de estar enquanto Chris dava a volta em sentido contrário, varrendo os maus espíritos que porventura tivessem penetrado nosso castelo. Encontramo-nos na metade do caminho e, conforme as instruções, Chris varreu solenemente os maus espíritos do centro da casa para fora pela porta de entrada, enquanto eu a seguia tocando o *boubin* e cantando: "Saiam, maus espíritos. Voltem para a sua mãe. Ela mora no lugar mais escuro do Norte."

Chris continuou enquanto eu andava pela casa toda, tocando o *boubin*, agradecendo por minha cura e por todas as maravilhosas aventuras vividas. A voz feminina reverberava e se harmonizava com a presença silenciosa e, no entanto, palpável de Chris.

Muitos anos antes, construímos uma torre no lado leste da casa, em cima do teto, quase dentro da floresta. Nela, há um pequeno quarto de dormir, não muito maior do que uma casa de árvore de uma criança. A maior parte das paredes e praticamente todo o teto são de vidro.

Subimos pela escadaria estreita até o quarto da torre e sentamos lado a lado na cama, envolvidos pela luz do sol que inundava o ambiente. Chris se apoiou amorosamente em meu ombro, reafirmando nosso companheirismo e a energia sexual que permeava nossa torre. Toquei o *boubin*. Um corvo voou até um galho próximo e grasnou.

Olhei para cima e bati novamente no *boubin*, cantando:

— É você? É Kutcha? Foi Moolynaut quem lhe mandou? Ou Oleg? Ou você me observou no labirinto e veio por conta própria, porque tem pena da minha fraqueza? Ou porque reconhece a minha força? Ou é apenas um velho corvo que vive na floresta de Montana e o acaso o trouxe aqui?

O corvo grasnou.

— Não consegui chegar ao Outro Mundo, Kutcha, mas tentei. Sinto muito. Fiquei apavorado.

O corvo tornou a grasnar.

— Agora que veio me visitar, posso lhe agradecer pessoalmente. Obrigado por me curar. Obrigado por pousar aqui no galho em cima da torre. Obrigado por fazer a ponte entre o Outro Mundo e o Mundo Real, e por me mostrar que eles são uma só coisa. Espero que nos encontremos de novo.

Toquei o *boubin* procurando caprichar no ritmo.

O corvo grasnou pela última vez e levantou voo.

Parte 4

Atravessando a tundra

Você observou que tudo o que o índio faz é em círculo, porque o poder do Mundo funciona sempre em círculos... O céu é redondo e eu ouvi dizer que a Terra é redonda como uma bola... O vento, com todo o seu poder, rodopia. O pássaro faz seu ninho em círculos, pois sua religião é a nossa... Até as estações fazem um grande círculo ao mudar e sempre voltam para onde estavam antes.

— Alce Negro, homem santo dos oglala sioux

O Corvo

Segundo a mitologia tlingit da costa noroeste, o Corvo criou a vagem da ervilha, a qual, por sua vez, deu origem aos seres humanos. Segundo os haida, os corvos criaram o oceano e costumam assumir a forma humana. Na mitologia australiana, o Corvo criou a morte para fazer amor com as viúvas. Embora diversos mitos aborígenes reconheçam que o Corvo pode causar problemas aos seres humanos, quase sempre ele é dotado de certa inteligência, associada a uma astúcia bizarra e a um jocoso senso de humor. Segundo uma história inuit, vários jovens e uma linda mulher visitaram um grande iglu. Todos os homens desejavam a mulher, mas o Corvo tramou uma estratégia de sedução:

> *Depois que os homens foram dormir, o corvo dissolveu suas fezes e as colocou na calça da mulher. Então a acordou, e ela entendeu que, se não se casasse com o corvo, ele contaria aos homens que ela havia sujado as calças. Ela se casou com o Corvo, ficou grávida, e eles tiveram um filho homem.* [1]

Imaginando que o corvo é a personificação da natureza, esse mito nos faz lembrar que o mundo natural às vezes "coloca fezes nas nossas calças". No entanto, as religiões animistas deixam claro que os seres humanos mais fracos, humildes, não deveriam ser vexados com essa travessura.

Certo dia, um corvo mais velho que voava muito acima do homem deixou cair de propósito uma noz bem na cabeça dele. Todos os corvos quase caíram dos seus galhos de tanto rir...

O homem ficou triste e magoado por ser objeto de zombaria, então perguntou ao Corvo:

— Por que todos riem de mim?

O Corvo parou de rir e ficou muito sério.

— Achamos que você compreenderia, mas parece que não. Se compreendesse, saberia que não estamos rindo de você... bom, talvez um pouco, mas é a nossa maneira de brincar. Estamos "brincando" com você, apenas isso. Não deve levar a sério. Você deveria nos conhecer melhor.[2]

Mais uma vez, a mensagem é clara. Os corvos podem deixar cair nozes em sua cabeça, as tempestades podem fustigar em sua canoa, as nevascas podem dispersar suas renas, mas não se deixe abater, a natureza está "'brincando' com você. Não deve levar a sério". O mito não ensina a controlar as forças da natureza, mas contém uma moral clara: ria da desgraça e siga em frente.

Por outro lado, entre os europeus, a Natureza, personificada pelo Corvo, muitas vezes é portadora de mau presságio. Na Europa, durante a caça às bruxas, na Idade Média, o corvo era identificado com o demônio. Para Edgar Allan Poe, o corvo é um

"Profeta, ou o que quer que sejas!
Ave ou demônio que negrejas!
[...]
Ou simplesmente náufrago escapado
Venhas tu do temporal que te há lançado
Nesta casa onde o Horror, o Horror profundo
Tem os seus lares triunfais [...]

Alguns versos depois, Poe suplica:

[...]
Regressa ao temporal, regressa
À tua noite [...]
Vai-te, não fique no meu casto abrigo
Pluma que lembre essa mentira tua.
Tira-me ao peito essas fatais
Garras que abrindo vão a minha dor já crua."
E o corvo disse: "Nunca mais!"

(Tradução de Machado de Assis)

Poe quer que o Corvo, a Natureza e todo o mal a ele/ela atribuído saiam de sua vida, "vai-te do busto sobre os meus portais!... leva teu vulto dos meus portais!". Ele jamais procura comungar, jamais tenta abrir um canal de comunicação espiritual com a tempestade ou o mensageiro náufrago da tempestade. Não há nenhum sentido jocoso, nenhuma indicação de que as tempestades, o Corvo, a Natureza, o próprio destino estejam apenas fazendo uma brincadeira que não devemos "levar a sério". O poema de Poe é maravilhoso, mas, quando tememos e demonizamos a natureza, abrimos as comportas filosóficas para a escavadeira e a serra elétrica.

Quer o Corvo seja visto como um mensageiro das trevas ou um grande brincalhão, os folclores aborígene e ocidental estão repletos de referências à sua inteligência. Diversas histórias sugerem até que os corvos têm um vínculo especial com os humanos. Segundo uma delas, um ermitão, ao sair da cabana numa remota floresta onde vivia, viu um corvo que voava em direção a ele grasnando alto. Olhou para cima e viu um puma à espreita, prestes a atacá-lo. Então agradeceu ao corvo por salvar sua vida.[3]

Os cientistas costumam dar pouca importância a essas lendas, mas experiências de laboratório provam que os corvos são extraordinariamente inteligentes. Num grande aviário, os cientistas realizaram uma experiência com dois corvos, Betty e Able. Eles puseram comida num pequeno balde, no interior de um cilindro de vidro. Ao lado do cilindro, fixaram diversos pedacinhos de arames bem esticados e um com uma espécie de gancho numa extremidade. As aves pousaram na beira do cilindro e tentaram alcançar a comida com os bicos, mas ela estava bem no fundo. Observaram então os instrumentos preparados para eles. Em instantes, Betty pegou o arame torto, enfiou-o no cilindro, prendeu o cabo do balde e retirou a comida. No dia seguinte, Able pegou o arame com o gancho e voou longe, escondendo-o de Betty. Desconcertada, Betty pegou outro arame no bico e, segurando uma extremidade com uma garra, dobrou a outra ponta em forma de gancho. Com a nova ferramenta, recuperou a comida e se empanturrou, sem compartilhá-la com o egoísta do Able.[4]

Essa experiência mostra não apenas que os corvos usam e até fabricam ferramentas, como realizam complexas interações sociais, inclusive a trapaça — como os seres humanos. Dois pesquisadores do comportamento dos corvos, Bernd Heinrich e Thomas Bugnyar, concluem que a inteligência dos corvos "poderia ser equiparada à dos grandes símios, ou mesmo superá-la" e que "é possível que essa aptidão tenha permitido que [o corvo] se tornasse a ave mais bem-distribuída em todo o mundo, porque habita os mesmos continentes dos seres humanos e está perfeitamente adaptada aos mais diversos habitat".[5]

No Ártico, ursos, coelhos, perdizes e corujas se camuflam de branco, a cor do inverno, mas o Corvo, malicioso, estridente e supremamente autoconfiante, permanece vestido de preto.

Quando tento explicar o motivo pelo qual o corvo se empoleirou sobre a torre naquele momento, esbarro no mesmo dilema que enfrento ao procurar compreender como a minha pélvis foi curada. Magia ou coincidência? Deveria ignorar as explicações e começar a acreditar? Ou fazer de conta que, afinal, todos esses fatos não são tão inusitados?

Não sei responder a nenhuma dessas perguntas, mas me sinto orgulhoso e feliz por ter o Corvo como um dos meus amigos. O Corvo sabe rir, lamentar, caçoar e brincar. E arranjou tempo suficiente na vida para se empoleirar em postes de cercas e tagarelar com os amigos.

Quarta viagem a Vyvenka

Chris se surpreendeu quando comecei a fazer planos para uma quarta expedição. Sentamos no sofá, e ela me pediu que explicasse; falei que me sentia como se vivesse o enredo de um livro e estava curioso ou fascinado demais para deixá-lo de lado. Tinha algumas indicações sobre o desfecho, mas elas se mesclavam a devaneios e sugestões, e à sensação de precisar de mais informações. Estava evidente que tinha de voltar a Kamchatka.

Oleg, o caçador, me disse certa vez que eu era um péssimo viajante no mundo espiritual, portanto precisava fazer minha jornada no mundo real. Talvez Oleg não soubesse, mas sua sugestão se referia a uma antiga tradição: Jesus buscou a privação e a iluminação no deserto. Ou talvez ele se identificasse mais precisamente com Igjugarjuk, um xamã groenlandês que dizia:

— ...a solidão e o sofrimento abrem a mente humana, e, portanto, o homem precisa buscar sua sabedoria aqui...[1]

Não consegui penetrar o labirinto e cruzar o portal do Outro Mundo, e não agradeci de forma direta a Kutcha. Mais do que isso, nunca compreendi com clareza quem era Kutcha, como o reconheceria ou agradeceria a ele e o que aconteceria se e quando conseguisse fazê-lo. No entanto, eu sabia viajar pela tundra, onde Misha e eu seguramente encontraríamos o que Igjugarjuk propôs: "Sofrer a fome e o frio." No universo espiritual dos koryak, os deuses são a Natureza, e a Natureza é Deus, portanto, se eu quisesse agradecer a alguém por algo, teria de falar diretamente com a tundra.

Sempre planejei minhas expedições com um objetivo em mente, com o gancho de alguma aventura para convencer os patrocinadores a me anteciparem dinheiro, as passagens aéreas ou os equipamentos. Não sei ao certo o que Chris pensou naquele momento nem lembro exatamente o que ela disse, embora olhasse para mim com certa perplexidade. Talvez ela tivesse nascido com a calma e a compreensão que eu tanto buscava. Em sua percepção de mundo, os esquis serviam para deslizar montanha abaixo. Ela viajara comigo pela tundra uma vez, sobre uma camada de neve rasa demais para um *crosscountry* legal, e foi divertido enquanto durou, mas não via razão alguma para voltar. Eu que me arrastasse pela tundra, se quisesse; ela ficaria e, na primavera, esquiaria em nossas amadas montanhas.

Com alguns telefonemas e esporádicos e-mails, Misha e eu resolvemos que partiríamos de Vyvenka e viajaríamos de esqui rumo ao norte, até Pevek, na costa do Ártico. A distância em linha reta era de pouco mais de 1.100 quilômetros, mas nosso itinerário previa um trajeto sinuoso por vales de rios e passos de montanha. Não tínhamos uma razão real para ir a Pevek, não havia nenhuma ilha das especiarias ou um pote de ouro no fim do arco-íris. A Sibéria é tão grande que qualquer objetivo é arbitrário, mas eu me fixei em Pevek porque era o último posto avançado em terra antes do Polo Norte. Era também o destino de Dimitri, e talvez devêssemos ir até lá, em homenagem a ele, para completar a passagem.

Cheguei a Kamchatka em 14 de março de 2004. Nosso voo até Korpf/Tillichiki estava marcado para 18 de março, mas uma tempestade mais ao norte provocou uma forte nevasca misturada com chuva, e nosso voo foi cancelado. A tempestade caiu dois dias mais tarde, mas surgiu um novo problema. Como Misha explicou:

— Em Korpf, tem muito gelo sobre a estrada em que o avião desce. Eles não têm máquinas especiais para tirar o gelo.

Fez uma pausa.

— Na realidade, eles têm uma máquina especial, mas não funciona.

Outra pausa.

— Bateu. Entende?

— Entendo.

Para dar mais ênfase, Misha prosseguiu:

— Acabou.

Compreendi.

No dia seguinte, Misha soube que a máquina especial não havia batido, mas o operador da máquina tinha dormido, ou ido caçar, ou estava vendo televisão, ou destilando vodca, ou sei lá o quê.

Por fim, partimos em 24 de março, com um atraso de seis dias. Durante o pouso, vi poças-d'água brilhando na pista, lama nas ruas. O calor era nosso inimigo, porque precisávamos de rios gelados e de neve endurecida para viajar. Oleg e Sergei deveriam nos encontrar com suas motos de neve, mas não haviam chegado. Não havia eletricidade em Vyvenka, os telefones não funcionavam, portanto não podíamos nos comunicar. Uma velha desdentada disse que as motos não podiam viajar porque a neve era macia demais:

— Seus amigos virão quando o frio voltar.

Esfriou muito durante a noite, e Sergei apareceu com sua moto pela manhã. Quatro horas mais tarde, chegávamos à rua principal de Vyvenka. Aliviado, respirei longa e lentamente. Lydia correu para fora com uma pá cheia de carvões em brasa, me deu um abraço e um beijo na boca, depois arrancou um fiozinho de lã do meu gorro e o queimou nos carvões, entoando uma breve reza em koryak.

Pedi desculpas por aparecer uma semana depois do combinado, e, no começo, Lydia pareceu confusa com meu pedido de desculpas. Depois, sorriu e me garantiu que o conceito de "atraso" não existe.

Ela nos fez entrar em sua casa e nos serviu borscht, batatas cozidas e peixe-pepino. Tímida, a pequena Angela não se aproximou e enrubesceu quando lhe agradeci por me proteger depois que comi o *mukhomor* em minha última visita. Lydia, que não tivera hóspedes durante todo o inverno, começou um monólogo rápido, misturando novidades, histórias, ideias e lições espirituais sem as transições necessárias.

— Moolynaut ficou doente no inverno passado. Ela tentou passar seu poder para mim, mas havia tantas ideias na cabeça dela que eu não consegui entender ou aprender tudo.

Pensei:

— Você estudou numa escola soviética, sentada numa cadeira, na frente de uma mesa, numa fileira perfeita, numa sala retangular, aprendendo a escrever letras que não passam de rabiscos num pedaço de papel — a abstração da coisa, não a coisa em si. É esse o legado duradouro de Stalin, mas é também a formação e o legado de quase todos os que vivem no século XXI. Sua mente foi moldada de modo que Moolynaut nunca poderá transferir poder para você, e minha mente foi moldada do mesmo modo, e a de Misha. Quando a avó morrer, dois milhões de anos de sabedoria, percepção e intuição acumuladas irão para baixo da terra junto com ela.

Lydia continuou uma fala em que a conclusão não se seguia às premissas, como se o pensamento anterior fosse trivial ou doloroso demais para se alongar nele.

— Minha filha Irene, que estuda tecnologia médica em Khabarovsk, sonhou que Kamchatka afundará no oceano em 2012. Moolynaut concorda. Ela diz que os seres humanos vivem um ciclo de um milhão de anos de Utopia ao Caos. Durante a Utopia, cada pessoa tem uma casa, um jardim, a família é grande, tem muita comida e lenha abundante para queimar. No Caos, as pessoas lutam demais. Os europeus são cabeças de pau, porque lutam demais e estão num ponto baixo do ciclo.

Lydia parou um pouco e acrescentou:

— Talvez o Caos esteja chegando aqui ao Norte, porque muitas pessoas se tornaram alcoólatras e alguns homens batem nas esposas.

Olhei por cima de seu ombro: uma roseira com um botão cor-de-rosa perfeito crescia num vaso perto da janela suja de carvão e pó. Caos ou Utopia, magia ou absurdo, a rosa era um objeto físico concreto e simbolizava o esforço pessoal de Lydia para criar um lar feliz no nordeste da Sibéria, em meio aos caos político e econômico.

Angela subiu no meu colo.

Lydia continuou:

— Este ano foi bom para a pesca. Os homens pegaram três mil toneladas de salmão, e cada pessoa ganhou setenta mil rublos ou mais. Goshe bebeu vodca o inverno inteiro e agora está num centro de tratamento em Korpf.

Ouvi o barulho da moto de Oleg, reconhecível pelo seu ronronar suave, e logo ele e o filho, Volvo, entraram com ímpeto. Volvo estava com 11 anos e viajara com os homens que tinham ido cortar bétulas para fazer novos trenós.

Oleg nos cumprimentou com um sorriso caloroso. Tínhamos viajado juntos, passado dias de tempestade numa barraca, e agora eu regressava a Vyvenka porque ele disse que eu deveria fazer minhas viagens neste mundo. Nossa amizade era muito sólida.

Todos havíamos tido um dia duro e frio no interior e logo sentamos para comer. Às 19h30 começava a escurecer e ainda não havia eletricidade, então fomos dormir cedo.

A casa de Moolynaut

Na manhã seguinte, Lydia queimou um pedaço de *baleen* na *petcka* para dar sorte. Depois mergulhou pele de coelho na manteiga e a jogou no fogo, para os espíritos que viajavam. Quando seus rituais terminaram, anunciou que Moolynaut gostaria de nos ver. Antes, Moolynaut costumava ir à casa de Goshe ou de Lydia, mas naquele momento, pela primeira vez, ela nos receberia. Moolynaut morava a 100 metros de distância, em outra construção estranha de madeira e tijolos com um revestimento externo de papelão alcatroado e um telhado de metal ondulado.

O brilho do sol refletia na neve, assegurando-nos de que a primavera já estava adiantada, mas o frio típico da estação estava voltando, e o barro e a neve semiderretida tinham congelado nos sulcos e às margens da rua principal de Vyvenka. Quando entramos no quintal de Moolynaut, seus cães acorrentados olharam para nós agitando o rabo, mas logo abaixaram a cabeça, ainda meio adormecidos, ao se darem conta de que não tínhamos comida nem queríamos atrelá-los para uma viagem na tundra. Abrimos a porta da frente e entramos num quarto gelado, sem iluminação. A escuridão repentina me cegou, mas havia no ar pungentes fragrâncias animais estimulantes, lembrando viagens e caça — o odor de roupas de pelo, peixe seco, gordura de foca e arreios de couro de rena. Lydia abriu a porta interna sem bater e nos levou para um quarto escuro como uma caverna. Parei desejando que meus olhos e meu olfato se acostumassem à escuridão, esperando que, quando minha visão se clareasse, aparecessem cores. As paredes eram de tijolos sem pintura, cinzentas, iluminadas apenas por uma janelinha suja de pó de carvão. Perto da janela, havia uma mesa de madeira esbranquiçada pela idade, com três banquinhos capengas sem encosto à sua volta. Sobre um pequeno aparador, pouco mais largo do que uma caixa de sapatos, havia quatro xícaras, cinco pires, três pratos e objetos de prata amontoados, alguns furados, tortos, esburacados. Sacos de pano com comida estavam empilhados num canto, e peixe seco pendia de um prego curvo. Ninguém alimentara o fogo na *petchka* havia várias horas, e ela emitia apenas um calor muito tênue. Imaginei ver prisioneiros emaciados, abatidos, esgueirando-se pelas paredes, à caça de ratos. Mas, ao contrário, senti amor, vigor e felicidade abrigados em toda aquela pobreza.

De repente, percebi que mal conhecia Moolynaut, a mulher que havia curado meu corpo. Entretanto, eu tinha voltado, e ela esperava com a tranquila postura de uma mulher mais velha que outrora fora uma jovem que pastoreava renas.

Moolynaut estava num quartinho ao lado, de cerca de dois metros quadrados, com uma janela na face sul. A luz do sol banhava o rosto da velha senhora, e tive a sensação de haver saído do gulag e entrado numa catedral da Idade Média. Vestida com uma camisa e um lenço de flores vermelho vivo na cabeça, estava ajoelhada num cobertor dobrado sobre o chão de madeira. As paredes tinham recebido uma camada de cal num passado distante, e não havia móvel algum no cômodo. Moolynaut estudava com atenção um pequeno pedaço de madeira esculpido com um desenho intricado, aproximadamente do tamanho e do formato de um tabuleiro de *cribbage*, mas ela logo o pôs de lado quando entramos.

— Estou muito feliz em ver vocês. Vocês vieram de muito longe para nos visitar.

Também a cumprimentamos e sentamos a seu lado, cruzando as pernas sobre a coberta, próximos, íntimos naquele pequeno espaço, aquecidos pelos raios do sol da primavera cheios da poeira do ar.

— Vocês vão antes para o acampamento das renas? — perguntou ela. — Aquele aonde foram antes?

— *Da*.

— Ah... ah... Eu vivi com as renas a vida toda. Meu pai tinha renas e meu avô tinha muitas renas. Mas agora não temos nenhuma. Em janeiro tínhamos oitocentas renas em Vyvenka... Que ano era aquele, Lydia?

— Mil novecentos e noventa e oito.

— Sim, naquele ano tínhamos oitocentas renas em Vyvenka. Então, na primavera, as pessoas vendiam carne para os russos. Às vezes, os russos roubavam as renas. Um dia, os lobos mataram vinte e uma. Comeram só as línguas. No outono, tínhamos apenas quinze renas. Então, no início do inverno, veio uma tempestade de neve. Todos os pastores estavam bebendo vodca. As renas fugiram. Nunca as encontramos. Agora não temos renas.

Fez uma pausa.

— É bom que vocês vão para um lugar onde há renas. Eu sou muito velha. Se não fosse tão velha, iria com vocês.

Parou de novo.

— Mas algum dia as renas vão voltar. Elas virão do sul. Talvez eu ainda esteja viva neste dia... talvez não.

Eu não conseguia pensar em nada para dizer, então ficamos sentados onde a luz do sol batia. Mudei um pouco de posição, porque, com o peso do corpo, meus tornozelos raspavam no chão duro.

Então Moolynaut começou a falar, pulando de um assunto para outro, com clareza, mas ao mesmo tempo sem muita relação entre um assunto e outro, como todo velho. Misha traduzia.

— Você e Misha não precisam se preocupar. Estarão seguros na viagem. Os rios vão estar congelados o tempo todo. Vai ser uma viagem rápida.

"Se vocês encontrarem um urso ou um lobo, falem sem medo: 'Você não deve me machucar porque eu sou um homem e você é um animal. Deus olha tanto para você quanto para mim.'

"Se vocês fizerem uma fogueira, precisam colocar um pouco de gordura e dizer para Kutcha: 'Você deve nos proteger contra os animais selvagens.' Quando eu era menina, fui com meu pai para a tundra, e encontramos dois pequenos ursos. Meu pai tem muitos cães. Eles podem matar os ursos. Mas meu pai diz a eles para não matar os ursos. Então o pai diz aos ursos: 'Vocês vão embora correndo. Mas, no futuro, precisam lembrar que eu não machuquei vocês. Agora vocês não devem machucar ou matar minha filha se a encontrarem na tundra.' É assim que vocês precisam falar para todos os animais, e eles não vão machucar vocês."

Moolynaut parou, como se estivesse esgotada por tantas lembranças e de tanto falar. Depois pareceu confusa.

— Aonde vocês vão? — perguntou, como se já não tivéssemos dito. — Ah, Chukotka. Vocês vão para Chukotka. É muito longe. Um dia, muitos anos atrás, meu pai foi para Chukotka de trenó puxado por cachorro. Levou minha irmã e a deixou em Chukotka. Ela casou com um homem de Chukotka e nunca mais voltou. Façam esta viagem em memória da minha irmã. Em memória dos nossos ancestrais.

Depois Moolynaut balançou a mão, como se estivesse cansada de tantas lembranças. Pegou sua pequena tábua e ficou balançando para a frente e para trás, cantando para a tábua ou com ela, não consegui entender. Lydia fez sinal para que saíssemos.

Regresso ao acampamento de Nikolai

Quando voltamos para a casa de Goshe, Oleg disse que a neve, macia à nossa chegada, estava quase firme o suficiente para suportar uma moto de neve. Naquela noite, a temperatura caiu para -17 ºC.

Na manhã seguinte, três motos pararam em frente à casa de Goshe, com Oleg, Sergei e outro homem de barba espessa enorme, também chamado Sergei. Um pouco sem jeito, Oleg anunciou que o segundo Sergei queria ir conosco e perguntou se eu me importaria de dar comida a ele e de comprar um pouco mais de gasolina. Acenei fazendo sinal de que estava bem, e todos sorriram, obviamente aliviados. O segundo Sergei já havia abastecido, e dei a ele algumas notas de rublos amarrotadas para comprar combustível.

Misha e eu fomos a pé até o fim da aldeia e pusemos nossos esquis. Embora Lydia garantisse que ninguém nunca estava "atrasado", as estações seguem seu ciclo, e a nossa viagem se tornaria muito mais difícil, e mesmo perigosa, quando a neve e o gelo do rio derretessem. Por causa das tempestades, partiríamos mais tarde do que o planejado. Tínhamos uma longa viagem pela frente, e, portanto, deveríamos nos apressar. Teríamos muito silêncio e exercício físico no caminho até Pevek, por isso pedimos a Oleg e Sergei que nos rebocassem até o acampamento de Nikolai. Segurei a corda atrás da moto de Sergei. A neve tinha derretido e novamente congelado até ficar dura como pedra, e, quando demos o primeiro salto, absorvi o choque nas pernas.

Curvei-me para a frente, sentindo o vento no rosto e experimentando a sensação do movimento. Para quem gosta de viajar, o movimento é como um lugar familiar, uma cozinha quente, cheia de aromas, como o do pão assando no forno, na qual a mente relaxa, e é ali que ela quer estar.

Moolynaut cresceu como nômade da tundra, percorrendo essa terra em todas as direções de trenó puxado por cães ou renas e morando numa *yuranga*. A tenda, como quase todas as outras coisas da sua vida, era de pele de rena. As paredes de pele falavam com ela, e ela falava com as paredes. Quando os soviéticos cortaram os laços emocionais e espirituais de Moolynaut com sua casa, ela nunca conseguiu se adaptar plenamente. Se uma equipe da televisão russa entrasse em sua cozinha semelhante a um gulag com latas de tinta, vasos de rosas, toalhas de seda e abajures de cristal para reformar sua casa, não faria muita diferença. Ela havia deixado a tundra oitenta anos antes, e uma decoração jamais aliviaria o exílio que se estendeu por toda a sua vida.

Meu peso estava centrado com firmeza nos esquis, e os movimentos dos quadris sobre a pélvis não provocavam dor alguma. Quando chegamos ao topo da colina, Sergei olhou para trás e fez um rápido sinal para cima com o polegar. Sorri e respondi do mesmo modo; ele então acelerou fazendo-me pular, até voar, sobre as moitas e os *strastugis* esculpidos pelo vento.

Embora Vyvenka seja um ponto avançado remoto e pouco confortável, era um espaço urbano, com limites próprios, em comparação com a imensa tundra vestida de branco que se estendia sem-fim em todas as direções. O deserto ártico eliminava todas as fronteiras, internas e externas. As palavras voavam longe sem atingir o alvo desejado, e as preocupações não encontravam paredes para reverberar. O vento frio em meu rosto parecia exorcizar minha personalidade, minha história, minhas realizações e meus fracassos passados. Restávamos eu e minha pélvis sem dor esquiando sobre a neve firme.

Minha casa em Montana é muito mais colorida e aconchegante do que a de Moolynaut, mas, pelos padrões da minha sociedade, eu sou negligente com aspectos como decoração de interiores. Por esse lado, Moolynaut e eu temos algo em comum. Para nós dois, a força está na tundra. Talvez eu não compreendesse todas as suas palavras, mas isso não importava. Eu tinha ido agradecer a Kutcha e, se Kutcha não se revelasse, agradeceria à dura paisagem congelada e amedrontadora, mas concreta. A neve falava comigo através dos esquis de um modo tátil, familiar, e eu me sentia confortável porque a neve, um dos meus espíritos totens, estava bem debaixo dos meus pés, onde eu sempre poderia encontrá-la, produzida e continuamente alterada pelo ciclo das estações. Durante o próximo mês ou dois, minha vida dependeria da comunicação com a tundra e da compreensão da narração que se desenrolaria a cada segundo no céu, na neve e na inexorável sucessão das estações. A vida era precária, complicada e simples, ao mesmo tempo.

Aquela era a primeira manhã do primeiro dia de uma longa jornada num ambiente frio e perigoso. Dimitri morrera naquele lugar. Misha e eu poderíamos encontrar algumas pessoas, não muitas, e logo nossos amigos voltariam para Vyvenka, e nós passaríamos a depender totalmente um do outro.

Chegamos à Pedra Sagrada em poucas horas e ali paramos para descansar e prestar nossas homenagens aos ancestrais, aos deuses e à paisagem. Deixei um pequeno ícone que comprara durante uma expedição de montanhismo no Nepal, depois sentei, um pouco afastado dos outros, para que o sol da primavera penetrasse em mim. Um ano antes, Simon me contara que ninguém vivia na tundra, nas proximidades, ninguém mais a percorria a pé, e, por isso, as pessoas tinham deixado de transmitir energia à pedra. Ela estava perdendo o poder de curar e proteger as pessoas. Essa afirmação é um dos mistérios que eu jamais entenderei, mas sabia que tinha ido até lá para experimentar a alegria e o sofrimento daquele lugar, numa missão misteriosa, talvez insana, para agradecer a um Espírito Corvo que curara minha pélvis, o que quer que isso significasse. Eu nunca entenderia ou explicaria minha cura, mas através da tundra poderia assimilar parcialmente alguma noção da antiga sabedoria de Moolynaut e oferecer minha energia àqueles horizontes selvagens para que pudesse extrair deles força quando necessitasse.

Minha divagação foi interrompida pelo barulho dos motores, e, quando olhei para cima, Oleg fez sinal de que estava na hora de ir. Viajamos sem parar a manhã toda e parte da tarde. Nas cristas mais expostas, a neve era dura, sulcada pelos *strastugis* congelados, tínhamos dificuldade em manter o equilíbrio pulando atrás das motos. Quando mergulhávamos nos sulcos e no fundo dos riachos, a neve era macia e suja, e ficava difícil viajar. Misha e eu caímos uma vez ou outra; as motos atolaram. Não tínhamos necessidade de perguntar um ao outro: "Está tudo bem? Precisa de ajuda?" Éramos uma equipe acostumada a viagens complicadas. Sabíamos muito bem o que devíamos esperar.

Percorremos um passo baixo e entramos no vale seguinte; a maior parte da neve havia derretido ou sido levada pela recente tempestade, desnudando a superfície crua da terra. Desligamos as motos, mas o ruído dos motores continuou reverberando em meu ouvido, e o cheiro das emissões permaneceu nos protetores das narinas. A sudoeste, o sol da tarde estava baixo, indicando que estava na hora de acampar.

Tirei os esquis e sacudi as pernas para relaxar os músculos contraídos, endurecidos. Sergei sorriu: — *Oostal* [cansado]?

— *Da. Ochen oostal* [sim, muito cansado].

— Deve estar mesmo; já andamos cento e setenta quilômetros.

Assobiei. Era uma distância enorme a reboque de uma máquina que viajava sobre neve bastante endurecida. Era tarde, e já tínhamos percorrido a mesma distância que, na expedição anterior, nos exigira oito dias de viagem.

— Vamos acampar e comer — disse eu.

Mas, por alguma razão, Oleg não quis acampar, e ele era o líder da expedição. Sergei ligou sua moto. Cansado, tornei a pôr os esquis, e peguei a corda do reboque. Andamos cerca de trinta e cinco metros, e então a moto de Sergei disparou na tundra nua, enquanto, ao longo da trilha, pequenos tocos eram cuspidos debaixo das rodas, como de um aparador de grama. Eu estava uns cinco metros atrás do trenó e pensei: "Com certeza, ele vai reduzir a velocidade quando meus esquis baterem no solo nu."

No entanto, ele não fez nada disso. Eu meio voava, meio esbarrava na vegetação, até que encontramos a neve outra vez. Sergei olhou para trás e sorriu maliciosamente. Prosseguimos até depois do anoitecer. Sergei achava que, toda vez que encontrássemos o chão nu, eu usaria reservas de energia e daria um sprint como um jogador de beisebol sobre esquis, embora pulasse atrás da moto já havia doze longas horas. Depois de mais alguns quilômetros, bati, caí; foi um tombo feio; fiquei deitado no chão, com o nariz na grama, entre os arbustos de salgueiro-anão, pensando que, se Oleg achasse que minhas condições estavam ruins o suficiente, talvez tivesse pena de mim e resolvesse acampar.

Um pouco desapontado com minha óbvia fraqueza, ele finalmente teve compaixão e disse que eu poderia viajar sobre o trenó. Misha ainda aguentava, conseguia permanecer de pé e continuou sobre os esquis.

Armamos a barraca no escuro, e, durante o jantar, Sergei, o barbudo, contou muitas piadas, mas ninguém riu, e Misha nem se preocupou em traduzir.

De manhã, consultei o GPS e anunciei que no dia anterior tínhamos percorrido um grau de latitude. Oleg olhou para mim, mergulhado profundamente em seus pensamentos:

— Quantos graus são do Polo Sul ao Polo Norte?

— Cento e oitenta — respondi.

Oleg sorriu:

— Vivi toda a minha vida na pequena aldeia de Vyvenka. Sempre pensei que o mundo era muito grande. Mas na realidade não é. Se tivesse neve suficiente, e se você pagasse a gasolina, poderia dar a volta ao mundo em um ano.

Chegamos ao acampamento dos geólogos ao meio-dia do dia seguinte. As folhas dos telhados arrebentados sacudiam ao vento que penetrava pelos beirais; não havia ninguém e nenhum sinal reconfortante de habitação recente — lascas de lenha sobre a neve, excrementos de cão ao longo da trilha ou cheiro de fumaça. Ainda havia ouro nos cristais incrustados na rocha embaixo dos meus pés, mas não havia quem o arrancasse da terra, triturasse, machucasse, reduzisse a pó. Às quatro da tarde, chegamos ao acampamento de Nikolai; também estava abandonado. Não havia cães latindo, não vimos rostos amigos nem renas pastando nas proximidades. Descemos cansados das motos; o vento soprava na paisagem antes silenciosa, carregando a grama solta e batendo as folhas das janelas.

Oleg estava visivelmente desapontado e devia estar faminto, porque não tinha comido o dia todo, mas logo recuperou a calma e disse "*Payette, normal*", ou seja, "Tudo bem, tudo certo", querendo dizer: "Estou acostumado a me decepcionar; aprendi a conviver com isso."

A porta da casa dos pastores estava fechada com uma corda e um pedaço de pau. Entramos e acendemos o fogo. O lugar estava escuro e frio, com cheiro de pele de animal; o gelo aderia às paredes e ao teto. Havia panelas e louças empilhadas sobre prateleiras de madeira, e a mesa e os banquinhos estavam arrumados, como se esperassem o regresso de alguém. Pegamos a lenha armazenada sob um monte de neve e enchemos o fogão de ferro, que logo ficou vermelho em brasa.

Sergei preparou um abundante jantar de macarrão e kielbasa. Depois da refeição, relaxamos com chá, e Sergei quebrou o silêncio com uma de suas histórias.

Meses atrás, de manhã cedo, um dos homens da nossa aldeia andava na tundra com seu cão. O sol acabara de nascer e ainda estava baixo no horizonte. Entre o homem e o sol, apareceu um urso. Os ursos são espertos, sabem caçar. O urso emboscara o homem, sabendo que a luz do sol o cegava. Quando o homem ouviu o ruído de passos na neve, virou-se, mas era tarde demais. O urso o atacou com um golpe no peito, quebrou várias costelas e o derrubou. O animal encheu os pulmões preparando o golpe seguinte, mas o homem revidou, usando seu rifle como um bastão. Antes que o urso o atacasse novamente, o cão do homem mordeu sua pata traseira. O urso rodopiou, dando ao homem tempo suficiente para pôr uma bala no tambor e atirar.

Quando o homem voltou para casa, estava com muita dor por causa das costelas, mas não tinha dinheiro para comprar vodca, então atirou no cachorro e vendeu a pele para comprar bebida.

Esperei que a narração continuasse, mas tinha acabado.
— É verdade? — perguntei.
Oleg acenou com a cabeça.
— Sim, é verdade. A vodca é muito ruim para o nosso povo.
Misha explicou em inglês:
— Na maioria das vezes, visitamos Vyvenka com Moolynaut, Lydia, Oleg e Sergei. Eles são felizes, mas muitas coisas ruins acontecem lá. Muitas pessoas bebem vodca. Às vezes, homens e mulheres se matam. Isso é muito ruim. O homem que mata o seu cão não é mau, mas coisas ruins acontecem com ele, então precisa de vodca. A vodca é ruim para todos na Rússia.

Oleg o interrompeu dizendo algo em russo, e os dois conversaram. Então Misha continuou:
— Oleg diz que não é bom falar de coisas ruins. Temos muitas dificuldades ainda pela frente. Muita viagem longa. Devemos pensar na tundra e em Kutcha. Talvez agora possamos dormir.

Noite com os pastores

O sol da manhã estava baixo e vermelho no horizonte sul, como se relutasse em deixar seu confortável saco de dormir, enfrentar o frio e sair para fazer pipi. Os três koryak abasteceram as motos para voltar a Vyvenka. Despedimo-nos sem grande emoção, como se fôssemos sair por um dia para pescar, e logo as motos desapareceram com grande estrondo. Esperamos que os gases e o barulho se dissipassem na vastidão. Em certo sentido, estávamos "atrasados" por causa das tempestades e porque nosso voo tinha sido adiado, portanto tínhamos "pressa" de chegar a Pevek antes que a neve e o gelo do rio derretessem. Essas condições eram imprescindíveis para o sucesso da nossa viagem e até para nossa sobrevivência, mas, em termos sentimentais, não tinham a menor importância naquele momento.

Tomamos mais uma xícara de chá e, então, quando não foi mais possível protelar, carregamos os trenós, prendemos os arreios em volta do peito e dos ombros e nos demos rapidamente as mãos em sinal de solidariedade. Balancei um pouco para a frente com o tronco para que o trenó se soltasse e dei os primeiros passos. Ele deslizou com facilidade sobre a crosta firme de neve que raspava em baixo dos esquis. Um vento contrário do norte soprava com violência, trazendo o ar gélido do Polo e do oceano Ártico. Meus olhos lacrimejavam; parei e coloquei os óculos de proteção.

No mesmo instante, todas essas pequenas desventuras, atrasos e inconvenientes transformaram-se em ninharias perto da tarefa que tínhamos pela frente. Logo eu sentiria falta da opulência da poltrona econômica no avião da Aeroflot, das suculentas refeições, da camaradagem silenciosa do gordo que roncava e da relaxante cadência familiar de *Piratas do Caribe*.

Eu havia embarcado na tresloucada missão de esquiar até um pequeno ponto do Ártico do qual poucos tinham ouvido falar para agradecer a Kutcha, o mensageiro, que planava com suas negras asas estendidas entre o Mundo Real e o Outro Mundo — ou algo parecido. Quase esperava que ele mergulhasse sobre nossas cabeças para dizer "Olá", mas seria pedir demais, então me recusei a me sentir decepcionado quando ele não apareceu. Naquele momento, não importava para onde eu ia ou por que estava naquele lugar; minha sobrevivência física e espiritual dependia dos três elementos do meu novo lema: atenção, curiosidade e observação. Embora a paisagem parecesse monótona, eu tinha de experimentar a maravilhosa complexidade de suas sutis mutações. Lembre-se de Dimitri. Não seja arrogante. Não se molhe. Não cometa nenhuma estupidez.

Depois de um quilômetro e meio, chegamos ao fundo de outra enseada infestada de arbustos de chorão, e os trenós atolaram na neve macia trazida pelo vento. Os rastros se misturavam no denso matagal; meu trenó tombou quando, impaciente, o puxei com um solavanco sobre um tronco. Levamos meia hora para avançar cerca de cem metros, mas retomamos nossa velocidade normal assim que reencontramos a tundra aberta, varrida pelo vento. Grama e vegetação rasteira penetravam a tela fina da minha mochila, formando manchas amareladas contra o branco. No horizonte, esses trechos descobertos pareciam, em perspectiva, uma extensão ininterrupta, como se não houvesse neve alguma. O sol subiu, e a neve derreteu em toda a faixa de vegetação. Isso era ruim. Precisávamos de neve para viajar. Então me dei conta da insanidade da minha tendência de homem branco a calcular e a medir; entretanto, nosso "atraso" era real e estávamos "com pressa" de ir para o norte.

Naquela tarde, seguimos rastros de esquis até uma pequena *serei*, que tinha um pungente cheiro aromático de pele, carne de rena e gordura. O acampamento pertencia ao clã que tínhamos visitado em 2001 e em cuja casa nos hospedáramos na noite anterior. O chefe da brigada, Nikolai, que se tornara nosso amigo, estava em Manily e deixara as renas e apenas quatro pastores adultos no acampamento. Uma mulher jovem cozinhava com um bebê nos braços.

Em 2001, sentimos vibração e entusiasmo no acampamento. Naquela época, havia oitocentos renas, e a tribo esperava aumentar a manada até duas mil. Três anos mais tarde, havia apenas 840 animais. Um dos pastores, Vladimir, explicou que estavam passando por uma péssima fase. Na melhor das hipóteses, ser pastor é um trabalho muito duro para um ganho pequeno. Cada vez mais os jovens deixam os acampamentos e procuram um emprego mais fácil, mais bem-remunerado nas cidades e nos barcos de pesca. Por isso não há pastores em número suficiente para cuidar adequadamente das renas. Naquele momento, com a iminência da temporada dos nascimentos, eles tinham apenas dois jovens para guardar os animais. Com mão de obra escassa, era impossível proteger as renas dos lobos, que acabavam com a maior parte dos eventuais lucros. Por isso eram pobres, e os jovens não tinham nenhum incentivo para entrar na brigada e pastorear as renas.

Vladimir concluiu desanimado:

— A brigada está morrendo. Não tem dinheiro. É uma vida chata. Não tem dança, música, mulheres. Não há médicos. Está quase na época da festa da primavera. Meus avós contam que, antigamente, toda a tribo ia para a Pedra Sagrada e ali encontrava outras tribos. Havia festas, namoros, animação, companheirismo, lutas, corridas de trenós puxados por cães ou renas. Agora, nós somos a última brigada para pastorear na região. Não há reunião na Pedra Sagrada. A Pedra Sagrada está morrendo. Estamos sozinhos, morrendo.

Sergei, o mais velho, fumava cachimbo e ouvia, calado, as queixas de Vladimir. Então perguntou sobre nossa expedição. Fiquei um pouco sem jeito; de certo modo, eu me senti até um louco ao tentar verbalizar o que estávamos fazendo. Era fácil falar da aventura com Misha e os meus amigos em Vyvenka, por assim dizer, nossos parceiros no crime, mas até minha amada esposa, Chris, havia ficado perplexa quando quis explicar o que pretendia fazer. Aquele homem era um completo estranho. Respirei fundo e disse que Moolynaut tinha curado a minha pélvis em 2001 e que havíamos resolvido fazer a viagem a fim de entender a natureza de seu poder e agradecer a Kutcha por ter contribuído na cura.

Pensativo, Sergei dava baforadas com seu cachimbo:

— É difícil saber de onde vem este poder. Você não vai achar a resposta, mas está procurando no lugar certo.

Depois de uma pausa, continuou:

— Oleg está certo; no fundo, o poder vem da tundra. Quando os soviéticos tiraram os nossos jovens da tundra e os obrigaram a esquecer a língua antiga, o modo de viver antigo e a morar nas escolas russas, perdemos os nossos costumes. Conheço isso. Passei a infância nas escolas russas. Talvez, agora, Moolynaut seja a única koryak viva que tem o poder de fato.

"Alguns anos atrás, havia três velhas koryak que cresceram na tundra, antes dos soviéticos, e ainda lembravam o modo de curar do tempo antigo. Uma morava em Manily e morreu tranquilamente há poucos anos. Outra morava em Magadan, mais ao sul. Antes de morrer, ela tentou passar o seu poder para outra pessoa. Ninguém conseguiu aprender, porque ninguém tinha crescido na tundra. Quando ela já estava muito velha e doente, foi andando até a floresta, pôs as mãos ao redor de uma árvore e disse: 'Meu poder veio da terra e eu o devolvo à terra. Árvore, toma o meu poder.' E o poder saiu da mulher e foi para a árvore. A árvore explodiu, e a mulher morreu. Agora Moolynaut é a única que resta."

Ficamos sentados em silêncio, até que Sergei interrompeu nossas reflexões perguntando em que eu trabalhava. Expliquei que era escritor.

Ele perguntou se escreveria sobre minha experiência em Kamchatka e eu respondi que sim, desde que o povo koryak não tivesse objeções.

Sergei respondeu:

— Não, não temos objeções. É bom. É bom que as pessoas da sua terra conheçam os koryak que vivem neste lugar.

Acenei concordando com a cabeça, porque ele estava certo.

Viagem a Talovka

Na manhã seguinte, a temperatura era -29 ºC, e o vento norte soprava enfurecido. Colocamos óculos de proteção, amarramos os gorros bem apertados em volta do rosto e seguimos para Pevek. É possível que haja na Terra do Nunca ideal mas não existente nas viagens ao Ártico um plácido campo ondulado de neve endurecida da primavera, onde os trenós deslizam sem esforço na vastidão. Mas, aqui, nossas viagens jamais foram alegres, despreocupadas, com os músculos esticados em longas passadas e a mente divagando na amplidão, sem se esforçar para pensar na caminhada. Ao contrário, a toda hora esbarrávamos em arbustos de chorões e pinheiros-anões da altura de nossos ombros, e arranhávamos nossos trenós sobre a grama, a terra e pedras expostas. Era impossível conversar, porque o vento empurrava as palavras de volta para nossas gargantas carregando-as até os alvéolos, como um cão de ferro-velho, para que nunca mais pulassem a cerca. Caminhávamos lado a lado, próximos e, no entanto, isolados, cada qual encasulando os poucos centímetros de fraco calor que havia entre o corpo e a roupa.

Seguíamos em direção ao oceano Ártico ou a um encontro com Kutcha, e ambos os destinos pareciam igualmente sem sentido.

Um torvelinho varreu a neve em uma nuvenzinha em formato de funil que lavou nosso rosto em leves redemoinhos brancos antes de fugir numa dança inconstante pela planície vazia. Os borrifos se dissolveram em contato com meu rosto, carregando parte da minha racionalidade urbana controlada pelo lado esquerdo do cérebro para aquele território distante no qual reside a racionalidade urbana. Culpa ou não de Moolynaut, vislumbrei o potencial do lado direito do cérebro livre. Tive novo vislumbre no labirinto, assim como na avalanche — enquanto me agitava no caos entre a vida e a morte. Essas experiências mudaram minha vida para sempre, e para melhor. Eu estava lá — em tese, para agradecer a Kutcha, mas na realidade para abrir a minha mente, "sofrendo com fome e frio". Na verdade, isso também estava errado. Parece estranho que, num mundo urbano, com uma casa aquecida e a garantia de que amanhã haverá o que comer sobre a mesa, frequentemente minha cabeça se encha de preocupações. Na tundra, onde a vida é tão frágil, em meio ao frio, às dificuldades, à fome, à imensidão do espaço, é fácil para mim espanar as teias de aranha do cérebro com a vassoura mágica de Lydia e exorcizá-las com seu encantamento:

— Saiam, maus espíritos. Voltem para a sua mãe. Ela mora no lugar mais escuro do Norte.

— E, quando os espíritos maus encurvados, em seus mantos de pelo, vão se arrastando com sacrifício sobre a neve, resta apenas uma pacífica harmonia com todo aquele espaço.

Muitos dos meus amigos koryak me garantiram que eu nunca poderia vivenciar o mundo como Moolynaut porque não cresci na tundra. No entanto, o discernimento não é algo binário. A dádiva de Moolynaut não foi apenas curar minha pélvis. Talvez sua dádiva maior tenha sido fazer com que eu voltasse repetidas vezes a Vyvenka, onde aprendi a aceitar, valorizar e seguir o que me dizia o lado direito do cérebro, que sempre esteve presente. E naquele momento, enquanto tremia de frio e os arreios do trenó esfolavam meus ombros, eu buscava em mim o poder liberado por aquele ambiente selvagem, embora tivesse certeza de que jamais o compreenderia de maneira tão profunda quanto Moolynaut.

Seguimos o leito estreito de um riacho até as montanhas e então subimos pelo curso seco de uma torrente em forma de U que levava a uma passagem baixa. No fim daquela tarde, do alto do topo, víamos na direção norte um amplo conjunto de vales de rios e alagados que se estendiam, quase sem interrupções, por mais de quinhentos e cinquenta quilômetros, terminando de forma abrupta nas montanhas que guardavam o oceano Ártico. Nossos corpos vibravam com o vento intenso, como os ramos das árvores e a grama que despontava da neve, à espera do verão.

A paisagem lá embaixo era gloriosa em sua imensidão, mas sóbria nos detalhes. O vento tinha varrido quase toda a neve da tundra, desnudando a ampla planície de cor fulva. Não havia como arrastar nossos trenós sobre a terra nua.

Contudo, como não tínhamos alternativa, viramos os trenós e os baixamos, de popa, por um declive íngreme cheio de arbustos, até um afluente do rio Talovka. Estava quase escuro. A neve se acumulara ao abrigo do barranco do rio, então cavamos uma proteção confortável no montículo que ela formara com o vento e montamos nossa barraca.

Na manhã seguinte, voltamos a carregar os trenós, subimos a ribanceira e estabelecemos nosso curso até a aldeia de Talovka. Nas poucas centenas de metros seguintes, não havia neve na tundra. Nada. Zero. Nadinha. O vento assobiava entre bétulas de cinco centímetros de altura e sacudia os receptáculos das sementes ressequidos pelo gelo, tenuemente agarrados à grama e aos capins. O gelo mordia o queixo e as bochechas. A oeste, a tundra estava coberta de neve na proximidade das montanhas; sugeri que déssemos uma longa volta para procurar um caminho mais fácil. Misha balançou a cabeça.

— Não é a maneira russa de fazer as coisas; nós seguimos em frente. A gente não vai para oeste só para encontrar um caminho fácil. Agora você está na Rússia.

Considerei uma atitude idiota esquiar sobre a terra nua, puxando um trenó obstinado com um vento invernal, mas agora eu estava na Rússia.

Os trenós raspavam as pedras e pegavam cada graveto do caminho. Puxar o trenó era como tentar convencer o meu cão a sair do carro e entrar no consultório do veterinário que ele odeia. A cada passo, ele estica as quatro patas para frente, com as garras à mostra, arranhando, cavando, resistindo, relutando enquanto a distância diminui. Tentei não pensar que o trenó era uma coisa viva, estava zangado e nem um pouco disposto a cooperar. Estávamos em uma expedição, durante uma mudança ruim do tempo. Logo nevaria e a tundra se cobriria com um glorioso manto branco, uniforme.

"Pare de choramingar, mesmo que ninguém ouça", pensei comigo.

Estava mal-humorado. Ao meio-dia, disse a Misha que estávamos fazendo um esforço enorme sem progredir. Como alternativa, sugeri que seguíssemos o curso de um rio coberto de gelo e neve, mas ele serpenteava num vale como se tivesse enlouquecido. Embora a viagem fosse mais rápida, ficamos dando voltas para a frente e para trás, sem nos aproximarmos muito de Talovka. Por fim, quando o rio fez uma ampla curva para o sul, Misha se rebelou. Carregamos nossos trenós de volta para a tundra e puxamos alguns metros contra o vento. Então, como gêmeos idênticos que pensam a mesma coisa ao mesmo tempo, voltamos em silêncio para o abrigo do barranco do rio, fizemos uma enorme fogueira e fervemos água para o chá a fim de recuperar nossas forças.

O dia seguinte foi uma repetição do anterior. Embora não conseguisse manter a calma de um budista, resolvi contar a mim mesmo uma história que me impediria de sentir aquele desânimo que não passava. Quatro anos antes, Misha e eu tínhamos remado no Pacífico Norte percorrendo uma das rotas marítimas da antiga migração que levou homens da Idade da Pedra da Ásia até a América do Norte. Enquanto alguns desses primeiros migrantes remavam, outros faziam uma jornada dificílima por terra, a pé, passando perto da região onde nos encontrávamos. Imaginei-me andando por ali, no vento gélido, com minha mulher grávida, uma criança e avós. Eu precisava ficar de olhos bem abertos na esperança de encontrar um mamute doente ou um filhote abandonado que eu pudesse matar com um longo bastão com um pedaço de osso amarrado na extremidade. Senti uma profunda reverência pelo poder de meus ancestrais e mal-estar por minha fraqueza.

Quando o vento sopra no oceano, impele a água, formando ondas que ficam extremamente altas e em seguida despencam sobre a superfície azul-esverdeada, produzindo uma sibilante espuma branca. Depois que a tempestade passa e os ventos amainam, as ondas diminuem, com ondulações suaves que cantam numa tranquila lembrança das atribulações do dia anterior. Ao contrário, quando a nevasca se desencadeia sobre a tundra, empurra a neve em ondas que formam uma barreira fechada, cristal comprimindo cristal, como se o tempo se solidificasse. A neve torna-se a lembrança da tempestade, preservando com cuidado a intensidade de cada lufada e redemoinho, aguardando a passagem da primavera para libertar o que escondeu em si, molécula por molécula, e novamente correr na direção do mar.

Mais ou menos a cada cinquenta metros, meu trenó parava de repente ao esbarrar num dos blocos congelados, e eu precisava desafivelar os arreios, erguer o trenó sobre o obstáculo, pegar os arreios e prendê-los de novo. Misha tentou puxar o seu sobre um obstáculo, e o trenó quebrou. Nenhum de nós disse nada. Amarramos as bordas do plástico quebrado junto com pequenos galhos de bétula, mas o plástico escorregava, as cordas eram duras, a bétula se soltava e se desprendia, e nossos dedos estavam congelados. Os primeiros nós não foram suficientes, então fizemos mais com outros pauzinhos, e depois outros e outros. As cordas embaraçaram. Joguei água sobre aquele emaranhado para que, congelando, ele permanecesse unido e pensei que, quando o gelo derretesse, nossos dedos estariam quentes o suficiente para consertar o trenó.

Poucas horas mais tarde, meu trenó quebrou. Nós o consertamos, trabalhando juntos, em silêncio, no vento que uivava. Chegamos aos barrancas do rio Talovka, mas a mata de salgueiros-anões era tão densa que era praticamente impenetrável. Peguei minha serra e abri uma trilha, galho por galho. Foram duas horas de trabalho árduo para avançar cinquenta metros. Enfim, acampamos.

O rio Talovka tem cerca de cem metros de largura e estava coberto por uma camada de gelo transparente como um cristal de quase um metro de espessura. O frio do inverno expandira o gelo, comprimindo-o contra as margens, até inchar e rachar. As rachaduras e as bolhas riscavam a superfície de gelo como o mapa dos fusos, destacando momentos alternados de alegria e de destruição numa matriz transparente. A superfície do gelo parecia uma lente gigantesca, e eu imaginei que ela amplificaria os mistérios, se eu fosse sábio o bastante para decifrá-los. Os trenós viajavam com facilidade sobre a superfície lisa, mas nossos esquis não encontravam tração, e escorregávamos sobre a superfície ondulada, desejando estar usando skates. Nosso plano era seguir na direção nordeste, mas, quando o rio fez uma curva a sudoeste, nós o seguimos relutantes, sabendo, de acordo com o mapa, que ele daria uma volta e retornaria ao ponto de partida. Embora estivéssemos na Rússia, andávamos na direção errada para ir na direção certa. Nossa expedição deixara de ser uma corrida heroica até Pevek e se transformara numa curiosa excursão, com um objetivo desconhecido e um futuro incerto.

Às três e meia, ao fim de uma curva, ficamos surpresos ao ver um cargueiro dentro do gelo, preso à margem por pesadas amarras. O registro de bordo, rabiscado em um pedaço de papelão enfiado numa lâmpada em cima do leme, dizia: "Encalhamos, 15 de setembro de 2003. Atracamos na praia. Voltaremos com a maré alta depois que o gelo se romper."

A carga havia desaparecido. A desgraça de alguns se tornara nossa sorte. Acendemos o fogão de ferro e descansamos nos beliches frouxos enquanto nossas roupas e equipamentos secavam.

Andamos por mais dois dias de muito vento, falando pouco. Misha parecia não existir, mas estava em toda parte: dentro para me dar forças, fora para salvar minha vida se algo acontecesse. Tudo continuou assim por algum tempo. Eu tinha a sensação de que Chris estava muito longe, como a luz no fim do labirinto — misteriosa, fora do alcance —, na outra extremidade da tundra e do oceano. Mas ela também estava dentro de mim, assim como Moolynaut e Kutcha, todos eles parte da paisagem sem-fim que se estendia até o Polo Norte. Tínhamos remado em nossos caiaques no Pacífico, e aquela jornada definiu para sempre o espaço e a distância percorrida que os músculos de um ser humano são capazes de suportar. Eu voltaria a deitar com Chris, em nossa torre na floresta de pinheiros, mas antes teria de atravessar aquela tundra gelada varrida pelo vento. Então o caleidoscópio girou, e Chris estava aninhada junto a mim. O vento parou, as estrelas brilharam, e seu corpo nu era macio e quente sob o edredom em nosso quarto sem aquecimento.

Quando espaço e tempo penetraram o mundo dos sonhos, tudo se tornou efêmero e tangível ao mesmo tempo. O salgueiro contra o qual eu roçava estava a um passo de mim ou a uma distância infinita, desaparecendo no rodopio das imagens do Outro Mundo, que era o mundo de Kutcha.

Na tundra, enquanto arrastava o trenó sobre a terra nua e sobre os *strastugis*, ao lado de Misha, senti algo sair e algo entrar em mim, até que interior e exterior se mesclaram e se tornaram um só. No entanto, como a natureza se tornara parte de mim sem trazer consigo palavras ou histórias, perdi a bagagem do passado e os temores do futuro. Então, embora estivesse congelando e meus dedos doessem, compreendi que Oleg, Moolynaut ou talvez Kutcha tinham me mandado para lá.

Depois de alguns dias e sem um motivo especial — sem lutar contra o Demônio ou avaliar as consequências cármicas —, Kutcha desligou o vento e atiçou o fogo do sol de abril. A temperatura subiu, e o vale do rio se estreitou num cânion que fendia as colinas onduladas. As paredes do cânion que serviam de quebra-vento tinham permitido o crescimento de uma floresta luxuriante. A neve macia cobria o solo. Pássaros brancos e cinzentos pulavam de galho em galho, construindo ninhos e entoando canções de amor. Tiramos as parcas e continuamos em frente, com agasalhos mais leves, que permitiam que o corpo respirasse.

No início da tarde, vimos uma moto estacionada sobre o gelo. Um cão latiu. Uma coluna de fumaça saía da floresta. Um homem de macacão cor de laranja vivo e um gorro de pele de cão com um intricado bordado de contas saiu do meio dos arbustos, esperou em silêncio que nos aproximássemos e se apresentou como Vischyslav.

Uma mulher de aproximadamente 50 anos vestindo roupas de pele estava sentada sobre peles de rena no meio do rio pescando por um buraco no gelo. Mal respondeu ao nosso cumprimento. Lembrei que, quando encontramos Moolynaut pela primeira vez, ela limpava peixe e pareceu pouco interessada em nós. Quando as mulheres koryak estão apanhando ou preparando o peixe, não se distraem com facilidade.

Seguimos Vischyslav até a fogueira. Era um koryak de quase 30 anos ou pouco mais, com um rosto largo, amistoso. Um russo magro como um habitante de um gulag, claramente bêbado, estava sentado de pernas cruzadas sobre uma pele de rena perto do fogo, com as calças rasgadas e um *kuchlanka* debruado de forma elegante feita de pele de urso-polar, mas manchado de peixe, graxa da máquina e óleo. Lábios espessos, dentes péssimos — conforme o costume —, cabelos desgrenhados, sujos, olhou para nós sem o menor interesse ou sem se dar conta de nossa presença, como se tivesse esbarrado em nós no metrô de Nova York no horário de pico. Eu nunca soube seu nome.

Vischyslav perguntou sobre nossa viagem, mas parecia cauteloso, não muito hospitaleiro, como se fôssemos perigosos. Minutos depois, a mulher se aproximou correndo no meio dos arbustos, como um búfalo aquático, repreendendo-o, e assumiu o controle da situação.

— Você se esqueceu das boas maneiras? — gritou, agitando os braços. — Há comida no trenó. Os viajantes estão com fome. Por que escondeu a comida? Você é pão-duro?

Ele arrancou o encerado de seu trenó e pegou pão frito, manteiga e uma lata de uma carne crua. Então voltou decidida ao seu buraco para pescar. Ao que parece, para as mulheres koryak, a hospitalidade é uma das poucas coisas mais importantes do que pescar. Suficientemente castigado, Vischyslav tornou-se amável e preparou um lanche. Explicou que não éramos os primeiros viajantes que haviam chegado ali.

Na realidade, muitas visitas chegavam. Duas, desde que ele se conhecia por gente. Uma fora Dimitri. Ele perguntou se havíamos ouvido falar de Dimitri, e nós assentimos.

Vischyslav nos disse que Dimitri era excepcionalmente forte, mas morreu por não respeitar os perigos que espreitam na tundra. Depois de Dimitri, chegou uma "delegação" do Colorado. "Delegação" soava como algo oficial. Pelo que pude entender, pessoas de algum lugar perto de Telluride, Colorado, interessadas nos alucinógenos indígenas, chegaram a Talovka de helicóptero. Comeram os cogumelos, e depois Vischyslav as levou para pescar.

Vischyslav coçou o queixo, olhou para o fogo e depois para mim:

— Você é um homem branco dos Estados Unidos, e estou contente que você veio. Tenho uma pergunta. Ando pensando nesta pergunta faz um ano. Vocês, americanos, são muito estranhos. Mas talvez você possa me ajudar.

E prosseguiu:

— A mulher americana pegou um peixe grande. Um peixe maravilhoso. Mas, antes que alguém fizesse alguma coisa, ela tirou o anzol de propósito, e ele foi embora nadando.

Vischyslav balançou a cabeça; relutava a crer.

— Fiquei muito furioso. Era um peixe lindo; todos nós queríamos comê-lo. Fiquei muito furioso. Você sabe por que ela deixou o peixe ir embora?

O russo bêbado levantou os olhos, prestando atenção na conversa pela primeira vez.

Respirei fundo. Estávamos prestes a ter uma experiência cultural.

— É o que eles chamam de pesca esportiva: você pesca e solta.

Misha nem se preocupou em traduzir; eles queriam uma explicação, e não uma definição incompreensível.

— Bom. É assim que as pessoas pescam no Colorado. Se você deixa o peixe ir embora, não pode comê-lo.

Levantei um dedo, no ar, falando devagar, com falsa gravidade.

— Mas você pode pescá-lo duas vezes.

Os homens gargalharam até não poder mais. A risada do russo era rouca, raspava a garganta ressequida pelos cigarros e pela vodca. Ele tentou ficar de pé, mas tombou para a frente, cambaleou descontrolado e quase caiu no fogo. Vischyslav reagiu depressa, como um atleta atento; usando o próprio corpo, interrompeu sua trajetória e impediu que ele acabasse na fogueira. Os dois rolaram na neve rindo como crianças.

Já éramos amigos. O russo ficou de pé vacilando e puxou uma garrafa de vodca da bota.

Depois que comemos e bebemos um pouco demais, Vischyslav abriu um mapa sobre a neve mostrando o caminho até a aldeia. Ele nos encontraria lá no dia seguinte.

Quando colocamos nossa bagagem nas costas e amarramos os arreios, o russo bêbado me entregou um pequeno chamariz para peixes feito a mão. Parecia um lagostim obtido de uma vela de latão limada e curvada com um buraco em uma extremidade e um anzol soldado em seu interior.

— Toma, leva isto de volta para os Estados Unidos. Mas, se você apanhar algum peixe, precisará comê-lo.

Marina

Esquiamos por mais algumas horas, acampamos e, na manhã seguinte, pegamos uma estrada de inverno com marcas de trânsito intenso.

A dádiva do Corvo 319

Talovka aparece no meu *Atlas Mundial da National Geographic* exatamente onde nós a encontramos, a 62° 2.7' de latitude norte (4 graus ao sul do Círculo Ártico) e 164° 39.4' de longitude leste (quase a meio caminho do mundo em relação a Greenwich, na Inglaterra). Se imaginarmos que a península de Kamchatka se fundiu à imensa massa continental da Sibéria, Talovka fica exatamente no ponto de sutura, uma aldeia de fronteira geográfica. Ligava-se ao porto de Manily, a 320 quilômetros serpenteando rio abaixo, por chatas para o transporte de carga (quando não encalhavam), por uma linha telefônica (quando funcionava), por um helicóptero dos correios do governo (quando aparecia) e por uma estrada de inverno que podia ser percorrida durante cinco meses por ano por *visdichots* e, às vezes, por caminhões do Exército de tração nas oito rodas.

Talovka nasceu em 1º de maio de 1944, quando duas chatas lotadas de escavadeiras, cimento, barras de aço e madeira subiram o rio e lançaram âncora. Posso imaginar um engenheiro russo com um gorro de pelo descer do barco e pisar na vasta tundra, como Magalhães na praia das Filipinas, e plantar uma bandeira vermelha com a foice e o martelo num pedaço de terra que, poucos segundos antes, era a tundra selvagem com as renas. Uma banda toca. A tripulação está perfilada. Sem ser visto, Kutcha sobrevoa o local inclinando as asas e grasnando suavemente para si mesmo. Ninguém ouve. Então ele polidamente acena: "Bem-vindos à grande aldeia de Talovka."

Para inserir esse já esquecido evento num contexto histórico, lembro que, naquela época, a Segunda Guerra Mundial prosseguia em sua devastação. Os russos registraram um milhão de vítimas civis durante o cerco alemão a Leningrado, que terminara apenas três meses antes. A guerra-relâmpago tinha sido interrompida, e Hitler estava na defensiva. Mas a Luftwaffe ainda torrava criancinhas em Londres, enquanto americanos e ingleses torravam criancinhas em toda a Alemanha. As forças aliadas reuniam-se em grande número na Grã-Bretanha, preparando a invasão do Dia D, que ocorreria um mês mais tarde.

Por mais incrível que pareça, no meio desse torvelinho de caos, guerra e mortes, Stalin e seus lacaios tiveram tempo, energia e disposição para construir uma cidade ali, no meio do nada, para civilizar os koryak, arrancar seus filhos das famílias, e as pessoas de seus deuses — a fim de que todos os habitantes do maior império mundial se tornassem cidadãos soviéticos.

A neve se transformou em lama congelada, então tiramos os esquis e fomos esfolando os trenós até a aldeia. Algumas pessoas nos olhavam curiosas, arregalando os olhos. A rua principal era uma ampla alameda de concreto coberta de gelo com um canteiro em péssimas condições no centro. Na praça central, havia um pedestal, mas a estátua de Lenin tinha desaparecido. Um enorme edifício do governo ainda fumegante fora incendiado uma semana antes e continuava queimando, exalando o cheiro acre do plástico que se transformava em vapor.

Vischyslav era policial e nos ofereceu acomodações num edifício menor da prefeitura, com aquecimento central e eletricidade. Na manhã seguinte, um menino chegou dizendo que a mulher que pescava quando encontramos Vischyslav, Marina, estava nos convidando para o almoço.

Ela nos recebeu em sua casa com um sorriso tão largo que suas bochechas estufaram. As rugas se estendiam do nariz até as bordas externas da boca, dando a impressão de que seu sorriso descrevia um grande círculo iluminando todo o rosto. Ela era da minha idade, 58 anos, não era tão baixinha quanto Moolynaut, mas ainda assim tinha pouco mais de um metro e meio de altura. Usava um lenço vermelho e roxo e uma saia azul bordada com uma palmeira, três elegantes canoas navegando com velas abertas e fileiras de ondas estilizadas.

Sobre uma mesa modesta na cozinha pobre, Marina havia preparado um bufê elaborado com a melhor comida local e os acepipes mais caros comprados em loja, como carne de rena seca, língua de rena fresca, dois tipos de peixe seco, cebolas, batatas, pão frito, queijo, vinho e maçãs frescas de um pomar distante.

Sentamos em banquinhos, e ela se ajoelhou no chão, inclinou-se para trás e sentou sobre os calcanhares. Olhava para nós com um olhar penetrante e uma energia ilimitada:

— Vocês homens são viajantes. Movimentar-se é vida. Se sentarem, ficarão velhos depressa. Precisam estar sempre em movimento. Vocês devem saber tudo sobre a natureza ao seu redor.

Numerosos vestidos e botas de pele de rena bordados de forma artística estavam pendurados na cozinha toda e em um quarto ao lado, atrás de nós. Marina explicou que era costureira, fazia roupas para os bailarinos de uma trupe de Talovka. A trupe viajava por toda a região e se apresentava em cerimônias. Marina decidiu que estava na hora de abrir o vinho, mas ninguém tinha um saca-rolhas. Tentou abrir com um garfo, mas os dentes se quebraram. Tentou com uma faca, e, depois de considerável esforço e sorrisinhos nervosos, tomamos um vinho surpreendentemente delicioso da Geórgia com alguns pedacinhos de rolha.

— Pode nos contar algumas histórias da sua infância? — perguntei.

— Ah... ah... — começou Marina, como Moolynaut costumava fazer a título de preâmbulo de uma história quando tinha de olhar para o passado.

— Minha mãe se casou ainda muito jovem. Não lembro exatamente porque eu ainda não tinha nascido, mas as pessoas contam que ela era uma garota. Engravidou, e era inverno; estávamos viajando entre dois acampamentos com a manada, carregando todas as nossas coisas e as nossas *yurangas* enroladas em vários trenós. Nevava. Eu nasci sem aviso, lá mesmo, na tempestade. Minha mãe cortou as mangas de seu *kuchlanka*, me enrolou nelas e continuou andando para acompanhar a manada e a tribo. Então todo mundo se juntou para montar as *yurangas*. As pessoas fizeram uma fogueira para se aquecer, e ela pôde cuidar de mim.

— Vou falar do fogo — continuou Marina. — O fogo é alimento, calor e proteção contra os ursos. O fogo é vida. Você deve sempre falar com o fogo. Se você fala com o fogo, pode conhecer todas as coisas. Se uma voz má sair do fogo, ponha gordura nas brasas e diga para elas: "Por favor, protejam-me contra as coisas más." Não ponha água no fogo mais de uma ou duas vezes ao ano, porque o fogo é seu amigo, e ele não gosta de água. Só ponha gordura.

Marina se levantou, foi até um canto escuro e voltou com um bastão, quase uma maça de guerra, enfeitado com restos de pele, um pedaço de corrente enferrujada, contas e uma raposa quase mumificada pendurada pela pata traseira esquerda, com os olhos abertos.

Ela se postou na minha frente.

— As pessoas falaram para você que perdemos as nossas renas? — perguntou, sacudindo o bastão de maneira quase ameaçadora.

— Sim. As pessoas me contaram que os koryak perderam as renas por causa da caça ilegal, da perda dos mercados, dos animais predadores e da vodca.

— Ah, elas contaram para você o que aconteceu, mas não por que aconteceu.

Esperei, encarando seu olhar intenso. O sorriso tinha desaparecido de seu rosto, e, de repente, ela se tornara uma guerreira severa.

— Perdemos nossas renas porque jogamos fora nossos bastões de medicina. Como este. Com este bastão de medicina uma família pequena pode cuidar de duas ou três mil renas. Sem nenhum problema. Sem ele, não consegue. Vou explicar. Na tundra há demônios. Os demônios-lobos. Pessoas-lobos. Eles andam como uma manada, bem juntos. Todo mundo sabe que os demônios andam pela tundra como as renas.

Marina pareceu crescer em altura e largura diante de mim. Fechou os olhos, cantando em koryak, agitando o bastão. Abriu os olhos e voltou a me encarar. Eu estava um pouco assustado.

— Às vezes, os demônios vivem como gente. Às vezes, vivem como lobos. O xamã precisa ir para a casa dos demônios e fazer os demônios sofrerem batendo neles com este bastão.

Por pouco, Marina não acertou minha cabeça. Quase me esquivei, mas fiquei parado, sustentando seu olhar. Ela levantou o bastão de medicina, e os olhos da raposa me encararam. Através daqueles olhos, tentei imaginar como era a tundra na juventude de Marina, com dezenas de milhares de renas, crianças brincando, mães-crianças dando à luz na neve.

Mas, antes que eu pudesse ir muito longe com a imaginação, Marina prosseguiu:

— O povo koryak perdeu primeiro a sua magia. Perdeu suas crenças, perdeu seus xamãs. Esqueceu que tudo tem magia. Tudo, entendeu? Ele jogou fora seus bastões mágicos. Se você perde a magia na sua vida, perde o seu poder. É por isso que o nosso povo perdeu as renas. Você precisa escrever isso no seu livro. Deve prometer.

Eu ia escrevendo suas palavras no caderno de anotações. Marina parou de falar, e eu olhei para ela. Olhei de novo para a página e sublinhei a frase: "Se você perde a magia na sua vida, perde o seu poder."

— Eu prometo.

Marina relaxou, cantou algumas estrofes em koryak e sorriu. Já não era a temível aniquiladora de demônios.

Terminamos o vinho e ficamos conversando até o fim da tarde. Quando nos levantamos para ir embora, Marina lamentou:

— O povo de Talovka tem uma vida mais difícil do que o povo de qualquer outra aldeia koryak. Estradas ruins, rio ruim. É difícil trazer comida e combustível do mundo lá fora. Mas, enfim... — Parou e sorriu. — Quem sabe disso tem vida boa, vida boa.

— *Dosvedanya* [adeus].

Kielbasa na tundra

Vischyslav apareceu na manhã seguinte acompanhado por cinco homens, os rostos curtidos pelas intempéries, vestidos com casacos de pele e uniformes rasgados do Exército. Alguns calçavam botas de pele de rena, outros botas de pesca dessas que vão até a virilha, mas dobradas abaixo dos joelhos. Vischyslav entrou e sentou num banquinho; os homens ficaram de pé, solenes, na porta, como um coro grego.

Olhando ora para Misha, ora para mim, ele disse:

— Estamos pedindo que vocês, por favor, não tentem ir de esqui até Pevek.

Eu sabia o que ele queria dizer, mas esperei que continuasse:

— Não há neve na tundra. Sua viagem será demorada. Sem neve, a terra absorve o calor do sol. A primavera vai chegar logo. Os rios vão derreter. A tundra vai derreter. Vocês não vão conseguir atravessar os rios, muitos rios. Vocês vão morrer.

O coro grego balançou a cabeça e murmurou concordando.

— Não estamos brincando. Contei para vocês o que aconteceu com Dimitri. Acho que vocês entendem.

Todas as vezes que viajei, as pessoas me advertiram sobre o perigo de serpentes e monstros marinhos além do horizonte. Mas, se quiser realizar longas expedições, um aventureiro precisa ignorar as superstições locais. Por outro lado, também não pode desprezar os conhecimentos nativos. Portanto, todo conselho deve ser levado em conta. Olhei para Vischyslav e para os homens experientes atrás dele; tinham razão. Misha meneou a cabeça com relutância. Considerando a bagagem que carregávamos e nossa estratégia, continuar seria suicídio. Senti apenas uma pontada de derrota e de pesar. Tivéramos azar com o tempo, mas estávamos vivos, bem-alimentados e felizes.

Vischyslav sugeriu que visitássemos a manada restante de Talovka e, quando concordamos, desenhou um mapa simples num pedaço de papel. As renas estavam a leste, nas montanhas, onde havia mais neve. Depois de passar alguns dias com a manada, podíamos seguir esquiando pelas montanhas, chegar ao aeroporto de Korpf/Tillichiki e, então, pegar o avião de volta. O coro concordou em uníssono e se dispersou. Todos se foram, ficamos sozinhos; fomos ao mercado local, onde compramos comida e carregamos os trenós. Marina vinha descendo a passos rápidos pela estrada congelada, exibindo um largo sorriso no rosto. Com um abraço e um beijo, ela me deu um gorro de pele de rena com um bordado de miçangas, debruado de pelo de cão.

Cerca de oito quilômetros depois que deixamos a cidade, chegamos a um rio não muito grande, com mais ou menos vinte metros de largura. A água batia com força contra a margem oposta, numa clara indicação de que a advertência de Vischyslav estava se concretizando. Uma semana antes, tínhamos andado sobre o gelo espesso do rio Talovka, mas, nos últimos dias, o sol quente da tarde começava a libertar a paisagem das garras gélidas do inverno. Fiquei arrepiado só de pensar no que poderia acontecer se tentássemos continuar em direção a Pevek.

Nossa grande e ambiciosa expedição fracassara, e naquele momento éramos apenas dois amigos perambulando num imenso vazio, mais uma vez à procura de algumas renas. Lembrei-me do dia em que Moolynaut me curou e do encontro com Marina e seu bastão mágico. O que eu sabia exatamente? Oleg estava certo; eu era um viajante medíocre no mundo dos espíritos, mas podia atravessar um rio coberto de gelo fino. Sabia com absoluta certeza que a tundra, as montanhas, os desertos e os oceanos haviam aberto uma janela para mim, e, todas as vezes que eu espiei por essa janela, dei um pequeno passo que me aproximou um pouco mais do mundo de Marina e de Moolynaut, embora eu jamais pudesse atingir o nível de percepção dessas mulheres. No entanto, eu não precisava necessariamente "ir para lá", assim como não precisava "ir a Pevek". Cada passo infinitesimal nesse caminho me levava para mais perto daquela luz misteriosa, inatingível, no fim do labirinto, onde agradeceria a Kutcha em pessoa, atento ao conselho de Marina para que não perdesse de vista a magia ao redor e dentro de mim.

No dia seguinte, enquanto almoçávamos antes de cruzar mais um rio, o som do vento nos arbustos foi quebrado pelo ronco entrecortado de um grande motor a diesel em más condições. Logo apareceu com estardalhaço um enorme trator vermelho enferrujado sobre esteiras, da era stalinista, puxando um grande trenó feito com vigas de madeira cinzenta muito velhas, de dez por trinta centímetros. O trenó tinha oito toras aparafusadas verticalmente e pesados tapumes pregados aos postes, formando uma casa de madeira, sem telhado — a versão russa de um trailer para neve preparado para qualquer terreno e qualquer tempo. Essa geringonça monstruosamente pesada não transportava carga, apenas três homens e o motorista e, em termos de gasto de combustível, equivalia a levar um poodle a uma pet shop num tanque de guerra. Eles estavam com pressa, se é que a palavra "pressa" pode ser usada para definir a velocidade do trator, considerando ainda que tinham acabado com toda a sua vodca e estavam indo à aldeia para se embebedar.

Por mais incrível que parecesse, a manada que íamos visitar era uma *sovcholtz*, uma empresa operada, financiada e controlada pelo Soviet Supremo. Ocorre que a União Soviética desmoronara quinze anos antes. Perguntei a Misha como era possível que a *sovcholtz* continuasse existindo, sugando vorazmente o sangue dos pastores da tundra depois de ter sua cabeça decepada, mas Misha pareceu não entender a pergunta. As *sovcholtz* sempre existiram — afinal, a Rússia era assim.

No entanto, embora eu não compreendesse os princípios políticos e econômicos dessa entidade predatória, pelo menos compreendia suas atividades e consequências. Quando chegava a época de abater as renas, os administradores da *sovcholtz* carregavam toda a carne e a vendiam para pagar os próprios salários. Depois, de vez em quando, pegavam um pouco de comida, muito diesel e vodca, partiam com seu trator e disparavam ruidosamente pela tundra para verificar se os pastores de fato cumpriam suas obrigações. Quando os administradores chegavam ao lugar da manada, já tinham gastado todo o dinheiro e, com desculpas de bêbados, anunciavam que não sobrara nada para pagar os salários dos pastores:

— Talvez no ano que vem.

O motorista tinha pouco mais de 20 anos, talvez 30, mas os outros três homens podiam ter até 50, além de um veterano muito enrugado, de uns 70 anos ou pouco mais. Todos usavam gorros koryak e a variedade de roupas de lona e pele de rena que se tornara familiar para nós.

Tenho certeza de que antigamente o veterano era um pastor e me perguntei se a bebedeira seria a causa ou a consequência de sua transição de trabalhador a parasita.

Depois que o trator se foi com muito estrondo, atravessamos o rio e subimos uma colina. Ao longe, vimos duas figuras, as silhuetas de um homem e de um menino, que se destacavam contra uma crista nevada. Acenamos para os dois, que também responderam acenando e se sentaram à nossa espera. O homem tinha um rosto oval comum, a pele curtida pelo tempo, bigodes aparados, pequenos olhos vesgos. Quando ainda estávamos a uns vinte metros deles, o homem apontou para mim e berrou:

— Marina fez esse gorro. Como você o conseguiu?

Misha respondeu por mim, em russo, a distância, que ia encurtando entre nós:

— Fomos visitá-la, e ela deu o gorro a Jon.

Chegamos perto com os nossos esquis e apertamos as mãos:

— Marina é minha irmã. Se você é amigo de Marina, é meu amigo. Meu nome é George, e este é Nikolai. Podem jantar conosco.

Nikolai, que tinha cerca de 12 anos, mexia os pés timidamente e olhava para o chão.

George pegou os arreios de seu trenó artesanal, feito de bétula superleve curvada a vapor amarrada com tiras de couro cru, e ordenou:

— Sigam-me!

E foi andando a passos acelerados sobre a neve endurecida da tundra varrida pelo vento. Não conseguimos acompanhar seu ritmo, então seguimos as pegadas quase imperceptíveis até chegar ao seu acampamento. George estava montando uma barraca de lona, e Nikolai cortava lenha para o fogo com um machado cego, de lâmina larga que parecia uma acha medieval com que se decapitavam pessoas. Misha ajudou George, e eu peguei nossa serra para ajudar Nikolai. George me olhou com atenção, como se fosse fazer alguma crítica, então deu de ombros e voltou ao seu trabalho. Terminados os afazeres do acampamento, entramos na barraca, ao abrigo do vento, acendemos o fogão de folha de metal e fervemos água para o chá. George sentou calado, segurando a cabeça com as mãos. Na noite anterior, ele tinha se embebedado com a tripulação do trator e, naquele momento, estava de ressaca.

Quando ficou sóbrio, explicou que Alexei, o líder da brigada, havia conseguido aumentar aos poucos a manada para mil e seiscentos animais. Agora, tinham separado quatrocentos para começar uma nova brigada, da qual George fazia parte. Seus novos camaradas estavam conduzindo essas renas pelo vale. No dia seguinte, ele teria de deter os animais e montar um acampamento para quando os outros chegassem.

O vale tinha pouco mais de mil e seiscentos metros de largura, ladeado por colinas suaves pelas quais as renas poderiam subir com facilidade. Um enorme matagal dificultava a visibilidade, mas este homem de meia-idade e o menino — sem cavalos, cães ou máquinas — confiavam em encontrar a manada e fazê-la entender que deveria parar, reunir-se e pastar.

George olhou na xícara fumegante de chá.

— Quando os soviéticos mandavam aqui, pastorear renas era muito bom. Todos os anos, eles iam de navio até a baía de Natalia. Lá fazíamos um grande abate e vendíamos a carne para os homens do navio, que, por sua vez, venderiam em PK e em Vladivostok. Agora, depois da *perestroika*, não há mais navios e ninguém para vender carne de rena. O passado é apenas uma carinhosa lembrança de uma civilização que acabou.

Parou.

— E eu faço parte desta carinhosa lembrança porque o pastoreio de renas é tudo o que sei fazer.

Levantou-se, saiu na luz do anoitecer, e nós o seguimos. Inspecionou meu trenó, tirou toda a bagagem e a espalhou sobre a neve.

— Olha esta barraca! É imprestável. É leve demais. Vai voar com o vento. Olha estes sacos de dormir. São muito pesados. Ninguém falou para vocês que estamos na primavera?

Em seguida, apontou para as minhas botas de plástico e começou a rir.

— E estas botas? Talvez sejam boas para espancar um urso até ele cair morto, mas não para andar. E não só isso, vocês cortam a lenha com uma serra. Como vocês, dois imprestáveis, conseguem sobreviver aqui, com todas essas ideias malucas e esse equipamento ruim?

Calado, vasculhei a pilha de equipamentos inúteis e dei a ele três anzóis triplos e um chamariz de peixes. George sorriu radiante.

Voltamos para a barraca e conversamos, enquanto George preparava uma panela de macarrão para o jantar. Percebi que ele inclinava o rosto na direção da conversa. Não é comum as pessoas que vivem em sociedades silenciosas terem problemas de audição, então perguntei se ele tinha se ferido e ficado surdo de um ouvido.

George riu.

— Não ferido, exatamente. Uma vez, muito tempo atrás, a vodca acabou, e eu bebi um pouco de uma garrafa de água-de-colônia. — Sorriu encabulado, como um adolescente apanhado matando aula. — Depois disso, este ouvido nunca mais funcionou direito. — Sorriu, minimizando a gravidade do problema, mexeu o macarrão e se desculpou por não ter carne, porque tinha bebido na noite anterior e esquecera de trazê-la. Saí da barraca, voltei com algumas kielbasa e as entreguei a ele. George olhou para as salsichas e fez uma careta de perplexidade.

— O que eu faço com isso?

— Corte e ponha no macarrão.

George riu como se fosse a piada mais engraçada do mundo.

— Tem muita carne de graça na tundra. Kielbasa é muito cara. Vocês são muito engraçados. É a primeira vez que ouço falar de alguém que traz kielbasa para a tundra. Vocês cortam lenha com uma serra, moram em uma barraca pequena demais, andam por aí com umas botas que serviriam para matar um urso de pancada e comem kielbasa na tundra. Vocês são muito engraçados.

Resolvi entrar no jogo, tornei a sair e voltei com uma lata de milho. Embora fosse pesada, nós a tínhamos trazido para compartilhar com alguém como prato especial. George se manteve neutro quanto ao milho, mas ficou muito animado por causa da lata.

— Posso ficar com a lata? — perguntou. — Ela tem muita utilidade para mim.

Sorri e fui até os trenós outra vez. Voltei com nosso açúcar, que guardávamos num pote de plástico com uma tampa de rosca. Despejei o açúcar num saquinho de plástico fechado hermeticamente e dei o pote a George.

Ele sorriu feliz, levantou-se com cerimônia e o pegou da minha mão estendida com todo o cuidado. Depois de abrir e fechar a tampa do pote várias vezes, colocou uma mão sobre o coração.

— É um pote excelente para pôr açúcar, como você fez. Vou cuidar muito bem dele. Vou carregá-lo comigo pelo resto da vida. Como a minha chaleira. Minha chaleira e meu pote de açúcar. Pelo resto da vida.

Depois do jantar, estendemos os sacos de dormir e dormimos. No meio da noite, Nikolai levantou algumas vezes para atiçar o fogo. Havia muitos buracos no fogareiro enferrujado e no cano de descarga da fumaça; luzinhas alaranjadas dançavam no interior da lona.

Rumo à casa da avó

De manhã, George disse que deveríamos continuar pelo vale até chegar à casa de uma velha babushka e passar a noite lá, pois, se fizéssemos mais um dia de caminhada, encontraríamos Alexei e sua manada de renas. Após a visita, retornaríamos pelo mesmo caminho e passaríamos juntos outra noite. Então teríamos de pegar um passo não muito elevado rumo ao sul, até Korpf/Tillichiki, onde tomaríamos o avião que nos levaria para o mundo distante e incompreensível além da tundra.

Quando nos despedimos com um aperto de mão, ele disse:

— O pessoal de Talovka costuma nos visitar algumas vezes durante o ano, e sempre nos embebedamos. Vocês vieram de muito mais longe, e nós só conversamos. Vocês dois são um pouco estranhos, mas são engraçados e interessantes. Quando voltarem, as renas estarão aqui, e eu terei carne para vocês. Espero muito pela sua volta.

Deixamos o calor confortável da barraca. Começava a amanhecer, a luz era cinzenta, e a temperatura estava por volta de -17 ºC. Enfiamos nossos arreios e lá fomos nós, arrastando os trenós em direção ao norte. O rio tinha escavado um pequeno cânion sinuoso no meio da tundra, com pouco mais de trinta metros de profundidade e mais de cem de largura. No cânion crescia um denso bosque de salgueiros-anões e de choupos, mas, em todas as outras partes, o vento incessante atrofiara a vegetação. Esquiamos sobre um interminável caleidoscópio sarapintado de ondulações, *strastugi* formados pelo vento e ervas rasteiras. Meus esquis derraparam sobre a neve endurecida, e, quando procurava manter o equilíbrio, nem as pontas agudas dos bastões conseguiam penetrar a superfície dura como pedra. Era 10 de abril; a temperatura subiu depressa com o sol do meio da manhã, mas o vento norte se intensificou, então coloquei os óculos de proteção, puxei meu gorro sobre o rosto, pus um protetor de pescoço e prendi meu capuz bem apertado.

Aquele era o mundo de George. Não havia mais nada. Para mim, era um mundo de privações. Nós estávamos lá para cumprir uma grande missão, mas, para George, e para tantas outras pessoas em toda a orla setentrional deste vasto continente, era a existência cotidiana. Naquele dia, as renas viriam descendo o vale, pastando grama, musgo e gramíneas; George sairia de sua barraca e as faria parar. Depois, ele se sentaria e ficaria observando os animais ruminarem, com a galharia agitada pelo vento, assim como os observara em inúmeros dias e décadas no passado. Em algum lugar, do outro lado de uma crista distante, uma alcateia estaria à espreita. A primavera traria calor a esta terra. Logo a neve derreteria e os filhotes de mosquitos sairiam dos ovos.

Na minha função de escritor, costumo criar um enredo dando um fio condutor aos acontecimentos. Desse modo, uma história pode se tornar uma comédia ou uma tragédia, dependendo da minha interpretação dos fatos e das relações que eu estabelecer entre eles. Mas o que acontecerá se eu eliminar as relações? A história deixará de existir, e eu ficarei com a tundra imensa, infinita, misteriosa. Se aceitasse a cura de Moolynaut e abandonasse a ideia de estabelecer algum tipo de conexão com algo que pudesse compreender, eu me abriria para a tundra, que, mesmo sem palavras, mais que qualquer outra entidade, tem o poder de regenerar.

Chegamos a um denso bosque de salgueiros-anões às margens de um pequeno afluente. Centenas de depressões circulares na neve indicavam que as renas tinham passado a noite ali. Pelos delicados ainda estavam presos aos galhos e ramos. Os rastros das renas iam para o sul, para o rio principal, e nós continuamos para o norte, seguindo o caminho que tornava a subir contra o vento. Pouco mais tarde, encontramos um homem num trenó puxado por uma única rena que vinha em silêncio a nosso encontro. Enquanto ele se aproximava, os únicos sons eram o raspar dos esquis de seu trenó sobre a neve endurecida e a respiração ritmada da rena. Trocamos saudações, algumas informações, e prosseguimos. Nos últimos dias, Misha e eu havíamos encontrado apenas sete pessoas e numerosos rastros de renas. Em comparação com nossa travessia até Talovka, estávamos no meio da intensa movimentação do horário de pico.

Oito horas depois de deixarmos a barraca de George, subimos uma pequena elevação e vimos uma velha *serei* de madeira malconservada, com o teto de zinco enferrujado e as paredes de papelão alcatroado, cercada por arbustos e algumas cabanas que aos poucos iam perdendo o prumo.

Um cão latiu. A porta se abriu, e apareceu uma velha que caminhava encurvada sem apoio, embora precisasse com urgência de uma bengala. Ela vestia uma roupa larga de pele de rena de uma peça só, feita de vários retalhos costurados a mão, de cor marrom-acinzentada, com um lenço de lã acinzentado amarrado sobre a cabeça. Seus cabelos negros desgrenhados, sujos, pendiam até o pescoço. Nas orelhas, ela usava longas voltas finas de contas brancas e azuis, numa linha colorida sinuosa que se destacava vistosamente sobre os tons terrosos de seu corpo e da roupa.

Sem dizer uma palavra, ela nos fez entrar na casa, que consistia de um único cômodo quadrado, de cerca de seis metros de largura. Uma enorme *petchka* de tijolos dominava o centro, que continha apenas uma mesa baixa, um balcão rústico feito com tábuas velhas, um barril de água e uma cama frouxa no canto mais escuro. Janelas de vidro opaco cobertas com um plástico nojento deixavam penetrar uma luz fraca e difusa. Fios elétricos e lâmpadas havia muito sem uso eram o testemunho de que, numa longínqua época soviética, naquele lugar já existira um gerador.

A babushka ferveu água para o chá, mas não fez nenhuma pergunta, não disse seu nome nem quis conversar. Sentou meio de lado

A dádiva do Corvo 335

e olhou para o canto mais distante do quarto escuro. Tomamos o chá em silêncio, no começo meio sem graça, mas depois relaxamos. Nossa presença já era uma apresentação muda. Misha ofereceu peixe seco, que comemos com o chá. Depois de um longo silêncio, mostrei à avó as fotos da minha vida em meu país. Ela não pareceu interessada nas posses, a casa e a picape, mas murmurou com carinho quando viu as fotos de meus netos. Indagou se meu pai ainda estava vivo e, quando fiz que sim com a cabeça, perguntou sua idade. Respondi que tinha 85. Perguntei a idade dela; ela não fazia ideia. Tinha um passaporte, e as pessoas que sabiam ler falavam para ela que havia uma data impressa, mas ela se esquecera da data, a qual, aliás, todos diziam que estava errada.

Por algum tempo, isso foi tudo o que conversamos. Ela foi para a parte do cômodo que estava na sombra, onde havia uma grande barraca de lona esticada no chão. Cortou um pedaço de corda velha, torceu as fibras para fazer uma linha e começou a costurar pedaços no tecido puído de algodão que muito tempo antes crescera em algum país de clima mais ameno.

Então falou devagar num monólogo em voz baixa, na escuridão, onde eu só conseguia enxergar o vulto de seu rosto e do corpo curvado. Um homem chamado Ivan estava indo para o acampamento de George num trenó puxado por uma rena. Outro homem deveria chegar de Talovka para ajudar na época dos nascimentos, e assim por diante. Então entendi que sua casa era uma espécie de estalagem e, ao mesmo tempo, uma central de informações. Ela tinha um rádio da Segunda Guerra Mundial movido a manivela em um canto do cômodo, com o qual podia entrar em contato com Talovka ou com Alexei, que morava vale acima. Se Misha e eu não chegássemos a nosso próximo destino, ela saberia, e algumas pessoas nos achariam — literalmente. Essa tribo de pastores que se espalhava por todo o vale à primeira vista parecia desagregada, mas naquele momento compreendi que cada indivíduo, desde o jovem Nikolai até a velha babushka, era essencial para esse todo amorfo.

Depois de uns quinze minutos, ela levantou o olhar e disse:

— Vocês podem dormir aqui esta noite.

— Depois voltou para sua cuidadosa costura.

Peguei meu diário e escrevi: "Falei longamente dos objetivos grandiosos da expedição — ou da breve visita, como preferirem chamá-la —, mas minhas únicas finalidades passaram a ser observar a chegada da primavera e talvez deitar sobre a grama morna para sentir o calor do sol. Se tiver muita sorte, um bando de patos migradores passará voando no céu, mas não ouso pedir tanto."

Fechei o diário, ouvi o som do vento lá fora e o murmúrio suave do fogo, e senti o aroma das peles e da carne de rena. Misha perguntou se poderíamos ajudar; a velha nos deu alguns baldes e um machado, e pediu que buscássemos água. Percorremos cerca de cem metros numa trilha além de um abrigo da lenha bem-empilhada, até o rio. Alguém havia feito um buraco no gelo num ponto profundo em meio à correnteza, mas uma camada fina de gelo cobria a abertura. Quebramos o gelo recente com o machado e enchemos os baldes usando uma concha que estava pendurada num arbusto. Quando voltamos, a babushka disse para despejarmos a água no barril grande em um canto do cômodo. Misha concluiu que, quando algum viajante passava por aquele lugar, devia ajudar a velha de alguma forma. Como não sabíamos quando outra pessoa chegaria, voltamos para o riacho, carregamos mais baldes de água e enchemos o barril até o topo. Terminada a tarefa, tiramos nossas parcas; a babushka buscou, em silêncio, carne de rena numa caixa de gelo do lado de fora, abriu um pedaço de plástico no chão e cortou a carne com o machado. Colocou a carne numa panela grande de água fervendo, acrescentou uns punhados de macarrão, e nós nos sentamos ao lado do fogo esperando. Depois que a água ferveu, ela mexeu na panela com uma longa colher de madeira entalhada à mão. Então olhou para nós:

— De onde vocês vêm?

Misha respondeu:

— De Vyvenka.

Observei que ele não havia mencionado algo incompreensível, como Montana ou PK.

Ela respondeu pensativa:

— Ahhh.

Depois de uma pausa, indagou se Vyvenka era grande comparada com Talovka, e, quando Misha a descreveu, ela replicou:

— Ahhh.

Sentamos sobre peles de rena ao lado de uma mesa da altura de nossos joelhos, enquanto a babushka punha a sopa gordurosa e quente em tigelas e colocava um pão sobre a mesa. Ela ensopou o pão no chá e sorveu a sopa com cuidado, porque não tinha dentes. Senti-me restaurado com a comida quente e feliz por não estar lá fora no vento. Depois do jantar, ela falou de si, em poucas sentenças simples, acabando cada uma com um "Ahhh" gutural, em voz baixa, acompanhado, presumo, por uma longa sequência de recordações.

— Tive oito filhos. Ahhh.

"Três estão mortos. Ahhh."

"Costumava ir para a baía de Natalia todos os anos com a brigada e as renas. Levava dois meses ir a pé até lá. Matávamos as renas, vendíamos a carne para os soviéticos e fazíamos uma festa. Então voltávamos para cá, para a nossa casa. Mais dois meses. Agora não chegam mais navios lá. Ahhh."

Seguiu-se um silêncio muito longo.

Ela explicou que muitos de seus netos foram morar em aldeias e pequenas cidades da região. Vários deles queriam convencê-la a se mudar para Talovka, onde a vida seria mais fácil e ela teria cuidados médicos, mas ela não estava interessada e mantinha a casa como um pouso para os pastores que viajavam pelo vale, e em troca as pessoas levavam comida para ela e a ajudavam cortando lenha e carregando água. Aparentemente, preferia viver sozinha, sentindo-se ainda útil e perto da manada, a se mudar para a segurança e o conforto da aldeia. Ela vivera na tundra toda a sua vida e pretendia morrer lá, quando chegasse a hora.

Alexei

Não tínhamos mapa, apenas a vaga descrição da rota que a velha dera, baseada em indicações como "aqui", "lá", "perto", "longe", entremeadas por observações como "onde costumam acampar" e "perto do lugar onde as renas fugiram aquela vez". Nessas confusas orientações, ela deixou claro que deveríamos seguir rio acima e depois virar à direita, onde dois afluentes quase iguais se juntavam, perto da "Montanha Mágica".

Na metade da manhã, alcançamos a junção de dois vales próximos de um monte não muito alto. Seria a Montanha Mágica ou outra qualquer? Seguramente, a Montanha Mágica deveria ter uma característica que a distinguisse das outras, e aquele monte parecia muito comum, então continuamos pelo braço esquerdo maior da bifurcação. Um pouco mais tarde, chegamos a outra junção, e outro monte também de aspecto comum, e seguimos à nossa esquerda. A manhã passou e veio a tarde, o sol desapareceu aos poucos; começamos a achar que estávamos definitivamente perdidos.

Meu trenó estava pesado, não sabíamos se estávamos na direção correta, e me enfureci com o vento como se ele fosse uma criatura viva, consciente e maliciosa que soprava em meu rosto, como se a Natureza não tivesse nada melhor a fazer senão me aborrecer.

— Ehhh! Chega!

Tinha ido até lá para agradecer à tundra por minha cura, mas estava irritado com o frio vento contrário, os *strastugi*, a neve insuficiente. Estava na hora de parar, descansar e comer.

Sentamos sobre os trenós e comemos uns peixes-pepino secos e murchos. Então pedi intimamente perdão a Kutcha, tornei a colocar os arreios e seguimos em frente.

No fim da tarde, vimos uma montanha um pouco mais alta do que as outras, que tinha uma espécie de crista de galo no topo. Não era o Grande Tetón nem El Capitán, mas era a formação mais característica que tínhamos visto em uma semana. Além dela, o rio se bifurcava em dois afluentes quase iguais. Talvez eu esperasse algum sinal: uma tempestade calma reboando a distância ou um redemoinho ciclônico varrendo a tundra, mostrando o caminho. Mas, mesmo não ouvindo nenhuma voz, Misha e eu decidimos que aquela deveria ser a junção que procurávamos. Seguimos esquiando o braço direito da bifurcação e, meia hora mais tarde, chegamos a uma passagem estreita onde um rochedo e um denso bosque de salgueiros-anões bloqueavam a maior parte do vento. Parecia o lugar perfeito para um acampamento de inverno, mas não vimos sinal de gente. Talvez tivéssemos virado no lugar errado em algum ponto; então, desanimados, resolvemos acampar, passar a noite ali e continuar a busca na manhã seguinte.

Então, sentimos cheiro de fumaça. Um cão latiu. Entre os salgueiros, vimos, a uns cem metros de distância, uma grande barraca de pele de rena bem-camuflada porque era da cor da pele de rena, em tom castanho-claro como a terra, mesclada ao branco da neve. Sorrimos em silêncio um para o outro, com uma mistura calorosa de amizade e cansaço, e nos aproximamos com cautela.

Então, apareceu um homem de aparência vigorosa, cabelos curtos, de pouco mais de 30 anos. Ele sorriu e, sem hesitação ou sem mostrar surpresa, nos saudou com familiaridade:

— Misha, Jon. Nós já nos conhecemos. Que bom ver vocês!

Não consegui lembrar; virei para Misha e perguntei em inglês:

— Quem é esse, e onde o conhecemos?

— Você não lembra? — perguntou Misha, impaciente por meu esquecimento. — É Leonid. A gente se conheceu na baía de Natalia, durante a expedição de caiaque.

Vasculhei em minhas lembranças distantes. Baía de Natalia. Um lugar de que ultimamente ouvira falar muito. É claro! Encontramos Leonid quatro anos antes, num ponto da costa, a 250 quilômetros dali em linha reta, mas muito mais longe, seguindo uma manada de renas pelos passos das montanhas.

Quando remávamos ao longo da costa de Kamchatka, acampamos lá, sem saber que ali o povo matava e vendia suas renas durante o regime soviético. Depois do jantar, enquanto sentávamos ao redor do fogo, esquentando a água para o chá da noite, vimos um homem a distância — Leonid —, que se aproximava resoluto na tundra, carregando um fuzil e uma lança tosca feita de um bastão com um pedaço de metal enferrujado achatado grosseiramente de um lado. Leonid nos perguntou se tínhamos arroz, farinha, açúcar ou chá para trocar por carne de rena. Explicamos que nossos caiaques eram pequenos e não tínhamos comida extra. Ele examinou os barcos em silêncio, assentiu com a cabeça e sentou ao lado do fogo. Quebrei um pedaço de uma barra de cereal da nossa reserva de guloseimas.

Leonid explicou que era ali que seu povo costumava negociar a carne com os soviéticos desde que ele era um menino; depois, um ano, ele não lembrava exatamente qual, os soviéticos deixaram de aparecer sem explicação. Seu povo ouvira falar vagamente de Gorbachev, *perestroika* e capitalismo, mas, todo verão, ainda mantinha um posto de vigia à espera da chegada do navio.

— Era melhor na época soviética, quando podíamos vender a carne. Talvez eles voltem um dia, e, como não queremos perdê-los, ainda mantemos um posto de observação. Vi vocês dois, mas nenhum navio; achei estranho. Em todo caso, vim até aqui para conversar.

Perguntou se tínhamos cartuchos para seu fuzil britânico Enfield, da Primeira Guerra Mundial. Não tínhamos. Ele carregava a arma pesada, sem nenhuma utilidade — porque não tinha balas —, na esperança absurda de, algum dia, encontrar alguém nesse deserto despovoado que tivesse munição extra para um rifle fabricado noventa anos antes. Se não encontrasse bala alguma, pretendia usar a lança como sua única defesa contra um urso-pardo possivelmente agressivo.

Naquele momento, quatro anos depois, Leonid não mostrava surpresa pelo fato de Misha e eu chegarmos a pé ao seu acampamento. Outro homem, Sergei, mais magro, porém com idade similar, se aproximou, e os dois nos convidaram a entrar na tenda para tomar chá.

Em geral, as tendas koryak são yurangas, circulares, primas próximas dos yurts das estepes da Ásia Central. Yurts e yurangas têm uma armação interna que obedece a um padrão estrutural e estético semelhante na maior parte da Ásia. Mas a tenda de Leonid e Sergei era quadrada e com as laterais altas, parecida com uma barraca, com um teto e com quatro metros de lado. Duas estruturas externas em formato de A sustentavam a viga mestra. A armação interna era formada por postes presos juntos, sem um plano ou algum conceito técnico visível. Parecia a casa da árvore dos meus netos, com os paus amarrados de qualquer jeito para dar à estrutura um aspecto "relativamente forte", porque ou a madeira ou seu entusiasmo havia acabado. A barraca de Leonid e Sergei era feita de peles de rena de todos os formatos e idades, marrom-claro e brancas, costurada segundo um plano caótico, como um caleidoscópio, e ao mesmo tempo lindo, como um quadro de Jackson Pollock. Um cano de metal enferrujado se projetava para fora no topo.

Empurramos a porta de pele de rena, andamos no sentido contrário ao relógio em volta do fogareiro de metal onde a lenha queimava, obedecendo ao costume em toda a Ásia, e, por fim, sentamos de pernas cruzadas sobre as peles de rena macias. Lá fora, soprava um vento brando, os postes da barraca oscilavam e as amarrações rangiam, como num barco em pleno mar. A luz filtrava turva e difusa através das peles. O aroma pungente do couro de rena curtido de maneira rústica e de carne fresca mesclava-se ao cheiro da fumaça do fogareiro. Esperamos em silêncio a água do chá ferver. Depois de servir o chá, Leonid contou histórias de seu mundo, usando o discurso desconjuntado e as imagens agora familiares, com poucos adjetivos e poucos ornamentos, seguidas por longas pausas para que o ouvinte pudesse preencher os detalhes com a imaginação.

— Este ano teve pouca neve na tundra...

"Os rios vão derreter, a primavera está chegando cedo..."

"Os lobos mataram duas renas na noite passada. As renas estavam fracas e se afastaram demais da manada..."

Leonid explicou que, depois da formação da segunda brigada, seu grupo agora tinha mil e duzentas renas. Ele previa a perda de cerca de quinze animais por ano por causa dos lobos, mas logo haveria quinhentos e cinquenta filhotes sadios na temporada dos nascimentos que estava começando. Contou, orgulhoso, que essas perdas eram baixas porque seu grupo estava sempre vigiando e mantinha sentinelas continuamente, dia e noite, nevasse ou fizesse sol, o ano todo. Um dia, no ano anterior, pastores da vizinha Slautna relaxaram a vigilância uma única noite, durante uma violenta tempestade, e os lobos mataram quarenta renas.

Logo depois, o cão latiu alegremente agitando o rabo. Alexei entrou com seu neto, Bagdan, de 8 anos. Alexei tinha 63 anos, o rosto sulcado pelas tempestades do inverno e pelo sol do verão, mas seus olhos continuavam alertas, e o olhar, agudo. Tinha cabelos negros encaracolados sujos, estriados de cinza, a meio caminho entre as orelhas e os ombros. Bagdan era um menino atarracado e cheio de energia, com bochechas redondas e lábios vermelhos. Ele nos observou com uma curiosidade tão inocente que eu quis pegá-lo no colo, como se fosse um bebê. O quinto e último membro de sua minúscula tribo estava guardando a manada. Não havia meninas ou mulheres em idade de casar, e sem elas o vale era solitário e infeliz.

Alexei perguntou sobre nossa viagem e o motivo pelo qual tínhamos chegado lá. Todos ouviram extasiados quando Misha falou de Moolynaut, a curandeira, de Kutcha, nossa intenção de ir a Pevek, os ventos contrários, a falta de neve, a decisão de voltar a Vyvenka e o desvio para esse acampamento.

Alexei deu uma risadinha:

— E por que é tão importante para vocês chegar a Pevek? Vocês, brancos, nunca souberam que o mundo é redondo. Oh, talvez saibam, mas em todo caso nunca aprenderam isso. Estão sempre tentando andar em linha reta, para alcançar um objetivo, como se pudessem encontrar um lugar melhor do que o lugar que deixaram.

Fez uma pausa e sorveu seu chá.

— O mundo é redondo. Todos devemos viajar em círculos. Como as renas, que rodam de um pasto para o outro, entre as montanhas e o oceano. E depois de novo. Como o sol. Como as estações. Seu amigo Kutcha, o Corvo, é um grande brincalhão. Ele ria de você quando tentava esquiar até Pevek. Talvez você o tenha visto, talvez não, mas ele ria. Kutcha gosta de uma boa piada. Ele soprou e levou a neve da tundra. Soprou o vento no seu rosto. Assim como nós pastoreamos as renas, Kutcha conduziu vocês. Ele conduziu vocês para este lugar, então vocês andaram em círculos, para encontrar de novo Leonid. E para tomar chá juntos.

Alexei ergueu um dedo no ar, indicando que tinha mais coisas para falar. Depois de uma pausa, continuou:

— Acho que a velha babushka de Vyvenka... como é mesmo o nome dela? Ah, sim, Moolynaut. Acho que Moolynaut se esqueceu de dizer uma coisa para você. Ou talvez tenha falado, mas você não ouviu. Ou não entendeu. Kutcha é só um deus mensageiro. Ele não é o deus maior. Nosso Deus é toda a tundra. Você precisa entender que Deus está em cada pedra, líquen, perdiz e em cada folha de grama.

"*Tak* [então] — continuou com um sorriso —, você está agradecendo pela cura esquiando sobre a neve que o vento sopra e sobre os rios congelados. A tundra está ouvindo você; se prestar atenção, ela fala com você."

No silêncio que se seguiu, pensei: "Por que deve ser tão difícil entender que não existem pontos de partida e linhas de chegada?"

Queria agradecer a Alexei, mas não sabia como me expressar por causa da diferença de língua e de cultura. Às vezes, o silêncio é a melhor maneira de agradecer.

Leonid começou a cozinhar um panelão de carne e macarrão para o jantar.

Alexei fez perguntas sobre minha vida. Contei que morava em uma grande floresta e escrevia livros. Meu escritório ficava numa pequena *serei* perto da casa-grande. Todas as manhãs, eu descia a colina, serrava lenha, acendia o fogo para aquecer a *serei*, sentava em frente ao computador e escrevia meus livros.

— Você vai escrever sobre a gente? — perguntou.

— Se você quiser. Mas, se me pedir para não escrever, vou respeitar seus sentimentos.

— Ninguém neste mundo sabe que nós cinco moramos aqui, sozinhos, na tundra. Alguém deveria contar ao mundo sobre a gente. E você caminhou até aqui. Você passou pela Montanha Mágica. Então você é a única pessoa que pode contar a nossa história. Sim, por favor, escreva sobre nós. É o seu trabalho. Fale ao mundo da nossa vida, fale que estamos aqui, nesta barraca, vigiando as nossas renas. Conte para as pessoas todas essas coisas.

Depois de mais um silêncio, Alexei perguntou:

— Você sentiu a magia da nossa montanha quando passou por ela?

Respondi honestamente que não, Alexei riu de novo:

— Às vezes, a magia está no ar, mas você não escuta com atenção suficiente e não consegue ouvir. Você não estava escutando com atenção suficiente. Tudo bem, talvez a magia tenha entrado em você de qualquer modo. Quem sabe você a descobrirá quando precisar?

Perguntei que tipo de magia ele sentia na montanha.

Alexei balançou a cabeça lentamente:

— Nós não falamos de certas coisas. Eu falei: a magia virá quando você precisar. Talvez seja por isso que Kutcha trouxe você para este lugar, para que passasse pela Montanha Mágica, porque algum dia precisará deste poder.

Não entendi se aquela era uma tranquila afirmação ou uma advertência, mas, de certo modo, tive a impressão de ouvir um oráculo falar.

Resolvi tentar falar com a montanha quando deixássemos o acampamento, ao voltar para o vale.

Bagdan, que tinha ouvido atentamente, acrescentou:

— Às vezes, quando uma rena se perde, você pode perguntar para a montanha, e ela vai dizer onde procurar.

Ri baixinho intimamente. Quem imaginaria, quando fiquei diante de cinco famosos professores, arguindo sobre a mecânica dos *quanta* na defesa da minha tese de doutorado, que trinta e quatro anos mais tarde eu me sentaria ao redor do fogo numa habitação feita de peles de animal e discutiria calmamente sobre como pedir o conselho da Montanha Mágica para localizar uma rena perdida? Se eu voltasse a ser o que fora, essa crença koryak pareceria muito maluca. Mas todas as crenças não são malucas quando dissecadas com argumentos cínicos? De todo modo, já tinha deixado de ser eu mesmo havia muito tempo. Aquele eu estava exausto pela longa caminhada, com os pés doendo por causa das botas que poderiam matar um urso-pardo e relaxava sobre uma pele de rena quente, tomando chá.

Tudo parecia tão normal, cercado por amigos koryak absolutamente convencidos de que, se as pessoas procurassem acreditar, confiar e apreciar a magia que nos cerca o tempo todo, se sentiriam muito melhor do que se passassem pelas Montanhas Mágicas da vida sem tocá-las por um momento e sem ser tocadas por elas.

Perguntei a Alexei que tipo de magia ele absorvia da montanha, e ele não me respondeu. Evidentemente, nunca chegarei a apreender a profundidade e a fascinação de seus pensamentos, mas sei que na era soviética havia oito brigadas na tundra. Somente a de Alexei sobreviveu. Não era algo suficientemente mágico?

Comemos, estendemos as peles de rena no chão e nos preparamos para dormir. Enquanto nos enfiávamos nos sacos de dormir, Alexei perguntou:

— Ouvi dizer que as pessoas podem falar com o mundo pelos seus computadores. Você pode falar com o mundo com o seu?

— Sim, posso.

— Ahh. Todos os anos, mais gente nossa vai embora para Talovka. Moços e moças se mudam para cidades distantes. Não há mulheres morando com a manada. Nossa tribo está ficando menor a cada ano que passa. Nas longas noites de inverno nesta tenda, às vezes me sinto sozinho. Gostaria de ter um desses computadores para poder falar com o mundo.

Na manhã seguinte, Alexei mandou Bagdan nos mostrar a manada, que estava a cerca de um quilômetro e meio de distância. Em geral, consigo acompanhar o passo de um menino de 8 anos, mas Bagdan andava muito rápido, caminhava quase correndo, como era seu jeito normal. Atravessamos um campo de neve e depois prosseguimos sobre a tundra cheia de ondulações. Reduzi o passo, mas Bagdan parecia flutuar sobre as ondulações, com suas perninhas curtas e a agilidade de um gato. Quando chegamos à manada, sentamos num lugar e ficamos observando. Uma rena tinha uma perna torta. Muitas fêmeas estavam enormes, prestes a dar cria. Uma delas, deitada sobre uma parte de grama seca, se retorcia nas convulsões do parto. Alguns filhotinhos minúsculos tropeçavam em volta, tentando manter-se de pé. Alexei se aproximou, e ficamos sentados juntos, olhando. A fêmea em trabalho de parto, talvez nervosa por causa de nossa proximidade, levantou-se e se afastou devagar com dificuldade até a privacidade de um pequeno bosque de arbustos.

Naquela tarde, Bagdan e Sergei quiseram pescar, mas no acampamento havia apenas um pedaço gasto de linha cheio de nós de um metro e meio de comprimento. Fui até o meu trenó e voltei com 250 metros de linha monofilamento, nova, resistente aos raios ultravioleta, extremamente flexível, seis anzóis triplos e um chamariz, que dei de presente a Alexei. O velho examinou o material, cortou cuidadosamente dois pedaços não muito grandes de linha, amarrou um anzol em cada um deles e entregou um a Bagdan e outro a Sergei. Ficou de pé, calado, depois foi até um dos cantos da barraca e voltou com uma sacola de pele de rena bordada, do tamanho de uma bolsa de mulher. Ajeitou dentro dela o seu passaporte, um pequeno maço de notas de rublos, um kit de costura, alguns papéis bem-dobrados, com certeza documentos pessoais, e acrescentou a seus pertences o equipamento de pesca restante. Por fim, agradeceu-me em voz branda, e quase me pus a chorar.

Voltei a sair, e dessa vez retornei com um pequeno canivete do Exército suíço, que dei a Bagdan. O menino imitou o avô, aceitou o presente em silêncio, sem nenhuma emoção aparente. Abriu com esmero cada lâmina e perguntou sobre sua função. Alexei cortou então um pedaço de couro de rena para Bagdan carregar o canivete preso ao redor do pescoço, porque os jovens estão sempre perdendo as coisas, não é?

Sergei e Bagdan saíram correndo para ir pescar, mas Alexei os chamou de volta bruscamente e ordenou que preparassem o almoço. — Ninguém fica com fome neste acampamento —- advertiu. — Podem ir pescar depois que os nossos convidados comerem.

Alexei me perguntou por que minha barba era grisalha, e, quando eu disse a ele que tinha 58 anos, ele sorriu. — Eu tenho 63; já falei para você. Às vezes você não sente que suas pernas não são mais fortes como antes?

Fiz sinal afirmativo com a cabeça.

Alexei explicou que, em setembro, quando a brigada regressa da migração, os cogumelos florescem na tundra, ricos de nutrientes. As renas ficam enlouquecidas, procurando se empanturrar desse alimento crucial antes da escassez do inverno, e os pastores precisam correr o dia inteiro para impedir que elas se dispersem. Se uma rena foge e fica sozinha um dia ou dois, volta ao estado selvagem e nunca mais regressa ao rebanho doméstico.

Alexei prosseguiu:

— A cada ano, minhas pernas ficam um pouco mais lentas quando corro atrás das renas.

Então olhou para mim. Seus olhos eram vívidos, mas ele parecia cansado.

— O que você e eu vamos fazer quando nossas pernas ficarem lentas demais e não pudermos mais correr atrás das renas?

Alexei, que nos dois últimos dias me ensinara muitas coisas, agora me fazia perguntas.

— Você conhece a resposta — repliquei. — Você já me disse. Se não pudermos mais correr, vamos caminhar. Na tundra. Em círculos.

Kutcha e um *visdichot*

Durante a noite, a temperatura não caiu tanto; portanto, de manhã, Misha e eu vestimos roupas leves, nos despedimos de Alexei e de seu clã e descemos pelo vale nos nossos esquis, na direção do aeroporto de Korpf/Tillichiki. Nos seis dias seguintes, avançamos devagar, porque os períodos de sol forte se alternavam com os de nevadas. No dia 18 de abril, enquanto eu abria caminho entre a neve profunda que se acumulara, o sol apareceu de repente através de nuvens manchadas, lançando uma luz azulada sobre a tundra, as montanhas e o céu. As imagens mais próximas e as mais distantes, ao fundo, se confundiam; as nuvens tornavam-se extensões etéreas das montanhas. Os cristais de neve espalhavam raios alaranjados, preenchendo nosso universo com minúsculos raios irisados que vagavam no ar, rodopiando e cruzando-se.

— Misha, viajamos há tantos dias e eu ainda não tinha visto uma luz tão delicada, tão brilhante, tão parecida com o Outro Mundo como esta. Preciso parar para olhar. Acho que vou tirar uma foto.

Misha sorriu:

— Você está certo, Jon. Precisamos parar para ver a Natureza Selvagem.

No entanto, quando consegui achar a câmera, uma nuvem cobriu o sol, os arco-íris desapareceram e a luz mudou de maneira sutil, mas o bastante para alterar a magia. Tirei algumas fotografias e guardei a câmera.

A distância, ouvimos o ruído inconfundível de um motor cansado, um *visdichot*. Não fazia sentido partir naquele momento, por isso sentamos sobre os trenós e ficamos esperando. Na América do Norte, os veículos, até os caminhões, não são apenas máquinas; são a expressão de um estilo de vida, pequenos casulos móveis projetados para a exibição de uma elegância real ou imaginária, para impressionar os amigos, os sócios da empresa e para mimar e afagar nosso corpo. O *visdichot* não tem essas pretensões. Por fora, ele é feito de chapas de aço blindadas, como um tanque, mas sem a torre da metralhadora. Suas laterais são inclinadas para desviar as balas inimigas, e as janelas são aberturas minúsculas para reduzir a possibilidade de um atirador acertar os miolos do piloto. Em seu interior, um enorme motor movido a diesel sem nenhuma proteção ocupa o espaço central, entre o piloto e o carona, tomando também o espaço escuro do compartimento traseiro cheio de graxa, onde fica o eventual passageiro ou a carga. Os canos de entrada e de escapamento expostos se espalham como cobras pela cabine, fervem com o calor e podem queimar e aleijar uma pessoa se ela se mexer alguns centímetros na direção errada. O barulho interno é tão opressivo que o piloto costuma abrir a janelinha e enfia a cabeça para fora, mesmo nos invernos letais do Ártico, dirigindo numa posição massacrante para as costas, sentado de lado, pisando no acelerador com a parte interna do pé direito. O monstro não tem direção: ele vira quando o piloto empurra ou puxa duas simples alavancas de aço que controlam a velocidade da esteira. Quando a esteira da direita se movimenta mais rapidamente do que a da esquerda, a geringonça de aço blindado dá uma guinada para a esquerda com um espasmo, como um robô, fazendo os rins de uma pessoa estremecerem.

O *visdichot* se aproximou com estardalhaço, deu uma guinada brusca e foi diretamente em nossa direção, como se fosse atacar um comando nazista. O rugido desigual do motor e o estridor metálico das esteiras quebraram a serenidade ártica, enquanto uma densa fumaça negra se erguia no azul pastel que nos encantara momentos antes.

A máquina parou ruidosamente a poucos passos de nós, e o motor tossiu e cuspiu até silenciar de maneira constrangedora. O motorista era um sujeito grande, de aspecto rude, com o nariz quebrado de pugilista, manchas de graxa nas mãos, no rosto e na roupa de camuflagem rasgada.

Olhou para nós do alto de sua torre:

— Quem são vocês? De onde vêm? O que estão fazendo aí?

Estendeu a mão pela janela e se apresentou como Valodia. Misha contou nossa história e Valodia explicou, em resumo, que era um comerciante, do tipo guerreiro da estrada (uma espécie de Mad Max) do Ártico; estava indo para o porto de Korpf/Tillichiki, onde pretendia aguardar a chegada de um navio, porque queria comprar suprimentos para vender em Talovka e Manily, que ficava mais distante. Imaginei que devia ter um pacote de notas de rublos gastas e sujas de graxa guardadas em algum lugar no ventre do monstro. Ele nos ofereceu uma carona até a cidade.

A porta do lado do passageiro rangeu ao abrir, e o companheiro do motorista e também mecânico, um jovem sorridente sujo de graxa, saiu do veículo, piscou na luz brilhante da tundra, esticou as pernas e os músculos contraídos e nos cumprimentou com um aperto de mão.

Valodia ficou no interior da máquina como se relutasse em se separar dela e se aproximar da fragilidade de um ser humano comum.

Hesitei em aceitar a carona, porque não tinha certeza se estava disposto a voltar tão de repente para a civilização.

Valodia percebeu minha relutância.

— No próximo passo, do lado das montanhas que dão para a costa, quase não tem neve. Longos trechos da estrada são de cascalho e lama pura. O gelo começa a se mexer, e vocês vão ter de andar na água gelada até o peito, se precisarem atravessar um rio.

Eu me senti um caçador da Idade da Pedra, em cima de uma colina olhando uma pequena fazenda lá embaixo. Que fazer? Aceitar a tecnologia ou recusá-la? Bom, minha ideia era chegar ao aeroporto, e mais cedo ou mais tarde eu teria de aceitar um motor de combustão interna. Misha e eu nos entreolhamos, encolhemos os ombros e erguemos nossos trenós sobre o frio aço blindado do carro de guerra.

Valodia se enfiou de novo na cabine e reapareceu com meio pão dormido, um saquinho plástico de batatas fervidas e descascadas, outro saco de peixe-pepino gorduroso, frito em muita banha, dois grandes arenques quentes, compridos, com um forte cheiro de diesel, e uma garrafa de vodca.

— Hora de comer — anunciou.

Havia semanas que Misha e eu fazíamos nossas refeições sentados sobre os trenós ou recostados em colchonetes de espuma ou em peles de rena estendidas sobre a grama ou a neve. Valodia não tinha uma ligação muito grande com a tundra. Subimos no metal gelado do *visdichot*, que esquentou com o calor de nossos corpos cansados e o dispersou no cosmo, como um radiador, e fizemos piquenique entre manchas de graxa e ferrugem.

Enquanto comíamos, observei a mudança da luz nas montanhas azuis de gelo, pensando que nossa expedição chegava a um fim repentino, estridente, arrotando diesel. Virei a cabeça para absorver toda a visão do panorama em seus 360 graus.

Um grande pássaro veio voando do norte, da terra de Alexei e Bagdan, para o vale. No forte contraste de luz e sombras, não percebi sua cor, mas ele voava com a batida constante e vigorosa de uma ave de rapina. Toquei o ombro de Misha:

— Olhe aquele pássaro. Você acha que é uma águia do mar de Steller?

Misha semicerrou os olhos por causa da distância enquanto a ave ia ficando mais próxima, maior e mais distinta.

— Não, é um corvo.

Poucos dias antes, eu observara que, embora Kutcha fosse o responsável por aquela expedição, só tínhamos visto um ou dois corvos durante toda a viagem.

A ave voava batendo as asas de maneira ritmada, como um metrônomo, com um propósito, com determinação, em nossa direção. Fiquei observando, arrebatado, enquanto ela se aproximava, até estar sobre nós. Então ficou pairando e balançando as asas para cima e para baixo, num movimento ineficiente para o voo, mas num sinal universal entre os aviadores. É o movimento usado pelo piloto dos pequenos aviões do Alasca como saudação amistosa: "Olá, vocês aí embaixo. Vejo vocês. Tudo bem?"

O corvo acenava para nós. As penas de suas asas negras estavam abertas, como dedos, brilhantes, destacando-se contra o pálido azul do céu da tundra.

Sempre acenando, arremeteu para baixo, como um helicóptero, até ficar a poucos metros de nossas cabeças. Olhei para cima, e ele olhou para baixo, um nos olhos do outro.

— Uma cabeça tão pequena, um cérebro tão minúsculo — pensei. — Como pode voar, comer, fazer amor, cuidar da cria, ter amigos, mentir, trapacear, compartilhar e até fabricar ferramentas com um cérebro tão minúsculo?

Ele grasnou uma, duas, três vezes, como se saudasse um amigo; como Kutcha, o Deus Corvo, reconhecendo que eu tinha vindo para agradecer à tundra por minha cura; como meu espírito totem, aceitando-me com todas as minhas virtudes e fraquezas; como meu bom amigo dizendo:

— *Spaciba* e *shasliva* [obrigado e boa sorte].

Acenei com a mão e respondi:

— *Pajalusta* [de nada]. *Spaciba* e *shasliva*.

E foi embora.

Parte 5

Primavera e outono

Nada é para sempre na terra, apenas por um pouco,
Se é jade, se estilhaça.
Se é ouro, se destrói.
Se é plumagem de quetzal, se rasga.
Nada é para sempre na terra, apenas por um pouco.

— Nezahualcoyotl,
poeta americano nativo do México Central que viveu de 1402 a 1472

A avalanche

Todos os anos, em meados de novembro, Chris acordava no meio da noite e se mexia inquieta. Eu esticava a mão, ainda meio grogue de sono, procurando alguma parte de seu corpo, e perguntava:
— O que há, meu amor?
E ela respondia:
— Oh, nada!
No início de nosso casamento, eu não desistia e continuava fazendo perguntas inoportunas, indagadoras, mas com o tempo aprendi que ela estava apenas impaciente, à espera do início da temporada de esqui. Então eu murmurava algo incompreensível, virava para o outro lado e voltava a dormir. Pouco depois, ouvia o roçar das cobertas, e Chris levantava no escuro. Ela se sentia cheia de energia com o começo do inverno e não conseguia dormir. Às vezes, enfiava-se de novo na cama e se aninhava na luz cinzenta que antecede o amanhecer. Mas, em geral, eu a encontrava de manhã profundamente adormecida no sofá, com um livro caído sobre o peito e o abajur ainda aceso.

Chris só me acompanhou em uma das quatro expedições a Kamchatka e Vyvenka, mas isso não deve causar uma impressão equivocada de nossa intimidade. Ficamos casados vinte e quatro anos e onze meses. Nesse período, por quatro temporadas me dediquei à pesca comercial e participei de nove expedições sem ela. No total, ficamos separados vinte e seis meses de duzentos e noventa e nove. Nos outros 91% de nosso casamento, ficávamos juntos praticamente o tempo todo. Trabalhávamos em casa e dormíamos juntos, porém o mais importante é que nos divertíamos juntos. Subimos e esquiamos nas grandes montanhas do mundo, remamos de caiaque nas águas geladas do Ártico e nos oceanos tropicais com suas barreiras de corais, e percorremos de bicicleta o deserto de Gobi, na Mongólia. Nas expedições, ela sempre era muito resistente e nunca se queixava; entretanto, nunca fixou como meta a consecução de um objetivo importante. Subia uma montanha porque adorava as montanhas, e não porque chegar ao topo tivesse para ela um sentido particular. Era minha melhor amiga, parceira, companheira de esquis, mestra e amante.

Em março de 2005, partimos de nossa casa de inverno em Fernie, na Colúmbia Britânica, com dois amigos, Mark Cunnane e Jonny Walsh, e fomos de carro até Bishop, na Califórnia, para esquiar na neve de primavera. Bishop fica no vale do rio Owen, entre as montanhas da Sierra Nevada, a oeste, e, a leste, o árido deserto das Montanhas Brancas, mais abaixo. Ao norte, onde nossos olhos não conseguem alcançar, ficam as imponentes paredes de granito do Parque Nacional de Yosemite, e, ao sul, está o monte Whitney, que se ergue a 4.421 metros acima do nível do mar, o pico mais alto da zona continental dos Estados Unidos. No centro de Bishop, a face leste do monte Tom pode ser vista ao longe por quem olha bem atrás da placa cor-de-rosa da sorveteria Baskin-Robbins.

As montanhas falam conosco por meio da relação que temos com elas. Talvez os fotógrafos as olhem como uma imagem perfeita para um calendário. Os montanhistas provavelmente visualizam as rotas para suas escaladas, enquanto a atenção dos alpinistas se fixa nas paredes de rocha. Um esquiador experiente de fora da pista, ao olhar o monte Tom, se vê no meio daquela face, esquiando em movimentos sinuosos declive abaixo, os joelhos comandando as bordas dos esquis sobre a neve, entre uma nuvem de cristais e o vento no rosto. Olhando da cidade, a face leste parece quase vertical, mas essa perspectiva não corresponde à realidade, porque o declive é de cerca de apenas 40 graus, uma inclinação bastante íngreme, mas inteiramente controlável.

Numa manhã quente ensolarada, no fim de março, Mark, Jonny, Chris, eu e três outras pessoas da cidade, Darla Heil, Bob Harrington e Will Crljenko, fomos esquiar na montanha. Bob e Darla eram bons amigos, mas era a primeira vez que encontrávamos Will. Depois do meio-dia, Mark subiu na frente dos outros por uma parede pequena para chegar a uma cornija menor (arête) que levava à crista do cume. No meio do caminho, a neve emitiu um ruído suave e surdo, *pfff*, como se expulsasse ar — ou como uma cascavel que agita a cauda antes de atacar. A neve cedeu apenas um centímetro e meio, mas naquele breve instante Mark sentiu-se despencando impotente no espaço.

É lugar-comum dizer que cada floco de neve é único. Mas, para um esquiador, o mais importante é saber que cada nevasca tem uma característica própria. Se a neve é fria, seus flocos fofos somem repentinamente no ar do inverno como a poeira de uma fada. Por outro lado, as temperaturas mais quentes criam uma camada compacta de neve úmida, boa para fazer bonecos. Mas a tempestade em si é apenas o começo. A neve se modifica assim que para de cair. Os cristais se depositam e solidificam. Dependendo da temperatura, derretem ou se sublimam, e as moléculas de água voltam a congelar. Além disso, o vento carrega os delicados cristais, formando montículos densos ou mesmo *strastugi*, como vimos na tundra perto de Talovka. Em razão das características de cada tempestade e dos efeitos de uma metamorfose contínua, o manto de neve de uma montanha se forma sempre em camadas, como um bolo ou uma cebola. Cada camada tem uma densidade distinta e uma força tênsil própria.

A neve compacta fez o ruído como se expulsasse ar sob os esquis de Mark porque a camada de neve relativamente densa na superfície pousara sobre outra de estrutura mais fraca e menos densa embaixo dela. O *pfff* nos alertava de que havia uma instabilidade no bloco de neve — e um grave perigo de avalanche. De repente, uma excursão agradável entre amigos tornara-se algo sinistro e potencialmente mortal. Reunidos sobre o topo da parede, discutimos a questão do perigo. Olhei para os rostos das pessoas: minha esposa, quatro de meus melhores amigos, um homem que eu mal conhecia. Então meu olhar vagou pelos picos e cristas da grande Sierra — neve, rochas, linhas denteadas nos topos destacando-se contra o limpo céu azul. Estávamos totalmente impotentes, e a montanha relutava em revelar seus segredos.

A previsão das avalanches soma a precisão da física a um pouco de suposição e intuição no entendimento da natureza, com toda a sua beleza e caos. Diariamente, os esquiadores reduzem uma vida inteira de experiência a uma simples questão absoluta:

— Será que posso esquiar esse declive com segurança?

A pergunta exige uma resposta simples: sim ou não. Não há "talvez", nuances nem "mais ou menos". Sim: posso apontar meus esquis na direção da base da colina e cair no abraço macio e acolhedor da gravidade. Não: se eu me aventurar na zona de perigo, a montanha provocará uma avalanche e poderá até me matar.

A margem de erro aqui em cima é inflexível. Um astro do beisebol acerta uma em cada três rebatidas, e um jogador de basquete da NBA ganha um salário multimilionário quando consegue converter 50% dos arremessos na quadra. No entanto, andei dois mil dias sobre a neve e cometi dois erros cruciais. A média de rebatidas é 99,9%. Não chega a ser boa.

Várias tempestades intensas cobriram a Sierra de neve nas semanas anteriores. Nas elevações menores, a neve se acumulou e se estabilizou sob a influência das tépidas temperaturas da primavera. Mas ali, na crista menor, o *pfff* quase imperceptível, em baixa frequência, reverberou em meus ouvidos como a advertência da presença de uma ursa-parda que protege a cria.

Sem nenhum comentário, Will começou a subir pela crista. Fiquei para trás, com medo, pensando no que fazer. Por alguma razão que nunca compreenderei, Chris não parecia tão nervosa quanto eu, mas propôs generosamente:

— Se você quiser descer agora, Jon, desço com você.

Olhei para seu rosto, para todos os anos e as aventuras que tínhamos vivido juntos. Depois olhei para baixo. Poderíamos descer pela parede que havíamos acabado de escalar, mas era exatamente ali que eu detectara a neve instável. Por outro lado, poderíamos esquiar diretamente na ravina, mas isso implicaria passar por um ponto de convexidade íngreme e potencialmente perigoso no ângulo de inclinação. Algumas dezenas de metros acima, Will estava chegando à crista do cume.

O medo é um porta-voz incoerente. Você pode ter medo quando não há nenhum perigo ou transpirar confiança quando está à beira do desastre. Eu estava com medo, mas tentava analisar a situação do ponto de vista lógico, sem uma carga emocional excessiva. Raciocinei, talvez de maneira incorreta olhando de modo retrospectivo, que, como estávamos num ponto bem alto da montanha e não havia como descer em segurança, as próximas dezenas de metros não aumentariam nosso risco concretamente. A montanha estava silenciosa, pacífica, calma entre a neve branca fria e o cálido sol da primavera. Mark parou para tirar uma foto de Chris com sua mochila Diva, as calças leves do traje de esqui, uma camisa fina de manga comprida e de boné, sorrindo feliz para a câmera.

Seguimos Will. Chris estava exuberante; subimos rapidamente. Ela era sempre mais forte na altitude do que eu, portanto tive certa dificuldade para não ficar para trás, arfando por causa do ar da alta montanha. Quando cheguei ao topo da crista, ela conversava animada com Darla, adorando a vista das montanhas que se estendiam a oeste, aparentemente sem fim, como se Los Angeles, San Francisco e o restante da região costeira da Califórnia não passassem de uma tira insignificante de concreto e aço entre as montanhas e o mar. Camadas metamórficas de cores fortes indicavam o imenso calor e a pressão que ergueu essas montanhas em épocas imemoriais do tempo geológico. Eu costumava esquiar e apreciar esses panoramas com Chris, minha melhor amiga, mas naquele dia eu estava totalmente apavorado, e até um pouco irritado, talvez porque ela se comportara com certa displicência. Algum demônio obscuro escondido em meu íntimo queria rosnar: "Cale essa boca e lembre-se de que estamos correndo um tremendo perigo."

Mas era um dia maravilhoso de sol, entre amigos, e eu não queria ser um desmancha-prazeres, sobretudo porque talvez estivesse me comportando como um paranoico numa situação perfeitamente tranquila.

Tentei me acalmar, mas não consegui. Fiquei até encabulado ao admitir que por um breve instante pensei em chamar Chris de lado, colocar meu braço ao redor de seu ombro e dizer:

— Estou realmente apavorado, querida. Alguém pode morrer aqui hoje. Espero que não seja você nem eu. Vamos esperar que todos desçam, e depois vamos atrás deles. Se houver uma avalanche, gostaria que pegasse outra pessoa.

Então me odiei por esse pensamento. Como poderia sorrir com ar de inocência para um de meus melhores amigos e mentir:

"Você quer descer primeiro? À vontade", enquanto tinha uma premonição de que o primeiro que descesse poderia assinar a própria sentença de morte? Nas montanhas, alguém sempre tem de ser o primeiro a enfrentar o perigo. Quem sabe até para me penitenciar por minha silenciosa heresia, senti que deveria assumir a responsabilidade e encarar o risco.

Pensei comigo: "Quem sabe tudo isso não passe de uma criação minha? Talvez não haja perigo algum. Não, esta neve falou, e, quando a neve fala, é preciso prestar atenção."

Dilacerado por essa angústia íntima, esqueci as convenções sociais. Na minha opinião, a morte estava no ar, e eu me concentrei na neve. Abaixo de nós, a montanha se enrugava em cristas, cornijas e cânions. Calculei que nos últimos dias o sol forte da primavera derretera repetidamente a neve da superfície do lado esquerdo, o lado do cânion voltado para o sul. A neve úmida congelara no frio da noite. Consequentemente, a neve voltada para o sul tinha se consolidado e de certo modo se estabilizado, enquanto as partes voltadas para o norte, sombreadas, permaneciam não consolidadas e por isso eram muito mais perigosas. Percebi uma linha de descida que considerei segura, sobre a neve mais dura, do lado esquerdo do cânion.

Estava apostando minha vida num processo mental que me parecia razoável, mas... olhei em volta. Estávamos no alto da montanha, e senti que a minha escolha, embora frágil, seria a maneira mais segura de descer.

Pensei em me aproximar de Chris e explicar meu raciocínio, mas ela estava ocupada conversando, e eu, apavorado e ao mesmo tempo incomodado pelo fato de ela não prestar atenção na neve. Pensei que compreendesse, devia ter compreendido. Ela ouviu a neve falar. Como podia ignorar isso? Vi o perfil de seu rosto bronzeado, enrugado, sorrindo. Não fui falar com Chris. Arrependi-me por essa omissão até não poder mais.

Mark estava próximo, e fui até ele esquiando.

— Acho que vou descer na frente.

Ele concordou com a cabeça sem falar.

— Vou pelo lado esquerdo da encosta.

Olhamos um para o outro.

A segurança estava a setecentos metros abaixo de mim, a trezentos e poucos na vertical. O espaço intermediário era preenchido por uma brancura cristalina, um misterioso manto que ocultava muitos segredos.

Fui até o início da descida, e meus esquis começaram a se mover, devagar no começo, como um pesado trem de carga que transporta minério de ferro, depois mais velozes, como um guitarrista de blues cantando a vida do andarilho.

Fiz algumas curvas para experimentar, tentando pisar levemente sobre os esquis enquanto me dirigia para o ponto de convexidade mais perigoso para desencadear uma avalanche. Fiz uma curva pouco antes da mudança do ângulo de inclinação e depois tentei flutuar acima da transição íngreme, para imprimir a mínima força sobre a parte mais sensível da camada de neve. Minha mente estava bem alerta, todo o meu corpo tenso procurando detectar a mínima instabilidade. Olhei para baixo do cânion, como tantas vezes olhara milhares de pistas de esquis — um manto liso ondulado sobre a rocha nua e o leito de pedras menores por baixo. Meus esquis rasparam a crosta de neve compactada enquanto me preparava um pouco desajeitado para fazer a segunda curva.

A dádiva do Corvo 365

"Desajeitado, não faz mal. Não caia. Não pare. Aceleração e coerência são imprescindíveis agora."

Poucos instantes depois, disparei através do estreito gargalo do cânion, com a sensação de me encontrar na mira de um fuzil, mas então, de repente, eu estava sobre um declive com uma inclinação menor, deixando que meus esquis fluíssem na luz brilhante. O coração batia forte, saí do cânion e cheguei a um local seguro, atrás de uma pequena saliência de rocha. Não havia avalanche alguma. Talvez eu estivesse nervoso demais naquele dia. Em todo caso, tinha descido na frente dos outros, como devia. Eles com certeza entenderiam meu traçado, e logo estaríamos rindo, a caminho de casa, onde prepararíamos uma grande panela de espaguete. Baixei minha mochila, procurei uma maçã e relaxei olhando os outros.

Jonny foi o segundo a descer, um pouco à direita do meu traçado, também sem problemas. Então Will resolveu atravessar em diagonal a linha do topo do cânion. Chegou ao lado do cânion voltado para o norte, virou e começou a fazer curvas sobre a neve fofa, seca e leve. Já tinha feito umas dez curvas quando Chris o seguiu na mesma linha transversal e começou a esquiar.

Uma das regras de segurança mais elementares e mais fáceis de obedecer ao descer uma encosta perigosa é uma pessoa esquiar de cada vez. Desse modo, minimiza-se o peso, e, se ocorrer uma avalanche, as consequências também serão minimizadas. Mas, naquele dia, Chris preferiu esquiar numa enorme montanha perigosa enquanto Will ainda se encontrava claramente na zona de perigo.

Chris era uma magnífica esquiadora. Ainda vejo a dança graciosa que era sua característica, sua paixão e seu amor: os ombros apontando para a base do declive, flexionando ininterruptamente os joelhos ao fazer uma curva depois da outra. Uma pequena rachadura se irradiou das pontas dos esquis de Will. Dizem que a fratura de uma avalanche de placa se propaga a 320 quilômetros por hora. Na minha lembrança, a fratura esperou um tempo incompreensivelmente longo.

"É um aviso", pensei, ou esperei que fosse. "A neve está falando conosco. Mas não é *a coisa* em si."

A rachadura abriu um arco para cima. Trezentos e vinte quilômetros por hora? Na minha lembrança, ela parou outra vez no meio do movimento, como para analisar se continuaria o trajeto para cima e pegaria Chris ou se daria uma volta à direita, na diagonal do declive, e a pouparia.

A superfície do corredor coberto de neve rachou acima de Chris até que os contornos suaves ondulados daquela brancura cristalina se fraturaram em um quebra-cabeça de pedaços discordantes, separados por linhas negras ameaçadoras. Chris perdeu o ritmo e o equilíbrio, e balançou vertiginosamente sobre um dos esquis, enquanto o outro ficava pendurado estranhamente no ar. Então os blocos começaram a se mexer de maneira caótica, um atropelando o outro, tombando uns sobre os outros, partindo-se em pedaços menores, subvertendo a estabilidade e a harmonia da Mãe Natureza com a tempestade e o terror. De meu ponto de vista, mais embaixo no declive, tudo isso aconteceu em meio ao silêncio, porque o som viajava muito mais devagar do que o acontecimento em si. O silêncio emprestou àquele momento uma atmosfera de sonho — um sonho que só tive o tempo de compreender vagamente.

No instante seguinte, um estrondo sobrenatural pareceu sacudir a montanha adormecida, enquanto a onda sonora se espalhava com a velocidade da luz. A enorme avalanche de placa cresceu e ganhou velocidade, desprendendo uma massa de neve cada vez maior, numa reação em cadeia que se ramificou, como uma explosão nuclear. Will e Chris desapareceram numa nuvem de cristais de neve que se levantaram no ar dançando e brilhando ao sol.

As horas seguintes

Fiquei parado, em silêncio, sob o afloramento da rocha, fora do caminho da avalanche, enquanto a enorme nuvem branca disparava montanha abaixo, ocultando o sol, os picos, a paisagem e meus pensamentos. Naquela nuvem, blocos de neve se chocavam uns contra os outros. Chris e Will estavam despencando no interior daquela massa, aterrorizados, talvez feridos, mas quase certamente ainda vivos.

— Por favor — pedi mentalmente a ambos —, não se apavorem. Lutem. Nadem na direção daquele ponto de luz.

Então me dei conta de que estava com a maçã na mão, como se fosse um objeto estranho que não tinha o direito de existir, e a deixei cair distraidamente na neve. Agarrei minha mochila e me preparei para agir.

Em menos de um minuto, a avalanche chegou ao fundo da encosta e parou quase de repente. O barulho acalmou. A neve carregada pelo ar se espalhou numa camada fina de poeira sobre minhe parca. O sol voltou a aparecer. O ar ficou parado e calmo, como se nada tivesse acontecido. No entanto, o declive estava repleto de blocos de neve de todos os tamanhos, desde bolas de basquete a geladeiras, todos amontoados de forma confusa no lugar daquele manto suave de brancura cristalina que brilhava alguns segundos antes. Procurei vislumbrar uma roupa colorida, uma ponta de esqui, a costura de uma mochila, uma mão, um pé. Nada, apenas uma paisagem lunar desconjuntada, desolada, diante de mim.

Na maioria das avalanches, as vítimas enterradas continuam vivas durante doze a quinze minutos, portanto cada momento era importante, e eu era a pessoa mais próxima para começar o resgate. Em geral, os esquiadores usam aparelhos transmissores que mostram sua posição exata no caso de ficarem enterrados. Imediatamente mudei meu transmissor de "transmitir" para "receber" e observei o pequeno mostrador digital enquanto pontos vermelhos piscavam; uma seta se materializou e depois um número. Dez metros.

Parecia o cursor comum de um video game, alguns LEDs brilhando numa cultura de LEDs onipresentes, mas aquele não era um video game. Esse pequeno tremeluzir me dizia que um ser humano, talvez Will ou Chris, estava a dez metros de profundidade, preso num túmulo de gelo, esmagado sob blocos de neve, sem conseguir respirar, esperando desesperadamente o barulho de uma pá, a retirada da neve, a visão do céu azul. Eu podia chegar àquela pessoa em alguns segundos.

Procurando me acalmar e trabalhar com método, sem cometer erros por causa da pressa, segui as setas que indicavam a direção, esperando que os números decrescessem sem parar. A esperança aumentava. Eu estava a três metros, e menos de um minuto havia passado. Com certeza, retiraria a pessoa a tempo.

Jonny começou a berrar. Não entendi as palavras, mas ouvi o terror em sua voz e olhei para cima com horror: uma segunda nuvem branca descia da montanha com estrondo. Na primeira avalanche, eu estava fora do caminho do perigo, mas dessa vez tinha esquiado para dentro do cânion, exatamente na rota da avalanche, para tirar o amigo enterrado ou o meu amor. Instintivamente, pulei, fiz um giro de noventa graus no ar, e apontei os esquis para a descida. No tempo transcorrido desde a parada da primeira avalanche, os blocos de neve haviam endurecido. O transmissor agora marcava "receber"; portanto, se eu também ficasse sepultado debaixo da neve, ninguém me encontraria até o verão. Enquanto eu acelerava, um de meus esquis bateu contra um bloco de gelo, e fui lançado no ar; aterrissei sobre o outro esqui, agitando convulsivamente os braços, consciente de que, se caísse, morreria embaixo da segunda avalanche. Depois de segundos intermináveis e aterradores, ganhei velocidade suficiente para esquiar para fora do cânion. Uma onda de ar comprimido me atingiu na parte posterior da cabeça, e, em minha visão periférica, vi ou percebi a segunda parede de neve mortal passar por mim.

Seguramente, em meio a todo esse caos e violência, eu poderia ter me ferido, torcido um joelho, sofrido uma luxação na coluna, ser esmagado, moído, arrebentado, quebrado em dois. Mas não, era o mesmo Jon Turk, com certeza vivo, no sol, coberto por poeira de neve, com todos os ossos e ligamentos ainda em ordem, quase como quando nasci, rosado e úmido, naquela sala de hospital, muito tempo antes.

Agarrei o transmissor, que batia solto em volta de meu pescoço. Todos os números estavam errados. A seta estava errada. Gritei para mim mesmo, em pânico pela primeira vez:

— Essa porcaria quebrou!

Então, tratei de me recompor e levantei os olhos:

— Oh, merda!

A paisagem mais uma vez estava coberta com os destroços caóticos da avalanche, mas o mundo mudou. A animação da esperança vaporizou-se no fino ar da manhã. Ao escapar da segunda avalanche, eu tinha descido uns duzentos metros abaixo do lugar do primeiro sinal do transmissor.

Desesperado, tentei voltar dando passadas oblíquas, mas a subida era muito lenta. Dolorosamente consciente da passagem inexorável do tempo, parei, tirei os esquis, coloquei as peles na parte debaixo deles para a subida. As pessoas gritavam. Mark tinha sido carregado pelo segundo deslizamento. À primeira vista, estava bem. Medo e agitação tentavam tomar conta de meu cérebro, mas eu não tinha tempo nem paciência para essas emoções. Precisava localizar aquele sinal — de novo — e cavar.

Enquanto voava para cima, detectei um segundo sinal. Mark e Jonny já estavam cavando nas proximidades do primeiro, então me concentrei nesse fraco sinal de ondas de rádio, inaudíveis a um ouvido humano, perceptíveis apenas ao instrumento sensível que estava preso ao meu pescoço. A segunda avalanche acumulara uma quantidade enorme de neve sobre a primeira, e o transmissor me dizia que a vítima estava a mais de dois metros debaixo da superfície. Cavei tão rápido quanto pude, esforçando-me a cada movimento para cavar ainda mais depressa, irritado com meus braços, que se moviam tão devagar, gritando aos meus nervos e músculos que acelerassem, sabendo que já havia perdido muitos minutos preciosos. Minutos demais.

Cavei uma fenda estreita, reta; minha pá desceu no ventre branco azulado da neve revolvida. No entanto, logo a fenda ficou mais profunda do que minha pá podia alcançar. Deitado sobre a barriga, continuei cavando, espiando pelo buraco, como se tivesse um laser no lugar dos olhos para derreter a neve e encontrar um pedaço de pano, de pele ou cabelo. Mas o cabo da pá bateu contra o lado da cavidade, e não pude cavar mais. Joguei o transmissor no buraco e vi, com horror, que ainda estava a mais de um metro da vítima, do corpo, do ser humano que jazia lá no fundo, sob a compressão de todo aquele peso. Fiquei de pé e abri mais a fenda. Mais tempo precioso voava.

Quase todas as pessoas que estiveram perto do portal da morte e regressaram contam que, nos últimos momentos de consciência, ocorre uma desconexão pacífica, como se a conversação do cérebro se dissipasse, revelando uma consciência feliz, sem restrições. Espero que sim.

Eu tinha sobrevivido, e num estranho paralelo mental a vibração do meu cérebro também fora suspensa, deixando apenas a noção não verbal de que eu estava vivo, consciente; o sol ainda esquentava meu corpo, e eu estava molhado de suor, cavando na neve.

Todos os abençoados por uma vida longa acabam tendo de lidar com a perda de entes queridos. A bênção e a maldição são inseparáveis. Suponho que, nos dois milhões de anos de nossa evolução de hominídeos, desenvolvemos uma reação emocional para nos protegermos da morte. A morte acidental, instantânea, é algo grande demais para que possamos compreender e superar ao mesmo tempo. Por isso, a mente fica embotada. Compreendemos apenas uma minúscula fração do que aconteceu. Podemos superar apenas aquela fração. Assim, com o passar do tempo, vamos compreendendo um pouco mais e superando esse pouco também. E assim por diante.

Retiramos Chris e Will de seu túmulo de gelo e os deitamos sobre a neve. Olhei pela última vez o rosto de Chris e a apertei num breve abraço frio, mas a ausência de resposta foi assustadora, e não me demorei.

Eu entendi intelectualmente que ambos estavam mortos. Mas não compreendia. Parece contraditório que a mente passe por uma experiência — de maneira absoluta, positiva, inquestionável —, mas não a reconheça como tal. No entanto, isso costuma acontecer. Eu sabia que não compreendia, e não queria compreender. Estava protegendo a mim mesmo, porque era preciso.

Os cinco sobreviventes nos reunimos sobre a neve, circundados pela quietude estranha e pela beleza onipresente dos altos picos e dos contrafortes rochosos. Bob, Jonny e eu estávamos fisicamente ilesos. Mark teve uma luxação no joelho no segundo deslizamento, mas ainda podia esquiar. Darla também havia sido derrubada no segundo deslizamento e sentia uma dor aguda na perna. (Mais tarde, soubemos que ela tivera uma fratura capilar da fíbula.) Decidimos que Mark e Jonny iriam chamar a polícia enquanto Bob e eu ajudaríamos Darla a chegar ao carro.

Darla não podia esquiar porque o movimento de rotação dos esquis forçava demais sua fíbula fissurada, mas conseguiu andar corajosamente. Tirei os esquis e fui na frente, procurando com as botas aplainar o caminho para que Darla, amparada por Bob, andasse com mais facilidade.

Enquanto descia devagar a encosta da montanha, pisando com passos cuidadosos e curtos, minha mente travava uma batalha entre a compreensão e a recusa. A enormidade do que havia acontecido flutuava no ar. Não lembro muito bem o que pensei durante a descida; acho que foi um branco protetor — até que chegamos perto do carro, no sopé da montanha.

O dia terminava, e, com a aproximação da noite, meus olhos pararam de registrar as cores. A neve estava firme, e Darla foi mancando sem precisar de ajuda para o estacionamento; as luzes da cidade cintilavam no vale lá embaixo.

A mudança de luminosidade era o momento do dia preferido de Chris. Quantas vezes, depois de esquiar nos dias curtos do inverno do norte, retornávamos para casa no crepúsculo. Frequentemente, eu sentia uma espécie de urgência de chegar ao início da pista, antes que a escuridão descesse, mas Chris colocava a mão enluvada sobre meu braço e me pedia que fosse devagar, para ela observar as cores que se dissolviam e deleitar-se com a paz da noite.

Aquela era a última vez que Chris entraria na noite, e parei para sentir seu espírito se fundir com o espírito da montanha — o espírito de todas as montanhas que tínhamos escalado juntos e onde esquiamos durante os vinte e cinco anos de vida em comum. Quis fazer uma oração, mas não encontrei as palavras, então tentei abrir a minha mente enquanto a luminosidade diminuía. Precisava dar vazão a uma parte da emoção e, ao mesmo tempo, continuava me protegendo de todas as emoções. Precisava de uma única imagem para penetrar a parede maciça de defesa da mente, uma imagem para que aquele momento se tornasse concreto e suportável — para que, enquanto a escuridão descia, eu pudesse recomeçar a viver.

Respirei profundamente. Pois bem, abriria as comportas e permitiria que um pensamento penetrasse minhas defesas sem censura. Um único pensamento. Uma única imagem. E, por favor, eu tinha de ser indulgente comigo mesmo.

Em meio ao caos, à dor e à escuridão, vi o rosto bondoso de Alexei, com seus cabelos negros encaracolados despontando de seu gorro de pelo de cão com bordados de contas. Ouvi seu russo gutural com forte sotaque koryak e a tradução de Misha: "A magia virá quando você precisar. Talvez seja por isso que Kutcha tenha trazido você para este lugar, porque um dia vai precisar desse poder."

Naquela época, eu acreditei em Alexei apenas em parte, assim como acreditei em parte na magia de seu mundo koryak. Afinal, todos os preconceitos profundamente arraigados desde a minha infância de classe média de Connecticut persistiam. Mas não menosprezei a magia. Virei-me para olhar a luminosidade avermelhada no alto da face leste quase fantasmagórica do monte Tom. Minha mente superpôs a imagem da Montanha Mágica koryak a essa montanha real. No centro daquela paisagem, vi novamente o pequeno ponto de luz: o céu azul que me deu esperança enquanto despencava montanha abaixo na minha avalanche, o Outro Mundo no labirinto de sonho, a percepção de mundo de Moolynaut, a aldeia de Vyvenka. Naquele momento, eu precisava da magia. Precisava rever Moolynaut.

A superação

Quando Chris e eu morávamos no meio da floresta perto de Darby, às vezes eu ficava uma semana ou mais sem ir à cidade, e durante muitos dias Chris era a única pessoa que eu via e com quem conversava. Nos raros períodos de separação, em geral nas minhas ausências por causa de uma expedição, contava as horas que faltavam até o momento em que estaríamos juntos outra vez. Um mês é composto de apenas 720 horas. Na realidade, não é muito. A partir daquele momento, as horas seriam infinitas — pelo menos nesta vida.

Imediatamente me dei conta de que teria de continuar vivendo, então procurei me obrigar a não chorar pela minha perda. Refleti que a morte é um componente natural do ciclo da vida, portanto não poderia ser totalmente ruim. Talvez, olhando para trás, eu "devesse ter" esperado mais tempo para sentir e aceitar a dor, mas as palavras "devesse ter" não significam nada. Posso narrar apenas o que fiz.

Tentei organizar uma cerimônia em memória de Chris, mas algumas pessoas não poderiam comparecer um dia, e outras em outro. As datas não eram convenientes. Queria gritar: "Eu sei que nada disso é conveniente!"

Então, docilmente, marquei a cerimônia para um mês mais tarde.

Meu segundo livro, *In the Wake of the Jomon*, foi lançado poucas semanas depois da tragédia, e eu tinha de cumprir uma cansativa série de palestras. Meu agente, o editor e o assessor de imprensa propuseram cancelar esses compromissos, mas era uma promessa que eu tinha feito a mim mesmo e às pessoas que confiavam em mim, e não podia trair essa confiança e voltar à nossa casa semivazia para chorar sozinho no sofá. Precisava chorar e também precisava continuar vivendo — as duas coisas ao mesmo tempo.

Pensei no dia em que, no rio Vyvenka, descemos a correnteza no barco de alumínio de Oleg sob o céu imenso da tundra. Lembrei-me do rosto redondo de Oleg e de seu sorriso simples, gentil:

— Você é um viajante muito fraco para ir ao Outro Mundo... Precisa fazer uma longa viagem, uma viagem difícil, mas no Mundo Real. Passará fome e sentirá cansaço. Então, talvez, se tiver sorte, encontrará o que procura.

Não podia lutar contra mim mesmo. Joguei na caçamba da picape alguns equipamentos de camping, livros, meu computador e minha mountain bike, segui pela estradinha de terra em que a grama da primavera despontava entre os sulcos dos pneus e peguei a rodovia.

Minha filha mais nova, Noey, morava na França na época do acidente e trabalhava como voluntária numa fazenda de produtos orgânicos entre construções medievais. Quando soube o que havia acontecido, imediatamente enfiou suas coisas em sua maltratada mochila verde, pegou o primeiro trem para Paris e depois um avião. Fui encontrá-la em Missoula.

Eu e Noey, pai e filha, fomos para o oeste pela autoestrada, entre as montanhas. Chegamos ao alto do Lookout Pass, atravessamos o estreito gargalo do estado de Idaho, depois engatei o câmbio automático e deixei que a picape nos conduzisse através dos enormes campos de trigo ondulados na região semiárida do leste do estado de Washington. Noey adormeceu; acionei outra vez a direção manual para me manter acordado e consciente, porque precisava sentir a sutil ligação sinestésica entre o pé e o acelerador. O trigo começava a despontar com uma cor verde vibrante ao sol da primavera. Em um estado quase de sonho, pensei que eu era uma improvável coincidência entre um espermatozoide e um óvulo, entre os zilhões de espermatozoides e óvulos que flutuam no cosmo, e que esse incrível acidente tinha produzido o ser vivo e consciente que eu sou. Algumas semanas antes, Chris também era um ser consciente similar. Nossas vidas tinham se unido. No entanto, ela havia completado sua longa passagem de ancestral a ser humano, e deste a espírito protetor, que é o ancestral de todos nós. Eu prosseguia em minha jornada, sozinho, num mundo ora abençoado, ora castigado pelos eventos, alguns definidos por nossas próprias ações ou ditados pelas decisões de outros, pela sorte ou pelo destino. Diante da tragédia, era preciso que eu encontrasse minha essência, sem me apoiar em ninguém, em nada. Procurando aceitar a mudança como parte da vida e a tragédia como forma de mudança, repetia continuamente um velho lugar-comum: na vida, a dor é inevitável, mas o sofrimento é opcional.

Será que eu estava vivo porque havia analisado cuidadosamente o bloco de neve, ou toda a minha análise não passava de uma racionalização e eu estava vivo apenas porque o destino sorrira para mim? Será que Chris e Will sofreram por causa de sua falta de capacidade de julgamento, ou Aquele lá em cima decidira que a hora deles tinha chegado? Não sei. Para nós que ficamos para trás, talvez seja importante suavizar a última imagem de nossos entes queridos e concluir que ninguém cometeu erro algum. Talvez! Quantos mistérios insolúveis continuam no ar a respeito daquele dia! Mais preocupado com os acontecimentos que podemos controlar, perguntei a mim mesmo: "Será que eu deveria rever as probabilidades a meu favor, parar de esquiar em encostas onde podem ocorrer avalanches e viver de maneira mais segura na cidade?"

Não faria nada disso. Podia e decidira ser mais cuidadoso, mas não estava disposto a me tornar outra pessoa.

Minha primeira palestra estava marcada para o dia 16 de abril, três semanas depois da avalanche, num simpósio sobre caiaques em Port Angeles, na Península Olímpica. Noey e eu paramos numa loja de conveniência e perguntamos a dois hippies se eles conheciam algum lugar para acampar. Depois de muitas hesitações, eles nos convidaram para ficar numa cabana de madeira, uma espécie de yurt na floresta, que funcionava como quarto de hóspede. Ficamos doidões num quarto atravancado com tapeçarias de tecido tingido de manchas circulares, e de manhã passeei num jardim malcuidado com um flamingo de plástico olhando para mim de cima de um vaso sanitário rachado no meio do verde.

No simpósio, diante do público, olhei para todos aqueles rostos e comecei a chorar. Depois me recompus e falei de minhas aventuras e do tema central do livro sobre os Jomon, isto é, sobre o impulso genético inato e irresistível para o perigo que leva algumas pessoas a explorar lugares gelados e solitários. Chorei de novo.

No dia seguinte, eu e Noey subimos uma montanha com uma chuva torrencial até chegarmos a um ponto em que a neve era alta demais. Pensei em Chris praticamente o tempo todo. As imagens se formavam e se dissipavam. Noey e eu ficamos molhados e com frio, e então entramos numa piscina natural de água quente. Acampamos na chuva num camping do parque estadual. Jovens universitários dividiram conosco cachorro-quente barato e cerveja ruim, e perguntaram se íamos desfilar no carnaval ou participar da feira de artesanato.

— Não, sou um contador de histórias itinerante.
— Ah, bem que imaginamos. Querem mais cerveja?

Realizamos a cerimônia em memória de Chris em Darby. Aliás, deixei que a cerimônia se organizasse por conta própria de modo natural, não programado, e minha boa amiga Nina Maclean, que morava na minha rua, se encarregou de tudo.

Era um dia quente ensolarado na floresta de Montana; nosso gramado era a única clareira no meio de um denso bosque de pinheiros, abetos vermelhos e outras coníferas. De repente, havia gente por toda parte, gente que testemunhara as duas décadas e meia da minha vida com Chris e as cinco décadas e meia da vida de Chris neste planeta. Tentei falar com cada uma delas, mas o esforço foi mais exaustivo do que imaginara.

Queria estar cercado de amigos, mas ao mesmo tempo não tinha nada para dizer a ninguém. As pessoas estavam lá, de pé, conversando, e suas vozes se mesclavam num zumbido geral. Sentei no meio da multidão querendo me tornar invisível, mas estava apenas triste, perdido, e me senti idiota. Levantei e fiz uma cara fúnebre.

— Sim, obrigado por terem vindo.

"Obrigado pelas condolências."

"Como vai, Barstow? É bom ver você." Entre nós, sem que ninguém pronunciasse uma palavra, estavam todos aqueles dias em que Chris e eu vivemos na casa de John e esquiamos juntos nos montes Wasatch. Neve, traçados, poeira de neve fresca. A montanha favorita de Chris. Muitas risadas. "Sim, estou bem, vou levando."

"Olá, Gray, que bom vê-lo." Gray e eu tínhamos escrito livros juntos, éramos parceiros de escaladas, excelentes amigos. Muitos anos atrás, Gray, Eloise — sua esposa —, Chris e eu fizemos uma viagem de canoa num rio turbulento nos Territórios do Noroeste, no Canadá. A certa altura, puxamos os barcos para a margem e resolvemos subir a pé pelas montanhas. Gray e eu escalamos uma parede vertical de granito, concluindo a subida em trinta horas sem parar, enquanto a primeira tempestade de neve do inverno ártico castigava a paisagem. Quantas histórias vivemos juntos... Mas naquele momento Gray não tinha muito a dizer, e eu não tinha nada a replicar.

— Obrigado por ter vindo — como se houvesse alguma possibilidade de Gray e Eloise não comparecerem.

Eu precisava ficar só, então fugi para a floresta e sentei à beira da pequena torrente que murmura entre as pedras e os troncos, a cem metros de nossa casa. Não, não mais a nossa casa, minha casa.

A magia virá quando você precisar dela. Talvez seja por isso que Kutcha o tenha trazido a este lugar, para caminhar até a Montanha Mágica, porque um dia vai precisar desse poder.

Nem sempre precisei de uma montanha difícil ou de uma Montanha Mágica ou de uma tempestade que se desencadeasse na tundra siberiana. A Montanha Mágica estava ali em espírito, assim como Kutcha, embora ele não voasse lá no alto, como quando Misha e eu estávamos sentados sobre o *visdichot*. Naquele momento, eu podia experimentar algum conforto à beira do pequeno riacho prestes a transbordar com o degelo da primavera. Minha neta, Cleo, sentou ao meu lado e tomamos um copo de água pura, fresca, em um caneco de lata que estava pendurado num salgueiro. Acho que ela ficou meio sem jeito porque não sabia o que dizer, e daí a pouco timidamente pediu licença e foi procurar os outros. Cleo, você não precisava dizer nada. Eu não tinha nada para dizer a você; mas sua presença me fez lembrar minha juventude, a continuidade da vida, e esse pensamento me trouxe um grande alívio.

Quando a cerimônia acabou, peguei o caiaque e fui remar no rio Selway, um rio tecnicamente difícil num lugar muito isolado, para enfrentar mais uma vez a glória e o perigo da Natureza, na companhia de amigos.

Entrei nas águas agitadas acima de Ladle, a corredeira mais perigosa do rio, deixei o caiaque e andei rio abaixo para procurar uma linha estreita e sinuosa no meio do caos de pedras e água revolta. Tornei a pensar nas palavras de Oleg: "Toda pessoa nasce com certo poder. Os deuses deram um grande poder a você para viajar até o Mundo Real. Mas você canalizou tanta energia nessa direção que não tem força suficiente para viajar ao Outro mundo."

Talvez a dor seja uma jornada para o Outro Mundo. Talvez por isso eu não conseguisse lamentar. Eu tinha de encontrar equilíbrio. Um dia, precisaria desacelerar e me deixar cair total e completamente no abismo. Sim, mas, por ora, a natureza era minha mestra. A corredeira era perfeita, e por enquanto não precisava pensar. As batidas do remo e o jogo do meu quadril controlariam meu destino. Os momentos difíceis são um fato óbvio. A turbulência é um fato óbvio. Não há onde se esconder.

Voltei rio acima, apertei a faixa de queixo de meu capacete e agarrei o remo, algo familiar e confortável em minha mão. Fiz um rápido rolamento esquimó para molhar o rosto e ativar as conexões entre nervos e músculos, e fugi do redemoinho, enquanto a correnteza fazia minha proa virar.

"É claro que você veio aqui porque procurava alguma coisa... Kutcha mora no Outro Mundo, mas talvez você o encontre na tundra. Espere e observe. Kutcha vai compreender e visitará você no Mundo Real. Então poderá agradecer a ele. Entendeu?"

Encontrei a faixa de água esverdeada no meio do rio, remei à esquerda passando ao lado de uma pedra parcialmente submersa e enfiei o remo fundo para fazer a manobra crítica num fino colchão de água que serpenteava primeiro à esquerda e depois totalmente à direita.

Não sei muito bem o que significa chorar a morte de alguém. Talvez signifique sentir uma dor até não conseguir sentir mais nenhuma outra coisa, passada ou futura, apenas a angústia do presente, como a alegria que experimentamos ao fazer amor, como a excitação que sentimos ao esquiar. Talvez chorar por alguém signifique abandonar-se tão completamente que é como se caíssemos até não podermos cair mais. E então respiramos fundo, procuramos nos livrar de tudo isso, avaliamos nossas feridas e voltamos mancando ao mundo de árvores, das flores, da boa cerveja e dos amigos carinhosos.

Tentei evitar o abismo, mas mesmo assim mergulhei nele muitas vezes, quando menos esperava. Certo dia, durante uma longa viagem de carro, parei para abastecer, tomar um café e fazer um lanche. Ao pegar a rampa para voltar para a rodovia, dei carona a duas pessoas. Era um casal de jovens, obviamente apaixonados e, na minha imaginação, ainda não tocados pela tragédia. Achei que ficaram preocupados, como se tivessem pedido carona a um louco. Procurei explicar...

Por meio de vários incidentes semelhantes, devagar, inevitavelmente, comecei a me recuperar. Com o passar dos meses, fui chorando menos e ousei pensar no futuro. Estava com quase 60 anos e tinha uma estranha vida secundária, nômade, entre dois países. Evidentemente, nenhuma mulher se adaptaria às minhas idiossincrasias por muito tempo, nem eu estava disposto a mudar, portanto concluí que viveria o restante da vida sozinho. Foi então que me apaixonei por Marion, uma amiga querida que conhecia havia décadas. Mudei-me provisoriamente para Boulder, no Colorado, para sua casa tranquila e seu jardim zen nos flancos do monte Pão de Açúcar. Mas minha caótica inquietação se manifestou, como um gnomo à espreita embaixo da ponte.

Um mês mais tarde, encontrei Gray na Cordilheira de Wind River. Ele perguntou como eu estava.

— Não muito bem. Passo a maior parte do tempo na picape, mas tudo bem — respondi.

— E o que há de errado em morar na picape mas estar tudo bem? Subimos montanhas e escalamos rochas de granito acinzentado, muito íngremes. Voltei a Boulder, para a casa de Marion, mas continuava tendo de me ausentar por causa do lançamento do livro. Em um curto período de tempo, viajei para Nova York, Salt Lake e Portland, no Oregon.

Duas avalanches. Eu tinha sido vítima de uma maldição ou do descuido? Talvez não fosse tão bom observador a ponto de me considerar um montanhista. Quando me machuquei na avalanche, oito anos antes, acordei da cirurgia com oito tubos que introduziam e retiravam líquidos de meu corpo. Um dia depois, pedi ao médico um par de pesos para musculação; queria começar a malhar para que meus músculos não atrofiassem e para que eu me sentisse saudável como antes. Acabava de sofrer uma segunda avalanche traumática, mas não havia aparelhos nem exercícios de reabiliração que fizessem minha vida voltar ao que era.

Queria envolver Chris em meu abraço, massagear sua cabeça, pedir perdão por toda uma vida de transgressões. Transgressões, fracassos, falhas. De certo modo, eu me culpo pela morte de Chris. Naquele dia, falamos na avaliação do perigo enquanto subíamos até a crista, pouco antes de ela morrer. Mas, nos últimos instantes fatídicos, Chris ficou conversando, e eu não disse nada. Esquiei até Mark e depois me lancei na descida.

Eu "deveria" ter dito alguma coisa a Chris. Se pagasse 150 dólares a hora por uma sessão com um psicólogo, ele me diria que eu não deveria me culpar. Mas não estou disposto a gastar e a ficar sentado em uma sala abafada, com a foto ridícula de uma cachoeira na parede e uma caixa de lenços de papel colocada estrategicamente ao lado de minha poltrona; portanto, fico lembrando o tempo todo, como se a repetição me convencesse: "Não existe 'deveria'."

Meu amigo Conrad Anker me telefonou. Ele perdera um amigo querido em uma avalanche, e de modo carinhoso disse que eu não deveria me torturar com o sentimento de culpa típico dos sobreviventes. A montanha tinha falado. Por outro lado, as pessoas cometem ou não cometem erros.

De algum modo, eu precisava chorar minha perda sem me prender ao passado, sem me culpar.

Naquele verão, percorri de carro vinte e quatro mil quilômetros. Ao atravessar a pradaria do leste de Montana, no meio da noite, com uma mistura letal de café, comprimidos para ficar acordado e Red Bull, parei num rancho escuro, abandonado, para urinar. Quando saí do carro, todo o meu corpo tremia por causa da overdose de cafeína. Eu sabia que estava me tornando perigoso para mim mesmo e para os outros. Voltei a me sentar atrás da direção, sintonizei o rádio via satélite numa estação que transmitia músicas dos anos 1960 e voltei para a rodovia. Mick Jagger cantava "Street Fighting Man". O que eu pensava?

"É melhor eu não jogar esta picape contra a mureta."

Não, é mentira. Eu procurava pensar nisso mesmo. Procurei criar uma grande agitação ao meu redor para me fechar num redemoinho protetor e afastar as lembranças e as imagens. Mas, por baixo dessa cortina de fumaça, pensava em Chris o tempo todo.

Nosso primeiro programa juntos, vinte e cinco anos antes, fora uma excursão de duas semanas no deserto de Utah. Passamos o verão na cidadezinha fantasma de Southern Cross. No outono, mudamos para Bozeman, quando Chris estava se formando em Ciências do Solo na Universidade do Estado de Montana. Dois dos meus três filhos, Nathan e Noey, foram morar conosco. Todas as manhãs eu tocava "Oh, How I Hate Getting Up in the Morning" no kazoo para acordar as crianças, que sempre resmungavam. Depois do café da manhã, elas iam para a cidadezinha no ônibus amarelo da escola, enquanto eu ficava em casa escrevendo e Chris ia de bicicleta para o campus da universidade.

Mas essa era a história do meu passado; eu precisava criar um presente que tivesse sentido. Voltei várias vezes para a casa de Marion em Boulder, que ficava no monte Pão de Açúcar, acima do rebuliço da cidade. Marion trabalhava em seu estúdio imaculado, organizado, projetava casas; e eu, no escritório, que nunca conseguia pôr em ordem, no primeiro andar. Nós nos encontrávamos para tomar café e almoçar; caminhávamos por seus jardins e pelas trilhas próximas, e ela continuava me consolando. Conversávamos sobre livros e ideias, arte e caos, enriquecidos pelas lembranças dos bons tempos durante os quais, quando ambos tínhamos pouco mais de 20 anos, tentávamos estruturar um futuro para nós dois.

Enquanto isso, eu procurava compreender, superar, compreender um pouco mais, de novo superar, encontrar a mim mesmo, definir-me e aceitar-me.

No fim do século XIX, meus avós fugiram dos pogroms da Europa Oriental e migraram para a América do Norte. Durante duas gerações, minha família buscou estabilidade e uma vida familiar tranquila. Estudei em algumas das melhores instituições do mundo: Andover, Brown e a Universidade do Colorado. No entanto, deixei passar a oportunidade de me tornar um acadêmico e levei uma vida de andarilho, tentando viver sem grandes recursos e morando alternadamente nas florestas de Montana, num apartamento totalmente anônimo em Fernie, na minha picape e numa barraca.

Abandonei minha religião, minha profissão e os sonhos de minha família e seguia correndo. E qual é o problema de viver numa picape?

Era o que eu queria entender. Chris havia sido uma presença constante, gentil e tranquilizadora durante metade da minha vida, e, agora que tinha ido embora, eu não estava apenas lutando para aceitar sua morte; talvez estivesse enfim aprendendo a aceitar a mim mesmo.

Compreender, aceitar, compreender mais um pouco, aceitar um pouco mais. Caminhando pela floresta perto da casa de Marion, pelas colinas cobertas de pinheiros enormes e entremeadas de maciços de granito, revi diversas vezes os acontecimentos daquele dia fatídico e então relacionei a tragédia à maior jornada — ou jornadas — que eu andara fazendo nos últimos cinco anos — ou cinquenta anos. Mas a relação não estava clara. Eu sabia que tinha sofrido um golpe muito forte. Estava de luto. Tentava desesperadamente parar um pouco para chorar a perda e, ao mesmo tempo, me esforçava para correr sem parar, para que a dor não me alcançasse. Precisava de uma corda que me ajudasse a reencontrar o caminho de volta nesse novo meandro do labirinto.

Eu sabia que tinha de seguir meu instinto imediato. O primeiro pensamento concreto que me veio à mente depois da morte de Chris e de Will foi: "Tenho de ver Moolynaut."

Atravessei o jardim cuidado com tanto amor por Marion, peguei a picape — as pedras do caminho tinham quebrado um vidro do para-brisa —, desci o Pão de Açúcar e enfrentei o trânsito caótico de Boulder. Mais tarde, entrei numa agência de viagens silenciosa e com ar-condicionado, e comprei uma passagem para Kamchatka.

Um urso e um corvo

Chorar a morte de alguém é uma atitude egoísta. Durante meses não parei de me preocupar comigo mesmo. Como suportar o golpe? Como definir a minha vida? Como suportar a solidão? Será que, de certo modo, eu era culpado pelo acidente? E, se fosse, como poderia aceitar a culpa? Em pleno caos emocional, pensei pouco no espírito de Chris, que vagava sem ter um lugar para descansar. Do meu jeito confuso, eu suportava a dor — e bem até. No entanto, Chris estava morta, voltara ao pó, e uma voz dentro de mim ansiava por transcender minha própria sobrevivência, por falar com ela mais uma vez. Precisávamos de um último dia juntos nas montanhas.

Antes de embarcar num avião rumo a Vyvenka, eu tinha de espalhar as cinzas de Chris.

Ela viveu e morreu como esquiadora, portanto era evidente que eu deveria levá-la para descansar no topo de uma clássica pista de esqui. A montanha que escolhi para isso se erguia acima de nossa casa de Fernie, um maciço de três picos bem próximos, chamados Três Irmãs. Enquanto escrevo este capítulo, num dia gélido de janeiro, as Três Irmãs são banhadas pela luz do pálido sol típico do inverno e se destacam contra um céu azul profundo sem uma nuvem sequer. A rocha é um calcário de 370 milhões de anos que se depositou sobre um fundo marinho raso, posteriormente empurrado sobre uma formação de xisto carbonífero mais recente. O pico central é composto de estratos horizontais e, ao sul, há uma rampa de uns seiscentos metros de rocha com uma inclinação de cerca de 35 graus. A melhor pista de esqui desce exatamente do pico mais alto por uma larga rampa que flui entre contrafortes de calcário expostos. Você pega uma curva à esquerda no primeiro terraço, esquia por uma parede até um pequeno circo invisível para quem está na cidade e desce por um canal íngreme cortado diretamente na rocha exposta. Nessa parte do percurso, tem-se a impressão de estar esquiando no ventre da terra, os pés firmemente plantados sobre a neve, rumando inexoravelmente para um mundo subterrâneo.

Você precisa de condições perfeitas para esquiar nas Irmãs. Na maior parte do ano, ninguém ousaria entrar na rota da avalanche, na parte mais baixa do canal. Entretanto, quando as condições de uma avalanche são estáveis, o topo do pico em geral é varrido por ventos muito fortes. Consequentemente, quando Chris e eu esquiávamos nas Três Irmãs várias vezes nos doze anos em que moramos em Fernie, fazíamos a viagem até lá menos de uma vez por ano. Cada descida está gravada vividamente na minha mente. Se estávamos agitados e um pouco assustados com a montanha, não conversávamos muito. Na base da subida, no ar gélido do início da manhã, abotoávamos bem nossos agasalhos, prendíamos as peles aos esquis para subir, tomávamos talvez um pouco de água, sem falar muito. No alto da crista, muitas vezes o vento levava as palavras embora, ou, se não houvesse vento, conversávamos apenas sobre a escolha do melhor traçado, sobre a camada de neve, tentando memorizar a forma das pequenas projeções das rochas para marcar a melhor rota de descida. Mas o que recordo mais nitidamente é a imagem de Chris esquiando, um pontinho improvável de humanidade fluindo pela encosta da montanha como um rio, como deveria ser, como tudo o que flui montanha abaixo. Minha esposa, minha melhor amiga, minha amante.

Em agosto de 2005, quatro meses e meio depois do acidente, fui de carro até Fernie para subir a montanha e espalhar as cinzas de Chris. Pensei em convidar um grupo de amigos, mas a complexidade das relações sociais atrapalharia minha comunicação com minha mulher. Pensei em fazer o trajeto sozinho, mas achei que estava sendo egoísta, então finalmente pedi à irmã de Chris, Karen, e ao seu irmão, Karl, que fossem comigo. Karl disse que não conseguiria fazer a subida porque tinha problemas de coluna.

Quando adultas, Chris e Karen eram quase tão íntimas quanto duas gêmeas, embora Karen fosse dois anos mais velha. Antes de eu conhecer Chris, elas moravam, trabalhavam e se divertiam esquiando em Alta, Utah. Às vezes, chamavam-nas de Seizure [de ataque, acesso] Sisters, uma jocosa distorção de seu sobrenome, Seashore. Dezenas de anos mais tarde, as pessoas que não as conheciam confundiam as duas. Muitas vezes, eu tinha de explicar:

— Não, sou casado com a baixinha, de cabelos menos loiros, e seu nome é Chris, não Karen.

Sempre que Chris precisava de apoio que eu não podia lhe dar, ela pegava o carro e dirigia cinco horas até Sandpoint, Idaho, para ficar com a irmã por uma semana. Elas relaxavam na intimidade, gostavam de um jogo com palavras chamado Royalty, tricotavam gorros e, suponho, trocavam segredos, confidências e preocupações sobre os respectivos maridos.

Passei quatro meses chorando minha perda; precisava me concentrar em Chris, transmitir amor de algum modo à minha adorada esposa que sempre transpirava tanta alegria e felicidade, cuja paz e tranquilidade tinham aquietado, ou pelo menos amenizado, meu caos interior durante um quarto de século.

No meio do inverno, a massa de neve sobre a montanha tem de dois a quatro metros de espessura. Esse manto de pesada brancura forma uma superfície suave, ondulada sobre um intricado matagal, quase numa floresta de amieiros e de ginsengs siberianos cheios de espinhos. No verão, quando a neve derrete, a montanha muda de aspecto, como se mudasse de casaco, de uma brancura esfuziante para um manto verde-escuro, quase ameaçador.

Karen e eu viajamos quase uma hora por uma estrada de terra esburacada. Quando a estrada se bifurcou, acionei a tração nas quatro rodas da picape e ficamos sacudindo num caminho cheio de buracos até chegar ao início da trilha. Colocamos lanche, água e roupas de reserva em nossas mochilas, e peguei a urna com as cinzas.

— Está na hora de ir, Chrissy — anunciei como se falasse com um ser vivo. Gemi e solucei sem conseguir me controlar. Depois de todas as nossas aventuras juntos nas montanhas, aquela era nossa última caminhada, uma caminhada que seria compartilhada de forma estranha, sem risos.

Na umidade do início da manhã, o orvalho se desprendia dos amieiros e caía sobre nossa roupa, cintilando na luz do sol que ocasionalmente penetrava o emaranhado de galhos e folhagens. A trilha subia, e avançamos com dificuldade sobre raízes retorcidas e degraus toscos até chegar a uma caverna de dois metros de diâmetro onde uma nascente de água pura e fria da primavera jorrava de seu leito escondido entre camadas de calcário subterrâneo.

Karen e eu mal falávamos, cada um perdido em seus pensamentos. Eu tentava encontrar o espírito ou a alma de Chris, para lhe agradecer por ter sido minha melhor amiga, amante, mestra, a companheira que me amparava quando eu fraquejava, que trouxe estabilidade à minha vida sem sacrificar seu prazer pela aventura.

A trilha continuou contornando o flanco da montanha até outra caverna muito maior, com um teto muitas vezes mais alto do que eu. Deixamos a luz do sol e penetramos a escuridão cheia de ecos, onde o único som era o murmúrio de uma torrente e o ruído de nossos passos à medida que pisávamos esmagando minúsculos fragmentos desse antigo recife marinho. Em muitas religiões, o mundo subterrâneo é a morada do Diabo, onde os maus são condenados a viver para sempre no fogo e no enxofre. Mas não percebi nenhum mau presságio. Ao contrario, senti a imensa extensão do tempo, enquanto os sais do mar devoniano se transformavam lentamente em pedra, que foi posteriormente lançada em direção ao céu e transformada em montanha, para se dissolver novamente em água e voltar ao mar eterno. Mudança e morte parecem menos trágicas nas entranhas do tempo geológico. Sim, é claro, a morte é inevitável, mas a de Chris foi um pouco prematura.

Voltamos à luz do dia e seguimos a trilha que subia em zigue-zague acima da caverna até uma ponte rústica feita com um tronco de árvore sobre um cânion muito íngreme. Se uma pessoa estivesse passeando, conversando com amigos, e não conhecesse a trilha, talvez não notasse que o tronco fora cortado por mãos cuidadosas e colocado habilmente no lugar. A trilha é o projeto inspirado na filosofia zen de Heiko Socher, um dos habitantes lendários de Fernie, que a construiu quando tinha 75 anos. Chris ajudou Heiko a instalar o tronco no lugar com cordas, roldanas e alavancas. Foi sua pequena contribuição à trilha, à cidadezinha e à comunidade de montanhistas que tinha muito carinho por nós. Parei e me lembrei daquele dia. Eu trabalhava abaixo da caverna e subi por volta do meio-dia para almoçarmos juntos. Quando me aproximei, Chris e Heiko estavam abaixados, de costas para mim, falando num tom lento, suave, tentando convencer gentilmente o pesado tronco a ir para a posição correta, tomando cuidado para não escorregar e não deixar que ele rolasse descontrolado pela encosta íngreme.

Contei a Karen a história do tronco, e ela ouviu sem dizer uma palavra, com o rosto tenso de emoção. Mais tarde, ela me disse que, embora fosse muito ligada a Chris, elas viveram vinte e cinco anos separadas. Karen sabia que aquela montanha tinha um significado especial para a irmã, mas nunca compreendeu a intimidade concreta dessa relação até ver a ponte. Atravessá-la foi como penetrar, em termos físicos e metafísicos, na vida de Chris até o outro lado do cânion.

A trilha ziguezagueava íngreme acima da ponte, depois voltava a nivelar, passando por um denso bosque de amieiros, quase ameaçadores, que chegavam até nossa cabeça, e de arbustos menores de mirtilos.

Ao fazermos uma curva, ouvi um rosnado grave, gutural, assustador, seguido por um uf, uf!, forte, nítido, vindo da caixa torácica de um animal de grande porte.

Karen perguntou:

— É um alce?

Virei para olhar para ela e então rapidamente prestei atenção no som.

— Não, é um urso-pardo — respondi, ainda concentrado nos arbustos densos, enquanto me perguntava se o urso atacaria logo no meio da vegetação, com a eficiência e a velocidade mortais de um torpedo.

O urso-pardo é o maior animal e o mais perigoso das Montanhas Rochosas canadenses, e também de Kamchatka. Em toda a orla do Pacífico, os povos aborígenes respeitam o urso-pardo como um totem físico poderoso. Observando-o se mover pela floresta, na tundra ou na costa, percebe-se seu poder pelo rosnado, pelo manto ondeado de pelos hirsutos, com a beleza inata da eficiência bruta envolvida numa roupagem semelhante a um pijama muito folgado. Na visão de mundo dos koryak, deve-se reverenciar um animal que mata.

Seria o espírito de Chris que voltava sob a forma de um urso do Outro Mundo para se despedir, por não ter tido a chance antes?

Ou o Espírito Urso que homenageava Chris, agradecendo por seu profundo amor pelos ambientes selvagens?

Ou um lembrete de que eu também devia reverenciar e aceitar todos os seres da natureza, até os ursos e as avalanches, o perigo e a tragédia?

Ou era apenas um velho urso comum que resolvia nos advertir em vez de nos comer, por motivos que somente ele sabia?

Karen e eu fomos andando para trás muito lentamente até sentarmos sobre um tronco.

Que explicações vocês dariam? A do universo da lógica, do lado esquerdo do cérebro, depois de uma análise estatística da probabilidade de encontrar um urso-pardo em determinado dia? Ou a do universo do lado direito, onde a magia flutua ao nosso redor o tempo todo, esperando ser decifrada?

Gosto de pensar naquele momento como uma dádiva maravilhosa, porque, em meio às sensações intensas e ao medo, passado e futuro foram esquecidos, morte e tragédia se dissiparam. O Mundo Real, o mundo espiritual e o Mundo do Sonho fundiram-se num todo. O urso rosnou.

Por outro lado, eu sabia que tanto os ursos espirituais quanto os reais são perigosos e precisam ser tratados com respeito. Estava feliz, mas também apavorado. Tínhamos encontrado muitos ursos-pardos em décadas de excursões pelas mesmas paisagens. Para mim, era um medo conhecido, administrável — sempre inseparável das rotas íngremes das pistas de esqui, dos caminhos tumultuosos nas terras dos koryak ou das longas escaladas em rochas que definiram minha vida. Há muito tempo aceitara a simples realidade de que as montanhas são perigosas. Essa verdade era óbvia naquele momento, enquanto carregava as cinzas de Chris em minha mochila. Havia um urso-pardo no nosso caminho, e eu devia agir com a calma e a tranquilidade de um urso dominante. Mas, ali, quem dominava era o urso — a natureza. Ele poderia nos comer ou não. Era pagar para ver.

Ouvimos um roçar fraco nos arbustos, seguido pelo silêncio. O urso estava indo embora.

Descansamos, fizemos um lanche. O único ruído era uma brisa suave entre as folhas. Nuvens corriam pelo céu, bloqueando o sol e envolvendo a montanha em sua capa cinzenta de verão.

— Devemos seguir em frente? — perguntei.

— É preciso — respondeu Karen. Então pegamos as mochilas e continuamos. As cinzas de Chris pesavam em minhas costas. O céu escureceu, e as nuvens se tornaram mais densas. Nas montanhas do sul da Colúmbia Britânica, os amieiros proliferam até cerca de mil e oitocentos metros de altitude, e então o ecossistema se abre abruptamente em amplos parques de abetos vermelhos e de coníferas balsâmicas. Acima dos dois mil e trezentos metros, a floresta se rende à tundra alpina — um leito baixo de ervas e de musgos obstinadamente enraizados no meio das rochas, com alguns arbustos e uma árvore ocasional resistente.

Enquanto subíamos pela parede até uma passagem elevada, a chuva começou a cair e o vento se intensificou, com rajadas horizontais. As nuvens se amontoavam e se chocavam, ribombando umas contra as outras, lutando e esmurrando os altos picos. Vesti a parca e pus o gorro de lã que Chris tricotara para mim com tanto amor, com desenhos de gatos cor-de-rosa e verdes andando em direções opostas entre flores amarelas, verdes e azuis.

De início, fiquei desapontado porque a tempestade ameaçava "estragar" aquele dia especial. Então me dei conta de que não enxergava beleza ao meu redor. A natureza jamais garante dias ensolarados e céus azuis. Ninguém com um aspirador de folhas limparia o lugar, nem um termostato controlaria a temperatura, nenhuma mortalha bordada cobriria a morte. Pensei em todas as cristas varridas pelas tempestades que Chris e eu tínhamos compartilhado e vi seu rosto na névoa úmida, emoldurado pelo capuz bem apertado, determinado, feliz por estar no alto de uma montanha.

Revigorado, retomei a subida rapidamente pela rocha molhada e escorregadia, até chegar ao topo. Embaixo, Karen avançava com dificuldade pela trilha indistinta. Ela olhava furtivamente para baixo, para a encosta íngreme, e depois para cima, para mim, com a respiração entrecortada, como se o topo estivesse muito distante e fosse impossível alcançá-lo.

Poderia ter sentado ao abrigo de um afloramento da rocha e esperado, mas continuei em pé na crista, totalmente exposto ao vento e à chuva, onde podia enxergar através das nuvens todos os picos vizinhos e as linhas de descida que Chris e eu tanto amávamos. Imaginei um manto de neve cobrindo a encosta abaixo e vi Chris descer esquiando, como fizera tantas vezes na vida. Ah, meu amor, minha amante. Ela levantou o bastão, seu corpo rodopiou, seus esquis giraram; a neve voava no ar, deixando as marcas sinuosas de curvas perfeitas atrás dela.

De repente, um corvo apareceu; voava grasnando na altura da cintura ao lado de Chris, que esquiava descendo a encosta. Mas, naquele momento, o que era real e o que era imaginário? Fechei os olhos, cobri o rosto com as mãos e respirei profundamente. Não havia neve alguma. Chris estava morta. Não esquiávamos. Eu carregava suas cinzas no meio da tempestade ao topo da montanha. Baixei as mãos e abri os olhos. O maravilhoso sonho com a neve havia desaparecido, assim como o urso desaparecera entre os arbustos. Chris não estava em parte alguma, e suas cinzas de repente ficaram pesadas nas minhas costas. Mas havia um corvo de verdade voando lá embaixo, na metade da encosta, balançando as asas como se estivesse esquiando.

Depois o corvo quase desapareceu num pequeno ponto preto no fundo do vale. Então inclinou as asas e subiu numa corrente de ar — trazendo novo ânimo ao meu espírito cansado, como se eu também estivesse voando. Nos ventos violentos e caóticos da tempestade de agosto, a pequena ave negra voou encosta acima, em minha direção, balançando e sacudindo na turbulência. Uma nuvem branca e cinzenta envolveu o topo da montanha como um manto de água e despencou no vale como se ela também estivesse esquiando. O corvo foi voando exatamente sobre a minha cabeça e ficou pairando e grasnando, a menos de um metro acima de mim. Gotas de água brilhavam nas pontas de suas asas e se misturavam às gotas da chuva. Eu chorava, e a chuva fresca e límpida se misturava às minhas lágrimas salgadas.

O corvo mergulhou na minha frente e, por uma fração de segundo, ficou tão enorme que a paisagem desapareceu, encoberta por seu corpo e suas asas negras, o bico cor de laranja e um olho redondo como uma conta de vidro fixando-se diretamente nos meus. Então, ele esquiou novamente montanha abaixo, fletindo as asas, como Chris fazia com os joelhos no ritmo de seus esquis, e desapareceu na direção das árvores, setecentos metros abaixo. Quando chegou ao vale, subiu, e, com batidas ritmadas das asas, elevou-se na tempestade até ficar novamente pouco acima de mim. Seria Kutcha, pairando sobre mim e Misha enquanto comíamos arenques gordurosos sentados no *visdichot*, depois da longa, árdua e talvez perigosa viagem que ele empreendera até o Outro Mundo para mim, para falar com a Velha que Mora no Topo da Montanha Mais Alta e convencê-la a curar a minha pélvis?

Então esquiamos todos juntos, Chris, Kutcha e eu. Senti a compressão da curva em meus joelhos, em minhas asas estendidas. Desenhamos juntos vários oitos na neve, entrecruzando nossos traçados, separando-nos e voltando a nos encontrar na dança da vida. Cristais cintilavam e lavavam meu rosto. Senti a neve dissolver-se em meus bigodes. Então o sonho desvaneceu e a chuva caiu em fortes pancadas, espirrando sobre as pedras da montanha.

Quando o corvo terminou a segunda arremetida, voltou, pairou sobre minha cabeça pela terceira vez, pegou uma corrente de ar ascendente e desapareceu no céu.

Um urso e um corvo. Momentos mágicos integravam-se à mais profunda tristeza, pregando a aceitação. Meus amigos animais ensinavam-me a superar a dor encontrando beleza na tragédia.

Karen se aproximou e, para ter certeza de que não se tratava de uma alucinação, perguntei:

— Você viu o corvo?

— Sim, claro.

Provavelmente trocamos mais algumas palavras; não lembro.

No entanto, recordo que concluímos juntos os últimos passos até o topo. Respirando com dificuldade, lembrei a luz branca no fim do labirinto, o portal para o Outro Mundo que nunca pude alcançar. Moolynaut cuspiu em meus pelos púbicos enquanto eu balançava sobre uma perna só com um braço estendido para a frente. Agora eu podia caminhar confiante com a pélvis curada e pisava sobre a plataforma horizontal do cume.

Abrimos a urna e espalhamos as cinzas ao vento. O corpo de Chris esvoaçou em redemoinhos no céu para se unir ao Corvo e depois retornar à Terra e em sua misteriosa jornada do pó ao pó.

Eu passara quatro anos vacilando entre o Real, o mundo onírico e o espiritual tentando explicar os mistérios da vida — minha cura, o labirinto, e agora o urso e o corvo. Não tinha mais necessidade de analisar ou explicar as maravilhas e as tragédias que me envolveram e me atingiram profundamente em seu torvelinho, como as nuvens de tempestade que dançavam no céu. E por que alguém haveria de querer uma explicação?

Oleg compreendia que o Mundo Real e o Outro Mundo são a mesma coisa, por isso me mandou, com Misha, para a tundra concreta, tangível, a fim de agradecer à ave espiritual, transcendental. Todas as vezes que eu quiser conversar com Chris ou precisar de conforto e apoio em busca de meu caminho, subirei essa montanha ou qualquer outra, ou entrarei no mar com meu caiaque. Ou sentarei à beira de um tranquilo riacho da montanha, como no dia da cerimônia em sua memória, e tomarei água fresca numa caneca de lata pendurada num galho de salgueiro. Não precisarei da visita de um urso ou de um corvo toda vez, porque já tive essa honra e sei que eles me visitaram. Como o dia em que levei Chris ao topo da montanha até o lugar onde ela agora descansa em paz e onde espalhei suas cinzas na tempestade.

Desta vez você não deve visitar o Outro Mundo

Voltei para Boulder, mas, intimamente, sempre soube que tinha de voltar a Vyvenka no outono e depois passar a temporada de esqui em Fernie.

Minha filha Noey me disse, certa vez, que se sente como se vivesse numa caixinha, e que, de vez em quando, um gigante pega a caixa na mão e a sacode. Então, ela fica tonta e desorientada, e todas as suas coisas se espalham à sua volta. Depois, ela torna a colocar as xícaras de porcelana com desenhos florais e as colherinhas de prata sobre a mesa, e convida os amigos para tomar chá e comer brevidades.

Eu voltaria a Vyvenka porque um gigante tinha sacudido minha caixa com violência. Moolynaut não tinha uma sabedoria surpreendente, iluminadora, que fosse possível resumir em poucas palavras, mas eu precisava de um momento para refletir, antes de colocar as xícaras de chá sobre a mesa, provavelmente ao acaso, e com certeza não num mágico e agradável arranjo japonês.

Às 4 da manhã do dia 11 de outubro, seis meses e meio depois da avalanche, desci novamente o monte Pão de Açúcar e atravessei a cidade de Boulder rumo ao aeroporto de Denver. Um gambá predador apareceu rapidamente iluminado por meus faróis. Pensei que seria um insulto muito grande para os outros passageiros do meu voo se o gambá espirrasse seu líquido fedorento em mim antes de embarcar numa jornada de quarenta e três horas, contando os vários aeroportos e aviões, atravessando dezenove fusos e três quartos do globo. Reduzi a marcha, e o gambá desapareceu sem problemas entre os arbustos.

Aguentei o voo interminável, passei pela alfândega em PK. Mais uma vez subi as escadas escuras e sombrias do edifício de concreto cinzento de Misha e Nina, da era soviética, e entrei em seu apartamento acolhedor imaculadamente limpo, todo iluminado. A cadela Ainu correu até a porta com um latido amigo e agitou vigorosamente o rabo para que eu tivesse a certeza de que ela se lembrava de mim. Enfiei minhas pernas compridas no estreito espaço debaixo da mesa da cozinha, tomando cuidado para não derramar uma bandeja de bagas de rosas silvestres que secavam à minha frente. Eu me senti em casa, porque estava entre meus amigos queridos, e concluí que sou abençoado, porque tenho muitas casas.

Anastasia estudava na escola de música em PK. Estava se tornando uma pessoa madura, responsável, e, embora fosse pequena fisicamente, quando tocava piano, seus dedos fortes produziam uma sonoridade que enchia a sala de vibração e energia. Maria era uma jovenzinha de 15 anos, esguia, com lábios sensuais, como se estivesse sempre amuada e com olhos vivos penetrantes. Nina era calma e firme, como sempre atarefada na cozinha cuidando para que eu me servisse de bastante chá, pão, manteiga e geleia depois da longa viagem. Misha explicou que, no ano anterior, o conglomerado de pesca que financiara a construção de sua engarrafadora fizera uma proposta de compra hostil e o demitira, assim como seus amigos. O grupo de antigos geólogos soviéticos desempregados sempre unidos fundou então uma nova empresa, com capital escasso e equipamento inferior. No primeiro ano, eles perderam dinheiro, mas, com Misha no cargo de diretor-executivo, começavam a ter lucro e a saldar as dívidas.

— Há somente dois problemas na Rússia: gente maluca e estradas péssimas — explicou Misha.

Eu conhecia o ditado, e a expressão em seu rosto mostrava que o negócio enfrentava dificuldades; apesar disso, perguntei se ele poderia tirar uma semana de folga para ir a Vyvenka.

Misha olhou para mim, sorriu e disse enfaticamente:

— Jon, como sempre, é *schto percent* [cem por cento] necessário.

Depois de uma pausa, sentenciou:

— *Schto percent* necessário para a minha cabeça.

Colocou a mão sobre ela como se tivesse uma enxaqueca de estourar o cérebro e espalhar a massa cinzenta até o teto.

— E para o meu coração — concluiu, pondo a mão sobre o peito e abaixando a cabeça para uma rápida oração.

Descansei por alguns dias com a família Petrov. Meu objetivo naquela nova jornada era buscar a paz depois da morte de Chris, e pensei em Svetia, que também tinha perdido seu companheiro. Perguntei por ela e me informaram que se casara de novo e, pouco tempo antes, dera à luz um menino. Pensei em visitá-la, mas talvez ela se sentisse pouco à vontade, então desisti.

Mais uma vez, Misha e eu pegamos um avião para Korpf/Tillichiki, a cidadezinha de fronteira desmantelada, cheia de lama semicongelada; de *visdichots* que arrotavam diesel; destroços de um maquinário moribundo; edifícios de apartamentos decrépitos, despencando, sem pintura; pneus velhos; e pequenos jardins cheios de esperança, cercados por restos de ferro-velho e madeira trazida pelo mar.

Enquanto estávamos na margem da pista, Misha explicou:

— Os soviéticos sonhavam com a revolução mundial.

Depois de uma pausa, prosseguiu:

— Foi realmente uma péssima ideia.

Correu a notícia de que um americano e seu amigo russo iam a pé para Vyvenka. Logo, um soldado russo chamado Volodia e seu colega koryak, Bill, apareceram numa picape do governo, com gasolina do governo, durante o expediente de trabalho, e se ofereceram para nos levar até lá por quinhentos rublos (cerca de vinte dólares). Enquanto pulávamos nos buracos da estrada de terra, com o oceano calmo lambendo a areia ao nosso lado, perguntei a Bill a razão de seu nome, e ele explicou que nascera com um nome koryak, mas depois de assistir a muitos filmes de caubóis quis ser chamado Bill.

Quando a estrada esburacada se tornou intransitável, Volodia engatou a tração nas quatro rodas. Adiante, embora rodássemos em terreno plano, reduziu a marcha por causa da areia molhada. Por fim, chegamos a um pequeno rio cheio por causa da maré alta e coberto por uma fina camada de gelo. Tínhamos parado nesse mesmo lugar três anos antes, quando Misha e eu visitamos Vyvenka para agradecer a Moolynaut por minha cura. Volodia seguiu em frente, até que os pneus dianteiros pararam de forma precária na beira de um barranco, prestes a desmoronar. Desligou o motor e ficou conversando com Misha, que não se preocupou em traduzir, porque, imagino, era um simples bate-papo. Eram quatro e meia de uma tarde de outono, no nordeste da Sibéria. Nossas mochilas estavam repletas de presentes para nossos amigos, mas não tínhamos barraca, nem fogão, tampouco sacos de dormir. Eu usava sapatos leves próprios para caminhadas, e tínhamos ainda quarenta quilômetros pela frente e vários rios para atravessar antes de chegar a Vyvenka. Pensei em sugerir que estávamos com pressa, mas eu estava na Rússia.

Depois de pagar e de nos despedirmos, começamos nossa viagem a pé na luminosidade do começo de noite nessa latitude muito elevada. A água do rio chegava apenas até os joelhos, mas estava gelada, e, enquanto vadeávamos, me tirou o sonambulismo provocado pela viagem de avião e pelo choque cultural. Eu me perguntei por que não tinha levado as botas de borracha, as meias de neoprene ou algum calçado mais razoável. Misha devia estar pensando o mesmo, mas, em vez de se mostrar preocupado, ria como uma criança de 8 anos que conta piadas sujas.

Mentalmente, avaliei as perspectivas de nossa situação. Se chegássemos à mina de carvão antes ou pouco depois do escurecer, encontraríamos um lugar aquecido para dormir. Caso contrário, como a temperatura não estava muito abaixo de zero, poderíamos passar a noite diante de uma confortável fogueira de arbustos e madeira velha, enquanto nossas meias fumegantes secavam perto das chamas. Então deixei de lado os temores e relaxei, saboreando a alegria simples de caminhar numa praia deserta, com o sol que desaparecia aos poucos no mar calmo, o cheiro de maresia e o ruído suave da arrebentação a poucos metros.

Eu tinha feito uma longa viagem para experimentar aqueles momentos de reflexão; talvez absurdamente longa. Poderia ter caminhado a pé na floresta que se estendia da minha casa em Darby, rumo a oeste, através das Montanhas Rochosas, depois para o norte, até o mar de Beaufort. Mas preferi me afastar ao máximo de minha vida normal. É a minha tendência natural, porque, no íntimo, sou um andarilho, mas eu sentia uma necessidade inegável de ver Moolynaut e de mergulhar, mais uma vez, na cultura koryak.

A natureza selvagem fala ao meu subconsciente, e a Sibéria é um dos lugares mais selvagens deste planeta. Xamãs e homens santos das florestas chuvosas do deserto ártico buscam as privações como caminho para o êxtase, para que sua mente possa se projetar além da realidade que ela cria para si. Evidentemente, a meditação permite a algumas pessoas percorrer grandes distâncias sem precisar fazer uma viagem de avião trabalhosa e desgastante. Sem congelar os pés num rio siberiano. Eu apenas seguia o caminho que mais me convinha. A questão não é como buscamos nossa consciência interior, mas até que ponto estamos decididos a investir nosso tempo e nossas energias na realização da jornada.

Esforcei-me para acompanhar a marcha de Misha, e andava em silêncio ombro a ombro com ele. Pensei em sua infância sob o jugo soviético e na opressão ainda maior sofrida pelo povo de Vyvenka que iríamos visitar. Eu tive uma vida privilegiada numa sociedade economicamente opulenta e politicamente estável. Depois da morte da minha amada Chris, tinha necessidade de rir com pessoas que haviam experimentado um sofrimento maior do que eu poderia imaginar.

Após uma hora de caminhada, ouvimos o ruído de um motor de barco atrás de nós. A embarcação, com dois homens de Vyvenka, deu uma guinada na direção da praia.

— Vocês querem carona até a aldeia? — gritou um deles.

Misha e eu nos entreolhamos. É claro que a carona seria conveniente, mas eu estava gostando de andar e quase desejava um acampamento longo e frio, sem nenhum conforto à luz das brasas, para me sentir mais vivo e descansado. Sem esperar uma resposta, como se uma recusa polida fosse inconcebível, o piloto parou o motor e o barco entrou na arrebentação. As ondas quebraram sobre a popa, e, se Misha e eu demorássemos na praia para discutir nossas opções, a embarcação adernaria e se encheria de água. Entramos despreocupados na água gélida, saltamos sobre o deque da frente incrustado de gelo e entramos na cabine. O piloto imediatamente deu marcha a ré, voltou para águas mais profundas e seguiu para o sul, na direção de Vyvenka.

Eu vestia uma roupa leve, adequada para uma marcha vigorosa, e já me molhara por causa da arrebentação. Naquele momento, totalmente encharcados pelos respingos gélidos, pulávamos enquanto o barco sacudia sobre as ondas do oceano e o casco de alumínio sugava todo resíduo de calor de nosso corpo. Rapidamente pus meu agasalho à prova-d'água, mas já estava irremediavelmente molhado e gelado, solitário, com saudade de Chris, na incerteza do futuro.

Como podia ter esquecido tão depressa que estava fazendo uma peregrinação?

Misha, igualmente molhado e usando roupas leves como eu, sorria e conversava amavelmente com os homens por cima do ruído do motor. Procurei me concentrar no pôr do sol, na luz avermelhada em tom pastel que se refletia nas ondas e na vasta tundra atrás, revisitando as lembranças de nossas viagens, de todas as viagens, desde o início dos tempos. A escuridão desceu, as luzes fracas da aldeia apareceram, e saltamos com a arrebentação sobre um banco de areia, até a lagoa de água parada como um espelho. Vyvenka era ainda mais decrépita do que Korpf/Tillichiki, mas tínhamos a sensação de que era nosso lar enquanto caminhávamos pela rua principal já tão familiar. Um menino correu na nossa frente com a notícia de nossa chegada, e Lydia nos recebeu na porta com uma pá cheia de carvões acesos para seu ritual de saudação; tirou um fiapo de roupa de cada um e os queimou nas brasas. Depois nos abraçou com força e nos beijou calorosamente na boca, convidando-nos a entrar.

Oleg, Goshe e a irmã de Lydia, Vera, nos esperavam. Sentamos na sala de Goshe, e Oleg nos pôs a par das novidades da temporada de pesca — o volume da pesca, os barcos afundados e os homens perdidos no mar. Com o tema da morte já introduzido, Misha contou a história da avalanche de Chris. Oleg olhou para mim e balançou a cabeça lentamente. Tínhamos viajado pela tundra e enfrentado juntos as tempestades de neve. Ele vira a morte no mar e não disse nada, mas pude sentir suas calorosas e delicadas condolências.

Lydia sentou perto de mim e colocou um braço ao redor de meus ombros.

— Jon, Chris está ao seu lado. Bem perto. Ela quer que você seja forte e feliz por ela, porque ama você todo o tempo.

Quando comecei a chorar, Lydia gentilmente limpou uma lágrima de meu rosto e me disse novamente para ser forte.

Recuperei o controle.

— Obrigado, Lydia.

Expliquei então que nos últimos meses eu me sentira perdido. Precisava me recuperar e reencontrar o caminho para voltar a viver. Então, tinha decidido fazer uma pausa em minha vida e aguentar até chegar a Vyvenka.

Lydia me abraçou mais forte.

— Veio para o lugar certo. Isso é bom. Você precisa se limpar. Está tocando o seu *boubin*?

— Não, não tenho ficado muito em casa.

Não entrei em detalhes sobre as viagens de apresentação do livro e sobre Marion.

Goshe contou que, depois que sua esposa morreu, durante seis meses não conseguia ficar em casa, até que o espírito dela finalmente foi para o Outro Mundo, e lá ficou.

Lydia acrescentou:

— Você precisa ir para casa, tocar o seu *boubin* e cantar.

Com a seriedade de um médico que prescreve uma receita, Lydia repetiu:

— Você precisa cantar uma hora todos os dias.

Parecia uma boa ideia, mas eu sabia que não iria tocar o *boubin* durante uma hora todos os dias. Talvez, se compartilhássemos da mesma cultura e da mesma língua, pudéssemos discutir diferentes formas de meditação e de cura, mas em Vyvenka a comunicação verbal sempre foi um pouco nebulosa. Nebulosa? Ou era uma comunicação real aprimorada pela falta de uma linguagem comum? Como o cego que compensa a falta de visão com sentidos mais apurados — olfato, audição e tato —, talvez nossa limitada capacidade para conversar tenha nos levado a uma relação não verbal mais profunda do que tudo que poderíamos conseguir em bate-papos. Minhas repetidas visitas a Vyvenka tinham feito de mim outra pessoa. Eu conseguia ouvir melhor os outros. Procurava estar mais aberto aos mistérios e ao mundo onírico que me cercava. Talvez eu tivesse testemunhado milagres. Um cético poderia argumentar que eu os inventara. Isso não tinha mais nenhuma importância. Sobre a montanha, naquele dia com Karen, o urso-pardo arfou atrás de nós e o corvo desceu do céu e pairou sobre mim. Lydia me abraçava forte. Naquele abraço, eu soube que o gigante parou de chacoalhar minha caixa, e, ao voltar para casa, eu poderia começar a pôr as xícaras de chá em ordem outra vez.

Logo fomos para a cozinha, onde Lydia serviu batatas, perdiz, ovos fritos, pão, manteiga e peixe defumado.

Enquanto comíamos, Lydia anunciou:

— Nossa avó tem *mukhomor* para nós. Mas antes você precisa descansar e dormir. Pense bons pensamentos para dormir. E amanhã você não deve ir para o Outro Mundo procurar Chris. Precisa prometer.

Prometi de todo o coração, lembrando bem a aterradora jornada alucinógena para escapar do labirinto.

— Talvez Chris venha até você. Será bom. Mas você não deve procurar ela. Se procurar, andará no Outro Mundo por muito tempo. Se você andar por muito tempo no Outro Mundo, tempo demais, morrerá!

Vera acrescentou de forma enfática:

— Fica azul e morre.

Então Lydia contou uma história tortuosa de um homem que comeu *mukhomor* e se demorou demais no Outro Mundo à procura de um parente falecido. O homem se perdeu, ficou azul e morreu. Os amigos carregaram seu corpo para fora para cremá-lo. Mas o parente que tinha morrido disse ao homem azul e quase congelado que tinha sido louco em vagar no Outro Mundo antes da hora. Então o homem pediu desculpas, levantou e voltou para dentro, para a surpresa de seus amigos.

Lydia e Vera fizeram toda uma pantomima de expressões de surpresa para ter certeza de que eu havia entendido.

O gerador da cidade parou, e as luzes piscaram, apagaram e voltaram a acender, criando um ambiente de Halloween apropriado para a história. Oleg saiu correndo para ligar o gerador Honda que havia acabado de comprar, enquanto Goshe mexia nos fios desencapados e nos fusíveis até que as luzes piscaram e reacenderam. Lydia interrompeu a história do homem morto para nos contar que havia duas vantagens em não se ter eletricidade. A primeira era que as superfícies cobertas de neve ficam muito mais brilhantes e bonitas sob a luz das estrelas e da lua do que quando há eletricidade, por isso as pessoas se sentem mais propensas a fazer passeios noturnos. Depois, pondo a mão sobre sua boquinha redonda e rindo com malícia, Lydia disse que, quando as luzes se apagam, as pessoas fazem mais criancinhas.

Um breve passeio na neve

Naquela noite, Chris veio para mim num sonho. Ela ainda era criança e interpretava o papel principal numa peça na escola. Eu estava ocupado e não tive tempo de assistir ao espetáculo. De repente, ela retomou seu rosto de adulta e perguntou:

— Jon, por que você não veio para me ouvir cantar?

Era a primeira vez desde a sua morte que ela falava comigo. No entanto, o sonho era triste, e, ao relembrá-lo, três anos depois, quase chorei. Será que não a ouvi cantar na vida real? Prefiro outra interpretação: ela cantava no Outro Mundo, e, se eu tivesse tempo e energia, poderia ouvi-la.

Sentei no saco de dormir e refleti que Chris esperou que eu voltasse a Vyvenka e estivesse com meus amigos koryak para me visitar. Ou quem sabe eu tinha esperado até aquele momento para ouvir? A luz da manhã atravessava janelas sujas, mas Misha continuava dormindo, então me vesti sem fazer barulho e fui andar na praia. Lydia me lembrara de que eu nunca deveria pensar em Chris como se ela estivesse morta. Ao contrário, devia pensar como se estivesse a meu lado. Porque, de fato, está.

O vento do norte uivava, e a chuva fria caía oblíqua das nuvens em fuga. O mar, no dia anterior relativamente calmo, estava muito agitado e provocava múltiplas linhas de arrebentação. É tentador dizer uma "arrebentação furiosa" ou algo parecido, mas não há nada de furioso, feliz ou triste no oceano. A arrebentação é causada por grandes ondas que se formam no mar pela ação de ventos fortes e colidem com a praia. Como sempre, na minha cabeça, sentei em meu caiaque no meio do caos de ondas fortes, esbranquiçadas. A arrebentação era administrável, mas violenta e gélida no ar de outubro sem sol. Eu não gostaria de estar lá fora, mas ao mesmo tempo me sentia eletrizado por aquela manifestação de poder da natureza. Na minha imaginação, estendi a mão para pegar um remo, que está sempre ligado ao meu sistema endócrino.

Quando voltei para casa, Lydia cutucou minha barriga com um dedo e disse que eu estava muito magro. Depois correu para preparar uma refeição de pão com peixe-pepino e muita manteiga.

Enquanto comíamos, a porta se abriu e Moolynaut entrou, deixando para trás a tempestade. Eu não a via fazia um ano e meio e fiquei chocado com sua fragilidade. Provavelmente estava com 100 anos de idade e mancava. Seu braço direito pendia sem movimento, e ela não conseguiu tirar o casaco sem ajuda. Lydia explicou que, em agosto, Moolynaut adoecera. Alguns sugeriram levá-la ao hospital em Korpf/Tillichiki, mas Lydia e Oleg a conduziram rio acima de barco, até o acampamento de pesca. Cercada pelo sol, pela tundra e pelos salmões novos, Moolynaut se restabeleceu, mas a perna esquerda ficou parcialmente paralisada e o braço quase completamente.

Embora enfraquecida, ela me cumprimentou com um sorriso caloroso e sua costumeira cordialidade. Como eu previa, não falou na avalanche nem me deu conselhos para me ensinar a encarar a morte de Chris. Em vez disso, falou da temporada de pesca passada e perguntou se eu tinha comida suficiente na minha casa em Montana, para o inverno. Presumo que essa simples pergunta foi sua maneira de me dizer que a vida continuava, apesar da morte.

Depois de apenas dez minutos, Moolynaut explicou que estava cansada e não poderia ficar por muito tempo. Perguntou se no dia seguinte gostaríamos de comer outra vez o *mukhomor*. Lembrei-me do pânico no labirinto e da fuga aterrorizada pelos corredores escuros, mas, dessa vez, resolvi deixar que a droga me levasse a um lugar mais feliz e concordei. Misha sorriu e acenou com a cabeça sem dizer nada.

Moolynaut nos contou que, em julho do ano anterior, no aniversário de seu falecido filho, ela tinha comido o *mukhomor* e dançado cheia de energia na tundra com o filho morto; voltou para casa muito tempo depois, e todos ficaram preocupados com ela. Explicou que nossos familiares mortos moram em um mundo paralelo, o qual ela teve o privilégio de penetrar com a ajuda do cogumelo vermelho. Sua história contradizia a advertência que Lydia me fizera de não procurar Chris no Outro Mundo, mas ela fora abençoada com poder suficiente para empreender a travessia e regressar.

Moolynaut olhou para mim desolada e explicou que não recuperara a força depois da doença. Ela se sentia velha e temia que a dança com o filho tivesse sido sua última viagem ao Outro Mundo. Dirigiu-me um olhar carinhoso:

— Eu não teria a força de curar você caso se machucasse de novo. Não tenho mais poder suficiente para ir e voltar entre o Mundo Real e o Outro Mundo. Amanhã, você e Misha precisam comer o *mukhomor*, mas eu não posso.

Pus uma mão sobre seu ombro.

— Você me curou uma vez e foi suficiente. Você mudou a minha vida para sempre, e eu agradeço.

Seguindo o costume russo, pus a mão sobre meu coração e continuei.

— Tem outra coisa. Você me ensinou a procurar a magia, a acreditar nos sonhos, a encontrar esperança e a curar a mim mesmo. Minha primeira doença era física. Agora estou ferido emocionalmente. Mas, graças a você, estou encontrando o meu caminho.

Então contei a ela do urso e do corvo no dia em que Karen e eu levamos as cinzas de Chris sobre a montanha. Engoli algumas lágrimas e não encontrei uma frase para concluir. Nem precisava.

Quando terminei, Moolynaut pegou minha mão e estudou minha palma, sem fazer comentários. Eu não queria conhecer o futuro, mesmo que isso fosse possível, portanto não fiz nenhuma pergunta. Depois de alguns instantes de silêncio, enquanto minha mão descansava entre as suas, uma energia suave fluiu entre nós. Moolynaut perguntou simplesmente se eu podia acompanhá-la até sua casa. Pus o casaco, saímos, e comecei a guiá-la segurando-a pelo cotovelo na tempestade; o vento brincava com seu lenço. Então ela afastou minha mão e seguiu mancando pela rua. Depois de cerca de cinquenta metros, vacilou, apoiou-se numa cerca e ficou ofegante. Aproximei-me para ajudá-la, mas ela balançou a cabeça, *nyet*, e com o olhar me disse para ir embora. Recuperou-se e, orgulhosa, continuou sem a ajuda de ninguém até sua casa.

Voltei para a cozinha de Goshe, tomei mais uma chaleira de chá com meus amigos, depois pedi desculpas e saí. A chuva se transformou em neve molhada que derretia ao tocar meu rosto. Na praia, quatro meninos tinham erguido de qualquer jeito um tambor enorme sobre um andaime capenga de folhas de metal retorcidas. Um deles estava em cima do tambor, e sua silhueta se destacava contra o céu tempestuoso, como um mastro no bico da proa de um navio. A maré subia, as ondas lambiam o tambor, a neve fazia redemoinhos; a areia cedeu, e a torre se inclinou. Enfim, uma onda maior arrebentou contra a base da torre, carregando-a além do ponto crítico entre equilíbrio e gravidade.

O menino pulou e correu para a praia enquanto o tambor rolava na arrebentação.

Continuei andando ao longo da praia, passei ao sul da aldeia e escalei um barranco semicongelado, agarrando-me às raízes salientes, enquanto os flocos de neve se acumulavam sobre meu casaco, o gorro e os bigodes. Quando cheguei à tundra, nuvens cinzentas amorteciam a luz do sol já em seu ângulo baixo de outono. Era a primeira nevada da estação, e a brancura recente cobria cada minúsculo broto e cada folha de erva. A neve estava úmida e pegajosa, e os delicados tubos cristalinos balançavam na brisa. Logo o inverno chegaria de verdade, com um frio e uma escuridão intermináveis seguidos por breves interlúdios em que um sol relutante apareceria fraco acima do horizonte, ao sul. Ferozes tempestades de neve varreriam a paisagem, e os lobos se esgueirariam durante a noite perto do acampamento de Nikolai, farejando o odor bolorento das renas.

Fiquei emocionado com o milagre da sobrevivência e da capacidade de se perpetuar — pensando que aquele povo caçava e pastoreava na paisagem gelada havia milhares de anos, e tanto os caçadores quanto a tundra sobreviviam. Sem compreender o mecanismo exato, tive a certeza de que o milagre dessa capacidade estava, sem dúvida, relacionado à magia do bastão de guerra de Marina e às rezas que Moolynaut entoava para curar.

Moolynaut falou comigo porque eu remei através do oceano para visitá-la. Alexei me disse:

— Você veio até aqui caminhando. Caminhando, foi até a Montanha Mágica, então você é a única pessoa que pode contar nossa história.

A xamã de Magadan transferiu seu poder para a árvore, e a árvore desapareceu, explodindo em milhões de lascas que se espalharam pelo chão da floresta. E então a velha morreu. A neve caiu e cobriu as lascas. No outono seguinte, as folhas caídas das árvores cobriram outra vez as lascas, dessa vez com um tapete molhado que acelerou sua desintegração até se tornar pó.

Eu tinha uma tarefa a cumprir: escrever um livro.

O que Alexei e Moolynaut queriam que eu contasse às pessoas de meu mundo? Nunca saberei ao certo, mas acho que posso reunir todas as peças desta história. Em todos os momentos — enquanto eu estava de pé numa perna só diante de Moolynaut, no transe do *mukhomor* ou no transe mais demorado, concreto, do frio, da fome e do cansaço na tundra, na voz do *boubin*, em minhas conversas com os corvos e o urso —, minha mente consciente, racional, voltada para a tecnologia, se desligou. E, quando toda aquela conversa se dissipou, encontrei a cura. Vi o mundo como algo mágico e encontrei a esperança depois da morte de Chris.

A magia de Moolynaut não evitara a tragédia em minha vida — nem poderia, nem deveria; a questão não é essa.

Cura, magia e esperança. Aceitação.

Acho que agora sou capaz de compreender o significado da promessa que fiz a Moolynaut naquele dia, enquanto me equilibrava na sua frente, oscilando entre o mundo dos koryak e minha cultura. Prometi tentar acreditar que a magia paira ao nosso redor o tempo todo, até no sofrimento mais profundo, e seguir meus sonhos numa realidade definida pela intuição. Prometi compreender que, quando uma pessoa é excessivamente cínica, atarefada, egoísta ou preocupada em alcançar e apoderar-se da magia e dos sonhos, essas maravilhas se dissolvem ou, o que é pior, nunca chegam a existir. Se estou andando sobre a crista de uma montanha com a mente em outro lugar, as pedras e a grama debaixo dos meus pés não passam de pedras e grama. Mas, se estou atento, curioso, observo e me abaixo para apanhar uma pedra de formato diferente, ela se torna mágica, não apenas para mim, mas para todos os que estão ao meu redor. Se então eu moer alguns pigmentos para fazer uma tinta vermelho-ocre, pintar a pedra com carinho e colocá-la na cornija da lareira como lembrança daquela caminhada, a magia se tornará uma oração pela sobrevivência de minha tribo.

Acho que minha promessa a Moolynaut vai ainda mais longe. É a caminhada que comecei há trinta e cinco anos, quando, com meu cão, fui passear naquele dia de primavera nas Montanhas Rochosas, no Colorado. Naquela época, acreditei inconscientemente que nós pensamos a mesma coisa, compartilhamos as mesmas sensações, numa troca de energia positiva, mas eu não estava pronto para dar o passo definitivo. Agora posso dizer isso. Acredito que a magia é algo recíproco, favorece a interação. E é algo que podemos dar e receber numa troca mútua entre seres humanos e o mundo em que vivemos. Sim, esquiei com o Corvo, assim como cheirei a terra com meu cão.

Coisas ruins acontecem a pessoas boas. Chris morreu em uma montanha de neve. A morte é o destino último de todo organismo vivo neste planeta, mas meus amigos na Sibéria me ensinaram que, se eu expandir minha consciência, um corvo selvagem me visitará no dia em que eu carregar as cinzas de minha esposa no meio da tempestade até o topo de uma montanha. E isso é o bastante.

Lembrei-me do que Moolynaut me disse quando nos despedimos em minha primeira visita, tanto tempo atrás: "Sim, por favor, volte. Será bom para você."

Ela estava certa; foi muito bom para mim.

Eu precisava escrever um livro, mas antes precisava comer o cogumelo vermelho mais uma vez.

Acho que fiquei por lá muito tempo porque, quando voltei para a aldeia, a neve tinha se acumulado entre os caules e as folhas de erva, começando a estender o manto branco que logo agasalharia a paisagem prestes a adormecer em seu sono invernal. Por incrível que pareça, eu ainda usava meus sapatos de caminhada leves e porosos. Esperava, um dia, aprender a me organizar. Ou, quem sabe, isso jamais aconteceria. Talvez o gigante tivesse sacudido minha caixa com tanta violência que todas as delicadas xícaras com desenhos florais tinham se quebrado, ou, talvez, eu nunca tenha possuído essas xícaras, ou elas tenham ficado no Canadá, para quando os amigos chegassem para o chá em Darby — isso não tinha nenhuma importância. Em todo caso, em Vyvenka as pessoas tomavam chá em grandes canecas desbeiçadas. Havia uma casa bem-aquecida lá perto, e meus pés já estiveram molhados outras vezes.

Nas costas da baleia

Naquela noite, a temperatura despencou a quase -20º C. A neve continuou caindo, mas cristalina, e não úmida e pesada. Pela manhã, Misha, Lydia, Oleg e Sergei e eu ficamos sentados ao redor da *petchka* conversando. Moolynaut chegou depois do almoço com um saquinho de cogumelos. Ela me disse para comer a metade do cogumelo maior e dois menores. Segundo o ritual, Misha, Lydia, Sergei e eu cortamos os cogumelos em pequenos cubos e jogamos uns pedacinhos atrás do ombro para Kutcha, antes de comer nossas porções. Oleg, que preferia viajar no Mundo Real, não participou.

Minha dose me pareceu exagerada, mas Moolynaut me assegurou que instruíra os cogumelos a me levarem a um lugar pacífico. Saí sozinho e caminhei pela praia; subi nas Costas da Baleia e parei para me lembrar do dia em que Angela e eu nos ajoelhamos para colher mirtilos ressequidos pelo gelo. Naquele momento, as delicadas frutinhas estavam sepultadas debaixo do manto branco cada vez mais espesso. Desci a colina e andei pela tundra. A droga começou a fazer efeito, e eu saí do meu corpo, como se flutuasse acima do solo e olhasse o corpo de Jon Turk caminhando. A neve era fofa e leve, e o vento, realmente gélido, vinha do norte.

Chris morrera. Os poderes de cura de Moolynaut tinham se acabado. Por alguma razão, meu corpo havia sobrevivido por sessenta anos a muitas situações em que vi a morte de perto. Sobreviveu o bastante para ver filhos crescerem, os avós morrerem, a mãe morrer, o pai envelhecer, os netos se prepararem para explorar o mundo. A maioria dos acontecimentos ocorrera na ordem natural. Alguns, como a morte de Chris, não.

Sempre com meus sapatos leves, chutei a neve fofa. Meus pés estavam familiarizados com a neve: a fresca, a velha, as geleiras, a tundra. Sapatos leves para caminhadas, botas de esquiar, botas de escalada. Meus pés chutaram a neve fofa enquanto meus olhos observavam os cristais se espalharem no vento. Minha bochecha direita me advertiu de que eu estava começando congelar, e meus pés se queixaram de que estavam sentindo muito frio naqueles sapatos absurdos. Disse ao meu corpo que se calasse e parasse de reclamar. Chris se aconchegava contra mim, e os nossos corpos nus se entrelaçavam debaixo de um edredom fofo. Meus pés resmungaram que tinham um trabalho insano nessa vida, ligados a um cérebro tão esquecido, desorganizado e descuidado; disse a eles que parassem de se fazer de coitados, tentando mudar o impossível.

Por fim, percebendo que não havia uma instância maior à qual recorrer, subiram a colina, até o topo das Costas da Baleia, carregando meu corpo no meio da tempestade. Meus pés, meu corpo e eu paramos perto de um arbusto, envolto em cristais de neve em formato de estrelas que balançavam penduradas — borda com borda, ponta com ponta, sobre raminhos minúsculos. Novos flocos caíram e se colaram aos que tinham se depositado antes, agarrando-se uns nos outros como acrobatas de circo. Observar a neve era muito mais divertido do que correr às cegas pelo labirinto. Eu não precisava gastar tempo e energia tentando fazer perguntas para as quais não há resposta ou buscando a luz brilhante no fim de um túnel imaginário. Todo o mistério e a alegria de que eu precisava estavam bem ali, envoltos no silêncio, nos flocos de neve no topo da colina.

    O hálito quente saiu de minha boca e levantou a neve caída de um ramo, fazendo-a girar ao vento. Minha mente observava meu corpo respirar; observava o hálito congelar numa minúscula nuvem; observava os cristais de neve se espalharem com a respiração mais acelerada. Não era eu quem respirava: eu apenas observava.

    Estava sozinho, sem meu corpo, sem Moolynaut ou Chris. Sem o maravilhoso e muitas vezes caótico passado. Sem o futuro incerto. Apoiei-me em um galho e soprei a neve no ar outra vez até que ela pegou um redemoinho de vento e se levantou no espaço — como as cinzas de Chris. Meu corpo inspirou outra golfada de ar, e, no espaço, entre inspiração e expiração, só havia a neve e a tundra, espaço sem forma.

    De repente, eu estava só, sem ninguém, então voltei a assumir meu corpo, aceitando esta carcaça velha e combalida — os pés frios, as bochechas doloridas por causa do frio. Nossa parceria foi boa nestes sessenta anos. Às vezes, quando meu corpo fica cansado, eu o encorajo a aguentar, até que ele me leva a paisagens que nos dão muita alegria. Em outros momentos, quando estou triste ou deprimido, meu corpo me anima levando-me para esquiar. Somos um todo solidário, como Alexei e suas renas.

Virei o rosto para olhar meu velho amigo, o oceano, ao longe; as ondas pareciam suaves, a arrebentação inaudível, e as cristas brancas de espuma eram como pinceladas sobre uma enorme paleta verde e preta. Alegria, tragédia, livre-arbítrio e coincidência entrelaçaram-se de forma inexorável, levando-me àquele momento, para que eu ficasse lá, na tempestade. Unidos, meu corpo e eu sentíamos o vento e observávamos a luz em tom pastel de mais um entardecer dissolver-se aos poucos na escuridão.

A imensa amplidão da tundra, que se estende dos montes Urais até o oceano Pacífico, de Vladivostok até o mar Siberiano Oriental, estava reduzida a um minúsculo quadro vivo em que eu me incluía, com minhas pegadas que desapareciam rapidamente, alguns salgueiros-anões balançando ao vento, como as asas de Kutcha — e a neve: a neve que logo cobriria a terra, permitindo ao viajante deslizar sobre os grandes pântanos e alagadiços do Extremo Norte. A neve fresca e leve — na minha casa — lava meu rosto num dia de céu azul, quando esquio. A neve que mata.

Se continuasse naquele lugar por muito tempo, morreria congelado, mas, se ficasse apenas mais alguns minutos, a neve me ajudaria delicadamente a aceitar e a abrandar a aspereza da minha dor profunda — presente, mas um pouco indistinta —, envolvida em espirais brancas. Olhei para a tundra — para o vazio —, para a vida sem Chris. O vento frio, que machucava, soprava meu corpo como se eu fosse um esqueleto, limpando-me, numa catarse maravilhosa — tão vazio que só poderia ser um grande começo.

Moolynaut havia me chamado repetidas vezes para aquela língua de areia fina como uma lâmina, fustigada pelas tempestades, deitada embaixo do leviatã que permitia que as pessoas transcorressem suas existências com graça por algum tempo, antes de acordar de seu sono reparador. Ela me chamara para me deixar curar ou para me curar por mim mesmo, para que eu pudesse acreditar e continuar vivendo.

O vento soprava os flocos de neve em meu rosto, machucando-me antes de derreterem em gotículas suaves, negando com inocência que pudessem ser perigosas, assim como a neve que sepultara Chris acabara derretendo e fluindo em paz para sua matriz, o mar.

O vento que me envolvia e me abraçava me conduziu com delicadeza para o vazio, até que enfim me encontrei no portal do Outro Mundo, que se distinguia do Mundo Real por uma sensação de consciência sem peso, um lugar de paz infinita onde eu seria sempre bem-vindo, se fizesse o esforço de concluir a jornada.

Naquele momento me dei conta de que, três anos antes, ficara confuso e apavorado quando comi o *mukhomor* e tentei transpor o portal porque a droga nunca poderia me conduzir a uma experiência para a qual eu não estava preparado. Mas isso não tinha importância; não é vergonha empreender uma viagem, fracassar e retornar mais tarde para completá-la. A confusão veio quando entrei em pânico por não encontrar o caminho de volta. Como fui estúpido! Não existe volta. A qualquer momento, eu poderia transpor o portal para o Outro Mundo — aquele vazio de contentamento sem fim e de conhecimento — ou então fracassar, mas nunca poderia fazer a viagem de volta, corrigir meus erros, reduzir a marcha e fazer a mesma jornada pela segunda vez.

Havia muitos erros atrás de mim e à minha frente, mas naquele instante eu me encontrava em meio à tempestade, ouvindo meu corpo inspirar e expirar essas pequenas golfadas de ar, no poder infinito do vento siberiano, com a certeza de que voltaria a perder o caminho repetidas vezes — antecipando com ansiedade a jornada futura.

Comecei a descer a colina, mas, a certa altura, parei e me virei contra o vento mais uma vez. O frio era um elemento familiar, e eu o saudei, porque, como a dor, ele tinha o poder de me despir de toda falsa aparência e identidade, para que o Urso e o Corvo encontrassem espaço para me visitar. Estendi os braços para abraçar a tempestade, que eu viera de muito longe para sentir. Então, meus pés me disseram que estava na hora de descer e voltar para o Meu Mundo, na América do Norte, e retomar minha vida. Pelo menos eu era um viajante experimentado no Mundo Real e poderia achar meu caminho de volta. Regressei à cozinha de Goshe enquanto o sol mergulhava no mar negro e tempestuoso.

O regresso

Na manhã seguinte, a tempestade havia passado, o ar estava estranhamente parado, e o oceano, outra vez calmo. Mas o frio tinha chegado; pôs os pés sobre a mesa, acendeu um cigarro, abriu uma garrafa de cerveja e anunciou que chegara para ficar por algum tempo. Uma fina camada de gelo se espalhava sobre o rio. Comentei preocupado que logo o gelo estaria espesso demais para viajar de barco e fino demais para permitir que se caminhasse sobre ele, e não poderíamos atravessá-lo e apanhar o avião de volta. Sergei fez um gesto com a mão, afastando meus temores sem dizer uma palavra, como se fossem triviais e não merecessem comentário.

Goshe chegou com a velha escavadeira alaranjada; os homens amarraram uma corrente à proa do barco de Oleg e o arrastaram sobre a areia até a água salgada, que só congelaria quando um frio muito mais intenso tomasse conta da Terra.

Moolynaut nos assegurou que guardara comida suficiente para o inverno, mas, para ter mais certeza, Misha e eu fomos ao armazém e compramos arroz, farinha, açúcar e chá, além de mel, chocolate e alguns potes de suco de frutas do longínquo mar Cáspio.

Moolynaut bateu palmas de felicidade. Levantou-se mancando para pôr mais um pedaço de carvão na *petchka* e ferveu a água do chá.

— Você gostaria que eu contasse uma história sobre cavalos? — perguntou.

Assenti, e ela começou.

Quando eu era muito pequena, não tínhamos cavalos. Os americanos vieram com seus navios e trouxeram cavalos brancos da América. Eu já falei isso para você.

Fiz sinal de que sim com a cabeça.

Lindos cavalos. Eram totalmente brancos, menos os olhos, que eram negros. Eram cavalos muito inteligentes e seguiam as pessoas por toda parte sem precisar de corda. Um dia, quando eu tinha 9 ou 10 anos, os cavalos estavam pastando na tundra. Todas as pessoas da nossa tribo trabalhavam com as renas, e eu fiquei sozinha com os cavalos. Sem falar nada, montei nas costas largas do cavalo mais alto. O cavalo levantou a cabeça e começou a correr. Fiquei apavorada e me agarrei ao cabelo do seu pescoço. Você conhece o cabelo no pescoço dos cavalos?

Outra vez assenti.

Segurei firme, e corremos pela tundra.

Moolynaut fechou os olhos e se balançou para a frente e para trás. Bateu com as mãos nas pernas e começou a rir, até que lágrimas rolaram de seus olhos e molharam as rugas profundas que formavam sulcos em seu rosto. Então levantou o olhar e enxugou o rosto com as costas da mão. — Estou cansada agora, preciso dormir.

Misha e eu nos despedimos e saímos na tarde de outono certos de que nunca mais veríamos Moolynaut.

No dia seguinte, 23 de outubro, o embaçado sol avermelhado ainda despejava um pouco de calor sobre a paisagem esbranquiçada. Despedimo-nos de Lydia e de Goshe e fomos até o barco, agora ancorado onde a água salgada se misturava com a água doce. Oleg, com o fiel Sergei atrás, nos conduziu para fora da lagoa, depois do banco de areia até o oceano plácido. O barco disparou sobre essa deusa-mãe que nos abraçava e parecia incapaz de provocar o caos que tantas vezes experimentamos. Depois de alguns quilômetros, Oleg voltou para a praia e atracou ao abrigo de uma grande pedra. Misha e eu pulamos na água e andamos até a terra seca, e meus pés voltaram a ficar molhados. Os dois caçadores sorriram, acenaram como se fôssemos nos encontrar no dia seguinte e voltaram para a aldeia.

A leste, as ondas do oceano Pacífico cinzento, suave, vinham quebrar na areia, enquanto, em terra, a tundra nevada já se transformava em *strastugi* congelados pela ação do vento. Caminhamos rumo ao norte por algumas horas, até alcançarmos o primeiro rio. Então meu corpo e eu, como um todo, tiramos a parte de baixo da roupa e entramos na água gélida, abrindo caminho pelo gelo com um bastão.

Enquanto Misha e eu seguíamos na direção do aeroporto, o frio vento siberiano que congelava meu corpo também soprava minha dor para dentro, misturando-a aos pensamentos sobre a infância feliz de Moolynaut na tundra, a opressão soviética ao longo de gerações e seu fim iminente.

Os últimos cinco anos tinham sido tumultuados demais para mim —, alegrias enormes mescladas à dor mais profunda. Em busca do meu caminho, eu oscilara entre poderosas passagens para o Mundo Espiritual e experiências igualmente poderosas — e até trágicas — no Mundo Real. No começo, eu visualizava esses mundos como duas coisas separadas, talvez até conflitantes. Mas agora minha busca, como a das renas que migram, se movia em círculos. O povo do Norte me ensinou que a tundra vazia, despida de árvores, não é lugar de desolação, mas uma ponte entre a realidade e o sonho. Uma ponte de fé que me liga ao meu eu, bem como a dor à aceitação.

Talvez algum dia eu venha a cometer um erro físico, como Chris, e me esqueça de ouvir quando a neve falar comigo com uma delicada advertência, um *pfff*. Espero que não. Rezo para que eu tenha aprendido a me concentrar em cada floco de neve que cai a todo instante.

Entretanto, meu maior medo é cometer um erro diferente e me esquecer de ficar nu, sobre uma perna só empoleirado sobre um galho, com meu amigo Kutcha, o Corvo; de me manter consciente, curioso e observador, presente; de acreditar na magia dos acontecimentos de todos os dias. Talvez eu esqueça que Moolynaut continuou feliz, poderosa e pacífica ao longo de um século de invernos siberianos e de uma repressão política inimaginável, acreditando na imensa unidade de todas as coisas. Mas, se eu não esquecer, estarei certo de ter encontrado alegria em minha passagem obstinada, atrapalhada e falível pela vida, acompanhado pela profunda imensidão selvagem, pela serenidade de Moolynaut, pelos insolúveis mistérios de Kutcha e pelo amor incondicional de Chris.

Darby, Montana: junho de 2008

Oito anos se passaram desde que conheci Moolynaut e desde o dia em que, por fim, acabei este livro. Quando imprimi a última página, depois de incontáveis revisões, saí do escritório num dia chuvoso do início de junho. O coelho que mora embaixo do abrigo do caiaque vestia sua roupagem de verão, com os pés brancos, o último remanescente de sua pelagem de inverno. Subi a encosta da colina, entre o perfume das flores dos arbustos de frutinhas vermelhas, e parei rapidamente no abrigo de madeira. Da última vez em que serrei madeira, bati num prego com a serra elétrica, e agora precisava consertá-la.

Marion e eu não conseguimos ter uma vida juntos. Morei sozinho por algum tempo e depois me apaixonei por Nina, que era minha vizinha e amiga havia quinze anos. Vivíamos juntos havia quase dois anos, e ela me foi de enorme ajuda e inspiração durante o longo, excitante e doloroso processo de redação deste livro. Com nossa bagagem pessoal de alegria e caos, nós nos tornamos amigos, companheiros de esqui, parceiros e amantes.

Quando entrei na cozinha, Nina estava assando uma torta de ruibarbo e preparando uma sopa de legumes para o almoço. Um fogo confortável estalava no fogão a lenha. Comi algo e fui até a torrente, para sentar no mesmo lugar onde minha neta, Cleo, me encontrou no dia da cerimônia em memória de Chris. O pico da cheia da primavera havia passado, mas o nível da água do riacho ainda estava alto, a água despencava sobre as pedras e respingava uma espuma branca no denso arvoredo. De repente, ocorreu-me uma imagem, como uma lembrança física envolvida num sonho. Moolynaut segurava com delicadeza e carinho um pedaço de pele de coelho contra a minha cicatriz. Ela me esfregava com um pouco de gordura de foca, enquanto seus olhos olhavam atentamente para suas mãos, embora ela parecesse muito distante. A mão de Moolynaut tremia por uma profunda emoção, pela energia da doação, enquanto a apoiava sobre minha pélvis, o centro de meu equilíbrio, meu fulcro.

Olhando para trás, a cura física parece irreal, como uma metáfora, algo secundário em relação à fé que ela me pedia.

Moolynaut me ensinou a viver num mito — não o mito de outra pessoa ou de alguém que viveu milhares de anos antes —, mas em minha própria trama, em que o Mundo Real está entretecido no Mundo Onírico, ambos ligados pela magia que pairava sobre negras asas estendidas. Minha primeira incursão no mito, quarenta anos atrás, naquele dia de primavera com meu cão, me deu o poder e a determinação de mudar minha vida. Quebrei algumas barreiras, e, ao longo de décadas, outros conhecimentos me enriqueceram, alguns maravilhosos, outros assustadores. Em determinado momento, uma misteriosa energia me curou pulando a barreira que já estava por terra e consertou minha pélvis; isso mudou minha vida outra vez e me guiou para novos começos.

Fiquei sentado ali por muito tempo, e então resolvi ir para casa almoçar. Mas outro pensamento que ainda não me havia aflorado veio de repente. Moolynaut, uma estrangeira, me amara com um amor tão poderoso que me levou até o portal do Outro Mundo. Nunca conheci outra pessoa que tenha concentrado e canalizado tanto amor.

Eu não nasci numa tenda de pele de rena e jamais serei capaz de viajar, de curar ou de crer como Moolynaut. Mas vou tentar, guiado pelo potencial humano que tive a enorme felicidade de conhecer e pela tundra, que me ensinou a me concentrar na neve sob meus esquis e no próximo passo diante de mim.

Epílogo

Em dezembro de 2008, enquanto este manuscrito começava a ser impresso, enviei um e-mail a Misha para saber notícias de Vyvenka e recebi a seguinte resposta:

Enormes agradecimentos pela mensagem. Estou muito feliz por recebê-la e saber que está tudo bem com você. É realmente bom que você continua fazendo o que agrada a você. E que a saúde deixe que você faça. Falei com Lydia e ela disse que a avó agora está muito bem para a idade. Faz pouco tempo, ela costurou um gorro para Oleg. Fala que ainda é cedo para deixar este mundo enquanto não passa todo o conhecimento para Lydia. A pesca este ano não foi boa. Apanharam mais ou menos 40% do que costumavam. E este ano o peixe não pode ser congelado, vender é mais caro. O que pescaram distribuíram para as pessoas e salgaram. Prepararam no caviar básico. Mas eles têm bastante para a família. Esperam que o próximo ano terá mais peixe e o refrigerador em Vyvenka funcionará. Pediram para dizer oi e mandar abraços para você.

Notas

CAÇADORES DA IDADE DA PEDRA NO ÁRTICO

1. http://archaeology.about.com/od/dterms/g/diring.htm
2. Virginia Morell. "Did Early Humans Reach Siberia 500,000 Years Ago?". *Science,* 263, 4 fev. 1994, p. 611.
3. "Recent Finds in Archaeology". *Athena Review,* 4, 2007, p. 4.
4. Pavel Pavlov et al. "A Human Presence in the European Arctic Nearly 40,000 Years Ago". *Nature,* n. 413, 6 set. 2001, p. 64.
5. V. V. Pitulko et al. "The Yana RHS Site: Humans in the Arctic Before the Last Glacial Maximum". *Science,* 303, 2 jan. 2004, p. 52.
6. Igor Krupnik. *Arctic Adaptations: Native Whalers and Reindeer Herders of Northern Eurasia.* Hanover, New Hampshire: University Press of New England, 1993, p. 107-8.
7. Stephen P. Krasheninnikov. *The History of Kamchatka.* Londres: Richmond Publishing Company, Surrey, 1973, publicado originalmente em russo em 1755.
8. Ib., p. 49, 101.

NIKOLAI

1. Leonard Shlain. *The Alphabet Versus the Goddess*. Nova York: Penguin/Compass, 1998, p. 2.
2. Ib., p. 44.
3. Jill Bolte Taylor. *My Stroke of Insight*. Nova York: Viking/Penguin, 2008.

O MUKHOMOR

1. http://botit.botany.wisc.edu/toms_fungi/dec99.html

DE VOLTA À FLORESTA EM MONTANA

1. Jim Harrison. *Returning to Earth*. Nova York: Grove Press, 2006.
2. Marni Jackson. *Pain: The Fifth Vital Sign*. Toronto: Random House Canada, 2002.
3. http://www.fda.gov/fdac/features/2000/100_heal.html
4. Joseph Campbell. *The Hero with a Thousand Faces*. Nova Jérsei: Princeton University Press, 1949, p. 59.

O CORVO

1. Edwin Hall, Jr. *The Eskimo Storyteller: Folktales from Noatak, Alaska*. Fairbanks: University of Alaska Press, 1998, p. 94.
2. http://www.indigenouspeople.net/ipl_final.html
3. Bernd Heinrich and Thomas Bugnyar. "Just How Smart Are Ravens?". *Scientific American*, abr. 2007, p. 64.
4. Candace Savage. *Crows: Encounters with the Wise Guys*. Vancouver: Greystone Books, 2005, p. 30-1.
5. Heinrich e Bugnyar. "Just How Smart Are Ravens?", p. 71.

QUARTA VIAGEM A VYVENKA

1. Jeremy Narby e Francis Huxley. *Shamans Through Time: 500 Years on the Path to Knowledge*. Nova York: Tarcher/Penguin, 2001, p. 81-2.

Impresso no Brasil pelo
Sistema Cameron da Divisão Gráfica da
DISTRIBUIDORA RECORD DE SERVIÇOS DE IMPRENSA S.A.
Rua Argentina 171 – Rio de Janeiro, RJ – 20921-380 – Tel.: 2585-2000